LA ROUTE DE LA SOIE

LA ROUTE DE LA SOIE

Ouvrage publié sous la direction du

Muséum d'Histoire Naturelle de Paris

et réalisé
par une équipe de scientifiques, de journalistes
et de photographes chinois à l'initiative de

la Revue La Chine

ARTHAUD

Conseiller scientifique : Louis Frédéric
Conseillers techniques : Jean Larivière, Rinnie Tang et Georges Pinault
Maquette de Michel Cabaud
Rédaction :
Huang Zu'an, Chen Heyi, Ru Suichu
Traduction :
Hu Wei-wang, assisté de Li Shengheng, Gu Lin, Ma Guilin, Yan Dongxiu, Zhang Jinxing
Photographes chinois :
Ru Suichu, Chen Heyi, Du Zequan, Jia Yujiang, Huang Taopeng, Wang Fuzun, Niu Yaoguang
Pour le crédit photographique voir page 239

 I.S.B.N. 2-7003-0484-5
Imprimé en Italie

絲綢之路

絲路漫語

第一章

CHAPITRE 1

SUR LES CHEMINS DE LA CHINE ANCIENNE

Ci-contre : *Statuette funéraire représentant un cavalier de la dynastie des Han de l'Ouest. Terre cuite peinte trouvée à Yangjiawan (Shaanxi) en 1965. Elle faisait partie d'un ensemble de 580 statuettes de fantassins et cavaliers. Hauteur : 65 cm.*

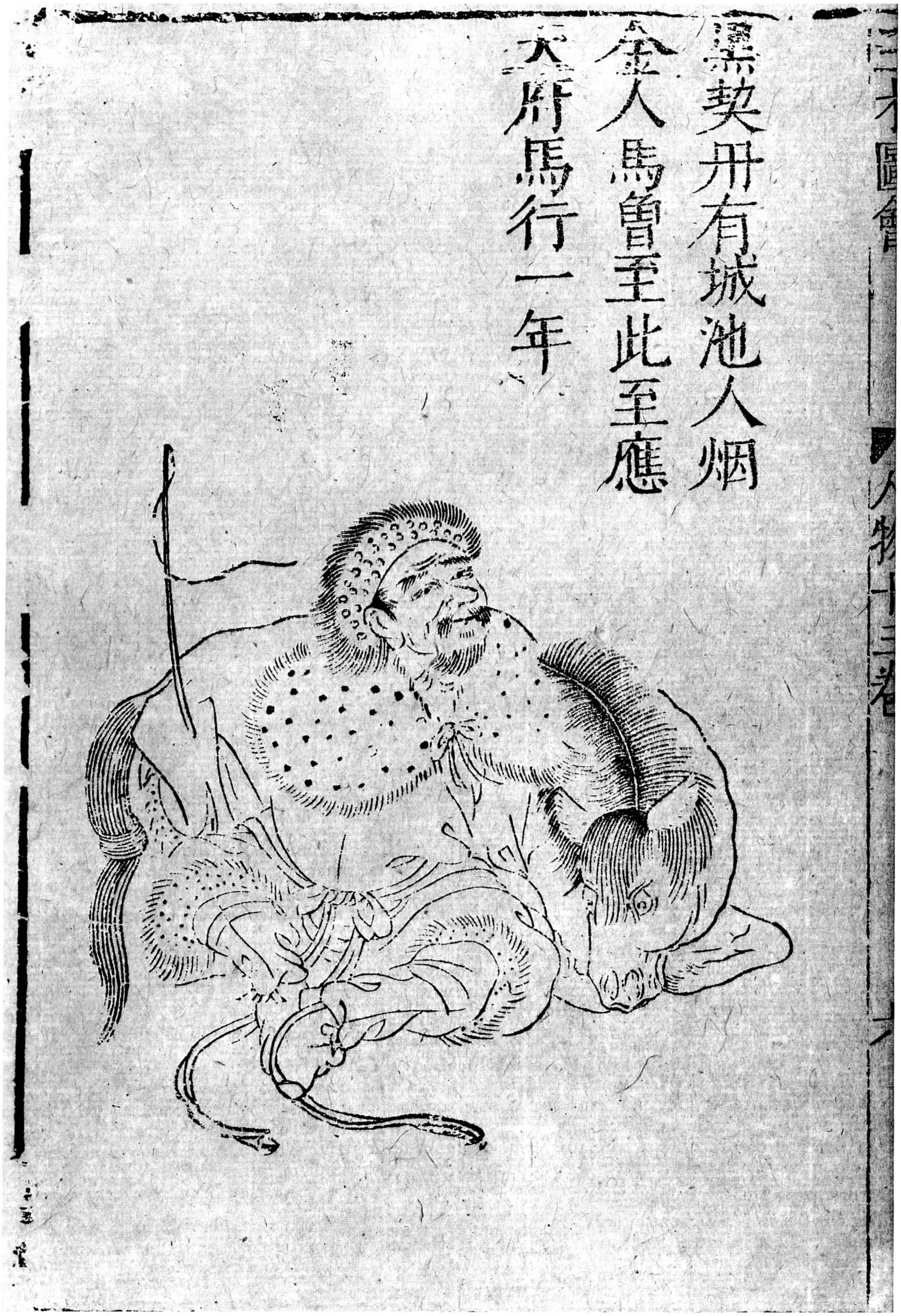

Extrait du Shoujing Tuzhuo.

Tissu en soie brodée trouvé à Astana près de Turpan, montrant de nettes influences occidentales, notamment sassanides. Dynastie des Liang du Nord (397-469).

La jeune fille, le cheval et le ver à soie

Dans la plus haute antiquité, une jeune fille qui se désolait de l'absence de son père, retenu prisonnier de l'ennemi depuis plus d'un an. Elle avait perdu l'appétit et ne trouvait plus le sommeil. Son seul réconfort était de regarder un magnifique étalon, unique souvenir qu'elle gardait de lui. Sa mère, ne sachant comment atténuer sa peine, déclara à qui voulait l'entendre qu'elle accorderait la main de son enfant à celui qui lui ramènerait son époux. Personne n'y parvint mais le cheval, devenu ombrageux, rompit un jour ses entraves et s'enfuit au grand galop. Quelques temps plus tard il était de retour, portant sur son dos le père qu'il avait délivré. Dès lors la bête ne cessa de s'agiter. Caracolant dans son enclos, elle hennissait et frappait violemment le sol de ses sabots. Tant et plus que le père finit par demander ce qui rendait son cheval si nerveux. La mère lui raconta alors le serment qu'elle avait fait devant tout le monde. Il rit et se moqua des prétentions de l'animal qui entendait épouser sa fille mais, comme celui-ci ne se calmait pas, il entra dans une grande colère et l'abattit d'une flèche. De rage, il l'écorcha et mit la peau à sécher dans la cour. Or, la jeune fille vint à passer quand une soudaine bourrasque souleva la dépouille qui l'enveloppa et l'emporta dans les airs. Dix jours plus tard on retrouva la peau accrochée aux branches d'un mûrier. La jeune fille s'était transformée en une chenille à tête de cheval qui mangeait les feuilles et tissait un cocon. Les parents étaient au désespoir lorsque, un beau matin, leur fille leur apparut sur un nuage, chevauchant le magnifique étalon, entourée de toute une escorte. Elle leur demanda de ne plus se lamenter car elle avait sa place au ciel et ils devaient l'oublier car jamais elle ne reviendrait.

Légendes et traditions devaient la faire mentir par deux fois. La première, quand la coutume s'instaura de perpétuer son souvenir par des statuettes, revêtues de peau de cheval, qui étaient communément placées dans les palais, les temples et toutes les habitations afin de leur adresser des prières en faveur des vers à soie et des mûriers. La seconde fut lorsqu'elle apparut à Huangdi, le puissant *empereur Jaune* des toutes premières origines de la nation chinoise. Tandis que le souverain célébrait sa victoire sur la tribu rivale de Jiuli par une fête, un ver à soie, léger comme une plume, descendit du ciel pour lui offrir deux écheveaux de soie, l'un doré, l'autre argenté. Huangdi, ravi du présent, ordonna aussitôt d'en faire un tissu léger comme un flocon de nuage, souple comme l'onde d'une source et d'une couleur à faire pâlir la plus belle des fleurs.

Outre ces contes et merveilles, les chroniques anciennes attribuent par ailleurs à Leizu, jeune épouse de Huangdi, le fait d'avoir découvert que l'on pouvait dévider le cocon d'un ver particulier qui se nourrissait des feuilles du mûrier. C'est elle qui, la première, aurait commencé d'en faire l'élevage et en aurait enseigné la technique aux gens du peuple. La sériciculture se serait dès lors très vite répandue en Chine. Des fouilles archéologiques effectuées dans le sud du Changjiang (Yangtsé) ont permis d'attester qu'il y a 4 700 ans les paysans de cette région pratiquaient non seulement l'élevage du ver à soie mais qu'ils étaient également capables de tisser des soieries comptant jusqu'à 48 fils au centimètre. Sept siècles plus tard, les vestes de cérémonie s'ornaient déjà des motifs traditionnels : soleil, lune et étoiles, tandis que les pantalons étaient brodés de décors en formes d'algues et de flammes.

Il ne leur manquait plus alors que de les faire connaître hors des frontières, ce qui se produisit très progressivement au fur et à mesure du développement des relations entre peuples nomades et communautés sédentaires. La soie, mais aussi d'autres marchandises précieuses commencèrent ainsi leur transit à travers l'Asie au hasard des trocs, des tributs ou des butins, avant que s'organisât un véritable commerce qui, toutefois, restera occasionnel jusqu'à l'ouverture de la Route de la Soie.

Dans les pas des souverains légendaires

En Chine, aussi loin que remonte la mémoire des hommes aux sources de l'histoire, le grand voyage d'Occident est évoqué dans les épopées les plus anciennes. Huangdi en aurait été encore le précurseur vers le milieu du IIIe millénaire avant notre ère. Après avoir rallié sous son autorité les tribus primitives des Plaines centrales, il avait étendu ses territoires depuis les rivages de la mer de Chine, à l'est, et les confins de la steppe, au nord, jusqu'aux monts Kunlun, à l'ouest, où il s'était fait bâtir un palais. C'est là que, selon les vieux mythes, Ling Lun, son maître de musique, serait parti encore plus loin vers le couchant pour rapporter, d'au-delà les Pamirs, douze flûtes de bambou, diapasons de la gamme pentatonique à la base de toute la musique chinoise[1].

D'un passé moins lointain, les classiques de l'époque des Royaumes combattants (475-221 av. J.-C.) tels que les « Annales sur bambou » (*Zhushu Ji'nian*), le « Livre du Maître taoiste Lie » (*Lie Zi*) et surtout la fameuse « Histoire du roi Mu » (*Mutianzi Zhuan*)[2], relatent le périple qu'entreprit Muwang[3] (env. 947-928), souverain de la dynastie des Zhou de l'Ouest (XIe siècle-771 av. J.-C.). Sur un char en or incrusté de jade, le roi Mu était parti pour une longue tournée d'inspection, à la tête d'un grand cortège. Après avoir parcouru des milliers de *li*[4], franchi maintes montagnes escarpées et traversé des déserts aux sables mouvants, il atteignit enfin les hauts plateaux du Pamir. C'était le plein été, l'air était doux et le vent apaisé. Devant le monarque et sa suite s'étendaient, à perte de vue, les plus hautes cimes sous le ciel tandis qu'au-delà d'immenses champs de neige, des ruisseaux cascadaient dans des sous-bois jonchés de fleurs défiant le froid et peuplés d'étranges animaux à petite tête, avec un gros nez[5], que survolaient d'énormes vautours. Après avoir encore marché pendant cinquante-six jours vers le couchant, le roi Mu arriva au pays de la Reine-mère de l'Ouest[6]. Il se rendit à sa Cour et lui fit présent d'objets précieux en jade et en bronze, ainsi que de centaines de rouleaux de soieries chinoises, sans doute les premières jamais offertes à un souverain étranger des « Contrées occidentales »[7]. Pour honorer son hôte, la reine donna un grand festin au bord de l'étang de Jade où, dans un concert de chants et de danses, les deux altesses royales échangèrent des souhaits mutuels mais aussi des poèmes et des chansons qui, un moment, firent oublier au roi Mu le temps du retour.

Au-delà de ses aspects mythiques, la « Reine-mère de l'Ouest » correspond, sans doute, à une réalité historique. Elle serait, en effet, une lointaine réminiscence des sociétés matriarcales de la fin du Néolithique en Asie centrale, et le premier jalon sur une route qui, pour avoir été dès lors celle de la soie, ne fut toutefois fréquentée par les marchands que beaucoup plus tard.

Cependant, en entrant dans la légende, ces événements mémorables n'avaient fait qu'officialiser des échanges qui existaient depuis la nuit des temps entre peuples nomades et communautés sédentaires. Il y a près de 5 000 ans déjà, des poteries tripodes (*Li*), destinées à la cuisson des aliments, s'étaient ainsi répandues depuis le bassin du Huanghe (fleuve Jaune) où elles étaient fabriquées, jusque dans des régions aussi éloignées que l'Afghânistân, le Pakistan, l'Iran, l'Iraq et même la Sibérie. Inversement, à l'époque des Shang (XVIe siècle - XIe siècle avant J.-C.), l'ornementation des poignées de sabre, en forme de tête de cheval, et les harnais qu'utilisaient les cavaliers du nord de la Chine, portaient l'empreinte des civilisations d'Asie centrale ou occidentale qu'ils avaient côtoyé sur les pâturages de la steppe. Et, tandis qu'au début du dernier millénaire avant notre ère, des verreries méditerranéennes parvenaient au Shaanxi, des soieries chinoises furent exportées quelques siècles plus tard dans la région de l'Altay comme en témoignent des housses de selle richement brodées découvertes lors des fouilles de Bazeleike. Mais ces relations devaient rester épisodiques, sinon occasionnelles, jusqu'à ce que le courage d'un homme et la volonté d'un empereur ne leur donnent un sens économique et politique.

1. Voir au chapitre XI : Le ton, le geste et la note.

2. Ces manuscrits comptent parmi les plus anciens documents historiques mentionnant des relations entre les Han des Plaines centrales et des peuples d'Asie centrale. Ils furent découverts, au IIIe siècle, dans une tombe royale de l'État de Wei, au Henan.

3. Muwang, le roi Mu, célèbre empereur de l'époque esclavagiste, est surtout connu en Occident pour ses huit chevaux merveilleux qui, selon la tradition, étaient capables de couvrir 1 000 li d'une seule traite. Sujet d'inspiration des peintres et des sculpteurs de tous les temps, en Chine comme au Japon, ils ont donné ces estampes et ces petites statuettes de l'art populaire qui les représentent en diverses positions.

4. Comme beaucoup d'autres unités de mesure chinoise, la valeur du *li* a changé au cours des siècles mais, pour simplifier, il est admis aujourd'hui qu'un *li* est égal à environ 500 m.

5. Ces « animaux à petite tête avec un gros nez » sont probablement des *chirus*, connus des zoologistes sous le nom d'« antilopes du Tibet » *(Pantholops hodgsoni)*. De la taille d'un chevreuil, les mâles possèdent des poches nasales qui, susceptibles d'être gonflées, atteignent la grosseur d'un œuf de pigeon. Cette espèce appartient à la même famille que la saïga des steppes d'Asie centrale, dont le museau en forme de trompe est également extensible.

6. *Xiwangmu*, la Reine-mère de l'Ouest, est une grande figure de la tradition légendaire des provinces occidentales de la Chine. Elle apparaît non seulement dans la littérature mais figure également dans l'imagerie populaire comme sur les fresques décorant les tombes, les palais ou les temples.

7. Datant de l'époque des Han de l'Ouest, ce terme de « Contrées occidentales » désignait globalement toutes les régions et royaumes situés à l'ouest des Plaines centrales, que ce fut l'actuel Xinjiang ou des pays encore plus lointains vers le Couchant. Sous la dynastie des Tang, le moine Xuanzang en a donné une description plus précise dans le récit qu'il a laissé de son pèlerinage en Asie centrale et en Inde.

Brocard de soie à motif de dragons gui, *trouvé à Astana. Musée de la région autonome ouigour du Xinjiang.*

Brocart à motifs d'animaux provenant d'Astana, près de Turpan. Musée de la région autonome ouigour du Xinjiang.

L'odyssée de Zhang Qian

Un jour de l'an 139 av. J.-C., une troupe de cavaliers galopait en direction de l'ouest. Ils étaient une centaine et les sabots de leurs montures laissaient derrière eux un long sillage de poussière sur le plateau de loess. A leur tête, chevauchait un grand gaillard de vingt-cinq ans nommé Zhang Qian avec à ses côtés, Fu de Tangyi, son fidèle lieutenant. Les deux jeunes gens partaient au-devant d'aventures qui avaient commencé lorsque le bouillant Zhang Qian était parvenu à convaincre l'empereur Wudi[8] des Han de l'Ouest (206 av. J.-C. - 8 ap. J.-C.) de l'envoyer, en émissaire, dans les Contrées occidentales. A l'époque, la puissance grandissante des Xiongnu[9], aux marches de l'Empire, inquiétait le gouvernement chinois et la mission de Zhang Qian consistait à trouver d'éventuels alliés contre un ennemi commun. Ayant reçu des mains du souverain la hampe de bambou ornée de trois touffes de poils de yak, insigne de son mandat, il se mit en route pour le Darouzhi[10]. Le choix de ce pays venait de ce que ses habitants, originaires de l'Ouest du Gansu, avaient été contraints d'émigrer jusque sur le cours moyen de l'Amû-Darya pour fuir le joug des Xiongnu.

Mais, avant d'arriver à destination, l'ambassadeur impérial devait parcourir un long chemin. Après avoir suivi la rivière Wei[11] presque jusqu'à sa source Zhang Qian et ses hommes franchirent le fleuve Jaune pour longer, au nord, les contreforts des monts Qilian. En territoire ennemi, leur passage ne resta pas longtemps inaperçu et, bientôt, ils furent arrêtés et faits prisonniers. Bien que ses conditions de détention eussent été peu sévères et que, à maintes reprises, des offres de collaboration lui furent proposées, Zhang Qian préféra endurer dix années de captivité plutôt que de renier son serment de fidélité à l'empereur. A aucun moment, il ne se sépara du précieux bambou aux poils de yak qu'il lui avait remis. Quand, enfin, il put s'évader en compagnie de Fu de Tangyi, les deux hommes ne choisirent pas de rentrer au pays mais de reprendre le chemin de l'Ouest et d'accomplir leur mission. Se cachant de jour et voyageant la nuit, ils se guidèrent sur les étoiles

8. Liu Che (156 av. J.-C. - 87 av. J.-C.), empereur Wudi des Han de l'Ouest dont il fut le cinquième souverain. Encore aujourd'hui, il est considéré comme l'un des plus grands monarques de tous les temps. C'est à son initiative qu'eurent lieu, en Asie centrale, les missions de Zhang Qian et de Li Guang. Ce fut également sous son règne que Sima Qian rédigea ses célèbres *Mémoires historiques*.

9. Peuple de nomades qui occupaient les régions du nord et du nord-ouest aux frontières de l'Empire des dynasties des Qin, des Han de l'Ouest et des Han de l'Est.

10. Attaqués vers 139 av. J.-C. par les Wusun, les Darouzhi se déplacèrent vers le sud-ouest où l'une de leurs tribus, les Kushâna, fonda au sud de l'Amû-Darya un grand État qui dura près de cinq siècles et étendit sa domination jusqu'en Inde du Nord. Ils sont parfois mentionnés sous le nom de *Rouzhi*.

11. Dans le texte figure tantôt *Weihe*, tantôt rivière *Wei*, *he* signifiant *rivière* en chinois.

et se nourrirent du gibier qu'ils trouvèrent. Ils traversèrent ainsi le *Dayuan* (Ferghâna, en U.R.S.S.) puis le *Kangju* (entre la mer d'Aral et le lac Balkhash) pour atteindre finalement le *Darouzhi*, sur l'Oxus (Amû-Darya). Reçu amicalement, Zhang Qian ne devait cependant pas rencontrer la même chaleur auprès des notables du pays lorsqu'il leur eût exposé son projet d'attaquer les Xiongnu sur deux fronts. Pour eux, la Chine des Han de l'Ouest était une alliée bien lointaine et, dans leur nouvelle patrie, ils vivaient en paix sur des terres fertiles que rien ni personne ne menaçait. Mais, sensibles à l'honneur que l'empereur leur avait témoigné, ils veillèrent à ce que ses envoyés fussent traités avec les plus grands égards.

Zhang Qian séjourna ainsi plus d'un an au Darouzhi, découvrant un pays et des mœurs qu'il ignorait. Riche de toutes sortes d'enseignements, il finit par se résoudre à prendre le chemin du retour en compagnie de son inséparable lieutenant. Ils suivirent la route des oasis, au sud de la dépression du Tarim. A mi-parcours, ils furent de nouveau surpris par une horde xiongnu qui, une fois encore, les retint captifs durant près d'une année. Ce ne fut qu'à la faveur de luttes internes entre factions rivales parmi leurs geôliers, qu'ils parvinrent à s'échapper et regagner enfin Chang'an où ils arrivèrent en l'an 126 av. J.-C. Sans prendre de repos, Zhang Qian se présenta aussitôt devant l'empereur afin de lui rendre compte de son périple et, avant de commencer son récit, il lui rendit solennellement la hampe de bambou qui, au cours de treize années de tribulations avait perdu presque tous ses poils.

Sur le rapport et les observations de son émissaire, l'empereur Wudi prit la décision d'envoyer une armée de pacification dans le couloir du Hexi, région stratégique sur le chemin des Contrées occidentales. Sept années passèrent avant que les Xiongnu, vaincus par trois fois, finissent par se soumettre à la puissance des Han et que Zhang Qian puisse reprendre la route de l'Ouest. Le principal danger étant écarté, cette seconde expédition fut d'une toute autre envergure que la première. Trois cents hommes l'accompagnèrent, chacun doté d'une monture de rechange, escortant des animaux de bât chargés de soieries chinoises et autres cadeaux précieux, ainsi qu'un troupeau de dix mille têtes de bétail. La caravane parvint sans encombre jusqu'au bassin de l'Ili et sur le cours de la rivière Cu[12], en pays Wusun[13]. Ce peuple, originaire du Gansu oriental réserva un accueil solennel aux voyageurs venus de l'Est, permettant à Zhang Qian d'envoyer des missions chez ses anciens amis du *Darouzhi*, du *Dayuan* et du *Kangju*, ainsi qu'au *Daxia*[14], en *Parthie*[15] et au *Shendu* (Inde). Alors qu'il se trouvait personnellement au Daxia, le roi des Parthes l'invita à sa Cour. Mais, rappelé à Chang'an, il dut déléguer à sa place l'un de ses adjoints. Celui-ci n'en fut pas moins accueilli aux frontières par un détachement de 20 000 cavaliers parthes qui lui fit escorte jusqu'à la capitale, sous les acclamations de la population des villes qu'ils traversèrent.

Dans l'histoire de la diplomatie chinoise, Zhang Qian passe ainsi pour avoir été le premier à promouvoir les échanges entre l'Empire et les pays d'Occident où il sut se faire apprécier pour ses qualités de modestie, de franchise et de droiture. Cependant, sa plus grande contribution fut d'avoir ouvert une route reliant les Plaines centrales au Pamir et, au-delà, à la Méditerranée. Conscient de l'importance que pourrait revêtir dans l'avenir cet axe stratégique primordial, l'empereur Wudi en assura aussitôt la sécurité en créant des préfectures au Hexi, tout en prolongeant la Grande Muraille jusqu'aux environs du Lop Nur. Il multiplia, par ailleurs, les ambassades vers les Contrées occidentales qui, en retour, envoyèrent leurs plénipotentiaires à Chang'an. A ces missions diplomatiques se mêlèrent très vite des commerçants qu'attiraient les richesses des marchés chinois et, en particulier, celui de la soie qui allait donner par la suite son nom à la route qu'ils devaient emprunter durant des siècles. Mais si, en Occident, il revient au géographe prussien Ferdinand von Richthofen d'avoir inventé, au siècle dernier, le terme de *Route de la Soie*, l'antique itinéraire du Couchant était depuis longtemps célèbre dans les chroniques chinoises sous le nom de *Tong Xi Yu*, « Ouverture sur les Contrées occidentales », en hommage à l'empereur Wudi, grand novateur en son temps, dont l'œuvre allait permettre à la Chine dynastique de rayonner jusqu'en Europe et lui faire connaître les plus riches époques de son histoire.

12. Prenant sa source dans les monts Kirghiz, à l'ouest des Tianshan, la rivière Cu suit tout d'abord un cours d'ouest en est avant d'obliquer vers le nord, à proximité du lac Issyk-kul, pour se diriger ensuite au nord-ouest et se perdre dans les marais du lac Akzajkyn, à mi-chemin entre le lac Balkhash et la mer d'Aral.

13. Jusqu'au IIe siècle les Wusun nomadisaient aux pieds des monts Qilian (Gansu). Vers 139 avant notre ère, ils allèrent s'établir dans le bassin de l'Ili, près du lac Issyk-kul, d'où ils chassèrent les Rouzhi. Au milieu du Ier siècle avant J.-C., ils se soumirent à la vice-royauté des Contrées occidentales créée par les Han de l'Ouest. Au Ve siècle, d'autres envahisseurs les repoussèrent vers l'ouest et ils émigrèrent dans le nord du Pamir. Au Xe siècle, ils envoyèrent une ambassade en mission d'allégeance à Chang'an, puis ils disparurent en s'assimilant aux populations locales.

14. Nom chinois de l'ancienne Bactriane dont la capitale était Bactres, l'actuelle ville de Wazirâbâd (Balkh) en Afghânistân.

15. Région aujourd'hui située dans le nord-est de l'Iran, à l'est de Téhéran.

Brocart de la dynastie des Han de l'Est, portant l'inscription "Longévité et prospérité aux descendants", découvert à Niya dans le Xinjiang. Musée de la région autonome ouigour du Xinjiang.

Les Routes de la Soie

Comme le laisseraient supposer les récits légendaires du règne de Huangdi, ou encore le périple du roi Mu se rendant à la Cour de la Reine-mère de l'Ouest, la naissance et l'épanouissement de nombreuses civilisations, éphémères ou durables, aux confins du monde chinois, avaient créé tout un réseau de voies marchandes qui, ne fonctionnant que sur des sections plus ou moins longues, n'attendaient que d'être reliées entre elles. En Asie mineure, certaines de ces routes avaient acquis un grand renom tels les anciens chemins d'Assyrie, la « voie royale » que Darios avait tracé en Perse au IVe siècle avant notre ère, ou encore les pistes caravanières de la Sogdiane très tôt commerçante. Toutes ces routes représentaient autant de courants en puissance qui, canalisés, allaient former un vaste fleuve d'échanges à travers le continent asiatique.

En territoire chinois, le premier itinéraire ouvert par Zhang Qian, à l'époque des Han de l'Ouest, fut celui qui resta le plus fréquenté au fil des siècles car le plus naturel, compte tenu de la topographie des régions qu'il traversait et des moyens de transport utilisés. Au cours de la préhistoire il avait certainement été un sentier emprunté par les chasseurs primitifs en quête de nouveaux terrains de chasse avant de devenir une voie de migration, de conquête ou d'invasion. Son tracé est si judicieux que la ligne de chemin de fer actuelle en suit très souvent les parcours entre les Plaines centrales et les frontières occidentales du Xinjiang. Ainsi, dans l'histoire de la Route de la Soie, il partait de Chang'an, suivait le cours de la rivière Wei pour gagner le couloir du Hexi et atteindre Dunhuang, la plus occidentale des préfectures créées par l'empereur Wudi. Les voyageurs avaient ensuite le choix entre deux routes pour contourner le redoutable Taklimakan, « le désert dont on ne sort jamais ». La passe de Yangguan s'ouvrait sur la voie méridionale qui conduisait à la ville de garnison de *Loulan* (Kroraine), au nord-est de *Ruoqiang* (Qarkilik), traversait *Yutian* (Hotan) et *Shache* (Yarkant), aux pieds des monts Kunlun, pour franchir les hauts plateaux du Pamir et gagner le Darouzhi, la Parthie puis le *Tiaozhi*[16] et enfin l'Empire byzantin. Presque symétriquement, le parcours septentrional débutait à la passe de Yumen (Porte de jade) et conduisait à Turpan. Au sud de la chaîne des Tianshan, il passait par *Qiuci* (Kuqa), et *Shule* (Kashi) avant de traverser le Pamir et atteindre le *Dayuan* (Ferghâna), le *Kangju* (Turkménistan) puis le *Yancai* (Aorsi)[17] et rejoindre Byzance.

Une troisième route vers l'ouest suivait, encore plus au nord, l'autre versant des Tianshan à partir de Hami avec, comme principaux repères, le lac Barkol, les bassins de l'Ili et de la rivière Cu. Ensuite commençait une longue et monotone traversée de la steppe avant de toucher un moment aux grèves les plus nordiques de la mer d'Aral, puis de la mer Caspienne, et atteindre enfin la mer Noire.

16. Région à l'ouest de la Parthie, sur le golfe Persique.

17. Successeurs probables des Massagètes, cités par Ptolémée, et apparentés aux Sarmates, les *Aorsi* étaient un peuple de nomades dont le territoire s'étendait entre la mer d'Aral et la Caspienne, une région par où, selon Strabon, passait le commerce entre l'Empire byzantin et l'Inde. Ce peuple se retrouva, plus tard, entre le Don et la Volga sous le nom d'*Alains de l'Est*.

Voyageurs de commerce et pèlerins de la foi

L'installation de préfectures dans les Contrées occidentales suscita très tôt un courant commercial entre la capitale de l'Empire et les régions qu'elles commandaient. Nombreux furent ceux qui profitèrent du départ des caravanes pour découvrir de nouveaux horizons. Au Ier siècle de notre ère, Ban Chao fut l'un de ces voyageurs tenté par l'aventure. Grand admirateur de Zhang Qian dès son plus jeune âge, il avait décidé de servir le pays dans des terres lointaines. En l'an 73, il obtint d'être envoyé dans les Contrées occidentales où il put y partager la vie des populations locales. Malheureusement, il reçut l'ordre, trois ans plus tard, de rentrer à Luoyang[18]. A cette nouvelle, Li Yan, le commandant de la ville de Shule (Kashi), se suicida de désespoir tandis qu'à Yutian (Hotan) la foule des habitants barrait le passage à son escorte. Devant tous ces témoignages d'attachement, Ban Chao renonça à partir et consacra trente années de sa vie à assurer la sécurité des caravanes à l'est du Pamir, avec l'aide de ses compagnons qui avaient refusé de le quitter. C'est ainsi que des marchands, des artisans, des artistes, mais aussi des princes, des ambassadeurs et des religieux, purent effectuer le long voyage d'Orient ou d'Occident. Au IIe siècle ce fut le prince parthe An Shigao se rendant en visite à Luoyang. Au IIIe siècle, Zhu Shixing fut le premier moine bouddhiste d'origine chinoise à entreprendre le pèlerinage d'Occident pour aller étudier les textes sacrés dans les Contrées occidentales, les difficultés de la route l'ayant empêché d'arriver jusqu'en Inde. D'autres moines furent plus heureux dans leur entreprise et leurs noms sont restés à tout jamais inscrits dans l'histoire de la Route de la Soie, tels Faxian (vers 334-420)[19] pour qui le passage du Pamir fut tragique et Kumârajîva[20] réputé pour ses nombreuses traductions du sanskrit en chinois. Mais, le moine le plus célèbre ayant emprunté la Route de la Soie fut Xuanzang[21] qui, après un périple de près de 25 000 km en Asie centrale et en Inde, revint à Chang'an avec toute une moisson de textes sacrés. Toutefois pour les occidentaux, et bien que ses motivations aient été certainement plus pragmatiques, Marco Polo est resté le personnage le plus illustre de la Route de la Soie. Le récit de son voyage, au XIIIe siècle, eut en Europe un tel retentissement que c'est sa lecture qui incita Christophe Colomb à entreprendre la traversée de l'Atlantique. Le Vénitien avait en effet concrétisé un rêve fabuleux qu'avaient partagé tous les marchands du bassin méditerranéen depuis l'Antiquité. Les richesses du « pays des Sères » y étaient connues, non seulement des Grecs et des Romains, mais aussi de nations qui en étaient moins lointaines comme l'Assyrie, intermédiaire longtemps privilégié entre les marchés d'Orient et d'Occident.

Trois chameaux et leur chamelier sous un clair de lune.

18. Luoyang connut un destin parallèle à celui de Xi'an. Le site, occupé dès le Néolithique, entra dans l'histoire lorsque le roi Wu des Zhou de l'Ouest y fonda une capitale provisoire sous le nom de *Luoyi*. Fortifiée par ses successeurs, elle ne devint capitale principale que sur la décision du roi Ping des Zhou de l'Est, en 770 av. J.-C. et le resta jusqu'à l'avènement de Shihuangdi, le premier empereur du premier Empire, en 221 av. J.-C. Après une éclipse durant le règne des dynasties Qin et Han de l'Ouest qui s'étaient établies à Chang'an (Xi'an), elle redevint capitale de l'Empire sous les Han de l'Est. La ville connut alors un très grand développement qui se prolongea sous les dynasties des Wei et des Jin de l'Ouest, de 220 à 316. Puis après une autre période d'éclipse elle devint capitale des Wei du Nord, à partir de 494 jusqu'en 534, date à laquelle elle fut entièrement détruite lors des troubles qui accompagnèrent la chute de la dynastie. L'empereur Yangdi (606-617) des Sui reconstruisit la ville sur un site voisin et en fit sa capitale. Les Tang lui conservèrent ce statut mais ils choisirent surtout Chang'an comme résidence. A l'époque des Cinq Dynasties elle fut encore la capitale des Tang postérieurs (923-936). Dès lors, le déclin de Luoyang commença. Pendant les siècles qui suivirent, elle resta tout d'abord une métropole culturelle importante, puis seulement la première ville de la province du Gansu pour n'être plus, avant la Révolution, qu'une bourgade de 20 000 habitants. Comme Xi'an, Luoyang est aujourd'hui une ville en pleine expansion.

19. Natif du Shanxi, Faxian était âgé de près de soixante ans lorsqu'il quitta son monastère de Chang'an, en compagnie de cinq autres moines, pour le pèlerinage d'Occident. Il se rendit d'abord à Dunhuang, puis dans les oasis de Khotan et de Kashgar. Après avoir traversé le Cachemire, il arriva en Inde où il séjourna plusieurs années. Il revint par voie de mer, *via* Ceylan et Sumatra. A Nanjing, il rédigea ses mémoires intitulées, selon les éditions, *Faxian Zhuan* (Récit de Faxian), *Faguoji* (Mémoires sur les pays bouddhiques) ou encore *Liyou Tianzhu Jizhuan* (Récit du voyage en Inde).

20. Kumârajîva ou, en chinois Jiumoluoshi : voir au Ch. III, « Tombeaux et stûpa ».

21. Voir au Ch. II, « Chang'an des temples et des pagodes ».

Messer Milione

Auteur d'un récit qui fit rêver durant des siècles, des générations de voyageurs, de négociants et de poètes, paré de toutes les séductions de la jeunesse et narrateur de merveilles qu'il décrivit avec talent, Marco Polo fut le seul à recueillir une gloire que, en toute justice, il aurait dû partager avec son père et ses oncles. Il naquit en 1254 dans une famille de la grande bourgeoisie des marchands de Venise qui avaient bâti leur fortune sur le commerce avec l'Orient, alors sous domination vénitienne (Empire byzantin). En ce milieu du XIIIe siècle, leur maison était dirigée par trois frères : Andrea, plus connu sous le prénom de Marco, dit l'« ancien » parce que l'aîné et par opposition à son célèbre neveu, Nicolo et Matteo. Marco était installé à Constantinople mais ses frères possédaient également divers comptoirs sur les côtes de la Méditerranée orientale et notamment à Soldanie (Soudak), un port de Crimée, afin d'être mieux placés sur les marchés côtiers de la « Grande Mer » (mer Noire) où aboutissaient l'itinéraire le plus septentrional de la Route de la Soie mais aussi la « Route des Fourrures » en provenance du nord.

Un an avant la naissance de Marco, son père Nicolo et Matteo quittèrent à leur tour Venise pour rejoindre leur frère à Constantinople. En 1260, ils décidèrent d'aller développer leur établissement de Soldanie mais, une fois sur place, ils comprirent que la prospection était certainement plus profitable que d'attendre l'arrivée des marchandises. C'est ainsi qu'un beau jour ils partirent à l'aventure dans des contrées qu'occupaient les Mongols de la Horde d'Or (Qincha). Reçus à la Cour du Khân Berke (Barka-Khân), celui-ci leur donna non seulement le double de joyaux qu'ils lui en avaient offert mais, de surcroît, il leur indiqua où les vendre au meilleur compte. Lorsque, au bout d'un an, ils voulurent revenir, une guerre avait éclaté entre Berke et Hulagu (Houlagou), Ilkhân des Mongols de Perse (Tartares de l'Est). De plus les Génois avaient repris Constantinople aux Vénitiens, leur coupant doublement le chemin du retour. Pensant pouvoir contourner ces obstacles ils partirent « plus avant par la voie du Levant » et arrivèrent à Bukhârâ, un important relais sur la Route de la Soie. Ils devaient y rester trois ans (1262-1265) jusqu'à leur rencontre avec un messager de Hulagu se rendant auprès de « *Cublai-Kaan* » (Kubilay Khân), « *sire de tous les Tartares qui habite au bout de la terre* ». Cet émissaire leur ayant dit que le souverain, qui n'avait jamais vu de Latin, les recevrait volontiers, Nicolo et Matteo acceptèrent de l'accompagner. Dans sa relation, Marco Polo fut particulièrement laconique à propos de ce premier périple. Il le résuma en quelques lignes sous prétexte qu'il l'avait lui-même accompli mais selon un tout autre itinéraire : *Adonc quittèrent cette cité en se recommandant à la garde de Dieu... et allèrent tout un an vers le Levant, puis tournant à main gauche vers la Tramontane* (nord) *et vers le Vent-Grec* (nord-est) *avant de parvenir où était le Grand Sire...*

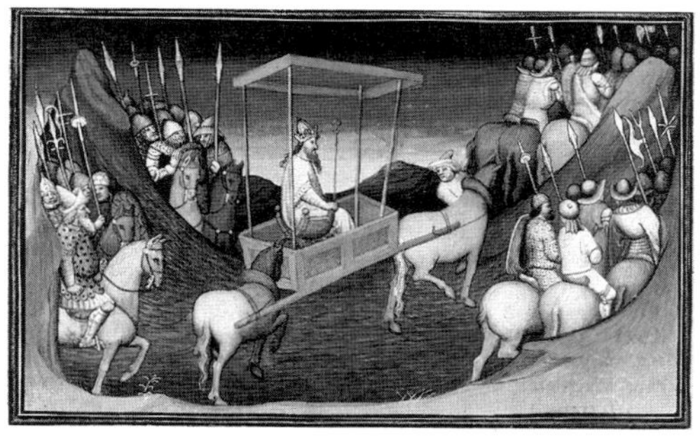

Le voyage en litière de Kubilay Khân.

Marco Polo en voyage. Livre des Merveilles.

En 1266, Kubilay les accueillit effectivement avec beaucoup d'égards. Curieux de l'Occident, il les questionna et, les considérant comme les représentants de la Chrétienté, il leur confia un message adressé au pape, pour lui réclamer l'envoi de *jusqu'à cent hommes savants pour enseigner la religion et la doctrine chrétiennes* et une tablette d'or gravée du sceau impérial à la fois sauf-conduit et ordre de réquisition, qui devait leur permettre de rentrer sans encombre et plus riches qu'ils ne l'avaient jamais été.

En arrivant à Saint-Jean-d'Acre, en 1269, ils apprirent que le pape qu'ils avaient connu était mort depuis longtemps et que celui qui l'avait remplacé, Clément IV, venait de décéder. Ils devaient donc attendre la nouvelle élection pour retourner en Chine. Le temps passant, ils en profitèrent pour aller à Venise qu'ils avaient quittée depuis tant d'années. Nicolo qui avait laissé son épouse enceinte, apprit qu'il était veuf et le père d'un fils âgé de quinze ans, Marco. Deux ans plus tard le pape n'était toujours pas élu et, craignant de perdre la confiance de Kubilay, Nicolo et Matteo choisirent de repartir en emmenant avec eux le jeune Marco. Ils passèrent à Acre où Teobaldo Visconti leur remit des lettres pour le Khân avant d'être désigné comme le successeur de saint Pierre sous le nom de Grégoire X. A cette nouvelle, les Polo qui étaient déjà partis rebroussèrent chemin mais en dépit des bonnes relations qu'ils entretenaient avec le nouveau prélat, celui-ci ne leur accorda, comme escorte de religieux, que deux moines anonymes qui d'ailleurs les abandonnèrent aux premiers signes de fatigue (1272). Les détours pour éviter les zones de conflit, puis la maladie de Marco en Afghânistân et enfin la longue attente à Zhangye firent qu'ils ne purent revoir Kubilay qu'en 1275. L'empereur, séduit par la personnalité du jeune Marco et sensible à sa connaissance du mongol, et peut-être du chinois, le mit à l'épreuve en l'envoyant en mission dans le Yunnan (1277-1278 ?). Ayant rempli ce premier mandat avec succès, Marco Polo aurait ensuite occupé un poste administratif à Yangzhou (ville du Jiangsu située au nord-ouest de Shanghai) et effectué plusieurs ambassades à Ceylan (1284 ?) et au Campâ (Annam) vers la fin des années 1280. Malgré leur réussite dans l'entourage du Khân, il semblerait que les Polo aient eu certaines difficultés à repartir. Cependant l'escorte d'une princesse envoyée, en 1291, comme épouse du nouvel Ilkhân de Perse, Arghûn petit-fils de Hulagu, devait leur en fournir l'occasion. Mais le voyage par la Route de la Soie étant devenu impossible par suite des discordes opposant les différentes factions mongoles d'Occident, ils optèrent pour la voie maritime. La traversée leur prit trois ans pendant lesquels Kubilay et Arghûn moururent ainsi que la plupart des gens qui accompagnaient la princesse. Après avoir confié la jeune femme au successeur d'Arghûn, les Polo purent enfin regagner Venise en 1295.

Les aventures de Marco n'étaient cependant pas terminées. En 1298, au cours d'une escarmouche avec les Génois, il fut fait prisonnier. Pour tromper son ennui il dicta ses mémoires à Rusticien de Pise (Rusticello), son compagnon de cellule. Le reste de sa vie fut plus paisible. Comblé d'honneurs, riche à millions et des mille fois mille merveilles qu'il avait connues, il rédigea une seconde version revue et augmentée de sa relation qu'il appela simplement *Le Livre de Marco Polo*. Entouré de son épouse et de ses trois filles il mourut à Venise en 1324. Son récit lui survécut, repris par de nombreux copistes qui lui donnèrent des titres à la mesure de leur étonnement. Il existe ainsi quantité de manuscrits intitulés *Le Livre des Merveilles, Les Merveilles du Monde* ou encore, en Italie, *Il Milione*, qui tous laissèrent ses contemporains incrédules devant tant de choses inouïes lui ayant valu, déjà de son vivant, le surnom à la fois moqueur et envieux de « *Messer Milione* ».

En Occident, les premières répercussions de l'ouverture de la Route de la Soie sont d'autant plus difficiles à déterminer qu'une certaine confusion entoure l'interprétation de la transcription latine des textes du IVe au Ier siècle av. J.-C. Les *bombycinae vestes*, ou *Coae vestes*, que Pamphile tissait en son île de Cos, étaient obtenus, selon Aristote, par le dévidage du cocon d'un insecte que Pline mentionne encore sous le nom de « Bombyx d'Assyrie ». Outre cette éventuelle soie sauvage dont le papillon, censé la produire, ne put jamais être formellement identifié[22], il y eut sans doute confusion avec les *Sericae pelles*, « toisons sériques » qui, provenant d'Asie centrale, étaient probablement des fourrures plutôt que de la soie, tissée ou non, en provenance de Chine.

En revanche, au tout début de notre ère, ce fut sans doute déjà à l'encontre de la soie chinoise que, sous Tibère, le Sénat romain promulga une loi en interdisant le port aux hommes. Cependant, Caligula, Titus et Vespasien n'hésitèrent pas à enfreindre la loi en s'exhibant publiquement *sericatus*, c'est-à-dire portant certaines pièces de vêtement en soie. Mais ce fut Elagabale (Héliogabale, 204-222) qui, le premier, eut l'audace de se montrer *holoserica vestis*, entièrement vêtu de soie. L'exemple devait être suivi car, au IVe siècle, la société romaine décadente était toute entière *sericata*. Toutefois, malgré une mode sans cesse grandissante, la soie resta toujours associée, dans la Rome ancienne, à l'idée de luxe indécent, sinon de luxure, « en voilant le corps des danseuses, des actrices et des courtisanes, sans rien en dissimuler ».

Chantée par les poètes, condamnée par les moralistes, les prêtres de la nouvelle foi chrétienne frappèrent bientôt d'anathème ceux qui osaient encore s'habiller de soie. Mais, après un court purgatoire, elle entra dans les églises où sa richesse para les autels et vêtit les saints. Puis les prélats succombèrent à la tentation, rendant du même coup sa vocation séculière à la soie dont le succès ne devait plus connaître d'éclipse dans les siècles à venir.

Au milieu du VIe siècle, l'importation clandestine de « graines » (œufs) de vers à soie à Byzance[23] devait modifier notablement les cours d'un marché jusque-là ruineux. Depuis quelques temps déjà, de nombreuses filatures syriennes, phéniciennes ou égyptiennes, approvisionnaient les ports de Méditerranée avec des étoffes fabriquées à partir de soie non tissée ou de rouleaux de soieries achetés en Perse. L'Empire byzantin soucieux de briser ce monopole, développa sa propre sériciculture en installant des magnaneries dans le Péloponèse qui se couvrit de mûriers et fut alors appelé « Morée », un nom qui devait longtemps lui rester. Elle le conserva en effet même après la fin de la dynastie macédonienne, au XIe siècle, à l'époque des premières croisades, lorsque les Arabes introduisirent, à leur tour, la sériciculture en Espagne, tandis qu'un peu plus tard, Roger II créait également des magnaneries dans son royaume des Deux-Siciles.

Dès lors l'élevage du ver à soie et les filatures se répandirent en Italie puis en France où Louis XI établit les premiers ateliers royaux à Tours, en 1470.

Le développement des industries de la soie en Europe occidentale, entre le XIe et le XVe siècle, devait coïncider avec la désorganisation progressive des voies marchandes d'Asie centrale qui avaient fait la gloire de la Route de la Soie. Il n'en reste pas moins que, pendant près de quinze siècles, l'Orient et l'Occident se sont rencontrés sur ces chemins. Sans les échanges qui s'y sont produits, ni l'Europe ni la Chine ne seraient tout à fait ce qu'elles sont devenus.

22. Il existe d'autres papillons que le fameux bombyx du mûrier susceptibles de donner de la soie, celle-ci étant dite « sauvage » car ces espèces ne sont généralement pas élevées, mais leurs cocons récoltés dans la nature. La plupart de ces papillons sont originaires des régions tropicales (Inde, Chine, Japon, Afrique et même Mexique) mais certains Lasiocampides du Bassin méditerranéen ont pu être utilisés. La qualité du tissu n'égalait sans doute pas celle des tussors, ni même celle du voile de lin des « robes médiques », expliquant pourquoi la production en fut si rapidement, et si totalement, abandonnée.

23. Que ce soit 553, 554 ou 555, les historiens ne s'accordent guère sur la date à laquelle des prêtres nestoriens, pour les uns, ou des moines de Saint-Basile, pour les autres, ont rapporté à la Cour de l'empereur Justinien des œufs de vers à soie, dissimulés dans un « bambou ». Leur provenance est tout aussi incertaine : venaient-ils de l'Inde ou de l'Asie centrale ? L'hypothèse la plus probable reste toutefois la ville, souvent citée, de Boukhârâ proche de Samarqand et de Tashkent. Mais à propos du fameux « bambou », il est intéressant de noter que c'est également dans une canne creuse que, en 1860, un consul français en poste au Japon rapporta des œufs d'*Antheraea yamamay*, un papillon dont les cocons fournissent l'une des meilleures soies sauvages. Comme en Chine autrefois, leur exportation était interdite, sous peine de mort. Mais, toutes les tentatives d'élevage dans le midi de la France furent des échecs.

L'illustration Cabanes et clayons *du* Manuel des procédés de fabrication, *écrit par Song Yingxing et publié au* XVII*e siècle, décrit une scène de la "montée". "On installe des clayons de bambou sur un support à deux mètres au-dessus de la terre et on veille à ce qu'ils soient bien aérés. On y pose des tiges de blé ou de riz et on chauffe le dessous par des feux, pour que les insectes montent et commencent à filer leur cocon. La soie ainsi séchée conserve longtemps sa qualité".*

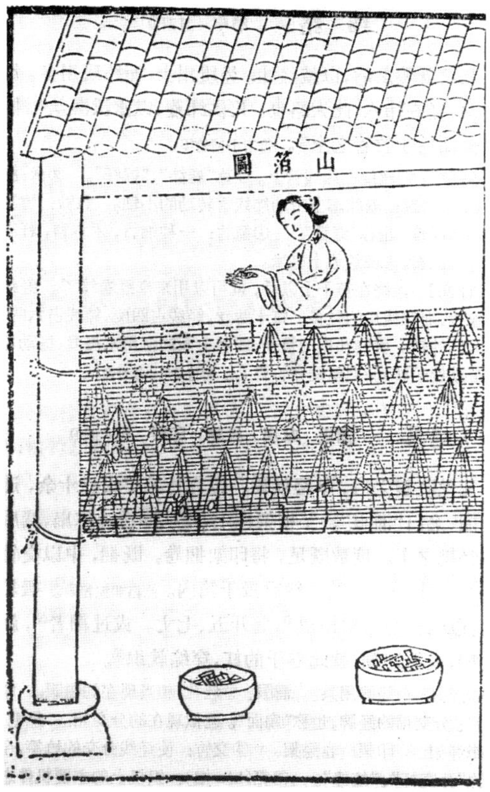

L'illustration Dévidage *du* Manuel des procédés de fabrication *décrit une scène de dévidage. "Sur un feu de roseaux secs on fait chauffer de l'eau contenant des cocons. Lorsque l'eau a bouilli, on trouve facilement, avec une fiche de bambou, des bouts de soie à la surface de l'eau. On fait ensuite passer le fil de soie par le chas d'une aiguille de bambou, puis, on l'attache à un aspe à pédale..."*

L'illustration Métier à tisser *du* Manuel des procédés de fabrication. *La tisserande fait fonctionner la navette, tandis qu'une autre ouvrière placée en haut manipule sans cesse les fils de chaîne, en s'accordant parfaitement aux mouvements de la première, pour faire des étoffes à dessins, d'après un croquis. Les Chinois avaient maîtrisé cette technique au plus tard sous la dynastie des Shang (*XVI*e siècle-*XI*e siècle av. J.-C.). A la période du règne de l'empereur Xuandi (73-49 av. J.-C.) des Han, la femme de Chen Baoguang apporta des innovations à ce métier. Elle tissa vingt-quatre pièces de brocart à motifs de poterie et de massette et vingt-cinq pièces de soierie fine qui furent ensuite offertes comme précieux cadeaux par le général Huo Guang. Au* III*e siècle, ce métier à tisser des étoffes à dessins connut encore une amélioration qui permet de produire des étoffes encore plus belles aux dessins infiniment variés. En 237, on offrit une grande quantité de ces étoffes à des envoyés japonais.*

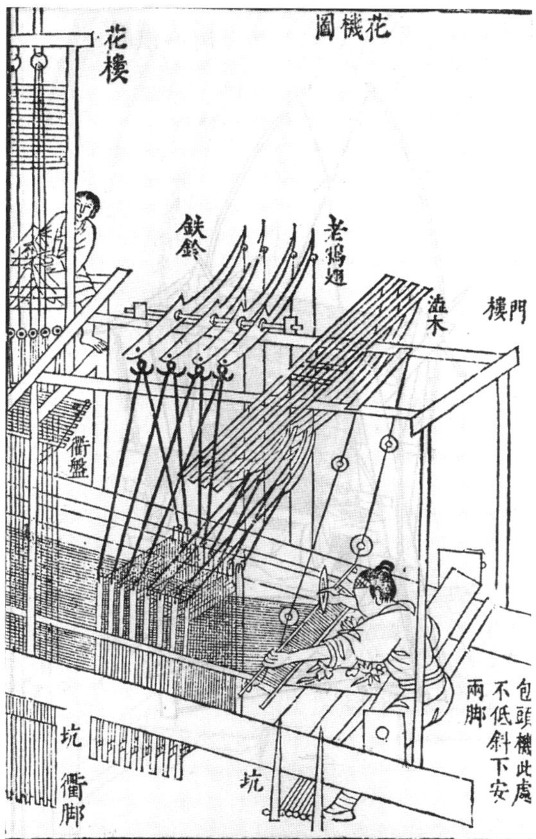

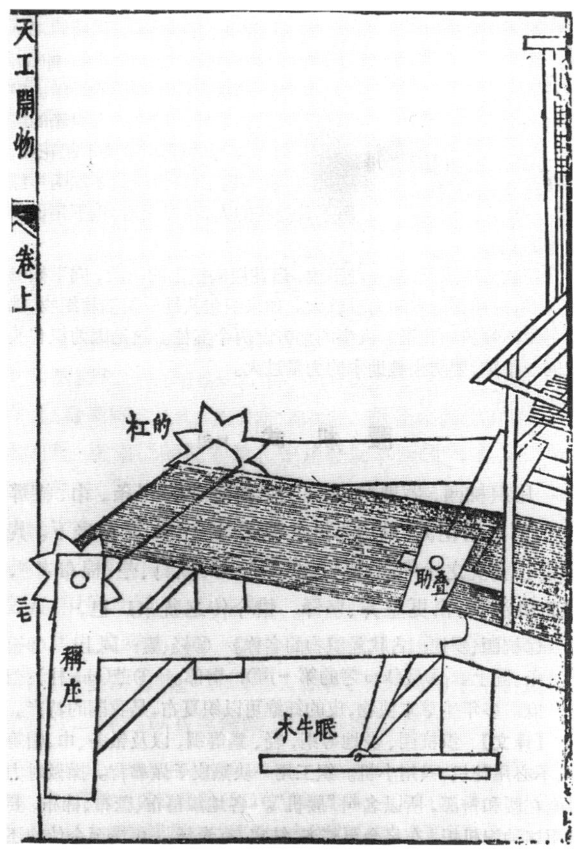

古都西安
第二章

CHAPITRE 2

LES ANTIQUES CAPITALES DE LA CHINE DYNASTIQUE

Ci-contre : *Statuette en terre cuite d'une femme assise, trouvée à Jiaojiacun, sur le site du mausolée de Qin Shihuangdi, dans le district de Lintong (Shaanxi) en 1964. Hauteur : 64,5 cm. Musée national de Pékin.*

Emplacement des anciennes capitales de la région de Xi'an

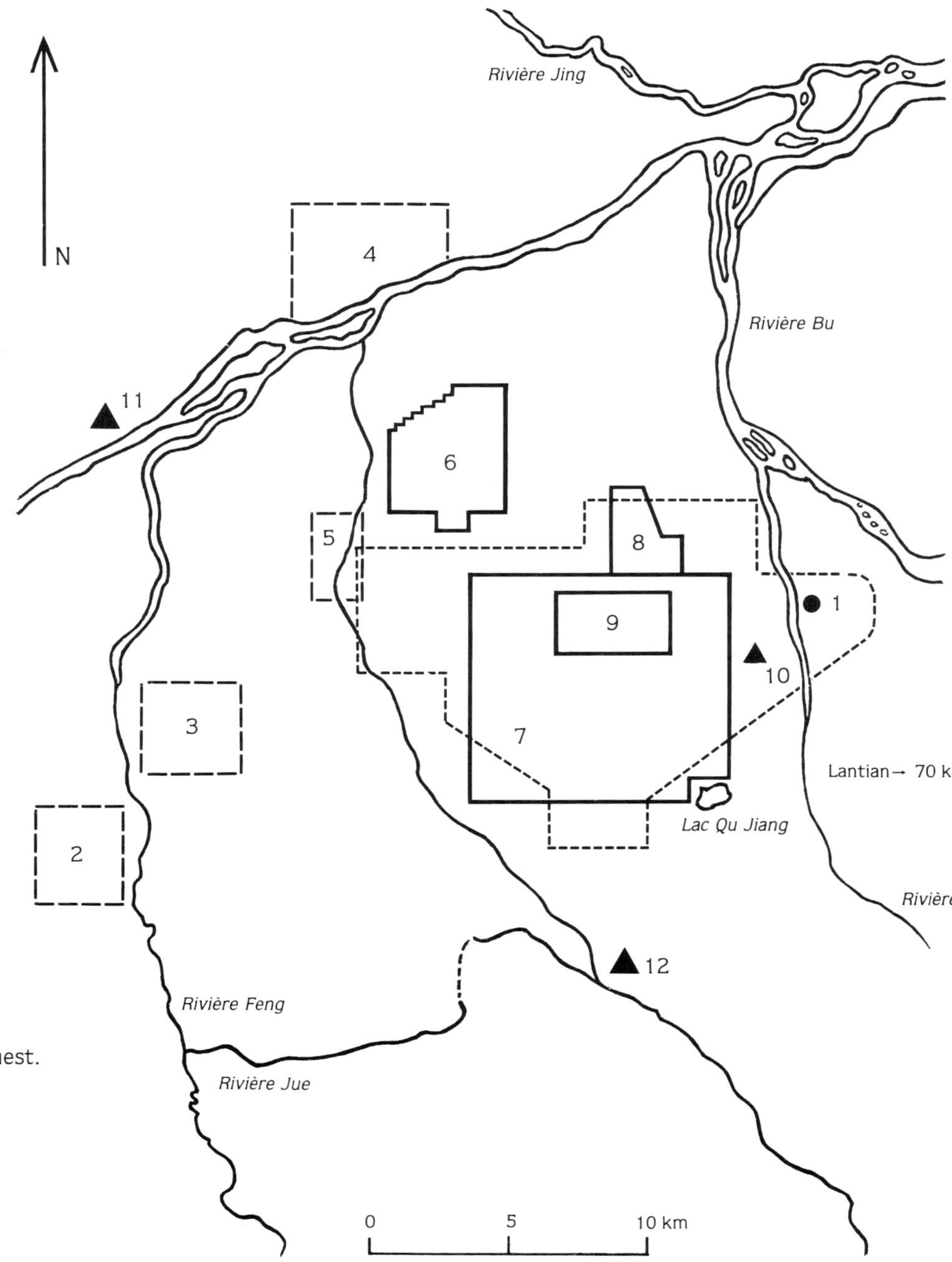

LANTIAN : Site paléolithique de l'*Homme de Lantian*

1. BANPO : Village néolithique.
2. FENG : Capitale du roi Wen, des Zhou, vassal du dernier souverain de la dynastie des Shang.
3. GAO : Capitale des Zhou de l'Ouest, fondée par Wu, fils de Wen et vainqueur des Shang.
4. XIANYANG : Capitale de la dynastie des Qin.
5. EFAN GONG : Palais *Efang* (dynastie des Qin).
6. CHANG'AN : Capitale de la dynastie des Han de l'Ouest.
7. CHANG'AN : Capitale de la dynastie des Tang.
8. CHANG'AN : Palais *Daming* (dynastie des Tang).
9. XI'ANFU : Préfecture sous la dynastie des Ming.
10. Ville actuelle de XI'AN.
11. Ville actuelle de XIANYANG.
12. District actuel de CHANG'AN.

Chronologie

NOM	*ÉPOQUE*	*DATES*	*DURÉE*
LANTIAN	Paléolithique	— 1 million d'années	
BANPO	Néolithique	IVe millénaire av. J.-C.	
FENG	Règne de Wen	XIe siècle av. J.-C.	50 ans env.
GAO	Zhou de l'Ouest	XIe siècle - 771 av. J.-C.	350 ans env.
XIANYANG	Royaume de Qin	475-221 av. J.-C.	254 ans
XIANYANG	QIN	221-207 av. J.-C.	14 ans
CHANG'AN	HAN DE L'OUEST	206 av. J.-C. - 8 ap. J.-C.	214 ans
CHANG'AN	Règne de Xin	9-24	15 ans
CHANG'AN	Régne de Mindi (Jin de l'Ouest)	313-316	3 ans
CHANG'AN	Zhao antérieurs	318-329	11 ans
CHANG'AN	Qin antérieurs	351-383[1]	32 ans
CHANG'AN	Qin postérieurs	384-417	33 ans
CHANG'AN	Wei de l'Ouest	535-557	22 ans
CHANG'AN	Zhou du Nord	557-581	24 ans
DAXING*	SUI	581-618	37 ans
CHANG'AN	TANG	618-907	289 ans

* Capitale impériale.

1. à Ye, de 384 à 394.

La ville « Phénix »

Figurine en terre cuite vernissée d'une femme à genoux tenant un vase, trouvée à Xi'an et datant de la dynastie des Tang. Musée provincial du Shaanxi.

De nos jours, Xi'an est une grande cité industrielle, chef-lieu de la province du Shaanxi, mais les rumeurs qui montent de ses usines modernes ne font que répercuter les échos millénaires d'un passé prestigieux.

La plaine de la Weihe, où elle fut édifiée, occupe une vaste superficie dans le bassin du Huanghe (fleuve Jaune). La douceur du climat et la fertilité des terres en avaient fait, dès la préhistoire, l'un des berceaux de la culture chinoise. C'est précisément dans cette région qu'auraient vécu, il y a plus de 6 000 ans, les ancêtres de la nation actuelle. C'est encore à Xi'an — ou dans ses environs immédiats — que furent instaurées les capitales de onze dynasties ou royaumes, durant plus de onze siècles, en dépit des périodes d'oubli ou de désaffection.

En conquérant les divers Etats féodaux (Royaumes combattants) qui composaient alors le territoire chinois, Ying Zheng (259-210 av. J.-C.) fonda, sous le nom de Shihuangdi, le premier Empire et la dynastie des Qin (221-207 av. J.-C.) tandis que *Xianyang,* auparavant première ville du royaume, était proclamée capitale impériale. Etant donné l'importance de cette première dynastie féodale de Chine qui détenait un pouvoir unifié et centralisé, d'une part, et la troublante similitude de consonance entre *Qin* et *Chine,* d'autre part, il est probable que c'est de cette époque que date le nom donné au pays. Toutefois, à la suite de graves troubles sociaux dus à une exacerbation des tensions sociales, la dynastie fut renversée, peu de temps après la mort de Shihuangdi, par un soulèvement paysan d'une ampleur sans précédent dont l'aboutissement devait être l'avènement des Han de l'Ouest (206 av. J.-C. - 8 ap. J.-C.).

Cependant, que ce soit sous cette dernière dynastie (206 av. J.-C. - 8 ap. J.-C.), celle des Sui (581-618) ou celle des Tang (618-907), Xi'an demeura le centre politique, économique et culturel de la Chine ancienne puis, en tant que tel, commanda toutes ses relations avec le monde extérieur à l'Empire. C'est donc de cette grande métropole orientale, dont le rayonnement n'avait rien à envier à celui de Rome ou de Byzance en Occident, que partit la Route de la Soie par laquelle se tissèrent, au fil des siècles, d'extraordinaires réseaux d'échanges entre des peuples et des civilisations qui, jusque-là, s'étaient ignorés.

L'essor de la capitale ne débuta toutefois que sous les Han de l'Ouest qui, en deux siècles de stabilité politique, procurèrent au pays un élan remarquable sur le plan économique et en firent une véritable puissance. La ville, déplacée au sud de la rivière Wei, par rapport à l'ancienne Xianyang, prit pour la première fois le nom de *Chang'an* sous lequel elle devint bientôt fameuse. La muraille d'enceinte, commencée en 194 avant notre ère, fut construite en cinq ans. Formant un quadrilatère presque carré de 26 km de périmètre, édifiée en terre battue, elle fut cependant assez solide pour avoir résisté à vingt siècles de batailles et d'intempéries. Elle était percée de douze accès, chacun d'eux comptait trois portes dont celle du centre, la plus haute, était traditionnellement réservée à l'empereur. Quant à la cité, il n'en reste que le tracé de larges avenues, au nombre de huit, coupées de cent soixante rues transversales. On y a également découvert la trace de tout un système de drainage. Les curieuses poteries pentagonales, exposées au musée de la province du Shaanxi, ne seraient autres que des morceaux de la canalisation du collecteur, installé sous la muraille.

Au contraire, rien ne subsiste, ou presque, de ses nombreux palais reliés entre eux par des galeries couvertes et des pavillons. Les palais *Changle* (Joie durable), *Weiyang* (Eternité), *Beigong* (Nord), *Guigong* (Osmanthus[1]) et *Mingguang* (Clarté lumineuse) ont disparu, détruits tout au long des guerres qui ébranlèrent les siècles. Seul un tertre

1. *Osmanthus fragrans :* nom scientifique d'un arbre chinois aux fleurs jaunes très odorantes (*Guihua*), célèbre dans tout le pays par la légende de Chang-e, la déesse de la Lune. Epouse du redoutable archer Yi, dont l'un des exploits fut d'abattre de ses flèches neuf des dix soleils mythiques, elle lui vola le secret de l'immortalité sur les conseils du Lapin de Jade. Réfugiée sur la Lune, elle y vit depuis sous un osmanthus avec, pour seule compagnie, son complice. Et, tandis qu'elle s'ennuie et se lamente de son exil volontaire, le Lapin de Jade s'efforce de trouver un moyen de revenir sur terre en le cherchant dans les feuilles et les fleurs de leur arbre, qu'il pile sans relâche dans un mortier ...

solitaire, haut d'une dizaine de mètres, que l'on voit encore au sud-ouest de la ville, témoigne toujours de l'emplacement du palais *Weiyang.* Comme pour justifier son nom, en dépit des injures du temps, des fragments épars de briques et de tuiles jonchent ses fondations, en ultimes vestiges d'une prospérité révolue.

Mis en chantier en 199 avant notre ère, l'édifice comportait une quarantaine de salles et de pavillons, d'une rare magnificence, réservés à la Cour des Han. Mais il faut se reporter aux annales pour en mesurer tout le luxe. Ainsi la salle *Qiandian* (de devant), orientée d'est en ouest, mesurait 183,3 m de longueur sur 50 m de largeur avec une hauteur sous plafond de 12 m. C'est probablement là que, à deux reprises, en 139 puis en 119 avant notre ère, Zhang Qian prit congé de l'empereur Wudi avant de partir en mission vers les Contrées occidentales. De même qu'à son retour, il dut y rendre compte de ses voyages devant l'assemblée des dignitaires, contribuant ainsi à ouvrir des perspectives nouvelles à la dynastie des Han comme à celles de leurs successeurs.

Dès lors, suivant son exemple, des *« délégations de cent à plusieurs centaines de personnes quittant la capitale ou y revenant, se croisaient en chemin ».* De cinq à plus de dix missions étaient envoyées chaque année à l'étranger et ne rentraient parfois que huit ou neuf ans plus tard. Des ambassades de la Cour des Han parvinrent ainsi jusqu'en Parthie (Iran) au Yancai (Aorsi), au Liqian (Byzance), au Tiaozhi (face au golfe Persique) et au Shendu (Inde).

Sur l'ordre du roi de Parthie, 20 000 cavaliers, généraux en tête, se portèrent à la frontière pour accueillir l'ambassadeur chinois. A son retour un émissaire parthe l'accompagna jusqu'à Chang'an, apportant à l'empereur Wudi *« de gros œufs »,* probablement d'autruche, et amenant *« un magicien romain capable d'avaler un sabre et de cracher du feu, de se ligoter et de se délier... ».* Autant de prodiges qui gagnèrent très vite les faveurs de la Cour impériale.

Avec le développement des communications entre la Chine et les pays de l'Ouest un courant d'échanges s'établit bientôt dans les deux sens. Tandis que l'or, les soieries, les objets de laque et de bambou se répandaient dans une grande partie de l'Asie, affluèrent vers la capitale chinoise des bijoux, des pierres précieuses, des plantes et des animaux en provenance d'Occident. Ainsi les chevaux du Dayuan, une race encore produite de nos jours au Ferghâna en U.R.S.S., furent élevés dans l'enceinte du palais impérial. Des éléphants, des lions, des autruches, des rhinocéros et d'autres bêtes exotiques offerts par des souverains étrangers peuplèrent le parc de Shanglin, chasse gardée de l'empereur. Enfin, parmi les nombreux végétaux, importés successivement à Chang'an, se trouvaient la vigne, le sésame, le noyer, la fève et le grenadier. Tandis que, par ailleurs, l'élevage des chevaux suscitait les premières cultures de luzerne dans la plaine de la Weihe.

A mesure que s'accroissait le prestige de la Cour des Han, le nombre des ambassades étrangères en visite à Chang'an ne cessa d'augmenter. A tel point qu'il devint nécessaire d'instituer une charge particulière pour un fonctionnaire, le *dahonglu,* spécialement affecté aux réceptions officielles. Il fallut également mettre en chantier une résidence, le *Manyidi,* pour l'hébergement des hôtes de l'empereur. Chaque délégation recevait un accueil solennel et, lors des cérémonies de bienvenue, il leur était remis des cadeaux de grande valeur. Ensuite, elles accompagnaient, dans le pays, les visites officielles du souverain qui trouvait ainsi l'occasion de leur donner la mesure de ses richesses et de sa puissance.

Après la chute de la dynastie, en l'an 8, la guerre, avec son cortège de pillages et d'incendies, ne tarda pas à ruiner l'ancienne capitale, n'en laissant qu'une morne bourgade dont la population ne *« dépassait pas une centaine de familles ».* Succédant à l'éphémère dynastie Xin (9-24), les Han de l'Est (25-220) transférèrent leur capitale à Luoyang, dans le Henan. Mais par la suite, et bien qu'à plusieurs reprises elle ait été restaurée capitale impériale, Chang'an devait connaître près de six siècles d'éclipse avant de recouvrer toute sa gloire et de redevenir la première place du commerce extérieur en Chine.

Figurines funéraires en céramique des Han de l'Ouest. Ils portent un bouclier dans la main gauche et tendent la droite en avant comme pour tenir une arme. Hauteur moyenne : 45 cm. Trouvées dans la province du Shaanxi.

Xi'an à travers les âges

Le site privilégié qu'offre la plaine de la Weihe n'a pas seulement suscité, jadis, une étonnante succession dans le choix de cette région particulière pour la fondation des capitales historiques de la Chine ancienne. Il semblerait au contraire que depuis les temps les plus reculés des peuplements primitifs s'y soient fixés. Ainsi, quelques dizaines de kilomètres à l'est de la ville moderne, la mise au jour du gisement de Lantian a livré, sur plusieurs niveaux, de nombreux fossiles d'animaux, dont un intéressant équidé à trois doigts, un important outillage lithique et, surtout, un crâne d'Hominien, découvert en 1964, connu désormais sous le nom d'*Homme de Lantian*. Une première étude l'avait daté à environ 500 000 ans, mais de récentes mesures paléomagnétiques effectuées à l'Institut de l'Homme de Lantian, sous la direction des Professeurs Bai Yuxian et Fan Weiyue, ont estimé son âge à 750 000-800 000 ans.

Plus proche dans le temps et, aujourd'hui, recouvert par un faubourg de Xi'an, le village néolithique de Banpo constitue un précieux témoignage sur la société matriarcale, typique du bassin du Huanghe, il y a 6 000 ans. L'agglomération était organisée en trois quartiers distincts. Le premier, entouré d'un fossé large de 5 à 6 m, plus probablement destiné au drainage qu'à un quelconque système défensif, regroupait 45 maisons à demi enterrées, 2 étables et 200 silos pour les réserves alimentaires. Des sols d'habitation ont été retirés plus de 10 000 outils, d'os ou de pierre taillés, d'une facture remarquable de finesse. A l'est du premier, le deuxième quartier était celui des potiers avec leurs fours et leurs ateliers. Les objets de terre cuite, qui y furent retrouvés, sont généralement de couleur rouge à motifs géométriques noirs et gris ou encore ornés d'impressions en relief de textile. Un autre sujet figurant souvent sur ces poteries est un curieux poisson à tête humaine sans doute issu des croyances de cet ancien peuple. Au nord, enfin, le cimetière dans lequel ont été dénombrées 243 sépultures contenant parfois un seul corps mais aussi deux ou quatre regroupés selon le sexe. Les morts avaient été inhumés avec leurs objets personnels, ustensiles ou ornements. Par ailleurs, les restes de dix-sept enfants ont été retrouvés simplement enterrés près des maisons, dans des urnes d'argile. D'après les graines, découvertes lors des fouilles, et les décors textiles des poteries, il apparaît que ces gens pratiquaient l'agriculture et possédaient également la technique du tissage, preuves d'une culture déjà très avancée.

La renaissance de Chang'an

En 581, après avoir réunifié la Chine, Yang Jian, devenu l'empereur Wendi des Sui, élut sa capitale à Chang'an et fit construire, au sud-est de la cité, une ville nouvelle, *Daxing*, dont les travaux ne furent achevés que sous les Tang. Considérablement agrandie sous cette dynastie, sa périphérie atteint 35,5 km, débordant de plus de six fois et demi la Xi'an des Ming construite sur le même emplacement au XIVe siècle et dont les vestiges existent encore de nos jours. Sa population a été estimée à environ un million d'habitants.

L'agglomération se divisait en trois secteurs distincts. Au nord, sur l'un des axes médians, se dressait le palais impérial. L'empereur y résidait avec ses proches et donnait audience dans la somptueuse salle du Trône. Devant ses portes sud, de l'autre côté de la grande avenue transversale large de 220 m, se trouvait la cité impériale, siège du gouvernement mais aussi lieu de culte avec les temples dédiés aux ancêtres et aux divinités. Enfin, entourant la cité et les palais impériaux sur leurs trois côtés, est, sud et ouest, la cité extérieure étendait ses quartiers populaires sur 9,5 km d'est en ouest et 8,4 km du nord au sud. La seconde artère médiane, large d'environ 150 m et perpendiculaire à la première, les traversait selon une direction nord-sud. Partant des *Chengtian Men* (portes sud du palais impérial) elle allait jusqu'aux *Mingde Men* (portes sud de la cité extérieure) en passant par les *Zhuque Men* (portes de l'Oiseau vermeil de la cité impériale).

Organisée autour des résidences de l'empereur et de son gouvernement, la ville était conçue selon un plan d'ensemble remarquable par sa géométrie. En effet, desservant les deux axes transversaux, onze boulevards latéraux orientés nord-sud et quatorze autres, du levant au couchant, la divisaient en 108 blocs avec les deux marchés de l'Est et de l'Ouest, tel un gigantesque échiquier. Cette symétrie rigoureuse, nouvelle pour l'époque, avait d'ailleurs inspiré à Bai Juyi, dans son poème *Regard sur la capitale du haut du belvédère de Guanyin*, ces deux vers significatifs :

Ces milliers de maisons disposées en damier,
Ces douze artères qui se croisent comme dans un potager.

De surcroît, toutes ces grandes voies, souvent de plus de 100 m de large, étaient bordées d'ormes ou d'acacias et disposaient d'un réseau d'égoûts.

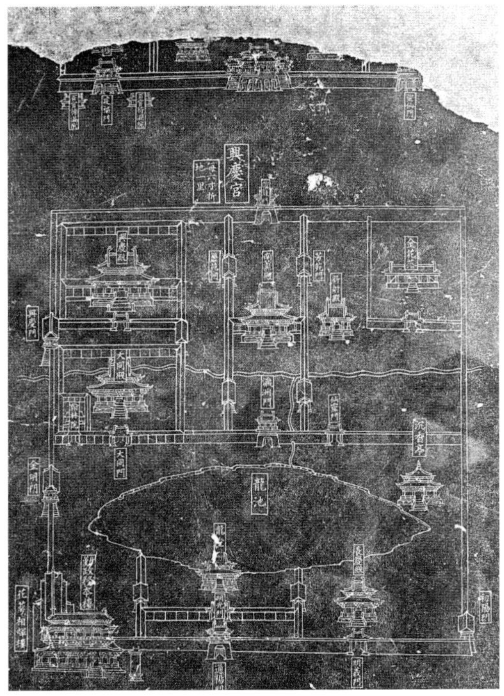

Plan de la cité et du palais Xingqing, construits à Chang'an en 714. Estampage d'une stèle en pierre gravée en 1080. Musée de l'histoire chinoise à Pékin.

Au nom de l'empereur ...

Aux aléas de la transcription s'ajoutent, en matière de civilisation chinoise, encore bien d'autres subtilités telles que cette coutume déroutante pour les Occidentaux, qui veut qu'un même empereur puisse être cité sous des noms différents selon les circonstances ou, simplement, au gré des historiens.
Il faut savoir qu'à l'instar de n'importe lequel de ses sujets le souverain possédait un nom de famille (*Xing*) et un prénom (*Ming*). Mais, comme le veut une habitude encore vivace en Chine et, déjà autrefois, répandue dans toutes les couches de la société, il prenait un pseudonyme de son choix (*Zi*).
Après sa mort, la tradition voulait qu'il ne soit plus évoqué que sous son « nom de temple » (*Miao Hao*). Toutefois ses successeurs au trône pouvaient également lui décerner des titres posthumes (*Shi*).
Par ailleurs, chaque monarque avait le pouvoir de décréter une ou plusieurs « ères » (*Nian Hao*) en fonction d'événements qu'il jugeait marquants. Leur nombre était très variable. Cependant, lorsqu'un règne ne connut qu'une seule « ère », celle-ci devint déterminante d'une période historique précise et put ainsi être utilisée pour désigner l'empereur qui l'avait instaurée.

Pour ne prendre, comme exemple, que le fondateur de la célèbre dynastie des Tang, ses différents noms et titres se décomposaient ainsi :
Nom de famille (*Xing*) : Li
Prénom (*Ming*) : Yuan
Pseudonyme (*Zi*) : Shude
Nom de temple (*Miao Hao*) : Gaozu
Titres posthumes (*Shi*) : Tai Wu (635), Shen Yao (674), Shen Yao Da Sheng (749), Shen Yao Da Sheng Da Guang Xiao (754)
Ere (*Nian Hao*) : Wude.

Enfin, mais ceci ne concernait que les Chinois, le prénom d'un empereur était frappé d'interdit (*Hui*). Nul ne devait l'écrire, ni même le prononcer. Cette mesure se révélait d'une grande importance car, contrairement aux Occidentaux, les Chinois choisissent leur prénom dans le vocabulaire courant. Ainsi, la disparition de certains mots usuels obligeait à d'étranges circonlocutions particulièrement délicates en littérature, au théâtre comme dans la vie quotidienne ...

Tant de modernisme vient de ce que Daxing sous les Sui, puis la Chang'an des Tang ont été les premières villes chinoises pour la construction desquelles des principes d'urbanisme furent appliqués. L'architecte Yuwen Kai en fut le précurseur à l'époque des Sui, son œuvre ayant été poursuivie par Yan Lide, ministre des Travaux publics sous les Tang. S'inspirant des traditions anciennes, l'un et l'autre les adaptèrent aux contraintes d'une grande cité tout en innovant sur les plans de l'occupation des sols et du zonage. Leurs réalisations exercèrent par la suite une profonde influence sur l'architecture urbaine, tant en Chine que dans les pays voisins. Ainsi, c'est sur le modèle de Chang'an que furent bâties les capitales japonaises d'*Heijôkyô* (Nara), en 710, et d'*Heiankyô* (Kyôto), en 794.

Le palais *Taiji* (Faîte suprême), le plus important de la Chang'an des Tang, était en fait un héritage de la dynastie des Sui : il constituait déjà le plus bel ornement de Daxing, leur capitale. Mais en 634, Li Shimin, l'empereur Taizong[2] des Tang, désira offrir une villégiature d'été à son père Li Yuan. Il fit alors construire sur la terrasse de la Tête du Dragon, dans le Jardin interdit au nord-est de la ville, le palais *Yong'an* (Paix éternelle) qui, l'année suivante, changea de nom pour s'appeler palais *Daming* (Grande Clarté). En 662, cette vaste demeure séduisit Li Zhi, l'empereur Gaozong[3] des Tang, qui choisit de s'y installer après l'avoir fait agrandir. Par la suite, le palais *Daming* resta la résidence impériale de tous ses successeurs.

De nos jours, le monticule de lœss qui se profile à l'horizon, au nord-est de Xi'an, représente tout ce qui subsiste du somptueux édifice d'antan. Mesurant 75 m d'est en ouest et 42,3 m du nord au sud, cette plate-forme de terre battue n'est que le soubassement de l'ancienne salle centrale *Hanyuan*. Autrefois elle était reliée, de part et d'autre, par des galeries couvertes au pavillon *Qifeng* (Phénix perché) à l'ouest, et au pavillon *Xiangluan* (Dragon volant) à l'est, formant un ensemble monumental dans lequel la majesté le disputait à la beauté.

Un demi-siècle après les transformations du palais *Daming*, Li Longji, l'empereur Xuanzong[4] des Tang, fit édifier le palais *Xingqing* (Célébration des Fêtes) où il vécut avec sa favorite Yang Yuhuan[5]. Son emplacement présente aujourd'hui un aspect moins désolé que le site précédent car il est recouvert d'un parc à la végétation luxuriante où, dans le miroir des étangs, se reflètent des constructions de style ancien portant des noms précieux, dans la manière des poètes Tang, comme « *Pavillon des fleurs qui s'admirent* » ou « *Pavillon du parfum discret* »...

2. Li Shimin (599-649), empereur Taizong des Tang, deuxième fils et successeur de Li Yuan (566-635) fondateur officiel de la dynastie sous le nom de Gaozu. En réalité il fut tout d'abord officier dans l'armée de l'empereur Yangdi des Sui. Ayant fomenté une rébellion, il le renversa en 618 pour placer son père sur le trône. En 626, il se débarrassa de ses rivaux parmi lesquels ses deux frères dont l'ambition l'inquiétait. Aussi, devant le meurtre de ses fils, Gaozu préféra aussitôt abdiquer en sa faveur. Dès lors, excellent monarque, il réorganisa l'Empire en instituant les provinces et en réformant l'armée et l'administration. Tolérant, quant aux croyances, il admit à sa Cour des représentants de toutes les religions et, en particulier, des Nestoriens.

3. Li Zhi (628-683), empereur Gaozong des Tang, neuvième fils et successeur de Li Shimin.

4. Li Longji (685-762), empereur Xuanzong des Tang dont il fut le huitième monarque. Son règne, prospère, fut marqué par des lettrés (Li Bai) et des musiciens de grand talent. Toutefois sa favorite Yang Yuhuan lui conféra une célébrité douteuse et, à la suite de scandales dont le dernier fut la révolte du général An Lushan, il fut contraint d'abdiquer en 756. Il est également connu sous le nom de Ming Huang.

5. Yang Yuhuan (719-756), concubine impériale depuis 740, devint célèbre sous le titre de Yang *Guifei* que l'empereur Xuanzong lui conféra en 745. Sous son influence, la Cour sombra dans la débauche cependant qu'à force d'intrigues elle obtenait des postes importants pour son frère Yang Guozong et ses admirateurs. Parmi ces derniers se trouvait le général An Lushan, d'origine du Kang, qu'elle considérait comme son « fils adoptif ». Par ailleurs, une sourde rivalité opposait depuis toujours An Lushan à Yang Guozong et au prince héritier qui intriguèrent ensemble pour l'éloigner de la Cour. L'empereur se laissa convaincre et renvoya l'encombrant officier aux marches de l'Empire. Ne supportant pas son exil, An Lushan finit par donner raison à ses détracteurs en se rebellant et c'est à la tête de ses troupes qu'il revint à Chang'an. Xuanzong prit la fuite mais, lorsqu'il arriva à Maweipo, la garde impériale exigea, pour rester fidèle à son souverain, la mise à mort de Yang Guifei. Pour sauver sa vie, l'empereur fit alors étrangler sa favorite par l'un de ses eunuques (756).

Reconstitution dessinée de la grande salle Hanyuan du palais Daming "Grande clarté", de la dynastie des Tang. A partir de 663, les cérémonies officielles s'y déroulant, elle devint le centre politique de l'Empire. Cette salle était plus vaste que celle de l'"Harmonie suprême" construite plus tard dans le palais impérial de Pékin.

L'Académie impériale sous les Tang

Tout comme les Han avaient fondé leur puissance sur l'Empire hérité de la brève dynastie des Qin, les Tang portèrent la Chine de l'époque à son apogée en recevant des Sui, non moins éphémères, un pays réunifié après des siècles de guerre et de division. L'administration mise en place demeura inchangée. Les seules réformes entreprises ne visèrent qu'à renforcer un pouvoir centralisé. Parmi les innovations de leurs prédécesseurs la création d'une Académie impériale, menant au fonctionnariat, fut de celles qui eurent la plus grande incidence sur la société chinoise. Pour y accéder, l'empereur Wendi des Sui, avait institué un système d'examens qui, de son temps, fut assez mal exploité en raison du peu d'estime que le souverain témoignait aux lettrés. Mais, en s'inspirant des expériences antérieures, le fondateur de la dynastie des Tang, l'empereur Taizong, commanda une révision totale des statuts de l'Académie et des modalités d'entrée. Dès lors l'institution fut ouverte à des candidats issus de toutes les couches sociales, permettant ainsi aux gens du peuple comme aux nobles d'accéder aux rangs de fonctionnaires, selon leurs mérites.

L'Académie impériale des Tang (*Guozijian*) comportait six écoles distinctes, chacune étant destinée à des élèves appartenant à des classes différentes de la société, y compris les fonctionnaires, eux-mêmes répartis en 9 grades :
— *Guozi Xue :* école réservée aux fils de fonctionnaires du 1er au 3e grade (300 élèves) ;
— *Tai Xue :* école ouverte aux fils de fonctionnaires des 4e et 5e grades (500 élèves) ;
— *Simen Xue :* école recevant 1 300 élèves dont 500 issus de famille de fonctionnaires jusqu'au 7e grade, les 800 autres venant du peuple, choisis parmi les meilleurs sujets.

Les trois dernières écoles étaient destinées aux fils de fonctionnaires des 8e et 9e grades ou de condition populaire :
— *Lü Xue :* école de la Loi (50 élèves) ;
— *Shu Xue :* école de secrétariat (30 élèves) ;
— *Suan Xue :* école de mathématiques (30 élèves).

Il existait également deux autres écoles, hors catégories, destinées à l'éducation des fils de l'empereur, du premier ministre et de proches parents de l'impératrice :
— *Chongwen Guan :* école du palais des princes (20 élèves) ;
— *Hongwen Guan :* école de la chancellerie impériale (30 élèves).

Vase de deux couleurs faisant partie des céramiques dites Sancai. Il est blanc et vert (obtenu par des oxydes de cuivre). Conservé au musée du Shôsôin, à Nara (Japon).

L'âge d'admissibilité, dans ces établissements, était de 14 à 19 ans. La fin des études était sanctionnée par des examens exigeant une prodigieuse mémoire. En effet, chaque élève devait être non seulement capable de fournir une analyse approfondie de tous les textes qu'il avait étudiés mais les connaître également par cœur. La liste des reçus était ensuite envoyée au ministère des Affaires d'Etat (*Shanshu Sheng*) où les candidats subissaient une seconde épreuve devant un jury composé de membres du ministère des Fonctionnaires *(Libu)*. Malgré ce formalisme, des autodidactes pouvaient aussi se présenter au ministère des Affaires d'Etat sur recommandation des autorités provinciales, et participer à l'examen du ministère des Fonctionnaires. Tous les lauréats obtenaient immédiatement une place dans l'administration ou au gouvernement.
Durant toute la dynastie des Tang, l'attribution des postes d'Etat fut entièrement soumise au ministère des Fonctionnaires afin qu'aucun administratif ne puisse exercer dans sa propre ville, sauvegardant ainsi l'autorité du pouvoir central. A l'époque de l'empereur Taizong, les élèves de l'Académie impériale furent au nombre de 8 000, y compris les étudiants venus des provinces ou de l'étranger.

Le grenier aux merveilles

Situé dans l'enceinte du temple *Tôdai-ji* de Nara, au Japon, le *Shôsôin* est un bâtiment en bois, d'un type qui existait déjà en Chine à l'époque des Han. Construit à la manière d'une cabane de rondins, mais avec des poutres à section triangulaire, il mesure environ 33 m de longueur sur 9,40 m de largeur. Jadis ce genre d'édifice était destiné à entreposer le riz de l'impôt, ce qui explique pourquoi il est monté sur pilotis, au nombre de quarante, constitués de troncs massifs de 0,65 m de diamètre. Par ailleurs, l'humidité, en gonflant plus ou moins le bois, assure une climatisation naturelle de l'intérieur et, à l'extrême, le rend, paraît-il, hermétique. Sa date de construction est inconnue, mais, en 756, après la mort de l'empereur Shômu (724-748) l'impératrice Kôken ordonna six grandes cérémonies au cours desquelles elle dédia au grand Bouddha Vairocana (le célèbre *Daibutsu*), qui venait d'être consacré dans le temple *Tôdai-ji*, les collections ayant appartenu à son époux et à d'autres dignitaires de sa Cour. L'ensemble fut enfermé dans le *Shôsôin* du sanctuaire, accompagné d'états descriptifs. En 950, d'autres objets provenant d'un temple tributaire du *Tôdai-ji* y furent également déposés.

Heureusement préservé des ravages de la guerre et des incendies qui détruisirent, à plusieurs reprises, les édifices voisins, le *Shôsôin* est, aujourd'hui, le plus vieux musée du monde. Toutes les pièces qu'il renferme, et qui s'y sont admirablement bien conservées, datent du VIIIe siècle, si elles ne sont plus anciennes. Quelques-unes viennent du Japon mais la plupart furent rapportées de Chine et d'Asie centrale par des ambassadeurs. Les inventaires extrêmement précis fournissent de précieux renseignements sur la date et la provenance de chaque objet qui, ainsi, peuvent servir de référence.

Dans cet étrange et somptueux reliquaire impérial figurent à côté de peintures, de sculptures, d'instruments de musique et d'armes d'apparat, des turquoises d'Iran, des lapis-lazulis d'Afghânistân, des brocarts de soie d'époque sassanide, des vases perses à motifs hellénistiques ou scythes. S'y trouvent aussi quantité de pièces diverses en bois, métal, ivoire, jade, laque ou verre, des tapisseries, des étoffes, des céramiques, des marqueteries et bien d'autres richesses encore. Outre cet extraordinaire patrimoine artistique de l'Asie, le *Shôsôin* recèle le témoignage des connaissances scientifiques du temps sous la forme d'échantillons botaniques, zoologiques et minéraux, de médecines et de manuscrits.
Ayant traversé, intacte, les siècles, cette arche culturelle restitue aujourd'hui tout l'éclat des civilisations orientales à l'époque de l'apogée des Tang.

Bol en or découvert à Xi'an et datant de l'époque des Tang. Le joaillier qui œuvra à cette pièce utilisa des motifs traditionnels, tigres, dragons, nuages stylisés ainsi que des motifs étrangers tels que des raisins et des lotus, se servant de motifs floraux pour encadrer ses sujets. Musée provincial du Shaanxi.

Une métropole cosmopolite de l'Orient

Avec l'accroissement des échanges culturels et commerciaux par la Route de la Soie et les voies maritimes, la Chine dynastique connut son apogée sous les Tang, en même temps que Chang'an devenait le point de convergence de toutes les activités du pays. Dans ses rues, se côtoyaient des gens appartenant à plus de 300 États, régions, ethnies ou tribus reconnues à l'époque. Envois ou réceptions d'ambassades se succédaient sans discontinuer. Cette vie diplomatique intense était régie par des organismes spéciaux tels que l'Office des hôtes, le Bureau des réceptions ou l'Institut du protocole dont le développement avait suivi l'évolution des mœurs politiques. Ainsi, le seul *Daqin* (Empire byzantin) délégua à Chang'an en 643, 667, 701 et 719 ses plénipotentiaires qui offrirent à la Cour des rubis, des lions, des antilopes et bien d'autres présents de valeur. En retour, ils reçurent les soieries, les damassés et les taffetas tant recherchés par la mode du temps.

De même, entre 630 et 894, le Japon envoya en Chine treize missions comptant chacune de 200 à 600 personnes. Outre la représentation officielle qui comprenait un ambassadeur, son adjoint et divers fonctionnaires, tous les autres membres n'étaient en fait que des étudiants venus suivre les cours de l'Académie impériale des Tang. Rentrés dans leur pays, ces intellectuels jouèrent un rôle considérable par leur influence sur la culture nippone. Par ailleurs, les très riches collections d'époque tang conservées au musée du *Shôsôin* sont constituées d'objets et de présents rapportés de ces visites en Chine.

Venant de l'Asie tout entière nombres de savants, d'artistes et de religieux se rendirent dans la capitale chinoise. Affluèrent également, vers la métropole impériale, des artisans et des marchands qui se regroupèrent dans le marché de l'Ouest de la ville pour y vendre des bijoux et des pierres précieuses, des épices et des parfums, des plantes médicinales venues de pays lointains, des potions et des remèdes, ou encore des objets les plus divers. L'achalandage de ce grand marché attira bientôt les négociants en soieries qui, à leur tour, y ouvrirent boutique, transformant Chang'an en première place du commerce international de la soie. Mais, marchandages et transactions n'étaient pas les seules occupations possibles au marché de l'Ouest. Au milieu des étals, traditions et cultures se mêlaient dans les théâtres où se donnaient, dans toutes les langues, des pièces de tous les répertoires. D'autres rencontres se nouaient également dans les nombreux cabarets que le grand poète Tang, Li Bai, a évoqué en deux vers demeurés célèbres :

La blanche main d'une beauté étrangère
Invite, dans leur coupe d'or, les convives à s'enivrer...

Collier en or et pierres précieuses datant de la dynastie des Sui (581-618). Il imite la technique alors importée de Perse.

Ce profond brassage culturel devait beaucoup enrichir les arts traditionnels chinois et, plus particulièrement la musique et la danse. Parmi les fameuses *Dix Musiques* jouées à la Cour des Tang, les influences des minorités nationales ou de l'étranger au niveau de l'inspiration s'étaient manifestées bien auparavant, comme en a témoigné la musique de Liangzhou dont l'origine fut étroitement liée à l'histoire de la Route de la Soie, sinon à celle de la Chine ancienne. Elle remonte, en effet, à l'année 384 lorsque le *Qiuci* (aujourd'hui Kuqa, dans le Xinjiang) fut conquis par Lü Guang, général de l'armée des Qin antérieurs (351-394) et, de surcroît, mélomane. A l'époque, les musiques des Contrées occidentales jouissaient d'un grand renom. Celles de *Shule* (Kashi), du *Tianzhu* (Inde), de *Kang* (Samarqand) ou de *Gaochang* (Turpan) étaient célèbres, mais Lü Guang préférait, entre toutes, celle du Qiuci. Aussi, tandis qu'il s'apprêtait à regagner la capitale, juste après le retour du vénérable Kumârajîva, il décida d'emmener avec lui l'orchestre royal. Arrivant à Wuwei, la nouvelle de la chute des Qin antérieurs après leur défaite sur la Feishui et l'avènement des Qin postérieurs les empêcha d'aller plus loin. C'est là, qu'en 386 le général de la dynastie déchue devait se proclamer roi des Liang postérieurs (386-403). Sur le plan strictement musical, il advint que le répertoire du Qiuci put ainsi s'enrichir du folklore local, pour donner cette musique de Liangzhou qui connut une grande vogue dans la région du Hexi, avant d'être jouée, plus tard, à la Cour impériale avec un égal succès.

Comme il se devait, la chorégraphie suivit l'évolution de la musique et nombreux furent les poètes Tang qui chantèrent la grâce des « danses étrangères ». Enfin, bien qu'ils n'aient pas eu les mêmes répercussions, les apports ont été sensibles en matière de technique picturale. Il est ainsi probable que l'emploi du clair-obscur pour suggérer les reliefs, ait été emprunté à l'art indien et qu'il soit parvenu jusqu'en Chine par la Route de la Soie.

Tasse en or, à huit pans ornés en repoussé de figures de personnages, trouvée à Xi'an en 1970. On sent nettement l'influence persane dans la forme de cet objet précieux. Hauteur : 5,4 cm. Musée provincial du Shaanxi.

Estampage d'une stèle érigée en 718 et relatant en chinois et en syriaque l'introduction et la diffusion du nestorianisme en Chine. L'inscription en syriaque au bas de la stèle indique la date de 1092 selon le calendrier grec et donne le nom du commanditaire de la stèle, un évêque de Chang'an, fils d'un abbé du Tukhara. Le Tukhara était un État d'Asie centrale créé par les Grecs sur la rive sud de l'Amû-darya. Musée provincial du Shaanxi.

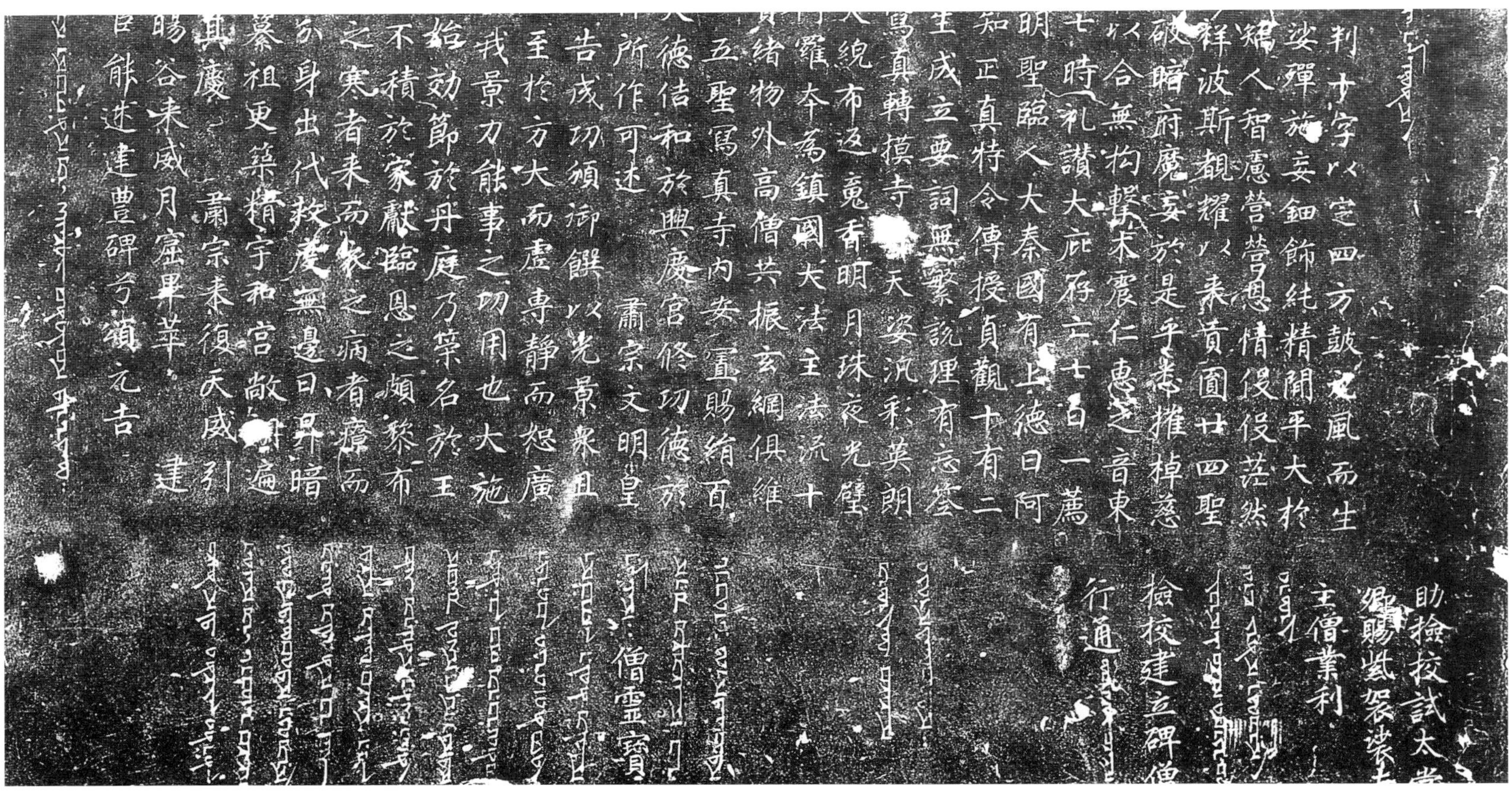

Chang'an des temples et des pagodes

En même temps que s'instauraient ces grands courants intellectuels, artistiques et commerciaux, la Chine s'ouvrit aux religions. Et, à Chang'an, auprès des lieux de culte traditionnels apparurent tout d'abord des temples bouddhiques puis zoroastriens, manichéens et nestoriens.

Résurgence de l'une des péripéties que connut la lointaine Eglise chrétienne orientale, le nestorianisme s'était développé à partir des théories de Nestorius (vers 380 ?-451), patriarche de Constantinople qui, professant la dualité du Christ, fut déclaré hérésiarque et condamné à l'exil par le concile d'Ephèse (431). Au Ve siècle, le christianisme étant devenu la religion officielle à Rome alors que Byzance était l'ennemie séculaire de l'Empire sassanide, Yazdgard II (438-457) puis ses successeurs accueillirent, par réaction, les hérétiques et tolérèrent, non sans quelques persécutions, l'établissement en Perse d'une secte nestorienne prospère. En 635, le prêtre nestorien Alopen, ou Aloben, vint à Chang'an enseigner sa foi. Une stèle, érigée en 781, deuxième année du règne de Jianzhong, l'empereur Dezong des Tang, porte une inscription rédigée en chinois, qui atteste la propagation de cette religion en Chine. En bas, quelques lignes en syriaque indiquent la date selon le calendrier grec et le nom de l'auteur. Ce document, aujourd'hui conservé au musée provincial du Shaanxi, constitue un précieux jalon pour ceux qui explorent les multiples chemins qui ont relié l'Orient et l'Occident au cours de l'histoire.

Une pierre tombale mise au jour à Xi'an en 1955 revêt la même importance. L'épitaphe, en chinois et en *pahlavi* (écriture sassanide), révèle qu'une certaine Ma, décédée en 874, était l'épouse de Su Liang, un zoroastrien de Chang'an. Ces gens étaient probablement des descendants de la colonie persane qui s'était installée dans la capitale chinoise, au milieu du VIIe siècle, après la chute de la dynastie des Sassanides, vaincue par les envahisseurs arabes musulmans. Parmi ces immigrés se trouvait le prince Fīrūz[6] qui avait trouvé asile à la Cour des Tang. Nommé « Grand Général, Vaillant-défenseur-de-l'aile-droite », il y vécut jusqu'à la fin de ses jours.

Parmi les différentes religions qui se sont répandues en Chine, aux premiers siècles de notre ère, le bouddhisme fut celle qui reçut la plus large audience. Des moines venant d'Asie centrale ou du Tianzhu (Inde), en chemin pour Chang'an, croisèrent sur la Route de la Soie leurs coreligionnaires chinois partant pour le pays du Bouddha en quête de textes sacrés. Des monastères, alors célèbres, comme Xingshan, Ci'en, Jianfu ou Chongfu, accueillirent ces voyageurs de la foi qui, tout en enseignant la religion, s'employaient surtout à traduire les *sûtra* du sanskrit en chinois.

De la Chang'an des Tang il ne subsiste aujourd'hui que bien peu de vestiges dont les plus remarquables, sinon les mieux conservés, sont la grande et la petite pagode de l'Oie sauvage. Située dans les faubourgs sud de la ville moderne, la grande pagode de l'Oie sauvage domine le monastère Ci'en où elle fut érigée en 652. Bâtie sur cinq étages avec une double cloison de briques comblée de terre battue, elle fut, quelque temps plus tard, mise à sac et détruite. Reconstruit de 701 à 704, le nouvel édifice comportait dix étages, dont sept seulement subsistent encore de nos jours, desservis par un escalier qui se trouvait dans l'épaisseur des murs. De son sommet, haut de 64 m, la vue embrasse le paysage environnant jusqu'aux monts Zhongnan au sud, les quartiers urbains du nord du Xi'an d'est en ouest, avec, au loin, dans le nord-ouest, la petite pagode de l'Oie sauvage.

Ces pagodes perpétuent la mémoire et l'œuvre de Xuanzang, un moine vénéré pour avoir été l'une des grandes figures du bouddhisme en Chine. Originaire d'une région correspondant à l'actuel district de Yanshi, dans la province du Henan, Xuanzang qui de son nom de naissance s'appelait Chen Hui, prit l'habit à Luoyang lorsqu'il avait treize ans. Vers l'âge de vingt ans, il était si érudit qu'on lui donnait le surnom de *Coursier-de-mille-lieues de l'Ecole de Çâkyamuni*. Cependant, parfaitement conscient des limites de ses connaissances, il était, en lui-même, fort désorienté par l'ambiguïté des traductions des textes sacrés en usage dans les monastères de l'époque. Aussi entreprit-il d'apprendre le sanskrit à seule fin d'étudier les *sûtra* dans leur version originale. En 629, il quitta Chang'an pour un long voyage vers l'ouest. Après avoir emprunté la Route de la Soie, il franchit la passe de *Lingshan* (passe de Kermuxiada, au sud-ouest du mont Hantengri, Xinjiang) pour atteindre la *mer Chaude* (lac Issyk-kul). Passant par *Suiye* (près de Tokmak) et *Talas* (Djambul), aujourd'hui en

Estampage d'une pierre gravée représentant le religieux bouddhiste Xuanzang portant des sûtra qu'il rapportait de l'Inde. Temple Xingjiao à Xi'an.

6. Le prince Fīrūz n'était autre que le fils de Yazdgard III (617-651), dernier roi de la dynastie des Sassanides, assassiné en 651 à Merv. à la bataille de Nehavend en 642.

Chapiteau de la stèle de Xi'an concernant le nestorianisme. La croix grecque s'y trouve gravée.

Dix musiques pour un empire ou l'empire de la musique

Hier comme aujourd'hui encore, la musique a toujours occupé une place prépondérante dans la culture chinoise. Jadis, on considérait même qu'elle avait la faculté de disposer à son gré des émotions de l'auditoire qu'elle subjuguait. Selon ce principe, plausible au sein d'une société aussi coercitive que celle de la Chine dynastique, le style et l'interprétation pouvaient dès lors être influencés à dessein. Ainsi, étant admis qu'elle était aussi bien inspiratrice de vertu que corruptrice des mœurs, le souverain se devait d'offrir à son peuple un hymne de sa composition afin de lui inculquer les valeurs morales essentielles dans une joie calculée à sa juste mesure. Par ailleurs, convaincu de posséder avec la musique un instrument du pouvoir non négligeable, le gouvernement disposait d'un *Office de la Musique*, spécialement chargé de la formation des musiciens, du répertoire et des concerts en même temps que conservatoire du patrimoine populaire.

Dans les temps anciens, et jusqu'à la fin de la dynastie des Zhou de l'Ouest (env. XIe s - 771 av J.-C.), l'éducation musicale fut réservée aux fils de maîtres d'esclaves qui, par la suite, veillaient à l'accompagnement des cérémonies. Les genres musicaux étaient alors de cinq ordres :

— Les musiques de temple, pour les offrandes au Ciel, à la Terre et aux Ancêtres ;
— Les musiques des fêtes officielles telles que l'anniversaire de l'empereur et les célébrations nationales ;
— Les musiques de réception données lors des visites de vassaux ou d'ambassadeurs étrangers ;
— Les musiques funéraires ;
— Les musiques réservées aux réjouissances populaires.

Toutefois, l'harmonie de ce strict académisme évolua bientôt au rythme des aléas de l'histoire. Les guerres d'hégémonie durant les périodes des *Printemps et Automnes* (770-476 av. J.-C.) puis des Royaumes combattants (475-221 av. J.-C.) provoquèrent un déclin du pouvoir des maîtres d'esclaves qui entraîna celui de la musique officielle. Par ailleurs, avec l'apparition de nombreux Etats souverains, chaque ethnie affirma son identité en remplaçant le répertoire classique à caractère éducatif par des divertissements inspirés du folklore local.

Après la fondation de l'Empire chinois par les Qin, auxquels succédèrent rapidement les Han de l'Ouest, la Chine connut une ère d'unification dans la paix et la prospérité. L'empereur Wudi des Han voulut alors restaurer l'ancien système musical au profit du règne tout en sauvegardant un patrimoine chinois authentique que des siècles d'influences étrangères avaient fortement altéré. Il reconstitua, dans le gouvernement, le *Département de la Musique* dont la tâche fut d'épurer les styles et d'élaborer une nouvelle classification des œuvres. Ce retour aux

Estampage d'une pierre gravée représentant un groupe de musiciennes, et trouvée dans la tombe de Li Shengtong. Musée provincial du Shaanxi.

Konghou (harpe chinoise)

Quejin 5 cordes (pipa à manche courbe)

Zhijin 4 cordes (pipa à manche droit)

Zheng 16 cordes (cithare)

Sheng (orgue à bouge)

Partie supérieure d'une stèle de pierre blanche décrivant des figures des dynasties du Nord (386-581), mise au jour à Xi'an. Le bandeau de cette stèle montre cinq gandharvas jouant des instruments de musique. On voit, de gauche à droite : un Pipa, un Pipa à manche courbe, un personnage céleste, un Sheng et un Konghou. Bureau d'administration des objets culturels de Xi'an.

sources s'accompagna cependant de certaines concessions à l'exotisme dans les genres les plus légers :

— *Dayu* (Musiques des grandes pompes) : musiques de temple reprises de la dynastie des Zhou (carillons en bronze et lithophones de jade).
— *Yasong* (Musiques de Cour) : également d'origine ancienne pour les offrandes au Ciel et à la Terre (instruments à cordes)
— *Huangmen Guchui* (Fanfares de la Porte Jaune) : accompagnement des festins impériaux, d'inspiration chinoise et étrangère (instruments à vent et à percussion).
— *Duanxiao Naoge* (Musique martiale) : marches militaires pour les cortèges officiels (fifres, cymbales et chants martiaux).

Vers le Ve siècle la Chine entra dans une période de troubles. Des peuples venus des steppes du Nord fondèrent seize Etats. La Cour impériale se réfugia dans le sud du pays mais, dans l'exode, le personnel du Département de la Musique se dispersa et les partitions furent égarées. Aussi, pour une fois de plus les reconstituer, furent engagés des musiciens locaux qui apportèrent aux transcriptions toute la délicatesse de leur sensibilité méridionale. Pendant ce temps, dans le nord, les nouveaux arrivants mêlaient au répertoire leur propre florilège.
Lorsque les Sui réunifièrent le territoire national au VIe siècle, ils se trouvèrent devant un dilemme posé par le choix entre une musique imprégnée de sonorités méridionales et une autre empreinte de rythmes barbares. L'empereur Wendi des Sui résolut ce problème en les répertoriant selon de nouveaux critères, en sept catégories que son fils, l'empereur Yongdi, porta à neuf :
1. Qing Yue : musique pure, héritage de la Cour des Han ;
2. Xiliang Yue : musique des Liang de l'Ouest à Wuwei dans le Gansu ;
3. Qiuci Yue : musique de Kuqa dans le Xinjiang ;
4. Tianzhu Yue : musique de l'Inde ;
5. Kangu Yue : musique de Samarqand ;
6. Yule Yue : musique de Yule, aujourd'hui Kaxgar dans le Xinjiang ;
7. Angu Yue : musique du Royaume de An (Bukhârâ en U.R.S.S.).
8. Gaoli Yue : musique de Corée.
9. Libi Yue : musique de Libi dont l'origine se trouve dans la famille d'un certain Yuliang, officier de l'armée des Jin. Elle est également connue sous le nom de *Yongkang Yue*.

Quand, en 640, l'empereur Taizong des Tang conquit le royaume de Gaochang (Turpan), il respecta la tradition voulant qu'une musique royale ne disparaisse pas avec la dynastie qu'elle illustrait et fit venir à sa Cour des musiciens de ce pays. C'est ainsi que le répertoire classique de l'époque s'enrichit d'une dixième musique.

Di (flûte traversière) — Paixiao (flûte de pan) — Xiao (flûte à bec) — Naobo (cymbales) — Haigu (petit tambour) — Shougou (tambour à main) — Xun (ocarina chinois)

La Petite pagode des oies sauvages, construite en 707 dans le monastère Jianfu au sud de la ville de Xi'an fut gravement endommagée en 1555 lors d'un tremblement de terre. Elle fut réparée et restaurée après 1949.

La Grande pagode des oies sauvages fut construite à Xi'an en 652 d'après des plans rapportés de l'Inde par Xuanzang. Élevée sur un plan carré, elle comporte sept étages et mesure 64 m de hauteur. Selon une légende, un bodhisattva s'étant transformé en oie sauvage se sacrifia à cet endroit afin de pouvoir faire des aumônes. On construisit donc cette pagode à sa mémoire.

territoire soviétique, il traversa le sud de l'Asie centrale et le nord-est de l'Afghânistân pour entrer en Inde. Après mille péripéties, il arriva enfin, en 631, au centre bouddhique du *Magadha* (Bihâr) et fut reçu au monastère de Nâlandâ où il put étudier les *sûtra* sous la direction et avec les enseignements du grand maître Çîlabhâdra[7].

En 635, profitant de ce qu'il était en Inde, il parcourut le pays de villes en sanctuaires et de temples en monastères, pour ne rentrer à Nâlandâ qu'en 641 afin d'écrire et d'enseigner. Sa réputation croissante le fit alors inviter par le roi Çîlâditya de l'Empire de Harsha[8]. Il se rendit donc à *Kanyâkubja* (Kanauj, en Uttar Pradesh) où, reçu par le souverain, il fut présenté devant un auditoire comptant non seulement des religieux mais aussi les monarques de dix-huit Etats indiens. Dans sa conférence sur le Grand Véhicule, son éloquence et sa clairvoyance emportèrent l'approbation générale et, bientôt, son nom se répandit dans l'Inde tout entière.

En 643, emportant une statue du Bouddha et des *sûtra*, il prit le chemin du retour. De nouveau il passa par le Cachemire et l'Afghânistân pour atteindre le Pamir et la dépression du Tarim où il rejoignit l'itinéraire sud de la Route de la Soie. Il arriva enfin aux portes de Chang'an à la première lune de 645, ayant parcouru près de 25 000 km en seize ans... « *A son approche de la capitale, tous les habitants sortirent pour l'accueillir.* » Dès qu'il se fut remis des fatigues du voyage, l'empereur Taizong des Tang le fit mander afin de lui annoncer sa décision de mettre à sa disposition un office de traduction des textes bouddhiques, lui désignant comme collaborateurs Fang Xuanling, son premier ministre, et plusieurs autres hauts fonctionnaires. Lors de l'inauguration du monastère Ci'en, en 648, l'empereur en confia la direction à Xuan-

7. Çîlabhadra (VIIe siècle, dates inconnues) moine bouddhiste indien, héritier spirituel d'Asanga et Vasubandhu, deux célèbres théoriciens du *Mahâyâna* (Grand Véhicule).

8. Harshavardhana Çîlâditya (590-647), roi de Kanauj (Kanyâkubja), dernier des grands souverains de l'Inde bouddhique. Son Empire s'étendait sur tout le nord du pays (vallée du Gange). Bien que de religion çivaïte, c'était un fervent admirateur du bouddhisme sur lequel on lui attribue de nombreux ouvrages, outre des pièces de théâtre et des poèmes.

Le temple bouddhique Xingjiao se trouve sur la pente d'une colline à 24 km au sud-est de Xi'an. C'est là que les cendres de Xuanzang furent déposées en 669 et que cette pagode de briques à cinq étages fut élevée à sa mémoire.

zang. Pour célébrer le transfert de son Office de traduction, précédemment installé au monastère Hongfu, une cérémonie fut organisée à la Cour. Devant une foule de plusieurs centaines de milliers de personnes rassemblées à la porte *Anfu Men*, l'empereur, accompagné du prince héritier et de ses favorites, monta sur la tribune pour y brûler l'encens tout en suivant des yeux la marche de Xuanzang vers son nouveau monastère et ses nouvelles fonctions qui, une fois encore, devaient essentiellement consister à traduire des *sûtra*. C'est ainsi qu'il suggéra, en 652, de construire, sur le modèle du *stûpa* indien, la grande pagode de l'Oie sauvage pour y conserver les canons bouddhiques.

Au cours d'une vie tout entière consacrée à la connaissance, Xuanzang accomplit une tâche considérable. En plus des traductions de 1 335 chapitres des textes sacrés il a donné, sur ordre de l'empereur, une version en sanskrit du classique taoïque *Laozi* à l'usage des lecteurs indiens. Par ailleurs, ses *Mémoires sur les Contrées occidentales à l'époque des grands Tang* constituent à eux seuls une œuvre majeure. Ils réunissent, en effet, les géographies physique, humaine, économique et sociale d'une centaine de contrées. Traité de façon magistrale, cet ouvrage a considérablement enrichi le savoir de ses contemporains, tant sur l'Asie centrale que méridionale, et sans doute contribué au mouvement d'ouverture qui a caractérisé cette période. Les données y sont si précises qu'aujourd'hui encore elles n'ont rien perdu de leur valeur et constituent de précieux éléments pour les recherches en matière d'histoire et de géographie anciennes. Aussi peut-on dire qu'au-delà du moine vénérable et du fin lettré, celui dont la grande pagode de l'Oie sauvage marque le souvenir depuis plus d'un millénaire fut l'un de ces grands bouddhistes comme il s'en trouve, parfois, de par le monde.

Le mystère Laozi

Auréolé de légendes, divinisé par l'empereur Gaozong des Tang, Laozi (Lao-tseu), le *Maître Vénéré*, aurait vécu entre le VIe et le Ve siècle avant notre ère (580-500 ? av. J.-C.). Auteur présumé du *Daodejing* (la Voie de la Vertu, la Réalité Suprême), il est considéré comme l'initiateur du taoïsme dont les principes s'inspirent de sa philosophie du réel, basée sur l'unicité d'un ordre universel, à la fois transcendant et immanent, par lequel se résolvent toutes les contradictions apparentes dans la synthèse du *Yin* et du *Yang*, ces perpétuels mutants opposés et complémentaires tels le pair et l'impair, le négatif et le positif, le vrai et le faux, le faste et le néfaste, l'ombre et la lumière... Doctrine idéaliste et mystique, mais aussi discipline physiologique, le *Dao* permet d'accéder à l'extase tant à travers la méditation que par des exercices physiques et l'observance d'une stricte diététique. Une pratique assidue de la règle procurerait l'immortalité, sinon la santé du corps comme de l'esprit et une certaine longévité.

Les mentions les plus anciennes concernant Laozi se trouvent dans les *Mémoires historiques (Shiji)* de Sima Qian (145-86 av. J.-C.), historien des Han de l'Ouest, qui en donne une biographie. Selon ces textes, il serait natif du district de Ku dans l'Etat de Chu. Son nom était Li, son prénom Er et son pseudonyme Dan. Il était archiviste des Zhou, mais la décadence de la Cour l'aurait incité à quitter ses fonctions pour, longtemps avant Zhang Qian, prendre le chemin de l'Occident. Parvenu aux marches du royaume, il aurait écrit son ouvrage à la demande du garde Yin Xi. Après quoi il serait reparti et nul ne sut ce qu'il devint. Pour certains il se serait rendu en Inde où sa doctrine aurait été à l'origine du bouddhisme. Cette hypothèse, sans fondement, n'en a pas moins déchaîné d'ardentes polémiques entre taoïstes et bouddhistes. D'autres pensent qu'il s'agit d'un personnage imaginaire et que le *Daodejing* est l'œuvre du philosophe Zhuang Zhou (vers le IVe siècle av. J.-C.). Toutefois Sima Qian rapporte un entretien entre Laozi et Confucius, ce qui accréditerait son existence et son époque.

En réalité, pour les Chinois, il importe peu que Laozi ait ou n'ait pas existé. Quoi qu'il en soit, nul ne peut nier que les doctrines de Laozi comme celles de Confucius ont formé deux grands courants qui ont nourri la civilisation chinoise tout au long de son histoire et ont donné deux aspects d'une même sagesse millénaire. Laozi lui-même, n'aurait-il pas dit : « Les hommes dont vous parlez ne sont plus, leur corps et leurs os se sont consumés depuis bien longtemps. Ils ne restent d'eux que leurs maximes... »

Xi'an d'hier et d'aujourd'hui

De nos jours l'agglomération de Xi'an couvre une superficie d'environ 100 km² alors qu'avant la Révolution elle se confinait pratiquement à l'intérieur des murs de l'ancienne ville des Ming (1368-1644), sur un peu plus de 13 km². Modeste enclave apparaissant sur le plan de la ville moderne, la vieille cité avait été édifiée sous le règne du premier souverain de la dynastie, Zhu Yuanzhang, l'empereur Taizu des Ming (1368-1398)[9], qui lui donna le nom de *Xi'anfu* (préfecture de l'Ouest pacifié).

Bien que moins étendue que Beijing ou Nanjing à la même époque, la préfecture, dont la paix n'était peut-être pas aussi sûre, fut entourée d'une muraille sensiblement plus haute et plus solide. Construite en terre battue, consolidée par un revêtement de briques, elle mesure 11,9 km de longueur sur 12 m de hauteur et de 12 à 14 m de largeur au sommet pour de 15 à 18 m à la base. Ses vestiges, désormais entretenus, ont été placés sous la sauvegarde de l'Etat. De même, des travaux de restauration ont rendu à la tour de la Cloche son faîtage d'or, sa couverture de tuiles vertes, ses colonnades et ses poutres, sculptées avec une extrême finesse et entièrement laquées. Elle se trouve au centre de la ville et les quatre avenues qui en rayonnent conduisent aux quatre portes dans la muraille. Les rues adjacentes, tracées au cordeau, se coupent à angle droit selon un plan identique à celui de la Chang'an des Tang. Autour de ce qui n'est plus désormais qu'un quartier historique de Xi'an, les nouveaux boulevards, ombragés d'acacias, de peupliers ou de platanes, conduisent aux différents secteurs urbains regroupant, à l'est, les industries mécaniques et textiles, à l'ouest les équipements électriques et, au sud, les établissements universitaires. Mais, tels des îlots du passé, quantité de monuments anciens émergent de cette grande cité du présent.

L'un de ces hâvres est l'étang Huaqing, au pied des collines Lishan. Selon la tradition, les sources thermales qui s'y trouvent auraient été découvertes dès l'époque des Zhou de l'Ouest (environ XIe siècle - 771 av. J.-C.). Toujours est-il que, au temps des Qin, elles étaient très fréquentées, mais ce n'est qu'en 644 qu'y furent construits les thermes qui, en 671, prirent le nom de *palais des Eaux Thermales* et, en 747, après leur agrandissement, celui de *palais* ou *étang Huaqing*. C'est là que l'empereur Xuanzong passait l'hiver en compagnie de sa favorite Yang Yuhuan, comme Bai Juyi en fait allusion dans son *Chant de l'éternel regret :*

Le printemps était froid, un bain lui fut accordé dans l'étang Huaqing.
Dans l'onde caressante de la source chaude, elle baigne sa chair blanche et douce.

9. Avant de prendre le titre d'empereur Taizu des Ming, Zhu Yuanzhang connut une vie riche en péripéties. Né en 1328, dans une famille de paysans pauvres, il fut tout d'abord moine bouddhiste. Puis, s'étant mêlé à un soulèvement contre la dynastie des Yuan, il n'avait que ving-huit ans lorsqu'il constitua sa propre armée et s'attribua le titre de « prince de Wu ». Il s'empara ainsi du trône et fonda la dynastie des Ming dont il devint le premier empereur en 1368. La même année, il prit Dadu (l'actuelle Beijing) et renversa les Yuan. Il nomma ses fils gouverneurs des provinces et, se méfiant des militaires qui l'avaient si brillamment servi, il parvint à les priver de tout pouvoir en les comblant de richesses et de biens. Devenu tyrannique sur ses vieux jours, Taizu accusa de trahison ses meilleurs conseillers qu'il fit périr sur l'échafaud.

La Tour de la cloche à Xi'an. Elle fut construite sous la dynastie des Ming.

Cavalier et sa monture, statues en terre cuite. Le cheval, robuste, porte un chanfrein fait de deux pierres taillées avec une grande finesse. Le cavalier porte un bonnet souple et une robe serrée à la ceinture, costume habituel des guerriers de l'époque des Tang.

Tête de cheval en bronze découverte en 1980 près du tombeau de l'empereur Shihuangdi des Qin. Province du Shaanxi.

Démoli à la chute des Tang, le palais ne fut jamais reconstruit. Ce n'est qu'après la Libération qu'ont été bâtis les *Bains des Neuf Dragons* et leurs abords transformés en parc d'agrément.

De nos jours, le site le plus célèbre de Xi'an reste cependant le tumulus haut de 40 m qui se dresse dans la plaine à 5 km de la ville, vers l'est. Il recouvre en effet le tombeau de Ying Zheng, plus célèbre sous le nom de Shihuangdi, fondateur de la dynastie des Qin et premier empereur de Chine. Comme cela en était la coutume, le souverain entreprit la construction de son ultime demeure dès la seconde année de son avènement au trône, alors qu'il n'avait que treize ans. Pendant la décennie qui succéda à sa victoire sur les *Six Etats rivaux*[10] et à l'unification de l'Empire, les travaux, placés sous la direction du premier ministre, Li Si[11], s'intensifièrent. Les 720 000 prisonniers qui y furent employés donnent la mesure de l'entreprise. Toutefois, à la chute des Qin, tous les édifices de surface furent incendiés et rasés par les troupes de Xiang Yu[12].

En 1974, après des sondages effectués à 1 500 m environ à l'est du tombeau, les archéologues ont creusé trois fosses où fut mise au jour une légion de soldats, de chevaux et de chars, grandeur nature. Une salle d'exposition, longue de 230 m sur 72 m de largeur, a été construite au-dessus de la plus grande des excavations qui, ouverte sur 14 000 m², renferme à elle seule 6 000 statues. Cette armée immobile qui, enfouie dans la terre, a défié les siècles, symbolisait du vivant de l'empereur la puissance protégeant la capitale et, au-delà, tout l'Empire.

10. A l'avènement de Ying Zheng (Shihuangdi), étaient appelés les *Six Etats rivaux* les *Royaumes combattants* autres que celui de Qin, ce qui explique pourquoi il est parfois mentionné les *Sept Royaumes* pour cette époque. Il s'agissait alors des Etats de Yan (région de Beijing et de l'est du Liaoning), de Zhao (Hebei) ; de Wei (Shaanxi) et de Han (Henan) au nord ; de Qi (Shandong) à l'est et de Chu au sud.

11. Li Si (vers 280-208 av. J.-C.), originaire de l'Etat de Chu, entra au service du royaume de Qin vers 247 avant notre ère et fut nommé premier ministre par Shihuangdi en 214 av. J.-C. Réformateur inconditionnel et convaincu qu'il ne pourrait y avoir de progrès sans supprimer toute résurgence du passé, il incita l'empereur à faire brûler tous les livres, (213 av. J.-C.) à l'exception de ceux qui traitaient des techniques, de l'agriculture, de la médecine et de la divination. De plus, il fit périr de nombreux lettrés conservateurs, de l'opposition, en les faisant enterrer vivants. Accusé de trahison par un eunuque jaloux, il fut exécuté sur ordre du fils de Shihuangdi.

12. Xiang Yu, ou Xiang Ji (232-202 av. J.-C.), issu d'une famille de la noblesse de Chu, entra en rébellion à la mort de Shihuangdi et déclara l'indépendance de sa patrie dont il se proclama « roi conquérant » après s'être débarrassé de son souverain légitime. Alors que la dynastie des Qin chancelait, deux armées puissantes se disputaient l'Empire. L'une était celle de Chu avec, à sa tête, Xiang Yu, tandis que l'autre était commandée par Liu Bang, futur fondateur de la dynastie des Han de l'Ouest. Xiang Yu arriva à Xianyang où il incendia aussitôt tombeaux et palais. Mais, trop orgueilleux, il fut abandonné par ses conseillers et ses généraux. Encerclé par les troupes adverses, il préféra se suicider.

De la préhistoire au premier Empire

Si, en Chine, Ying Zheng devint Shihuangdi le premier empereur du premier Empire féodal au pouvoir centralisé, Sima Qian (145-90 av. J.-C.) en fut certainement le premier grand historien. Selon ses célèbres *Mémoires historiques (Shiji),* l'origine du nom de famille Ying remonterait au Néolithique et celui de Qin à l'âge du Bronze. Le plus lointain ancêtre de l'empereur qui se soit illustré aurait été dignitaire auprès d'un souverain de l'époque néolithique de Shun (env. vingt-trois siècles av. J.-C.) nommé Dafei qui, sous la direction de Yu le Grand, consacra de grands efforts dans le but d'endiguer les crues du Huanghe. Pour le récompenser de ses mérites, le souverain lui donna le nom de *Ying* et lui permit d'arborer des bandes de guidon noires, couleur qui, 2 000 ans plus tard, allait devenir la couleur emblématique de la première dynastie impériale chinoise. Par ailleurs, Ying fut nommé « responsable de l'élevage et du dressage des animaux et des oiseaux du royaume ». Sa famille prospéra et l'une de ses branches émigra dans les régions frontalières du Nord-Ouest peuplées d'ethnies différentes de celles du monde chinois d'alors.

Durant la dynastie des Zhou de l'Ouest, du XIe au VIIIe siècle avant notre ère, les descendants de Dafei formaient un clan puissant spécialisé dans l'élevage des chevaux. L'un de ses membres, nommé Feizi, fut un éleveur et un dresseur particulièrement habile. Son renom parvint jusqu'à la Cour du roi Xiao qui le fit appeler pour lui confier le soin des écuries royales, situées au pied des monts Longshan sur les bords de la rivière Wei. A une époque où les guerres étaient fréquentes et le sort des batailles directement lié à la qualité des montures, pouvoir disposer de bons chevaux était d'une importance primordiale. En reconnaissance de ses bons services, le souverain offrit à son écuyer la suzeraineté du fief de Qin, une région située aujourd'hui aux environs de Tianshui, dans le Gansu. Continuant la tradition de la famille Ying, Feizi prit le titre de *Qin-Ying.*

Sous la dynastie des Zhou de l'Est, entre le VIIIe et le IIIe siècle av. J.-C. le pouvoir royal s'affaiblit et les vassaux commencèrent à revendiquer leur indépendance tout en se disputant l'hégémonie en des guerres incessantes. En 762 av. J.-C., après avoir conquis les territoires des tribus voisines, les Qin installèrent leur capitale sur les terres de leurs ancêtres, au confluent des rivières Qian et Wei. Leur chef se proclama roi et, s'estimant digne d'appliquer les règles traditionnellement réservées aux souverains, il institua un *office de l'Histoire* chargé d'établir les annales des Qin.

Ce nouvel Etat, dont l'évolution s'était pendant si longtemps confondue avec celle des nomades du Nord-Ouest, possédait d'habiles cavaliers qui, à l'occasion, se révélaient de redoutables guerriers. A l'époque des Printemps et Automnes (770-476 av. J.-C.) ils rivalisaient déjà avec les armées des Etats les plus puissants du centre de la Chine. Cinq siècles de guerre devaient conforter leur suprématie. Enfin, lorsqu'en 221 av. J.-C., Ying Zheng abrogea l'ancien système des fiefs pour le remplacer par un fonctionnariat et qu'il divisa le pays en trente-six provinces après y avoir fait confisquer toutes les armes pour fondre des cloches et des statues, le premier Empire était né.

Statuette funéraire Han représentant un fantassin. Terre cuite peinte. Musée provincial du Shaanxi.

Cependant, la carrière fulgurante de Shihuangdi n'a pas seulement tenu à ses exceptionnelles qualités politiques et militaires, mais aussi et pour une large part, aux avantages stratégiques qu'offrait la région de Xi'an par rapport aux royaumes voisins. Jalousé par les princes, il avait déjà échappé en 226 av. J.-C. à une tentative d'assassinat, perpétrée par un certain Jing Ke agissant pour le compte du souverain de Yan. Après qu'il fut devenu empereur, en 219 av. J.-C., un second attentat, dirigé cette fois par Zhang Liang, un aristocrate de l'Etat de Han, échoua comme le premier.

Ces incidents ne furent sans doute pas pour

Estampage d'une gravure sur pierre représentant l'empereur Qin Shihuangdi.

Statue d'un tireur à l'arc. Il a un genou en terre et se tient prêt à tirer, ses deux mains refermées sur son arc (qui a ici disparu) et a le regard attentif.

atténuer le naturel superstitieux de l'empereur. Jaloux de ses prérogatives, il était également obsédé par le mythe de la longévité.
Des anecdotes illustrant ces deux préoccupations jalonnèrent son règne. Ainsi, en 219 av. J.-C., il envoya à la recherche du fabuleux archipel des Immortels le prêtre taoïste Xu Fu qui s'embarqua avec plusieurs milliers d'adolescents. Quatre ans plus tard il confia la même mission à Lun Sheng, un autre taoïste, mais celui-ci ne revint qu'avec un message divin annonçant que le « peuple des Hu provoquerait le déclin de la dynastie ». Aussitôt l'empereur leva une armée de 300 000 hommes contre ces Hu, nom donné aux tribus nomades de l'Ouest qui menaçaient son trône. En l'an 211 av. J.-C., une météorite fut découverte dans le district de Dong Jun. Elle portait une inscription, gravée de main d'homme, prédisant que l'Empire serait démantelé après la mort de Shihuangdi.
Le souverain ne se méprit probablement pas sur le sens du message car, en réponse, il fit exécuter tous les habitants de la région. Toutefois en 210 av. J.-C., alors qu'il rentrait d'une tournée d'inspection dans les provinces du Sud, il tomba malade et mourut subitement à Shaqiu alors qu'il se trouvait encore à 2 000 li (1 000 km) de sa capitale.
Son fils Huhai devait lui succéder sous le titre de Ershihuangdi. Mais, bien que le nouvel empereur eût pris la précaution de faire disparaître nombre de princes et de dignitaires dont le seul tort était d'être d'éventuels prétendants au trône, la prophétie faillit bien se réaliser. Ses dépenses inconsidérées provoquèrent dès le 7e mois de la 2e année de son règne une révolte populaire menée par un certain Chen Sheng à laquelle succéda un complot fomenté par Liu Bang, le futur premier empereur des Han de l'Ouest. La dynastie des Qin chancelante s'acheva lamentablement. En 207 av. J.-C., les intrigues du ministre Zhao Gao aboutirent à l'assassinat de Huhai dont le propre neveu Ziying (Qin Wang) se vit offrir le trône. Celui-ci ignorant la reconnaissance, le fit exécuter avec sa famille et celle de son épouse... Son règne, cependant, ne dura que 46 jours, jusqu'à ce que Liu Bang et son armée assiègent la ville de Ba et le contraignent à abdiquer. Un mois plus tard, il devait connaître à son tour une fin tragique en étant assassiné par Xiang Yu, lors du sac de son palais.

Le sanglant crépuscule de la première dynastie aurait pu entraîner celui du tout nouvel Empire si le soleil des Han ne s'était déjà levé.

西渡渭水

第三章

CHAPITRE 3

LE LONG DE LA RIVIERE WEI

Ci-contre : *La Chasse*, fragment d'une grande peinture murale du tombeau de la princesse Yongtai, situé près du mausolée Qianling. On peut voir plus de cinquante cavaliers sur cette peinture, ainsi que des chameaux, des chiens et des léopards de chasse, et des aigles dressés.

La vallée de la rivière Wei.

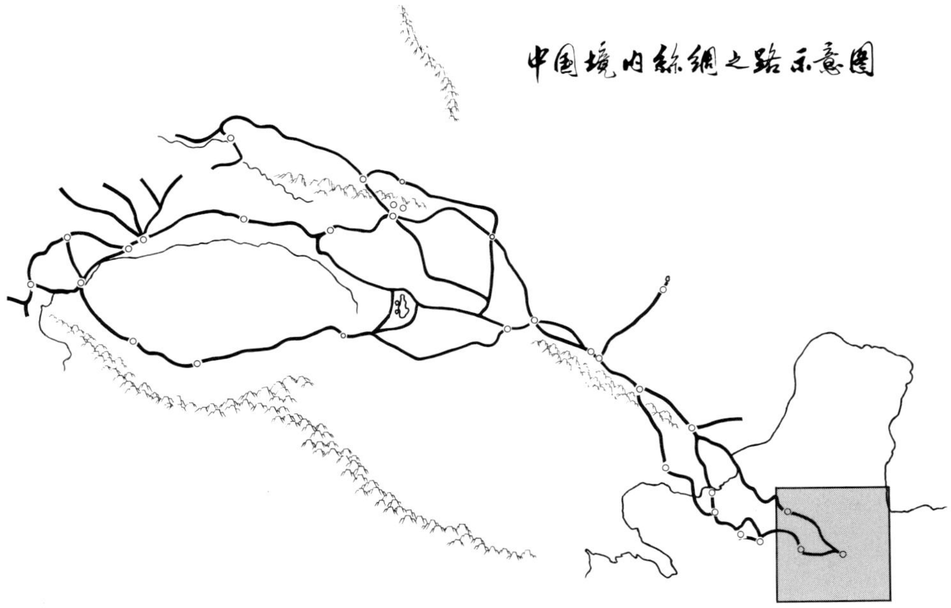

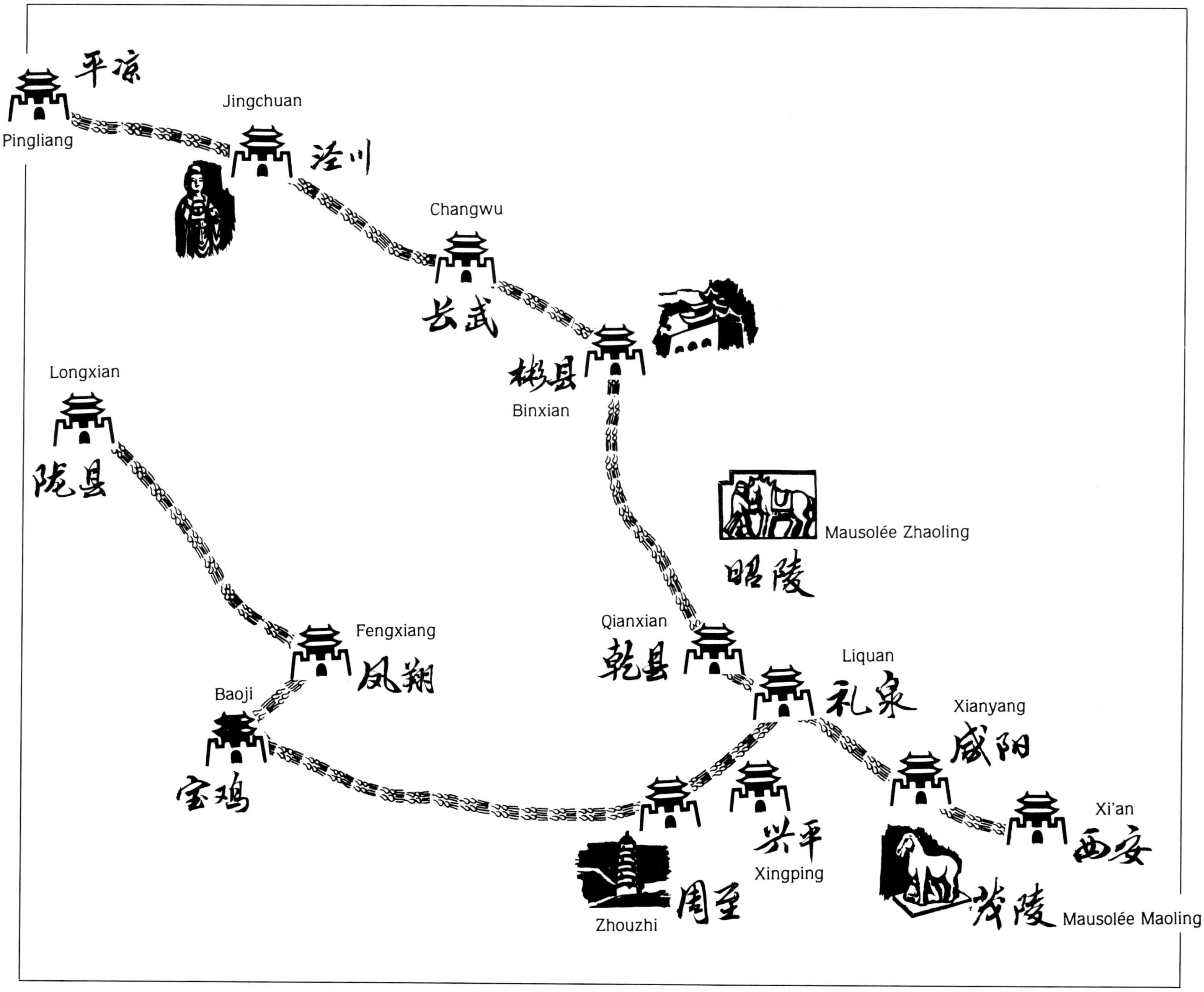

Vue générale du mausolée Zhaoling.

La ville des adieux

Après avoir pris sa source dans le sud du Gansu, la petite rivière Wei suit, d'ouest en est, un cours si délibérément longitudinal à travers le cœur de la Chine, qu'à sa confluence avec le Huanghe, en aval de Xi'an, elle semble remettre le grand fleuve sur la voie de l'Orient — et de la mer — au terme de sa vaste boucle septentrionale. Rien n'était donc plus naturel que la Route de la Soie, à son départ de la capitale, eût tout d'abord suivi cette vallée en direction du lointain Occident. Dès après Xianyang, la ville la plus proche, un itinéraire secondaire longeait son affluent, la Jingshui, pour aller à Qianxian, Binxian, Jingchuan et Pingliang, contourner les mots Liupan par l'est, puis passer à Guyuan, Jingyuan et Jingtai avant de rejoindre la route principale à Wuwei dans le couloir du Hexi.

Située à une vingtaine de kilomètres de Xi'an, Xianyang, la première étape sur un parcours long et périlleux, était une petite cité installée à la croisée des chemins. A ses portes, deux itinéraires aventureux s'offraient aux voyageurs. Une fièvre perpétuelle régnait sur la cité, ceux qui partaient croisant ceux qui arrivaient. Les rues décorées de guirlandes, aux illuminations nocturnes, étaient bordées d'une multitude de tavernes, d'auberges et de maisons de thé. Le tintement des grelots des chameaux ponctuait le brouhaha d'une foule bigarrée qui encombrait les chaussées. Se rencontraient là des Parthes, des Indiens, des Qiuci ou des Tujue[1], chacun vaquant à ses affaires. Les plus nombreux étaient cependant les Sogdiens[2] qui, depuis l'Antiquité, commerçaient avec les Chinois. Selon une description des Contrées occidentales donnée dans les *Nouvelles Annales des Tang*[3], ces gens, rompus dès leur plus jeune âge aux pratiques du négoce, se montraient les plus habiles marchands sur la Route de la Soie.

Toutefois bon nombre de Chinois passaient également par Xianyang. La plupart étaient des fonctionnaires partant en poste dans des régions qui se situeraient aujourd'hui au Xinjiang ou en Asie centrale ; les autres étaient soit des soldats de la garde frontalière, soit des voyageurs, civils ou religieux, mandatés par l'empereur ou simples particuliers. Tous avaient la certitude d'une longue absence, et pour quelques-uns, aucun espoir de retour. C'est à Xianyang qu'ils se séparaient des parents et amis venus les accompagner. A la table des festins d'adieu, les larmes se mêlaient aux rires dans le concert des chants, des danses et des poèmes récités à celui qui s'en allait. Ce thème mélancolique du départ de l'être cher a d'ailleurs inspiré bien des poètes Tang, tel Wang Wei qui dédia son *Chant du bourg de Wei* à son ami Yuan Er parti pour Kuqa :

Au bourg de Wei l'ondée matinale a trempé la fine poussière,
Verte est la maison de l'adieu, fraîche la couleur des saules.
Encore un verre de ce vin, cher seigneur,
A l'ouest de la Porte du Soleil[4]*, vous n'aurez plus d'amis.*

1. Peuple de nomades qui, vers le Ve siècle, occupèrent le territoire de l'actuelle Mongolie intérieure et les régions se trouvant au pied des monts de l'Altai.

2. Ancien État d'Asie centrale, la Sogdiane se trouvait située entre les cours de l'Amû-Darya et du Syr-Darya. Les Sogdiens parlaient une langue dérivée de l'iranien antique. Leur centre principal d'activité était la cité d'Afrasiâb, l'actuelle Samarqand. Ce terme cependant fut souvent utilisé, en Occident, pour désigner, sans distinction précise, tous les habitants des oasis d'Asie centrale.

3. L'histoire des Tang a été consignée dans deux ouvrages dont aucun ne leur fut contemporain. Bien que des éléments du premier, les *Annales des Tang (Tangshu)* eussent été recueillis à l'époque des Tang postérieurs (923-936), sa rédaction ne commença qu'en 941, sous les Jin postérieurs (936-946), dirigée successivement par Zhao Ying, Shang Weihan et Liu Xu. Sa première édition fut présentée à l'empereur Shi Zhonggui « lors de la deuxième année de l'ère Kaiyun » (945). Plus tardive encore, l'élaboration des *Nouvelles Annales des Tang (Xintangshu)* fut présidée par Ouyang Xiu et Song Qi, deux célèbres lettrés des Song du Nord. Commencées en 1044, ces *Nouvelles Annales* ne furent achevées qu'en 1060. Les deux chroniques couvrent la même période, de 618 à 907, mais traitées selon des éthiques différentes.

4. Col de Yang, au sud-ouest de Dunhuang.

Cheval en bronze doré découvert près du mausolée de l'empereur Wudi (140-87) des Han, à Xingping dans le Shaanxi.

Maoling, la nécropole inviolée

Le site de Maoling (de *Mao :* ancien lieu-dit et *ling :* parc funéraire), est dominé par l'imposant tumulus du mausolée de Wudi, cinquième empereur de la dynastie des Han de l'Ouest. La butte, haute de 46,5 mètres, occupe 5,5 hectares à sa base. De nos jours, on ne distingue plus des murs qui la ceinturaient jadis, que les vestiges qui en subsistent sur 430 mètres, d'est en ouest, et 440 mètres, du nord au sud.

Selon la coutume en usage sous les Qin et les Han, Wudi entreprit la construction de son tombeau dès le début de son règne, en 140 av. J.-C. Il ne fut achevé qu'à sa mort, en 87 av. J.-C. De son contenu, on ne connaît que la description figurant dans les *Annales des Han.* Autour du corps de l'empereur, revêtu d'un linceul de plaques de jade cousues de fils d'or, s'accumuleraient des coffres, des vêtements, des bijoux, ainsi que des présents offerts par les ambassadeurs étrangers, des oiseaux et des animaux rares avec, entre autres richesses, sa bibliothèque personnelle. Tous ces trésors y avaient déjà été entassés de son vivant, à tel point que bien peu d'objets ont pu y être ajoutés lors des funérailles.

A côté de la sépulture de Wudi se trouvent une vingtaine d'autres tombeaux dont cinq sont de dimensions considérables. Ils appartiennent à des proches de l'empereur : les généraux Wei Qing, Huo Qubing et Huo Guang, le ministre Jin Ridi et la Dame Li. A ce jour, ni la tombe impériale ni celles qui l'entourent n'ont été ouvertes.

Le partage de l'Empire

A la fondation de l'Empire, le premier empereur Shihuangdi avait déjà aboli l'ancien système des fiefs pour diviser le pays en trente-six provinces, administrées par des fonctionnaires placés sous son contrôle personnel. Cette forme de gouvernement fut conservée par les dynasties suivantes qui n'en modifièrent que des détails.

Ainsi lorsque l'empereur Taizong des Tang monta sur le trône, en 627, il morcela la Chine en dix grandes régions *(Dao)* comprenant trois cent soixante districts ruraux *(Zhou)* et préfectures *(Fu)* eux-mêmes subdivisés en mille cinq cent cinquante-sept sous-préfectures *(Xi'an).* Chaque région était dirigée par un commissaire impérial-enquêteur chargé du bon fonctionnement des institutions.

Pour donner une idée succincte de ce qu'était un *Dao,* le premier d'entre eux dans la nomenclature, Guannei, peut être cité en exemple. C'est dans cette région que se situait la capitale impériale, classée hors catégorie. Elle possédait par ailleurs deux préfectures, vingt-sept districts ruraux et deux centres d'administration militaire *(Duhufu).* Le Jingzhaofu, secteur le plus peuplé de la région de Guannei, comptait à lui seul vingt sous-préfectures et regroupait 362 921 familles totalisant 960 188 personnes.

Aux marches de l'Empire, habitées par d'autres peuples que les Han, l'empereur nommait des gouverneurs militaires *(Jiedushi)* disposant chacun d'un régiment pour contrôler leur territoire. A l'époque des Tang, l'ensemble de ces gardes frontalières était formé de 490 000 soldats et 80 000 chevaux.

Les hasards de l'amour et de la guerre

Alors qu'il n'était encore qu'un tendre jeune homme, Liu Che futur empereur Wudi, rencontra chez sa sœur aînée, la princesse Pingyang, une beauté du nom de Wei Zifou qui lui fit connaître son premier amour. La mère de la belle, Madame Wei, servante chez la princesse, était de nature quelque peu frivole car, en plus de ses enfants légitimes, elle en avait d'autres nés au gré de ses aventures, mais que son mari avait cependant reconnus. Parmi ces fruits d'amours défendues il y avait une fille, Wei Shaoer, dont le père n'a laissé aucun autre souvenir, et un garçon, Wei Qing, fils d'un certain Zheng Ji qui n'était autre que l'intendant de la princesse Pingyang.

Lorsque Liu Che monta sur le trône, fidèle à ses amours de jeunesse, il fit entrer à la Cour Wei Zifou qu'il couronna impératrice après qu'elle lui eût donné son premier prince héritier. L'honneur en rejaillit sur toute la famille et Wei Qing se vit nommer général avec pour mission la défense des frontières du Nord. Ses campagnes victorieuses contre les Xiongnu lui valurent bientôt le titre de Grand Maréchal, commandant en chef des armées de l'Empire.

Pendant ce temps, Wei Shaoer, demi-sœur de l'impératrice, avait eu par adultère un fils, Huo Qubing, qui à dix-huit ans, se distinguait déjà comme l'un des meilleurs éléments de la garde impériale. En 123 av. J.-C., il entra sous les ordres de son oncle avec le grade de lieutenant. Dès son premier combat, il remporta une victoire éclatante en tuant l'un des chefs xiongnu, et en faisant des milliers de prisonniers. Témoignant d'un courage et d'une résistance hors du commun, Huo Qubing avait pour stratégie de fondre sur l'adversaire à la tête de sa puissante cavalerie. Pénétrant dans les lignes ennemies jusque dans les campements il en massacrait les troupes sur leur propre terrain. Volant de victoire en victoire, ses succès semèrent la panique parmi les Xiongnu et suscitèrent une vive reconnaissance de la part de l'empereur qui voulut le récompenser en lui offrant une luxueuse demeure et une résidence officielle. Mais Huo Qubing refusa l'une et l'autre, répondant qu'il ne posséderait nulle demeure tant que les Xiongnu ne seraient pas exterminés. Son vœu devait malheureusement se réaliser plus tôt qu'il ne l'avait prévu. Au faîte de sa gloire, alors que sa réputation avait dépassé celle de son oncle, la nouvelle de sa mort parvint à Chang'an en 117 av. J.-C. Avec un faste à la mesure de son chagrin, Wudi lui fit construire, à titre posthume, le palais qu'il avait refusé de son vivant.

Allée conduisant au mausolée Maoling.

Statue massive en pierre représentant un tigre, ornant l'entrée du tombeau de Hua Qubing.

Statue de pierre représentant un cheval foulant un guerrier Xiongnu, et ornant l'entrée du tombeau du général Huo Qubing, près du mausolée Maoling, célébrant les exploits du célèbre général.

Tombeaux et stûpa

Bien que la Route de la Soie eût été fréquentée durant près de 1 600 ans, des siècles d'abandon ont fait que ses pistes se sont perdues dans les déserts de l'oubli, tandis que le temps effaçait lentement les témoignages de son ancienne prospérité. Cependant, çà et là, quelques vestiges jalonnent encore le vieil itinéraire. Ainsi, non loin de Xianyang, dans le district de Xingping, une étrange colline se profile à l'horizon. Cette butte monumentale est tout ce qui reste du mausolée *Maoling* construit sur le tombeau de Liu Che, empereur Wudi des Han de l'Ouest, dont le règne fut contemporain des guerres civiles romaines en Occident.

Un peu plus loin, vers le sud-est, se trouve également la tombe du plus vaillant de ses chefs de guerre, Huo Qubing qui, par ses campagnes victorieuses, ouvrit la voie à la Route de la Soie. A l'époque, assurer la libre circulation aux caravanes sur une telle distance tenait de la gageure. Les Xiongnu, nomades belliqueux, contrôlaient la section traversant le Gansu et le Xinjiang actuels. Aussi, afin d'étendre l'influence de l'Empire tout en garantissant ses frontières, Wudi envoya Zhang Qian en ambassade chez les *Yuezhi* (Darouzhi) et les Wusun, et ordonnait à ses généraux, Wei Qing et Huo Qubing, d'attaquer les Xiongnu sur deux fronts. En 121 av. J.-C., Huo Qubing alors âgé de dix-neuf ans les vainquit par deux fois dans la région du couloir du Hexi et des monts Qilian, permettant à l'empereur d'établir la préfecture de Wuwei, à l'est du couloir du Hexi.

En 119 av. J.-C., Huo Qubing et Wei Qing mirent à nouveau en déroute le gros des forces adverses qui, dans l'intervalle, s'étaient reconstituées, donnant à Wudi la possibilité de fonder trois autres préfectures à Zhangye, Dunhuang et Jiuquan tout en prolongeant vers l'ouest la Grande Muraille.

Mais le destin devait interrompre prématurément la brillante carrière de Huo Qubing, mort à vingt-trois ans. En hommage à son grand courage, l'empereur lui fit édifier un superbe tombeau évoquant la silhouette des monts Qilian, théâtre de ses exploits. Devant, furent placées de grandes statues de pierre aux rudes allégories. L'une représente un cheval foulant de ses sabots le corps d'un ennemi, les autres des chevaux à terre ou au galop, un homme combattant au corps à corps avec un ours, un tigre dompté, un taureau couché. Ces sculptures en ronde-bosse, les plus anciennes jamais trouvées en Chine, sont également intéressantes par leur technique qui utilise avec une remarquable habileté les veines d'une roche très dure pour un rendu des formes et des volumes d'une vie saisissante.

Combat entre un homme et un ours, statue en pierre ornant l'entrée du tombeau de Huo Qubing. Le rocher est simplement sculpté en semi ronde-bosse.

Contrastant avec le faste de cette sépulture guerrière, un site empreint de calme et de sérénité attend le voyageur sur la rive méridionale de la Weihe, dans le district de Huxian. Telle une île flottante à la dérive, un épais bouquet de bambous encadré de bananiers se dresse au milieu des rizières. Derrière son rideau de verdure se cache le temple de la Chaumière qui abrite le *stûpa*[5] de Kumârajîva. La vie et l'œuvre de ce célèbre moine du IVe siècle furent tout entières consacrées à la foi bouddhique. Kumârajîva était natif du Qiuci. Son père, d'origine indienne, avait déjà refusé des fonctions officielles dans son pays pour prendre l'habit de moine. Quittant son pays, il avait franchi les hauts plateaux du Pamir et s'était établi dans la dépression du Tarim où il avait épousé Jîvâ, la sœur du roi du Qiuci. Ce royaume étant un important relais sur la Route de la Soie, l'enseignement du bouddhisme y reçut une large audience et compta bientôt de nombreux adeptes, depuis le souverain lui-même, jusqu'aux plus humbles de ses sujets. A l'âge de sept ans, le jeune Kumârajîva entra, avec sa mère, au monastère afin d'étudier le Petit puis le Grand Véhicule. Par ses dons précoces il devint très vite renommé en Asie centrale pour ses connaissances et, comme il était de coutume parmi les érudits de son temps, il partit en pèlerinage à la recherche de nouveaux textes sacrés. C'est ainsi, qu'en 384, il fut rappelé à Chang'an lorsque le général Lü Guang conquit le Qiuci au nom des Qin antérieurs (351-394). Il prit le chemin du retour mais, à l'époque, les voyages étaient longs, tandis qu'en Chine, alors en plein chaos, les gouvernements se succédaient aussi vite que les événements. La nouvelle que la dynastie avait été renversée lui parvint à *Liangzhou* (Wuwei) où Lü Guang, devenu sous le nom de Wu souverain de la dynastie des Liang postérieurs (386-403) qu'il avait fondé, le retint durant dix-sept années. C'est là qu'en 401, Yao Xing[6] monarque des Qin postérieurs (384-417), lui envoya un messager afin de l'inviter à se rendre à Chang'an. Dans la capitale, le souverain le nomma *Grand Maître de l'État* et mit à sa disposition le jardin *Xiayao* (Libre de tout souci), qui fut à la fois sa chaire d'enseignement et un office de traduction extrêmement actif. Par ses connaissances tant en chinois qu'en sanskrit, il donna, entouré d'un collège de 800 disciples, les versions de 384 chapitres de *sûtra*, rassemblés en 74 volumes, et de diverses dissertations bouddhiques. Cette œuvre des dix années qu'il passa à Chang'an, devait apporter une contribution déterminante dans la propagation du bouddhisme en Chine.

Mais d'autres cultes ont encore jalonné cette route, qui ne fut pas seulement celle de la soie et des marchands. Au sud de la Weihe, au lieu-dit « Vallon de la Pagode », aux confins du district de Zhouzhi et des monts Zhongnan, se dresse une tour octogonale de sept étages, vestige d'un temple démoli voici près de sept siècles. Cette construction qui ressemble à une pagode de style typiquement chinois n'était cependant pas dédiée au

5. Édifié sur une base carrée, octogonale ou parfois circulaire, le *stûpa* (*Ta* en chinois) est un monument originaire de l'Inde, toujours en relation avec le bouddhisme. Il représente l'enseignement du Bouddha. Toutefois, certains d'entre eux furent construits afin d'abriter des reliques de saints hommes, des écritures sacrées ou encore afin de commémorer la mort du Bouddha. Ils sont surmontés de toits multiples inspirés des parasols superposés qui, en Inde, étaient le symbole de dignité et d'importance. Construits en briques, en pierre, en bois, parfois en fer ou en poterie, les *stûpa* ont changé de forme selon les époques et les régions, pour donner finalement la pagode à toiture étagée.

6. D'origine qiang (du Tibet), Yao Xing régna à Chang'an de 394 à 416. Son fils Yao Hong ne lui succéda qu'une seule année car il fut pris et exécuté lorsque les Jin de l'Est s'emparèrent du pouvoir en 417.

Béliers de pierrre agenouillés décorant la façade d'un temple du mausolée Zhaoling.

taoïsme ou au bouddhisme, mais au nestorianisme, ce culte, dissident de l'église chrétienne orientale, dont les adeptes n'étaient pas seulement tolérés à Chang'an, mais sur l'ensemble du territoire de l'Empire. Ce témoignage, qui date de l'époque des Tang, tend à prouver que les relations étaient étroites avec Byzance et beaucoup plus directes encore avec la Perse où la secte s'était développée après l'exil de Nestorius, son premier zélateur.

Vue intérieure du tombeau de la princesse Yongtai représentant des officiers et des gardes du palais. Mausolée Zhaoling.

Au pays de la Soie

Vers l'ouest, le long de la rivière Wei, le second relais important, après Xianyang, était Baoji, situé aux confins occidentaux de la plaine de Guanzhong. Ensuite, l'itinéraire principal de la Route de la Soie franchissait les monts Long dont la chaîne constitue une frontière naturelle entre le Shaanxi et le Gansu, en suivant toujours le cours de la Wei qui s'est frayé un passage à travers ces montagnes en y creusant gorges et défilés. Encore aujourd'hui, il est possible de suivre l'ancienne piste, étroite et cahoteuse, qui serpente au milieu des éboulis, sans doute inchangée depuis le temps des premières caravanes.

L'intérêt de Baoji dépasse celui d'une simple ville d'étape. Car, alors que de nos jours la sériciculture s'est concentrée dans le bassin du Changjiang (Yangzi), c'est dans la cuvette du Huanghe qu'elle s'était autrefois développée, comme le prouvent de vieilles chansons folkloriques, dont les sources seraient antérieures au VIIIe siècle avant notre ère. Ces chants racontent comment, précisément dans les régions occidentales de la plaine de Guanzhong, les jeunes filles s'en allaient cueillir les feuilles de mûrier. Par ailleurs, les fouilles archéologiques aux environs de Baoji ont mis au jour de nombreux objets datant de l'époque des Zhou de l'Ouest, parmi lesquels des vers à soie en jade et des colliers dont ils étaient les motifs décoratifs. Tout porte donc à croire que si ce n'est pas dans cette contrée que la Route de la Soie a pris son départ, c'est pourtant là qu'elle a trouvé sa plus lointaine origine. En effet, sans un élevage aussi prospère du bombyx, il est probable qu'il n'y aurait eu ni route ni soie.

La vallée des empereurs

A partir de Xianyang l'itinéraire secondaire obliquait vers le nord-ouest en suivant les rives de la Jingshui, un affluent de la Wei, pour passer par Liquan et la nécropole *Zhaoling,* où se trouve le mausolée de Li Shimin, l'empereur Taizong de la dynastie des Tang. Construite sur le mont Jiuzong, sa dernière demeure comportait un ensemble monumental somptueux de palais et de pavillons, édifié sur une crypte creusée à même le roc. Mais là encore, des siècles de guerre n'ont rien laissé des anciennes splendeurs de la sépulture impériale. Les bâtiments actuels qui les remplacent ne servent qu'à la protection du tombeau et à exposer les pièces archéologiques exhumées lors des fouilles effectuées dans les tombes voisines ou aux abords de celle de l'empereur dont le caveau n'a pas encore été ouvert. Parmi les trésors mis au jour, se trouvent les grandes sculptures en bas-relief, connues sous le nom des « Six coursiers du mausolée Zhaoling », qui autrefois ornaient les soubassements d'un temple. Elles représentent les montures qui conduisirent Li Shimin à la victoire lors de ses campagnes militaires. Chacun de ces chevaux, désigné par son nom, est figuré tel qu'il était à l'instant des batailles, criblé de

Peinture murale d'époque tang représentant un édifice du mausolée Zhaoling.

La grande famille de Li Shimin

Sur les vingt-deux empereurs que compta la dynastie des Tang, vingt d'entre eux firent construire leur sépulture à proximité de Chang'an. Ayant pleinement adhéré au vieux principe de gouvernement, voulant que tout le pouvoir gravite autour de la personne de l'empereur, Li Shimin désira que, dans la vie comme dans la mort, il soit entouré à Zhaoling de ses proches, parents ou collaborateurs zélés. Ainsi cent soixante-deux tombes satellites s'éparpillent-elles sur une surface d'environ 20 000 hectares devant le tombeau impérial. Toutefois, comme à la Cour, chacun occupe une place selon son rang, et tandis que les princes, les princesses et les favorites reposent sur les éminences, les généraux et les hauts fonctionnaires sont enterrés dans la plaine.

Au cours de ces dernières années les travaux agricoles et la construction d'une route à grande circulation ont mis au jour une quarantaine de sépultures parmi lesquelles celles d'Ashinazong, dynaste de Xue, de Li Zhen, roi de Yue, de Li Ji qui, sous le nom de Xu Maogong, porta le titre de duc de Yingguo, ou encore celles de Xue Ze historiographe de la Cour et du général Zheng Rentai, gouverneur de Liang zhou (Wuwei). Dans le musée, construit à l'entrée de la nécropole, sont exposés les objets découverts dans ces tombes. Mais Zhaoling est également célèbre pour sa « forêt de stèles » qui regroupe toutes les dalles gravées trouvées sur le site. Outre les pages d'histoire qu'elles retracent, elles donnent un large aperçu de l'art calligraphique à l'aube de l'âge d'or des Tang. Mis à part ces trésors exposés, bien d'autres merveilles invisibles restent à découvrir car la plupart des tombes, dont celle de l'empereur, n'ont pas encore été ouvertes.

Vue générale du mausolée Qianling, où se trouvent les dépouilles de Li Zhi (l'empereur Gaozong des Tang) et de Wu Zetian, son impératrice, sur le mont Liangshan dans le district de Qianxian. Tous les édifices ont été détruits et ne demeurent plus en place que des statues en pierre jalonnant de chaque côté l'allée principale menant au tombeau.

Nécropole de Zhaoling

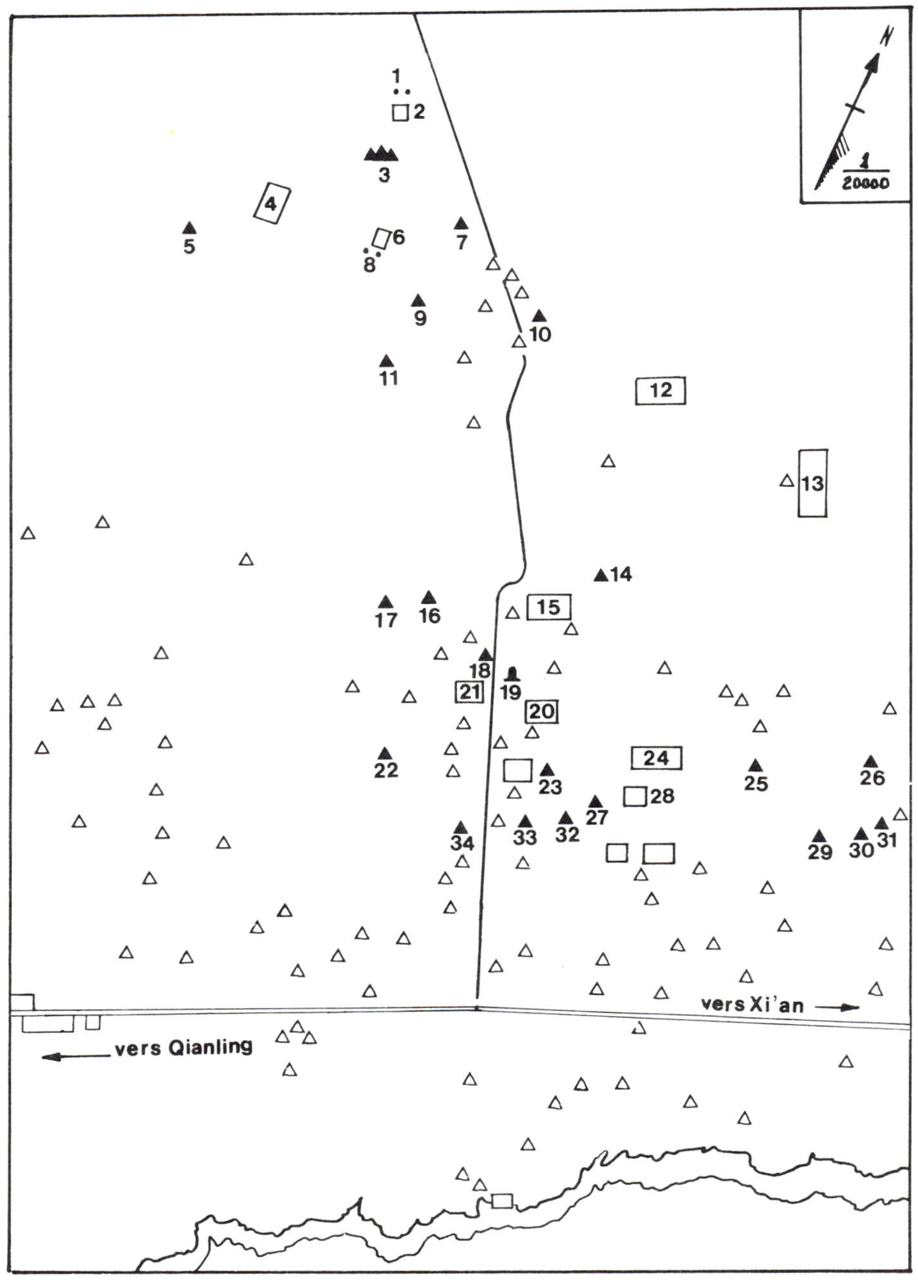

▲ Tombes identifiées
△ Tombes anonymes
□ Vestiges

Légende de la carte

1. Porte Sima
2. Terrasse des sacrifices impériaux
3. Zhaoling (Tombeau impérial)
4. Temple des ancêtres
5. Palais des Offrandes
6. Porte de l'Oiseau vermeil
7. Colline de la famille Zhang (Zhangjia)
8. Côteau de la famille Song (Songjia)
9. Village Shandi (« Au pied de la montagne »)
10. Salles des Officiels
11. Bourg de l'Ouest
12. Ancien village
13. Famille Yuan
14. Tombe de Xue Ze
15. Camp des Ma
16. Village de Yange
17. Tombe d'Ashina Zong, duc de Xue
18. Village du Soleil (Yangcun)
19. Tombe de Li Ji (Xu Maogong), duc de Yingguo
20. Musée de Zhaoling
21. Tombe de Li Zhen, roi de Yue
22. Tombe de Yuchi Jingde, duc de E
23. Commune populaire de Yanxia
24. Camp supérieur
25. Bourg d'Anjia
26. Rivière Gan
27. Grenier de l'Ouest
28. Tombe du général Zheng Rentai
29. Commune populaire du bourg de Zhao
30. Tombe de Zhang Shigui, duc de Guo
31. Camp Neuf
32. Village de Liudong
33. Village de Zhuanghe
34. Village de Caiyuantou

Soixante et une statues de pierre se dressent devant le mausolée Qianling, sculptées sur l'ordre de Wu Zetian pour commémorer la participation des chefs de différentes ethnies et d'envoyés étrangers aux cérémonies de l'inhumation de l'empereur Gaozong. La plupart de ces statues sont maintenant sans tête : deux seulement sont complètes, situées à l'ouest, qui représentent des envoyés d'Asie centrale et occidentale. On peut encore distinguer, inscrits sur le dos des statues, les noms, le rang et la région d'origine des personnages.

Lions de pierre décorant l'entrée du mausolée Qianling.

flèches comme preuve de sa bravoure. Ces merveilles de la sculpture Tang seraient dues au peintre Yan Liben[7] dont le frère, le célèbre architecte Yan Lide, aurait conçu les plans du mausolée. Malheureusement, deux de ces chefs-d'œuvre, *Saluzi* et *Quanmaogua,* ont été enlevés, en 1914, par un archéologue du nom de Bissby qui les emporta en Amérique. Désormais, seules leurs reproductions figurent à côté des quatre originaux restants, au musée provincial du Shaanxi.

Non loin de Zhaoling, sur les collines des Liangshan, s'élèvent les vestiges du mausolée *Qianling,* sépulture commune d'un autre empereur Tang, Gaozong fils de Taizong, et de son épouse Wu Zetian. Ce fut l'impératrice qui, ayant régné vingt et un ans après la mort de son époux, fit ériger le mausolée. Souverains à l'apogée de la dynastie des Tang, leur tombeau était à l'image des fastes de l'époque. Sur le doux relief du site, les tours qui surmontent les deux collines du sud apparaissent comme un symbole de féminité, voilé mais néanmoins triomphant. Entre ces deux éminences, une allée rectiligne conduit au palais funéraire enfoui dans les profondeurs de la montagne. De part et d'autres de la voie impériale, se dressent deux piliers gravés de symboles bouddhiques et des statues représentant des dignitaires civils et militaires ainsi que des chevaux ailés, des lions et des *Oiseaux vermeils*[8]. A ce propos, et bien que l'Oiseau vermeil soit issu d'un très ancien bestiaire fabuleux, il fut ici curieusement figuré sous les traits d'une autruche. La silhouette, caractéristique, ne prête à aucune confusion, ce qui suppose que des spécimens vivants ont dû parvenir jusqu'en Chine, probablement par la Route de la Soie avec des caravanes en provenance — plus ou moins directe — de la Perse. D'ailleurs dans les *Annales des Tang* qui furent rédigées vers cette époque, il est

7. Yan Liben (mort en 673) a représenté avec son frère Yan Lide, également peintre, la tendance réaliste dans l'art pictural chinois du début de la dynastie des Tang. Ils excellaient dans la peinture de chars, de chevaux, de kiosques et pavillons, ainsi que dans celle de portraits qu'ils exécutèrent dans un style précis et détaillé.

8. A ne pas confondre avec le Phénix, l'Oiseau vermeil mâle est couvert d'un plumage rouge plus ou moins vif sur la tête, le cou et le dos. Les deux ailes, ainsi que la queue, sont brunes cernées de clair. Le ventre est pourpre. Dans l'ancienne astronomie chinoise, il symbolisait le Sud en figurant les sept constellations australes qui, pour les Occidentaux, correspondent à celles des Gémeaux, du Cancer, de l'Hydre et du Corbeau.

mentionné qu'en 650 un ambassadeur du *Tukhârâ* (Bactriane) apporta à Chang'an des « *oiseaux grands comme des chameaux*[9] ».

Aux abords du tombeau furent également placées les stèles des souverains, un usage qui auparavant ne s'était jamais produit car les mérites des empereurs avaient été jusqu'alors jugés si grands qu'aucun mot n'était susceptible de les décrire. Au mausolée Qianling ce fut une exception. Mais, si l'impératrice fit graver une épitaphe louant les qualités civiles et militaires de son époux, elle souhaita que la dalle qui lui était dédiée restât vierge, laissant aux générations futures le soin d'y porter leurs appréciations sur sa personne et sur son règne.

En revanche, les bonnes relations qu'entretenait la Cour des Tang, tant avec les peuples vassaux qu'avec les royaumes voisins, firent que de nombreux monarques et ambassadeurs étrangers assistèrent aux funérailles impériales. Pour, probablement, perpétuer le rayonnement de son règne, ce serait Wu Zetian qui aurait ordonné que soient sculptées dans la pierre les effigies grandeur nature des hautes personnalités présentes avec, chacune, leur nom gravé sur le dos. Rangées en cohortes sur les bords de l'allée, elles continuent de rendre leur ultime hommage aux souverains défunts, en dépit des injures du temps et des vandales qui les ont décapitées au XIXe siècle.

9. Avant que, en l'an 101, le roi des Perses n'offre à l'empereur des Han de l'Est ce que les Chinois appelèrent des « grands oiseaux du Tiaozhi » (Iran), les autruches étaient inconnues, dans l'Empire, de mémoire d'homme. Pourtant, elles y avaient vécu en grand nombre aux temps préhistoriques, entre la fin du Miocène et la dernière période interglaciaire (Mindel/Riss-Würm). A tel point que les coquilles de leurs œufs et les fossiles de rhinocéros laineux *(Cœlodonta antiquitatis)* constituent l'association la plus fréquente dans les couches de lœss dont une grande partie s'est précisément formée à cette époque. Bien que la répartition des autruches se soit beaucoup réduite par la suite, elles occupaient encore, au début de notre ère, un vaste territoire en Asie du Sud-Ouest. Philostrate les mentionnait au IIIe siècle « jusqu'au delta du Gange ». Il est ainsi possible que les spécimens arrivés jusqu'à Chang'an soient venus de Bactriane ou de Perse. Par ailleurs la métaphore illustrant leur grande taille vient sans doute de leur surnom d'« oiseau-chameau » jadis identique en grec, en turc et en persan, comme pour les ornithologistes contemporains dans leur appellation scientifique *(Struthio camelus)*.

Reconstitution du mausolée Qianling

1. Premier portail
2. Allée impériale
3. Palais du bas
4. Tour d'honneur du sommet ouest
5. Tour d'honneur du sommet est
6. Piliers des joyaux bouddhiques
7. Autruche
8. Cheval volant
9. Chevaux de pierre
10. Sanctuaire du ministre Di Rengjie
11. Allée des officiers
12. Stèle funéraire de l'empereur
13. Stèle funéraire vierge de l'impératrice
14. Tour commémorative ouest
15. Tour commémorative est
16. Pavillon des dignitaires
17. Tour d'angle du sud-ouest
18. Porte Chuque (Oiseau vermeil)
19. Tour d'angle du sud-est
20. Pavillon de l'ouest
21. Pavillon de l'est
22. Palais des Offrandes
23. Porte Baihu (Tigre blanc)
24. Portique ouest
25. Kiosque des âmes
26. Entrée du tunnel
27. Belvédère de la divine ascension
28. Palais souterrain
29. Portique est
30. Palais du mont Liang
31. Porte Qinglong (Dragon bleu)
32. Tour commémorative
33. Tour commémorative
34. Tour d'angle du nord-est
35. Porte Xuanwu (Tortue noire)
36. Six chevaux

Vue générale des bâtiments du mausolée Qianling, reconstitué d'après des documents d'époque et les résultats des fouilles effectuées sur le site.

Petit bestiaire mythique

Les traditions chinoises sont peuplées de toute une faune fabuleuse dans laquelle certaines bêtes occupent une place prépondérante. Ce sont dans l'ordre hiérarchique : le Dragon, prince des animaux à écailles, le Phénix, roi des animaux à plumes, la Licorne, souveraine des animaux à crinière et la Tortue, monarque des animaux à carapace.

Dans le mythe universel du Dragon se retrouvent bon nombre de points communs. Tous ont une silhouette reptilienne, le corps couvert d'écailles et ils volent. Toutefois, à l'inverse de son homologue occidental incarnation des forces démoniaques dévastatrices, le Dragon chinois est paré de toutes les vertus d'une « âme vénérable ». Sage et digne, puissant mais juste, il évoque la bienveillance et la bonne fortune. C'est sans doute pourquoi son image fut jadis associée à celle de l'empereur pour tout ce qui se rattachait à sa personne. Ainsi disait-on le trône du « Dragon », le lit, la robe du « Dragon ». Légendaire, son apparence n'en est pas moins définie avec une grande précision. Il possède une tête de cheval surmontée d'une courte paire de cornes de cerf, des moustaches de poisson-chat, une crinière de cheval, des griffes de rapace et une queue de serpent. Sa peau écailleuse est de couleur jaune, noire ou rouge. Mais bien que ce soit une créature volante il n'a pas toujours des ailes. De même, en sa qualité d'animal surnaturel, il peut changer de forme et de taille à sa guise. Il existe une espèce particulière, bipède et unicorne, censée apporter la sécheresse partout où elle apparaîtrait. Les autres sont en général bénéfiques, du moins tant qu'ils sont traités avec le respect qui leur est dû. Sinon, ils peuvent être à l'origine de cataclysmes tels que tremblements de terre, raz de marée ou inondations.

Gravure chinoise représentant le Dragon. Extrait du Shanhai Jing *de 1836.*

Gravure du Shanhai Jing *représentant le Phénix.*

Entre le réel et l'imaginaire, le Phénix est le symbole de la souveraineté féminine à laquelle sont attribuées les qualités de beauté et de bonté. Il n'apparaîtrait que lorsque le monde connaît une ère de paix et d'harmonie parfaite. Selon la tradition, il vivait en Chine au temps de Huangdi, l'empereur Jaune de l'époque légendaire, et ce serait en écoutant son chant que le Maître Linglun aurait inventé la première gamme musicale. Durant le règne de Yao, le souverain suivant, deux phénix nichaient encore dans le jardin du palais. Depuis leurs apparitions furent rarissimes. La dernière en date se serait produite au XIVe siècle, lorsque l'un de ces oiseaux serait venu se poser sur la tombe du père de Zhu Yuanzhang, futur empereur Taizu et fondateur de la dynastie des Ming.

Le Phénix a des yeux fendus en amande et une tête au front bombé, surmontée d'une huppe de canard mandarin, un long cou de serpent et une queue fourchue comme celle d'un poisson. Son plumage est des cinq couleurs symbolisant les cinq vertus : blanc-pureté, bleu-équité, noir-impartialité, rouge-loyauté et jaune-sagesse. Lorsqu'il prend son essor, son image est l'attribut de l'impératrice dont les vêtements, les parures et tout objet lui appartenant, portent son effigie. Dans la tradition populaire, accouplé au Dragon, il augure d'un mariage harmonieux et prospère. C'est pourquoi les bougies rouges nuptiales sont décorées de ce motif, également très utilisé par ailleurs.

Plus mystérieuse encore, *Qilin*, la Licorne chinoise, n'en est pas moins extraordinaire. Sur un corps de grand cerf elle porte une queue de buffle et des sabots de cheval qui lui ont valu son autre nom de « cheval-dragon ». Au milieu de son front, semblable à celui d'un loup, pointe une corne dont l'extrémité charnue trahit son caractère pacifique. Sa robe est de cinq couleurs, comme le Phénix, jaune, rouge, bleu, blanc et noir sur le dos, alors que son ventre est entièrement jaune. Sa course est rapide comme le vent sur terre et sur les flots. De nature bienveillante, elle prend garde de ne jamais piétiner les petits insectes ni même les brins d'herbe. Elle est symbole de sagesse et de grandeur. Sur d'anciennes estampes elle est représentée comme monture du bodhisattva Guanyin tenant un enfant dans ses bras. Jadis ces images exprimaient le vœu d'engendrer un fils prodigieux.

Pour clore ce bestiaire, fabuleux et pourtant bien vivant, la Tortue se présente sous un aspect bien banal. Elle n'arbore nul attribut baroque ni couleur chatoyante, mais cela ne diminue en rien son prestige. Devant les temples se trouve souvent une grande tortue de pierre portant sur son dos une stèle. Il s'agit de *Xuanwu*, le « guerrier noir » qui, selon la légende aurait assisté, en compagnie du Dragon et du Phénix, à la création du monde par *Pangu*.

Parce qu'elle est supposée vivre longtemps, la Tortue est considérée comme immuable et symbolise ainsi la longévité, l'endurance et la force. Dans la tradition, il est dit que jadis, lorsque le souverain Yü le Grand avait entrepris les travaux de dérivation du fleuve Jaune, pour éviter les inondations, une tortue géante se présenta à lui. Sur son dos étaient inscrits des signes disposés en neuf groupes distincts : neuf sur la tête, quatre sur l'épaule gauche, deux sur l'épaule droite, trois sur le côté gauche, sept sur le côté droit, huit sur la patte arrière gauche, six sur la droite, cinq au centre de la carapace et un seul sur la queue. Yü le Grand en prit note et s'inspira de ce schéma pour tracer neuf canaux de dérivation comme plus tard il divisa le pays en neuf provinces.

Enfin, la Tortue personnifiait autrefois l'univers. Le dôme de sa carapace dorsale figurait le Ciel et la face ventrale, plate, la Terre. C'est cette dernière que les devins utilisaient en fondant leurs pronostics sur les fissures qu'ils provoquaient en la brûlant avec un tison.

La Tortue, symbole du Nord. Gravure du Shanhai Jing.

L'Impératrice céleste

A Qianling, sont ensevelis les protagonistes de l'une des plus extraordinaires aventures politiques qu'ait connues l'Empire dynastique. Là, reposent Gaozong, troisième empereur des Tang et son épouse Wu Zetian qui, sous le titre de *Tianhou* (Impératrice céleste), fut la seule femme ayant jamais accédé au rang d'empereur dans toute l'histoire de la Chine.

Le destin de cette femme d'exception se noua quand, à l'âge de quatorze ans, elle fut choisie parmi les plus belles filles de l'Empire pour entrer à la Cour de Taizong. Concubine de haut rang, mais de troisième catégorie, Li Shimin l'avait surnommée Wu Mei... mais il semblerait que Li Zhi, le prince héritier, fut le plus sensible à sa beauté. Lorsque douze ans plus tard, Taizong mourut, elle dut, comme l'exigeait l'étiquette, entrer au monastère avec ses compagnes pour y terminer ses jours en prière. Cependant Li Zhi, devenu l'empereur Gaozong, avait pour première épouse Wang mais celle-ci demeurait désespérément stérile, ce qui pour une impératrice est un défaut rédhibitoire. Inquiète de l'autorité que pouvait prendre Xuo Shufei, la plus dangereuse de ses rivales, elle pensa neutraliser cette concurrence en rappelant Wu Zetian qu'elle espérait manipuler à sa guise. Dès son retour, renaissant à la vie, l'ancienne concubine fit bientôt merveille.

Aussi charmante qu'adroite, elle n'eut aucun mal à raviver l'ancienne flamme de l'empereur tout en se gagnant la sympathie des courtisans influents. Très vite, l'impératrice allait s'apercevoir que les résultats de ses manœuvres outrepassaient ses espérances. Alors que la belle Zetian n'était revenue qu'avec le rang de concubine de troisième catégorie qu'elle occupait naguère à la Cour de Taizong, elle gravit rapidement les échelons de la hiérarchie pour prendre le titre de *Zhenfei*, à l'égal de celui de la rivale de l'impératrice. Découvrant la magie du pouvoir, elle y prit goût et, à force d'intrigues, finit par obtenir de l'empereur que son ancienne protectrice soit déchue et exécutée. Accédant au trône, elle y monta non comme impératrice mais à l'égal de l'empereur. Dès lors elle se mêla des affaires publiques d'autant plus aisément que Gaozong, convaincu de son génie politique, la jugeait lui-même « apte à le seconder efficacement dans la conduite de l'État ». Elle conçut d'ailleurs tout un programme qui lui concilia le peuple, à défaut des aristocrates, accordant des remises d'impôts, un allégement des corvées, la suppression du service militaire obligatoire. Décisions qui furent ratifiées par Gaozong.

Gravure représentant l'impératrice Wu Zetian.

Après la mort de l'empereur, en 684, l'impératrice destitua son propre fils, Zhongzong, qu'elle jugeait peu doué et nomma à sa place Li Dan, le cadet, en se conférant toutefois la régence. En 690, les princes fomentèrent contre elle une révolte, vite réprimée, qui entraîna des mesures extrêmes parmi lesquelles elle décréta l'abolition de la dynastie des Tang et l'instauration de celle des Zhou, dont elle fut la première et la dernière souveraine. Elle ravala l'empereur au rang de simple prince et lui donna son nom (Wu) à la place de celui de la famille impériale des Tang (Li). Soutenue par les religieux, elle détourna à son profit les croyances bouddhiques, allant même jusqu'à se prétendre la réincarnation du bodhisattva Maitreya (le Bouddha du futur) portant mandat du Ciel pour régner sur la Chine.

Mais sa plus grande erreur fut certainement d'avoir mésestimé le pâle Zhongzong. En 705, le prince forma avec les ministres une coalition qui, par un coup d'État, déposa l'Impératrice céleste, tout en restaurant la dynastie des Tang. Détrônée, privée du pouvoir qui était sa seule raison d'être, l'unique femme-empereur de Chine mourut la même année. Elle avait 82 ans.

Les premières grottes bouddhiques sur la Route de la Soie

Toujours sur l'itinéraire secondaire, une dizaine de kilomètres après Binxian, les caravanes parties de Chang'an passaient devant le temple du Grand Bouddha *(Dafo Si)*, le plus proche de Xi'an et le premier de beaucoup d'autres sanctuaires rupestres sur la Route de la Soie. Creusé à mi-pente de la montagne, cet imposant ensemble sculptural demeure en assez bon état de conservation bien que des inscriptions le datent du VIIe siècle.

Au centre, un Bouddha assis, de vingt-quatre mètres de hauteur, a été sculpté à même la paroi contre laquelle il est encore adossé, créant ainsi tout autour de lui la vaste niche qui l'abrite. Deux bodhisattvas l'encadrent dans une attitude de serein recueillement. De part et d'autre, sept grottes de moindre importance s'étagent le long de la falaise. Les plus hautes sont aujourd'hui inaccessibles du fait de la disparition des escaliers et des balcons de bois qui les desservaient. Commencé en 629, le sanctuaire compte environ huit cents statues de toutes tailles ; les plus basses ont souffert de l'érosion.

Sarcophage en argent à motif de chèvrefeuille datant de l'époque des Tang, trouvé dans le temple de la Source, district de Jingchuan (Gansu). Musée provincial du Gansu.

Encore plus à l'ouest, sitôt franchie la frontière du Gansu dans le district de Jingchuan, un second site bouddhique dépasse en âge comme en beauté le précédent. Pourtant la niche centrale ne porte plus trace d'édifice ou d'autel qui puisse encore justifier son nom de *temple de la Grotte du Sud.* Mais, le plus intéressant se trouve dans les sculptures des parois qui utilisent les veines et les couleurs de la pierre avec un art consommé. Si l'on en juge par leur style, elles dateraient d'une période allant du IVe au Ve siècle. Ici l'élégante minceur des bodhisattvas contraste étonnamment avec la robuste stature de ceux du temple du Grand Bouddha et plus encore avec la superbe plénitude qui, plus tard, marquera l'esthétique de l'époque des Tang. Une explication à ces silhouettes graciles, parfois jusqu'à l'excès, se trouve peut-être dans le raffinement décadent qui s'est manifesté sous les dynasties des Jin de l'Ouest (265-316) et de l'Est (317-420)[10] troublées par une agitation politique et sociale succédant à la stabilité de la longue ère des Han. Cependant la grâce du geste, la vivacité des expressions et l'harmonie des formes en font d'incontestables chefs-d'œuvre de la statuaire bouddhique.

Cet art rupestre très particulier aurait été introduit en Chine à partir du nord-ouest de l'Inde. Dès le début du IIe siècle le roi Kanishka de la dynastie des Kushâna[11], fervent adepte du bouddhisme, aurait le premier fait construire des sanctuaires rupestres ornés de statues sculptées à même le roc. Ces œuvres s'apparenteraient à l'art du Gandhâra, l'un des plus purs trésors du patrimoine artistique mondial[12]. Au cours des siècles, la propagation de cette religion en Chine suscita l'apparition de nombreuses grottes, tant le long de la Route de la Soie, que sur l'ensemble du territoire chinois.

10. La dynastie des Jin de l'Ouest régna à Luoyang de 265 à 316. Une autre branche de la famille Sima fonda la dynastie des Jin de l'Est qui devait durer de 317 à 420, avec Jiankang comme capitale, tandis que les minorités nationales du Nord-Ouest et du Nord fondaient seize royaumes *(Shiliuguo)* qui, pour la plupart, adoptèrent le bouddhisme. C'est à cette époque que des moines commencèrent à creuser des grottes ornées, notamment dans le Gansu.

11. Kanishka fut un des plus grands souverains des Kushâna (ou Kushân). Il régna à Kâpiçi (Begrâm) près de Peshawâr (actuel Pakistan) entre le Ier et le IIe siècle et étendit son Empire sur la moyenne vallée du Gange jusqu'à Mathurâ. Bouddhiste fervent, il contribua à propager sa foi dans tout le sud de l'Asie centrale. Selon la tradition, il aurait été assassiné, en 162, par l'un de ses officiers.

12. C'est au Gandhâra, une région comprise aujourd'hui entre le nord de l'Afghânistân et le Cachemire, que se produisit la rencontre du bouddhisme avec l'art hellénistique. De leur fusion naquit la représentation du Bouddha personnifié tout d'abord sous l'apparence d'un moine aux traits parfaitement grecs, puis progressivement idéalisés selon des canons indiens venus principalement de l'art de Mathurâ. C'est cet *art du Gandhâra* qui devait, par la suite, tant influencer toutes les figurations bouddhiques en Inde, en Asie centrale et en Chine.

Sculpture représentant le Bouddha Maitreya, dans la grotte du temple de la reine-mère de l'Ouest (district de Jingchuan, Gansu). La partie arrière et les deux côtés du pilier central de cette grotte comportaient autrefois de nombreuses sculptures qui ont été très endommagées. Cependant celles de la partie supérieure sont encore bien conservées.

La poésie Tang

Lorsque l'empereur Taizong réforma l'Académie impériale en basant l'enseignement sur l'étude des classiques et la composition poétique, les belles-lettres (*Wen*) étaient à l'honneur depuis fort longtemps.

A l'époque des Tang, le florilège hérité des dynasties précédentes s'enrichit, à l'instar de la musique, de thèmes et de rythmes nouveaux venus d'Asie centrale par la Route de la Soie. Après le style libre connu sous le nom de *Guti*, apparut une nouvelle manière, bientôt en vogue, appelée *Xinti* ou *Gelushi* qui obéissait à des règles strictes quant à la métrique. Cependant les lettrés cultivèrent des genres très divers comme le *Hanfu* proche de la prose rythmée. Mais au-delà de ces principes, très occidentaux sur la forme, les artistes chinois disposaient des jeux infiniment plus variés que leur procuraient une langue extrêmement musicale et une écriture dont chaque caractère constitue déjà à lui seul un microcosme poétique auquel le calligraphe apporte un éclairage particulier et le souffle de son inspiration. Prenons, par exemple, la version française du poème *Nostalgie* de Li Bai :

Devant mon lit sous le clair de lune,
Le plancher semble couvert de givre.
Je lève les yeux et regarde la lune,
Puis je baisse la tête et songe au pays natal.

Cette traduction ne donne qu'un faible reflet du subtil kaléidoscope de sa version en caractères d'imprimerie chinois :

床前明月光，疑是地上霜。

举头望明月，低头思故乡。

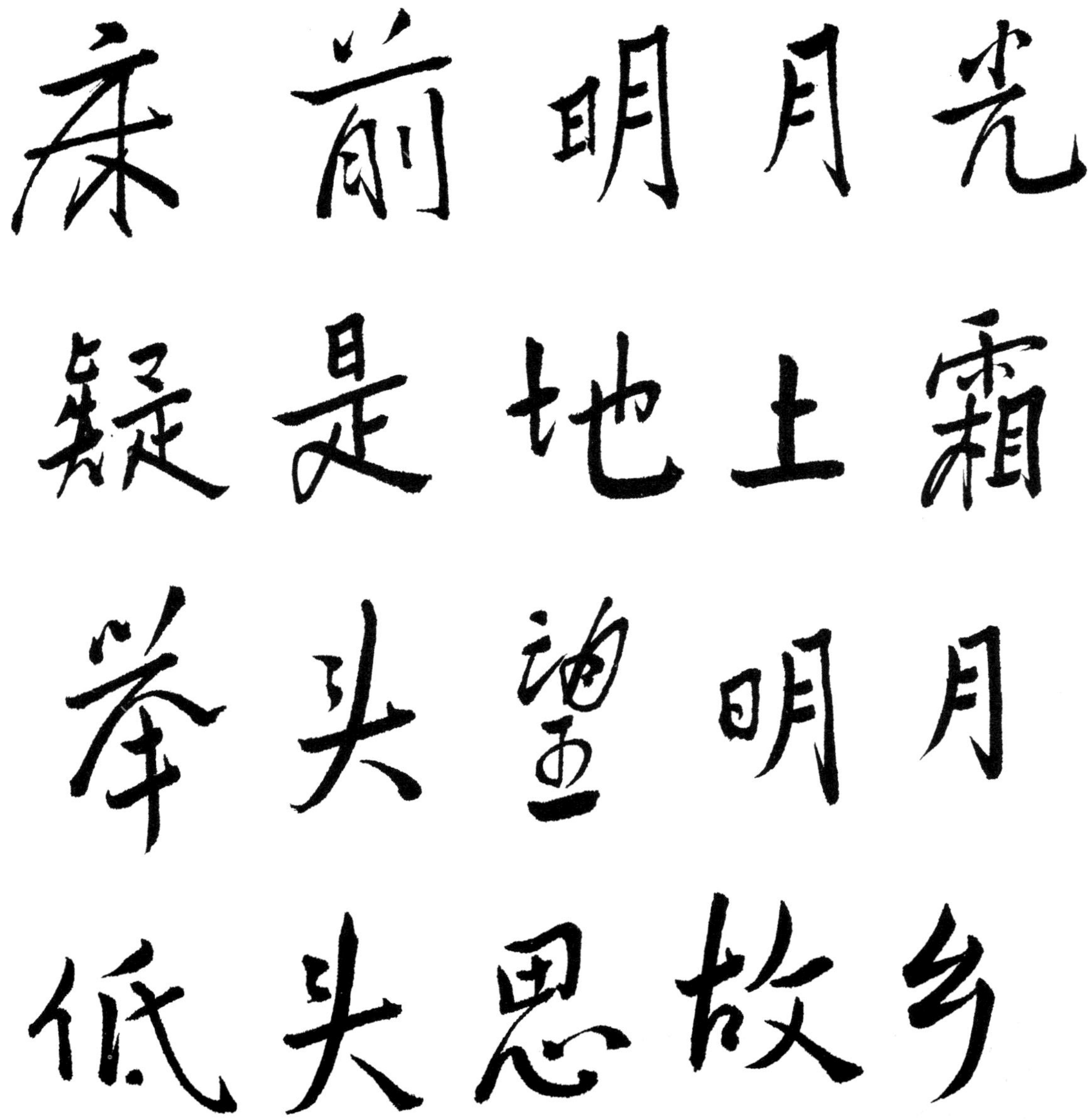

Mais celle-ci reste toutefois moins sensible que sa calligraphie ci-dessus.

Bon nombre de grands poètes chinois furent de fins lettrés mais ils excellèrent également en peinture et en calligraphie, réunissant dans leur génie les *Trois talents*, quand ils n'y ajoutaient pas un quatrième en étant aussi musicien comme Wang Wei (701-761), adepte de la spiritualité *Chan* (*Zen* en japonais) et précurseur de la représentation monochrome du paysage dont il fut dit que ses peintures étaient semblables à des poèmes et ses poèmes identiques à des paysages.

La dynastie des Tang fut l'une des grandes époques de la poésie chinoise et la liste de ceux qui s'y sont illustrés serait très longue. Seuls figurent ici quelques-uns des principaux.

LI BAI (Li Taibo, 701-762). Né aux confins des Contrées occidentales, dans la ville de Suiye (près de l'actuelle Tokmak en U.R.S.S.), Li Bai descendait, paraît-il, du fameaux Li Guang, général de Wudi des Han de l'Ouest. Il était familier de l'empereur Xuanzong qui le nomma *Hanlin* (titre des lettrés du palais impérial), et la belle Yang Guifei aimait, dit-on, à lui offrir du vin de raisin tandis qu'il composait. Auteur original, en marge de tous les courants littéraires de son temps, il laissait libre cours à son inspiration. Mais pour avoir, un jour, vexé un eunuque du palais, en butte aux intrigues, il fut obligé de quitter la Cour. Il courut alors les routes, chantant l'amitié et le vin jusqu'à ce que, selon la légende, il se noie un soir d'ivresse en essayant d'attraper le reflet de la lune à la surface de l'eau.

BAI JUYI (Bo Juyi, 1772-846). Poète précoce, il décrivit les mœurs de son temps avec un réalisme qui lui attira quelques ennuis. Son talent lui valut cependant de devenir membre de l'Académie impériale de la *Forêt des pinceaux (Hanlin Yuan)*, censeur de la Cour puis gouverneur de province. Il laissa près de 3 000 poèmes parmi lesquels l'immortel « Chant de l'éternel regret » (*Chang Hen Ge*). Il se fit moine à la fin de sa vie et termina ses jours dans un monastère bouddhique.

DU FU (712-770). Né d'une famille modeste du district de Gongxian, dans le Henan, Du Fu n'eut guère de chance dans la carrière officielle. Nommé fonctionnaire de rang subalterne, il abandonna son poste quelques années plus tard. Ami de Li Bai, il mena lui aussi une vie vagabonde à travers le pays mais son œuvre s'inspira surtout des misères du peuple et des malheurs de la guerre.

Peinture illustrant le Chant de l'éternel regret, de Bai Juyi, et calligraphie du texte.

隴西石窟
第四章

CHAPITRE 4

LA ROUTE DES SANCTUAIRES

Ci-contre : *Chameau portant des ballots de soie. Poterie à glaçure trichrome (Sancai) datant de la dynastie des Tang (618-907), trouvée à Xi'an. Les chameaux parcouraient, il y a deux mille ans, l'ancienne Route de la Soie traversant le plateau du Shaanxi, le couloir du Hexi, la dépression du Tarim et le plateau du Pamir, et constituaient le moyen de transport traditionnel des caravanes. Cette statuette funéraire est haute de 47,5 cm. Elle fut découverte en 1959 à Zhongbaocun, à l'ouest de Xi'an. Musée provincial du Shaanxi.*

La Route des sanctuaires.

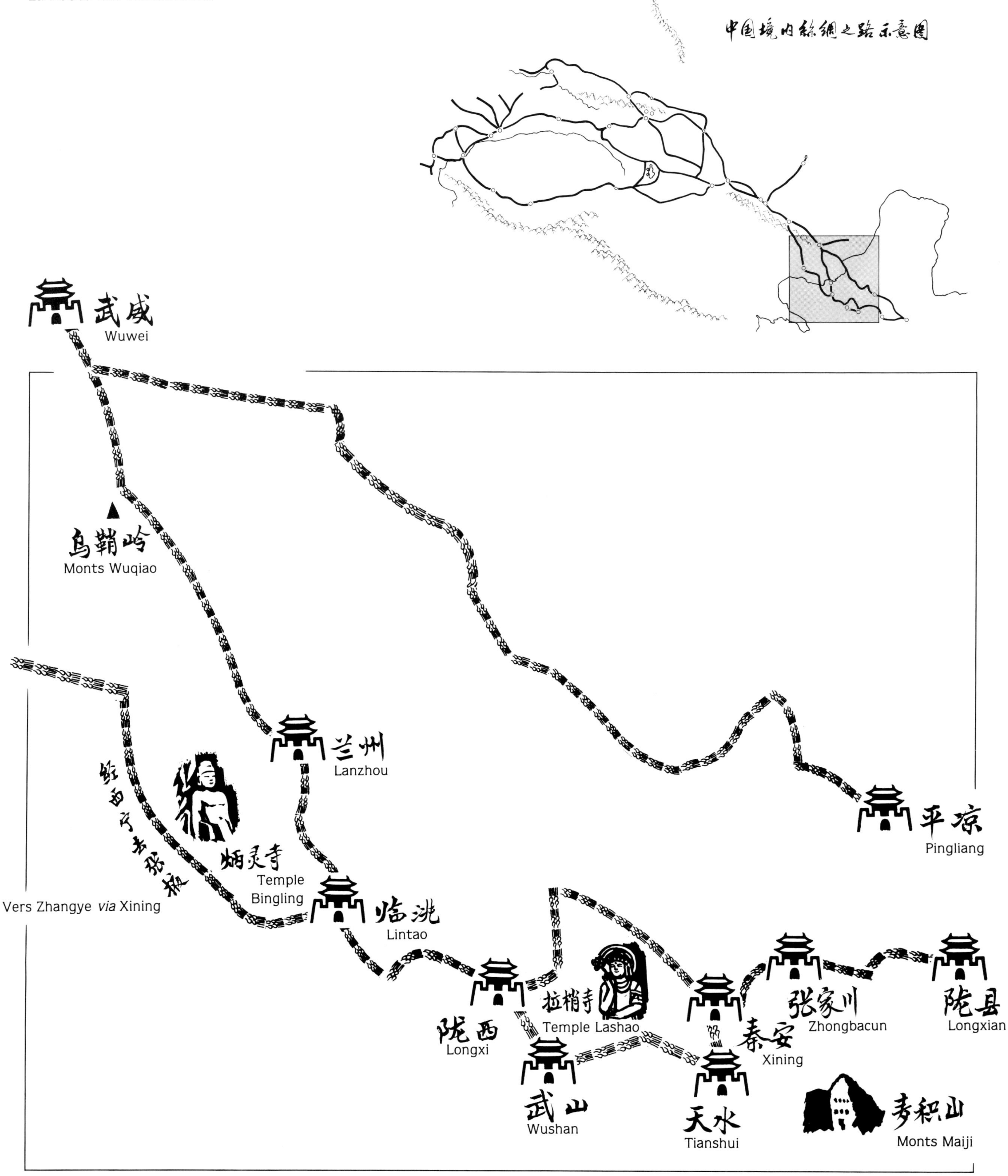

Les grottes bouddhiques du mont Maiji, situées à 45 km au sud-est de la ville de Tianshui dans le Gansu, possèdent de magnifiques sculptures, comme en témoigne cette statue de bodhisattva en prière.

Sur les hautes terres du Longxi

Passé la ligne de crête des Longshan, la Route de la Soie obliquait vers le nord à travers les confins occidentaux du plateau de lœss[1]. Et, pour rejoindre le couloir du Hexi, son tracé empruntait sur près de 600 kilomètres les hautes terres du Longxi, à une altitude moyenne de 1 500 à 2 000 m. De très nombreuses découvertes archéologiques attestent que toute la région fut un important foyer culturel dès la plus haute antiquité. En effet, des objets en argile rouge, provenant des sociétés néolithiques de Siwa, Xindian et Majiayao, ont été exhumés dans le district de Lintao. De même, ont été retrouvés des poteries peintes et des ustensiles de cuivre datant des périodes transitoires avec l'avènement des Zhou de l'Ouest dont quantité de bronzes rituels ont été également mis au jour. Enfin, des vestiges d'époques qin et han jalonnent toute la contrée.

Mais c'est à partir du IVe siècle et grâce aux échanges par la Route de la Soie, que nous sont parvenus les plus riches témoignages de l'épanouissement intellectuel et artistique, avec les temples de Lashao et de Bingling, ainsi que les grottes des monts Maiji, dont les richesses de la statuaire et des fresques n'ont rien à envier à celles, plus célèbres, de Mogao près de Dunhuang.

1. Le lœss est un limon dont la fertilité est due à sa grande richesse en calcaire. Très fin, il fut probablement accumulé par les vents. Dans le Shaanxi du Nord, sur le plateau, la couche qui atteint 150 m d'épaisseur est la plus importante en Chine. A la fin de la Longue Marche, c'est dans des grottes creusées dans le lœss du Shaanxi, près de Yan'an au nord de Xi'an, que l'Armée rouge des ouvriers et des paysans avait établi sa base.

"Barbare" sur un cheval au galop. Poterie à glaçure trichrome, d'époque tang, trouvée à Xi'an. Bureau d'administration des objets culturels de Xi'an.

A Xi'an et aux environs ont été mises au jour de nombreuses poteries à glaçure trichrome et de statuettes en terre cuite peintes à usage funéraire. Elles représentent des hommes et des femmes appartenant à des ethnies très variées, surtout du nord-ouest et de l'Asie centrale.

Les moissons du Bouddha

Le massif des Maijishan doit son nom à ses curieux reliefs érodés qui, par ressemblance, sont appelés « *meules de paille* [2] ». Baigné par la rivière Bailong, jouissant d'un climat agréable et de pluies abondantes, le paysage verdoyant ajoute encore à l'originalité du site, en comparaison des autres sanctuaires de la Route de la Soie dont le cadre naturel est souvent beaucoup plus austère. La ville la plus proche est Tianshui, à 45 kilomètres au nord-ouest. Sous le nom de *Qinzhou* [3], elle fut autrefois un important relais pour les caravanes. A l'époque elle n'était pas comme aujourd'hui, le siège de l'administration provinciale qui se tenait alors à Qin'an encore plus au nord-est, où furent découvertes récemment des figurines de céramique, à glaçure trichrome[4], représentant des voyageurs et des chameliers persans au temps de la dynastie des Tang.

Les grottes de Maiji sont creusées à même la falaise calcaire et situées à plus de 40 mètres du sol. Leur excavation vers la fin du règne des Qin postérieurs (384-417)[5], ne fut achevée que sous les dynasties suivantes ; de constants travaux d'entretien s'y poursuivirent durant plus d'un millénaire. Malheureusement, un séisme en 734 fit s'effondrer toute la partie centrale, épargnant seulement les bases terminales de l'ancien ensemble, soit cent quatre-vingt-quatorze grottes, qui abritent des milliers de statues d'argile ou de pierre et plus de 1 000 m^2 de fresques.

2. Littéralement *maiji* signifie : *mai* = blé, *Ji* = tas. Le terme exact aurait donc été *gerbier de blé* mais sa désuétude et sa spécialisation lui ont fait préférer celui plus évident de *meule de paille*.

3. La région de Qinzhou était le fief qu'accorda le roi Xiao Wang des Zhou de l'Ouest à Ying Feizi, ancêtre de l'empereur Shihuangdi.

4. Très en vogue à l'époque de Tang, les céramiques à glaçure trichrome appelées *Sancai* (3 couleurs) étaient obtenues à basse température par juxtaposition des oxydes de cuivre (vert), de fer (jaune et brun), parfois de cobalt (bleu) ou de manganèse (pourpre). A la cuisson, l'émail fondait en formant les coulures et les gouttes typiques de ce style. Les céramiques à glaçure trichrome de Perse furent réalisées selon la technique chinoise de l'époque des Tang.

5. Trois dynasties portant le nom de *Qin* se sont succédées entre les IVe et Ve siècles. Les Qin antérieurs régnèrent de 351 à 394 suivis des Qin postérieurs de 384 à 417. Enfin les Qin de l'Ouest établirent leur capitale à Jincheng et Yuanchuan, dans le Gansu, entre 385 et 431.

Statuette en céramique trichrome d'époque tang représentant une femme assise, vêtue d'une robe longue cintrée sous la poitrine et coiffée d'un haut chignon, à la mode à Xi'an. Musée provincial du Shaanxi.

Deux images de chevaux en céramique à glaçure trichrome, l'un hennissant, tête levée, l'autre paissant. Elles furent trouvées en 1962 dans une niche latérale du couloir d'accès de la tombe de la princesse Yongtai à Qianxian dans le Shaanxi. Le cheval de droite est haut de 28 cm, celui de gauche de 20,1 cm. Musée provincial du Shaanxi.

Dans ce sanctuaire le *Pavillon des Sept Bouddhas* est sans doute le plus étonnant ; situé très haut sur la falaise de l'Est, il se compose de sept grottes communicantes, desservies par un balcon et protégées par un auvent taillé en encorbellement, à même le rocher. Au-dessous, se dresse un Bouddha d'argile, haut de 15 mètres, encadré de deux bodhisattvas. Une telle architecture monumentale laisse songeur quant aux moyens mis en œuvre pour sa réalisation. En fait, comme l'indiquent les annales du temps, la technique assez simple était venue de l'Inde où ce genre de sanctuaire avait été innové. La seule méthode pouvant être employée consistait à monter tout d'abord un échafaudage ancré à la paroi par des madriers introduits dans les trous creusés au fur et à mesure de son élévation. Au niveau voulu, une plate-forme était construite et l'excavation commençait ainsi, par le plafond. Elle était ensuite progressivement évidée du haut vers le bas en tenant compte des emplacements réservés pour les statues et les piliers. Une fois la grotte excavée, les trous d'ancrage soit disparaissaient, soit étaient conservés pour servir au soutènement des bâtiments extérieurs tels que temples ou charpentes d'auvents, passerelles et escaliers d'accès.

Le sanctuaire des monts Maiji, est réputé pour la variété et la préciosité de sa statuaire, représentative de l'art des dynasties qu'elle illustre magnifiquement. Certaines statues sont directement sculptées dans la pierre, et d'autres sont modelées dans de l'argile. Toutes ces particularités font de ces grottes un véritable « musée national chinois de la sculpture et du modelage ».

Chameau blatérant et son chamelier "barbare" au long nez. Musée du Mausolée Zhaoling, Liquan, Shaanxi.

Les sculpteurs de falaises

La plupart des sculptures qui ornent les sanctuaires bouddhiques chinois ont été réalisées selon des procédés qui varièrent davantage en fonction de leur importance et de la nature du support plutôt qu'avec les époques. Seule la facture archaïque des bas-reliefs sur les rochers de Lianyungang fait exception. Les méplats et surtout l'utilisation des volumes naturels les reporteraient aux prémices de la statuaire chinoise telles qu'ils s'étaient manifestés dans les statues et les blocs gravés du tombeau de Huo Qubing.

Avec les apports indiens, les techniques évoluèrent rapidement et les sculpteurs de falaises adoptèrent des méthodes différentes que leur imposaient les contraintes des lieux. En présence de pierre franche, telle que le grès ou le calcaire, comme à Bingling, Lashao ou aux monts Maiji, la taille fut effectuée à même la paroi. Ce qui, dans le cas des effigies monumentales, exigeait de la part des artistes une parfaite maîtrise de leur art. Comme pour l'excavation des grottes, la sculpture sur les bouddhas de façade commençait par la tête pour descendre ensuite jusqu'à la base, en suivant l'ébauche du tracé préliminaire. Ces différents stades ont pu être étudiés dans certains sanctuaires dont la construction fut abandonnée alors qu'ils étaient inachevés.

L'autre technique, couramment employée, était celle du modelage de l'argile. Plus souple et plus aisée, elle permettait une profusion de détails extrêmement précis, son seul inconvénient étant une ampleur limitée des œuvres. En effet, les statues d'argile ne dépassent que très rarement six mètres de hauteur, en raison des problèmes de rétractation au séchage. Pour les réaliser, l'artiste confectionnnait tout d'abord une forte armature végétale faite de bois, de roseaux ou de tiges de palme, destinée au maintien du corps, de la tête et des membres du sujet représenté. Ensuite l'argile était mêlée de poils de chameau ou de chèvre à la manière du staff composé de plâtre mélangé à des fibres végétales. Cette pâte très malléable de par la finesse de ses additifs était appliquée sur l'armature, donnant à l'ensemble sa cohésion et une grande solidité. La finition était ensuite exécutée avec une terre pure.

Après un séchage lent, pour éviter tout risque de craquelure, les statues étaient peintes avec des colorants naturels qui conservèrent tout leur éclat durant des siècles. A l'exception de quelques effigies de pierre, la plupart des 2 000 statues des grottes de Mogao près de Dunhuang, ont été réalisées avec cette technique. Cet exemple mis à part, rares sont les sanctuaires où l'argile n'ait pas été utilisée, ses avantages compensant très largement ses inconvénients. A tel point qu'elle fut même employée dans certains cas où, non seulement le support se prêtait à la sculpture, mais se trouvait de surcroît exposé aux intempéries. Sur la façade du temple de Lashao, le petit groupe situé au centre de la frise des lions a été traité à la fois en sculpture et en modelage. Ce qui explique pourquoi toute la partie inférieure est à ce point érodée, en comparaison des visages demeurés presque intacts. Pour mieux traduire le plissé de la robe du Bouddha et la richesse du costume des bodhisattvas, l'un et l'autre avaient été modelés dans de l'argile maintenue contre la paroi à l'aide de chevilles de bois régulièrement espacées. Aujourd'hui il n'en subsiste malheureusement que les points d'ancrage sur la roche nue.

Enfin à l'abri des grottes, certaines statues d'argile possèdent une âme de pierre. Elles procèdent de la même technique que celles modelées sur armature végétale avec, toutefois, pour seule différence, la volonté délibérée des artistes de laisser libre cours à leur génie créateur, ayant sous leurs doigts le plus docile des matériaux.

Statue d'une jeune donatrice portant des vêtements du groupe des Xianbei, d'époque des Wei du Nord, se trouvant dans la grotte n° 123.

Ci-contre : *Grottes des monts Maiji, vue d'ensemble de la façade sud-ouest.*

Adorateurs dans la grotte n° 121, datant de l'époque des Wei de l'Ouest.

Gardien en argile peinte du "pavillon des sept bouddhas" (grotte n° 4), datant des Zhou du Nord et restauré sous la dynastie des Song (920-1279).

Tous les styles, tous les courants qui marquèrent leur époque y sont réunis par la célébration d'une même foi profonde, unique et multiple. Il en est ainsi de la célèbre effigie d'argile représentant Çâkyamuni dans la grotte 44. L'infinie douceur qui émane de son visage, aux traits si fins qu'ils en deviennent presque féminins, est un reflet de la préciosité en vogue sous le règne des Wei de l'Ouest (535-557). De même, au-delà de toute componction, les donatrices de la grotte 165 arborent de petites bouches charnues, des nez droits et des sourcils délicatement arqués, inscrits dans un ovale parfait, à l'image exacte des canons de la beauté à l'époque des Song. Mais, parmi cette foule de personnages figés depuis des siècles, aucun n'a l'immobilité des véritables statues. Les artistes qui les ont créées ont su transmettre à l'argile ou la pierre cet ineffable frisson qui communique la vie à la matière inerte. La preuve en est cette figuration d'Ananda en compagnie d'un bodhisattva, de la grotte 121. Plus que de sages disciples de *l'Éveillé*, ils évoquent davantage un couple d'adolescents espiègles, animés d'une joie toute profane.

Les sources de cette extraordinaire diversité se devinent dans les œuvres les plus anciennes comme, par exemple, celles des grottes 74 et 78 dont la création remonte à la fondation du sanctuaire. Le caractère encore stéréotypé des figurations, et la technique de l'exécution, laissent transparaître l'influence indienne alors communiquée par les pèlerins sur la Route de la Soie. Au début, les sculpteurs chinois réalisèrent de nombreuses œuvres à l'image plus ou moins fidèle des modèles qui leur étaient proposés.

Ânanda, le plus proche disciple du bouddha et un bodhisattva dans la grotte n° 121, datant de l'époque des Wei de l'Ouest. Le personnage d'Ânanda se trouve à droite.

Les quatre figures de la sagesse

Au-delà des variations et des interprétations apportées par les différentes cultures dans ses diverses représentations, le personnage du Bouddha historique, Siddhârtha Gautama ou Çâkyamuni (le Sage des Çâkya), est presque toujours montré dans l'une des quatre attitudes traditionnelles dont chacune correspond à l'un des quatre grands moments de sa vie religieuse. A ces symboles, généralement exprimés par les gestes des mains, s'ajoutent encore quatre postures principales du corps qui, chacune, portent un nom :

1 — *Kayotsarga :* debout, les pieds parallèles ;
2 — *Tribhanga :* debout et déhanché selon les trois axes de la tête, du torse et des jambes, le poids du corps reposant sur un seul pied ;
3 — en position assise il existe plusieurs variantes parmi lesquelles ;
Padmâsana : position dite « du lotus » ;
Bhâdrâsana : les deux jambes pendantes ;
Râjalîlâsana : une jambe repliée sur le sol, l'autre contre le torse ;
4 — *Parinirvâna :* couché sur le côté droit, la main droite posée sous la tête et le bras gauche allongé.

L'image la plus classique est celle du *Padmâsana* (lotus) dans laquelle ses gestes prennent toute leur importance. Ici encore, la règle n'est pas absolue mais ils expriment encore quatre épisodes mémorables de la vie du Bouddha :

1 — Les mains croisées sur les cuisses sont symbole de sa réflexion profonde, alors qu'il méditait sous le figuier pippal à Bodh-Gâya, en Inde, cherchant à découvrir les causes de la douleur humaine et les remèdes à y apporter.
2 — Touchant le sol du bout des doigts de la main droite près de son genou droit, prenant la Terre à témoin de ses mérites accumulés dans ses vies antétieures (Jâtaka), afin d'acquérir la force de vaincre les forces du Mal.
3 — La main droite, le pouce joint à l'index, opposé à la main gauche inclinée (geste de la discussion ou du prêche de la Loi), rappelle le premier sermon qu'il adressa à ses disciples dans le « Jardin des Gazelles » à Sarnâth, près de Bénarès.
4 — Enfin, couché dans une attitude de repos et d'abandon, il évoque son entrée dans le Nirvâna et la béatitude absolue lorsqu'il n'y a plus aucun désir ni renaissance possibles.

Accroché à la falaise orientale des monts Maiji, ce grand bouddha d'argile, haut de 15,28 m, date de la dynastie des Sui (581-618). Au-dessus le "pavillon des sept bouddhas", excavé au milieu du VIe siècle, se trouve à 55 m du pied de la falaise.

Puis, en acquérant la maîtrise des techniques nouvelles, ils s'en libérèrent peu à peu pour, finalement, intégrer ces différents apports à leurs propres traditions, dans lesquelles la religion se mêlait à l'histoire et au quotidien. Ainsi, dans la grotte 43, fut inhumée la douce Yifei, épouse de l'empereur Wendi des Wei de l'Ouest[6]. Sa légende perpétue la mémoire d'une femme douce et généreuse qui s'était résignée à entrer au monastère à seule fin de permettre à l'empereur de se remarier avec une « barbare » dont le peuple menaçait l'Empire. Ses sujets ne lui surent aucun gré de son abnégation car, quelque temps plus tard, lorsque de nouvelles rumeurs de guerre parvinrent des frontières, le bruit courut qu'elle en était responsable. On la soupçonnait, en effet, d'avoir enfreint la règle monastique en ayant conservé une liaison avec l'empereur. Celui-ci, sans doute plus soucieux de l'opinion publique que de la raison d'État, lui ordonna alors de se suicider. Pour sauver son pays, Yifei consentit à cet ultime sacrifice. Sur le seuil de sa tombe fut placé un gardien, d'aspect terrifiant. Or, ce *dvārapāla* (skt. : gardien de porte) dont la fonction était, à l'origine, d'éloigner les mauvais esprits des sanctuaires bouddhiques, acquiert ici une tout autre valeur symbolique, due à un hommage posthume, peut-être teinté de quelques remords.

La manière dont a été campé le personnage de Kâçyapa de la grotte 87 est un autre exemple, plus prosaïque, de la latitude que pouvaient prendre les artisans chinois dans l'interprétation du panthéon bouddhique. Ses traits accusés, à la limite de la caricature, ressemblent moins à la physionomie d'un grand disciple, qu'à celle d'un brave caravanier, tel qu'il en passait par les rues de Qinzhou. Ainsi, de la rencontre du mysticisme indien avec le réalisme imaginatif des Chinois était né un art majeur, encore à ses prémices, mais qui, sous d'autres influences, allait bientôt s'épanouir dans une véritable « Renaissance » à la chinoise.

6. L'empereur Wendi, également connu sous le nom de Yuan Baoju, régna à Chang'an de 535 à 551.

Frise du temple de la montagne du Sud, dans la région de Lanzhou.

Le panthéon bouddhique

Outre les innombrables figurations suggérées ou personifiées du Bouddha lui-même, les sanctuaires bouddhiques sont peuplés d'un panthéon d'autant plus surchargé qu'une infinité de personnages peuvent y apparaître sous des aspects différents. Certaines divinités du brâhmanisme furent même assimilées tels Indra, le roi des Dieux et des éléments, ou encore Vishnu, la tradition voulant qu'ils soient devenus, parmi bien d'autres, les serviteurs du Bouddha. Dans cette foule il se dégage cependant une hiérarchie entre les êtres divins, les divinités secondaires, les démons, les gardiens, les personnages terrestres et les animaux, plantes ou objets symboliques.

Les bodhisattvas

Les bodhisattvas occupent le rang le plus élevé en étant « ceux qui possèdent les qualités de la sagesse » après avoir parcouru le cycle des renaissances successives. Parvenus au stade ultime, avant de devenir à leur tour des Bouddhas, ils y ont renoncé pour venir en aide aux êtres encore en chemin. En réalité, il est possible qu'ils soient tous des « doubles » d'Avalokiteçvara, le plus important d'entre eux.

Avalokiteçvara (Guanyin) représente la « toute compassion » du Bouddha envers l'ensemble des êtres, sans distinction aucune. Il tient à la main une fleur de lotus épanouie, symbole de pureté et de sagesse exprimée, et une cruche d'eau pour abreuver ceux qui ont soif de connaissances. En Chine, Guanyin fut tout d'abord représenté sous des traits masculins puis presque toujours comme une femme.

Samantabhadra (Puxian) est l'un des bodhisattvas de méditation dans les doctrines tantriques du Grand Véhicule. Il incarne l'intelligence parfaite et la longévité infinie de ceux qui observent la Loi. Il trône parfois sur un lotus ou encore, porte le « joyau qui exauce tous les désirs » et monte un éléphant. Samantabhadra fut disciple du Bouddha, comme Manjuçrî.

Manjuçrî (Wenshu) personnifie la Loi telle qu'elle fut enseignée par Çâkyamuni. Ses attributs sont non seulement le lion et le glaive qui tranche les liens de l'ignorance, mais aussi le livre qui renferme la Loi ou un lotus bleu fermé exprimant la sagesse latente. Il aurait été le premier à introduire le bouddhisme en Chine où son nom serait à l'origine de celui des Manchou.

Maitreya (Miluo) est celui qui doit succéder au Bouddha historique dans le futur, Çâkyamuni ayant été lui-même précédé par de nombreux « Bouddha du passé » que figure généralement le dernier d'entre eux, Krakucchanda. Dans le ciel *Tushita*, Maitreya attend ainsi son ultime réincarnation. Il est représenté sous l'apparence d'un prince couronné, paré de tous ses bijoux.

Les divinités secondaires

— *Deva* (Tianshen), êtres divins souvent issus de divinités brâhmaniques plus ou moins déterminées, figurant au-dessus des représentations du Bouddha.

— *Apsaras* (Feitian), créatures célestes volant dans les airs entourées de voiles ondulants ; musiciennes et danseuses, elles participent au décor en évoquant les plaisirs et la joie pure de l'esprit.

— *Gandharva* (Jiyuetian). Considérés comme des divinités masculines, les gandharvas sont néanmoins souvent représentés sous des apparences féminines. Ils sont parfois accompagnés d'êtres mi-humain, mi-oiseaux. Ce sont également des chanteurs et des musiciens qui, malgré leur grâce, passent pour des êtres cruels et vindicatifs.

— *Yaksha* (Yecha), démons à forme humaine, hantant la terre et le ciel, qui souvent se convertissent au bouddhisme.

Les gardiens

— *Lokapâla* (Tianwang), guerriers gardiens des quatre horizons, défenseurs du bouddhisme, ils sont toujours représentés en armure, campés dans des poses martiales et arborant une expression terrible. Ils sont commandés par *Skanda* (Weituo).

— *Dvârapâla* (Jinggang), ce sont également des gardiens de la Loi bouddhique. Ils sont presque toujours placés à l'entrée des temples qu'ils protègent des mauvais esprits.

Bodhisattva tenant la tige d'une fleur de lotus.

Les immortels

— *Les Grands Disciples* étaient au nombre de dix selon la tradition. En Chine, les plus souvent représentés sont *Ananda* (Anuanto) le plus jeune cousin du Bouddha, et *Kâçyapa* (Jiayebo), en costume de moine.

— *Les Arhat* étaient les « auditeurs privilégiés » qui, ayant atteint de leur vivant la presque perfection, s'étaient libérés des « trois poisons » que sont l'ignorance, le désir et la passion. Théoriquement 500, leur nombre fut réduit à 16 en Inde et à 18 en Chine où la seule règle respectée dans leur représentation est de les faire toujours figurer en groupe et sous l'aspect de vieillards, même si dans certains temples ils sont effectivement 500.

— Des moines figurent également au panthéon bouddhique. L'un des plus connus est *Bodhidharma* (Putidamo) qui, d'origine indienne, vint en Chine à l'époque des Wei du Nord. Accueilli au temple de Shaolin où il enseigna de nouvelles méthodes de méditation qui furent à la base de l'école *Chan* (Zen, en japonais) il a également été à l'origine du *Kong Fu* (Kunfu), disciplines corporelles destinées à aguerrir le corps tout en libérant la conscience, dont Shaolin fut le premier foyer. Considéré comme l'« Ancêtre » de cet art martial, ce saint homme a d'ailleurs laissé son nom à certains exercices tels que « La manipulation du bâton de Bodhidharma pour vaincre les démons » ou « L'épée de Bodhidharma », encore pratiqués de nos jours.

Les animaux

— L'éléphant symbolise à la fois l'Inde hors de ses frontières, la sagesse et l'inébranlable conviction, et Indra dont Airâvata, l'éléphant à trois têtes ou six défenses, était l'attribut avant de devenir celui de Samantabhadra, ou encore le Bouddha lui-même, en se référant au *Shaddantaka Jâtaka* dans lequel il était un pachyderme convoité par une mauvaise reine.

— Les gazelles évoquent les cinq premiers disciples au prêche de Sarnâth, et par extension, le troupeau des fidèles.

— Le liòn traduit la puissance du bouddhisme et son rugissement la force de la voix de la Loi.

— L'oie, monture traditionnelle de Brahmâ dans le folklore hindou, incarne également la Loi bouddhique.

Les végétaux

— Le lotus, parce qu'il sort de la fange sans une tache, est avant tout symbole de pureté et, comme tel, siège ou attribut du Bouddha et des bodhisattvas. Il existe cependant certaines variantes parmi lesquelles :
Fleur fermée : sagesse latente
Fleur épanouie : sagesse exprimée
Fleur bleue demi-fermée : intelligence pure
Fleur rose épanouie : divinité sans tache.

— Figuier pippal (*Ficus religiosa*), arbre sous lequel le Bouddha médita à Bodh-Gâyâ et où il atteignit à la Vérité bouddhique qu'il symbolisa par la suite.

Le sanctuaire oublié

Passées les villes de Tianshui et de Gangu, le temple de Lashao se cache au creux d'un vallon proche de Wushan, sur la rive nord de la rivière Wei. Ce sanctuaire rupestre peu connu était appelé jadis le *« Temple de la grande effigie »* en raison de la colossale statue polychrome du Bouddha, sculptée sur un éperon de la falaise. Sous la peinture d'un curieux Bouddha barbu une inscription à l'encre mentionne : *« le 2e mois de la 3e année de l'empereur Mingdi des Zhou du Nord*[7] *»*, ce qui correspond à l'an 559 de notre ère. Tout porte à croire que la fondation du temple a dû se situer aux alentours de cette date et que sa construction s'est prolongée jusque vers le Xe siècle.

Ici, grottes et sculptures se répartissent en trois secteurs, le long de la paroi, de part et d'autre du temple. L'un ne comporte que des *stûpa*, plus ou moins grands dans des niches situées près de la grande effigie. L'autre, à l'est, compte plusieurs grottes, mais, creusées à plus de 10 mètres du sol, elles ne laissent voir aujourd'hui que leurs entrées obscures du fait de la disparition des escaliers d'accès. L'ensemble le plus spectaculaire demeure le grand Bouddha qui, haut d'une vingtaine de mètres, couvrirait la façade d'un immeuble de six étages. Et, encore, ne représente-t-il qu'un fragment d'un gigantesque bas-relief dans lequel il figure assis sur un trône monumental, en forme de fleur de lotus. Deux bodhisattvas souriants l'encadrent, tenant chacun une fleur sacrée entre leurs mains. Dessous, entre les pétales du piédestal, s'insèrent trois frises comptant trois lions, neuf gazelles et neuf éléphants, avec au centre de la première, un autre Bouddha encadré de deux parfaits paraissant minuscules bien que leur taille dépasse celle d'un homme.

Le temple de Lashao est captivant à plus d'un titre. Tout d'abord par le style des sculptures car si le grand Bouddha est traité avec une sobriété toute primitive, celui du niveau inférieur, avec son visage rond et plein, annonce déjà l'art de la dynastie des Tang. Par ailleurs, il est assez rare de trouver des animaux dans les sanctuaires chinois, sinon le lion ou l'éléphant qui accompagnent parfois les bodhisattvas Manjuçrî et Samantabhadra[8]. Or ceux-ci sont d'autant plus singuliers, que non seulement, leur facture nettement sassanide contraste avec le style chinois des autres statues, mais leur symbolisme indique l'influence d'un bouddhisme archaïque caractéristique du Petit Véhicule. En effet, les fidèles de cette école ne vénèrent pas la personne du Bouddha en tant qu'incarnation de la *Réalité suprême*, comme les adeptes du Grand Véhicule, mais la doctrine qu'il représente et qu'ils figurent par des emblèmes. Ainsi, bien que le temple de Lashao appartienne incontestablement au Grand Véhicule, il conserve l'empreinte de courants divers comme seule la Route de la Soie pouvait en apporter.

7. Mingdi, empereur de la dynastie des Zhou du Nord (557-581), parfois cité sous les noms de Shizong ou de Yuwen Yu, régna à Chang'an de 557 à 560.

8. Manjuçrî a pour attribut un glaive avec lequel il pourfend l'ignorance et pour monture un lion, suggérant ses origines indiennes, dont le rugissement symbolise la puissance de la Loi bouddhique. Quant à l'éléphant, également indien, que chevauche Samantabhadra, il représente la sagesse et l'inébranlable fermeté.

Le piédestal de l'énorme bouddha près du temple de Lashao est en forme de fleur de lotus. Il soutient trois statues en argile représentant un bouddha et deux bodhisattvas, ainsi que des bas-reliefs de groupes de lions, d'éléphants et de cerfs, rarement vus dans les grottes de Chine.

Bouddha sauvé des eaux

En continuant vers le couchant, après Longxi et Weiyuan, la Route de la Soie suivait la vallée de la Weihe jusqu'à son niveau le plus haut. Franchissant la ligne de partage des eaux, elle descendait alors vers le nord le cours de la rivière Tao jusqu'à la ville de Lintao. Là, elle se divisait encore en deux itinéraires praticables vers le couloir du Hexi. L'un s'orientait vers l'ouest, en traversant le Huanghe, afin de couper par Ledu, au Qinghai ; il longeait ensuite la rivière Datong, traversait les monts Qilian au col de Biandu et redescendait sur Zhanghye. L'autre, en direction du nord, traversait la chaîne des Gaolan pour atteindre Lanzhou puis la rivière Zhuanglang qu'il remontait jusqu'au couloir du Hexi, au-delà des monts Wuqiao. Sur ces portions d'itinéraires deux sites sont particulièrement intéressants.

Le premier est à la croisée de la Route de la Soie et du fleuve Jaune. De nos jours, l'antique embarcadère a disparu sous les eaux du lac de retenue de la centrale hydroélectrique de Liujiaxia, de même que l'ancien chef-lieu du district de Yongjing. A l'époque des travaux, le premier ministre Zhou Enlai avait, en personne, donné des directives afin que soit sauvegardé le temple de Bingling, menacé du même sort. Une haute digue fut construite, évitant que ce haut lieu du passé ne soit englouti.

Durant la dynastie des Tang, sous laquelle ont été réalisées la plupart des sculptures, le temple s'est appelé Longxing puis Lingyan. Mais, avec l'avènement des Yuan mongols, le lamaïsme connut une ère de prospérité en Chine. Le nom d'alors, *Bingling*, transcription chinoise d'une expression tibétaine signifiant *cent mille Bouddhas* [9], en

9. Cette expression est une réminiscence du « Miracle de Çravastî », un épisode légendaire de la vie de Çâkyamuni qui, pour confondre d'autres prédicateurs, se serait élevé dans les airs et aurait multiplié son image à l'infini devant les habitants du village de Çravastî et en présence du roi Prasenâjit. Ce thème fut très souvent repris dans la décoration des grottes bouddhiques en Chine.

Grottes du temple Bingling près de Lanzhou. Un énorme bouddha de 20 m de hauteur est sculpté en bas-relief sur une falaise.

Sur les stèles de la grotte n° 133 creusée à la fin de l'époque des Wei du Nord, les figures de bouddhas, de bodhisattvas et de gandharvas reflètent le haut niveau technique des sculpteurs de cette époque.

est une survivance. Il reflète d'ailleurs une certaine réalité car le sanctuaire ne compte pas moins de 183 excavations, d'inégale importance, entièrement sculptées dans la falaise.

Alors que les statues des monts Maiji rayonnent d'une vie intérieure contemplative, celles de Bingling en expriment, au contraire, toute la dynamique. L'inclinaison des bustes, la position des jambes ou des pieds, le mouvement des bras et jusqu'aux gestes des mains, chaque partie du corps y participe. Elles évoquent des danseurs, épousant encore les rythmes de musiques dont les accents auraient imprégné l'argile et la pierre. De ces airs qui, venus jadis de l'Inde ou des oasis du Couchant, avaient déjà subjugué Lü Guang, le général vainqueur devenu roi.

Comme à Lashao, un Bouddha colossal en haut-relief se découpe, adossé à un large pilier, sous l'arc en plein cintre de la gigantesque niche creusée dans la paroi rocheuse. De part et d'autre, à 40 mètres du sol, s'ouvrent les grottes numérotées 169 et 172. A la suite de déprédations commises lors des guerres civiles, au siècle dernier, les passerelles qui les desservaient furent détruites. Mais de récents travaux les ont rendues de nouveau accessibles. Parmi les nombreuses statues de bodhisattvas, de donateurs et autres personnages, un Bouddha singulier retient l'attention. Le visage émacié, le corps squelettique et le ventre creux, ne sont pas sans rappeler le *Çākyamuni pénitent*[10], exemple fameux de la statuaire du Gandhâra, découvert à Sikrī et conservé au musée de Lâhore. De la même facture un donateur, grossièrement vêtu, les cheveux rassemblés en deux nattes, incite à penser que ces œuvres ont été réalisées peu de temps après l'introduction de l'art rupestre bouddhique en Chine. D'ailleurs, parmi les inscriptions relevées sur les murs de ces grottes, la plus ancienne mentionne « *première année du règne de Jianhong des Qin de l'Ouest*[11] », c'est-à-dire l'an 420 de notre ère. Or cette date est aussi l'une des plus vieilles jamais trouvées dans un sanctuaire chinois, ce qui va à l'encontre de la théorie, généralement admise, selon laquelle la propagation de l'art rupestre se serait effectuée de proche en proche, selon un itinéraire d'ouest en est, depuis le Xinjiang jusqu'aux Plaines centrales, en passant par la voie du Hexi[12]. Bingling constitue donc une énigme de plus, soumise à la réflexion des archéologues. Cependant il est probable que ce temple fut établi grâce au soutien financier de Qifu Zhipan[13], souverain de la dynastie des Qin postérieurs, d'origine xianbei et bouddhiste fervent, dont la capitale, *Yuanchuan*, située à 35 kilomètres à l'est de Lanzhou, en était proche.

10. Strictement codifiées par les canons indiens, communs au Grand et au Petit Véhicule, les représentations du Bouddha ont été, en Chine, sujettes à interprétations diverses dont la plupart, cependant, contrastent avec cette insolite figuration de pénitent famélique, allusion à un épisode du début de sa vie lorsque, après avoir quitté le palais de son père, il suivit pendant quelque temps des ascètes pratiquant les austérités.

11. Dans la dynastie des Qin de l'Ouest (385-431), la première année de l'ère Jianhong correspond à la neuvième année de règne de son troisième empereur, Qifu Zhipan.

12. Ayant précédé de plus d'un demi-siècle celles de Bingling, les sculptures rupestres des grottes de Mogao, près de Dunhuang, étaient jusqu'à présent considérées comme les plus anciens témoignages de l'art bouddhique en Chine. Or les archéologues ont récemment identifié, comme appartenant au panthéon bouddhique, des statues qui datent des Han de l'Est. Outre leur archaïsme, le fait le plus remarquable est qu'elles se trouvent dans la banlieue de Lianyungang, une ville balnéaire de la mer Jaune, encore plus éloignée du Xinjiang que Bingling.

13. Qifu Zhipan, empereur Taizu de la dynastie Xianbei des Qin de l'Ouest (l'un des seize royaumes des « cinq barbares ») régna à Wanchan de 412 à 428. Son fils Qifu Mumo qui lui succéda ne connut que l'ère Yonghong, dernière de la succession, car il fut renversé, par la dynastie Xiongnu des Xia, soutenue par les Wei du Nord. Cinq mois plus tard les Xia furent à leur tour évincés par leurs alliés de la veille.

La symbolique des nombres

Que Huo Qubing ait frappé cinq fois le rocher et que cinq sources en aient jailli n'est pas dû à une quelconque fantaisie du folklore légendaire mais relève, au contraire, de très anciennes notions métaphysiques chinoises. Depuis la plus haute antiquité, les chiffres furent, en effet, toujours étroitement associés à la conception de l'Univers et, entre tous, le cinq revêtait une importance particulière, étant le nombre des éléments essentiels à cette cosmogonie constituée du *Métal* (or-minéral), du *Bois* (végétal), de la *Terre*, de l'*Eau* et du *Feu*. Bases de la dialectique et du matérialisme primitifs, dès l'époque des Shang et des Zhou, les philosophes les utilisèrent, combinés aux alternances du *Yin* et du *Yang*, pour justifier les contradictions apparentes ou la succession des ères de prospérité et de décadence. Cependant, chaque chiffre conservait sa propre symbolique. Ainsi,

1 : représente le *Yang*, principe mâle, le Soleil, le Ciel et toutes les énergies actives,
2 : est le Yin, principe femelle, la Lune, la Terre et toutes les énergies latentes,
3 : médium des deux premiers, c'est l'Homme,
4 : comme les points cardinaux, figure l'Espace terrestre,
5 : est le Temps dans lequel évoluent les cinq éléments *(Wu Xing)*

Hormis ces nombres fondamentaux, tous les autres n'en étaient que des totaux ou des multiples. Certains acquirent cependant une signification particulière tel 10 000 qui traduit la multitude. L'idéogramme l'exprimant se compose du caractère « champ » encadré de ceux signifiant « herbe » et « insecte ».

Dans l'Univers, le mouvement des cinq éléments est assimilé à celui des cinq constellations portant le même nom, tandis que chacun d'eux possède par ailleurs d'autres correspondances dont le nombre s'accrut presque à l'infini avec le temps mais en conservant pour essentielles ci-contre :

Roues hydrauliques sur le fleuve Jaune, destinées à l'irrigation des cultures.

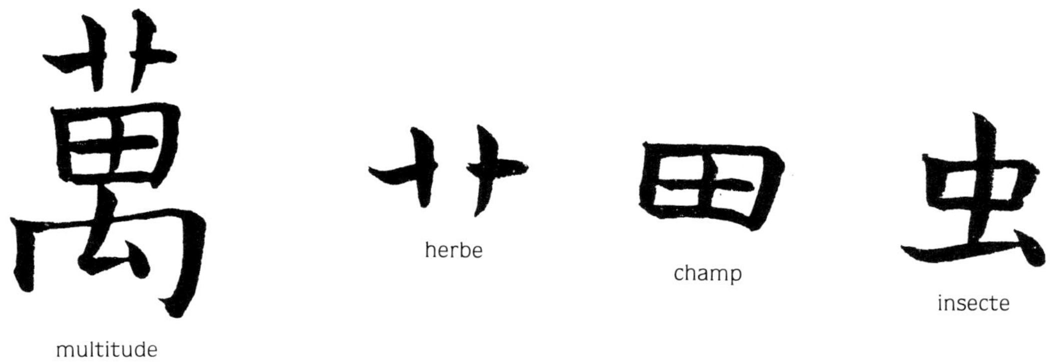

Élément	BOIS	FEU	TERRE	MÉTAL	EAU
Nom chinois	*Mu*	*Huo*	*Tu*	*Jin*	*Shui*
Constellations chinoises	Mu Xing	Huo Xing	Tu Xing	Jin Xing	Shui Xing
Couleurs	Bleu	Rouge	Jaune	Blanc	Noir
Orientations	Est	Sud	Zénith	Ouest	Nord
Saveur	Aigre	Amer	Doux	Acre	Salé

Dans la Chine antique, l'ensemble de ces concepts exercèrent une profonde influence sur l'astronomie, le calendrier et la médecine. Mais si, dans la thérapeutique traditionnelle, le but recherché fut toujours d'établir un équilibre entre le *Yin* et le *Yang* du corps, la théorie des *Wu Xing* fit l'objet d'interprétations diverses. Ainsi, à l'époque des Royaumes combattants, il fut établi que chacun des cinq éléments détruisait tour à tour les quatre autres selon un cycle immuable :

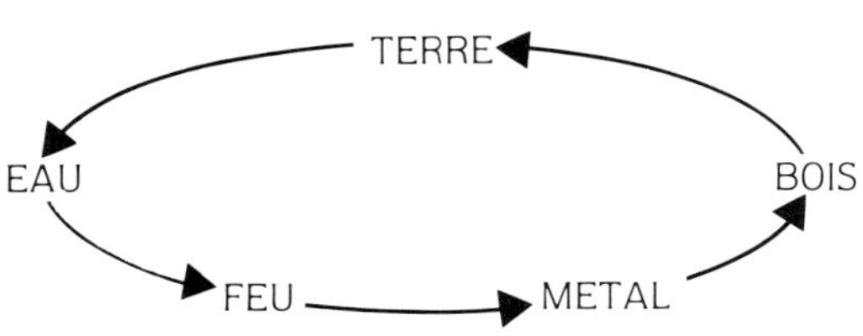

tandis qu'inversement chacun engendrait l'autre dans un enchaînement non moins permanent :

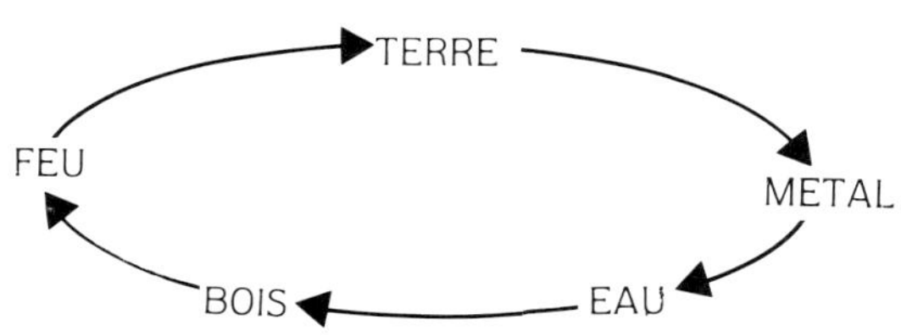

Au IIIe siècle avant notre ère, le philosophe Zou Yan (vers 305-vers 240 av. J.-C.) donna une interprétation de ce perpétuel système de triomphe réciproque tendant à expliquer l'évolution historique de la société et la succession des dynasties. Les empereurs respectèrent ce nouveau dogme et c'est ainsi que Shihuangdi considéra comme inéluctable la succession des Qin, dont l'Eau était l'emblème, aux Zhou placés sous le signe du Feu. De même, le noir des bandes de guidon accordées à son lointain ancêtre n'était que prémonitoire de la couleur dévolue au premier Empire.

Le kiosque Linshui dans les monts Wuquan (des Cinq ruisseaux) à Lanzhou. Une légende raconte qu'à cet endroit, le général Huo Qubing, qui combattait alors les Xiongnu, pour abreuver ses hommes et ses chevaux, aurait frappé cinq fois les rochers de la montagne d'où jaillirent cinq fontaines, au pied du mont Gaolan.

Les cinq sources de Huo Qubing

Il faut, aujourd'hui, être doué d'une certaine imagination pour reconnaître les prairies verdoyantes, peuplées de chevaux, où Huo Qubing livra bataille aux Xiongnu voici plus de 2 000 ans. A leur place s'étend Lanzhou, une ville de un million d'habitants... Mais, en Chine, une poésie immanente vient toujours au secours du rêve. Ainsi, à défaut de verts pâturages, le lac ombragé du parc Wuquan est une invitation au voyage dans un lointain passé.

Selon la légende, l'armée de Huo Qubing s'était rassemblée à cet endroit, après un combat acharné contre l'ennemi. Épuisés de fatigue et par la chaleur du plein été, hommes et bêtes allaient mourir de soif. Furieux de ne pouvoir secourir sa troupe, le fougueux général fouetta cinq fois de sa cravache les rochers de la montagne. Aussitôt, en jaillirent les cinq sources *(Wu Quan)* qui depuis alimentent le lac d'une eau limpide. Autrefois Lanzhou s'appelait *Jincheng*, la « Cité de l'or », car la tradition voulait que des filons y aient été découverts lors de la construction des murailles[14]. Ce n'est qu'au VIe siècle que la ville prit son nom actuel, auquel il est fait allusion dans les récits de ceux qui parcouraient la Route de la Soie. Xuanzang a écrit dans ses notes de pélerinage vers l'Inde : *Après avoir passé une nuit à Qinzhou, j'ai rencontré un voyageur en route pour Lanzhou et j'ai décidé de l'accompagner. Le lendemain j'ai fait la connaissance d'un autre voyageur, un fonctionnaire de retour de Chang'an où il avait conduit des chevaux. Nous avons cheminé ensemble.* Ce dernier homme dont parle Xuanzang rentrait sans doute à la préfecture de Liangzhou (Wuwei) plus loin vers l'occident, sur la route de la Soie.

14. A chaque époque ses richesses, car si, jadis, Lanzhou fut la Cité de l'or, elle est aujourd'hui l'une des grandes métropoles chinoises de l'« Or noir » en raison de l'importance de ses usines pétrochimiques.

河西走廊

第五章

CHAPITRE 5

LA ROUTE DES CHEVAUX ET DES MARCHANDS

Ci-contre : *Statuettes en bronze de deux cavaliers armés de lances, trouvées à Wuwei (Gansu) en 1969. Hauteurs totales : 52,3 et 53 cm. Dynastie des Han orientaux,* IIe *siècle av. J.-C. Musée national de Pékin.*

La Route des chevaux.

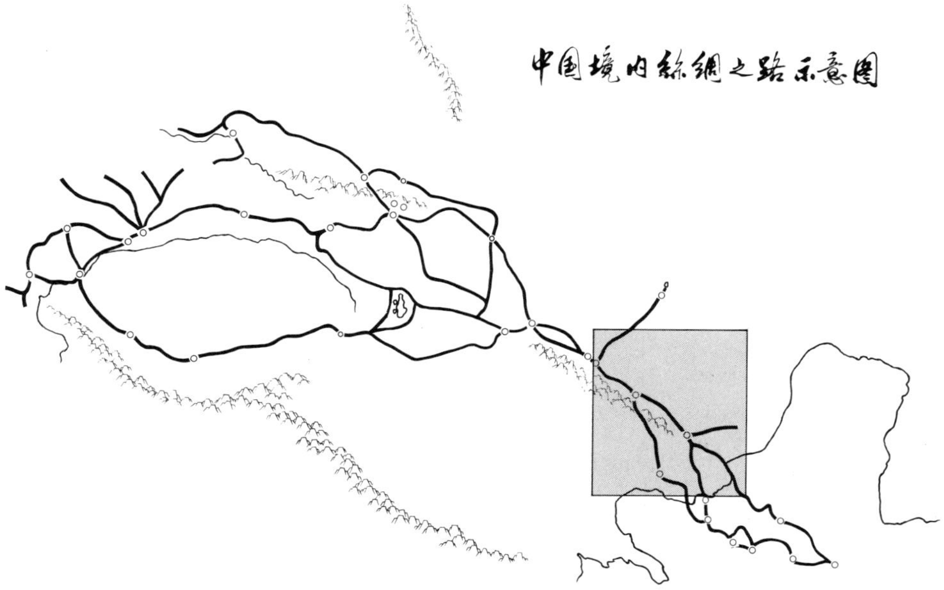

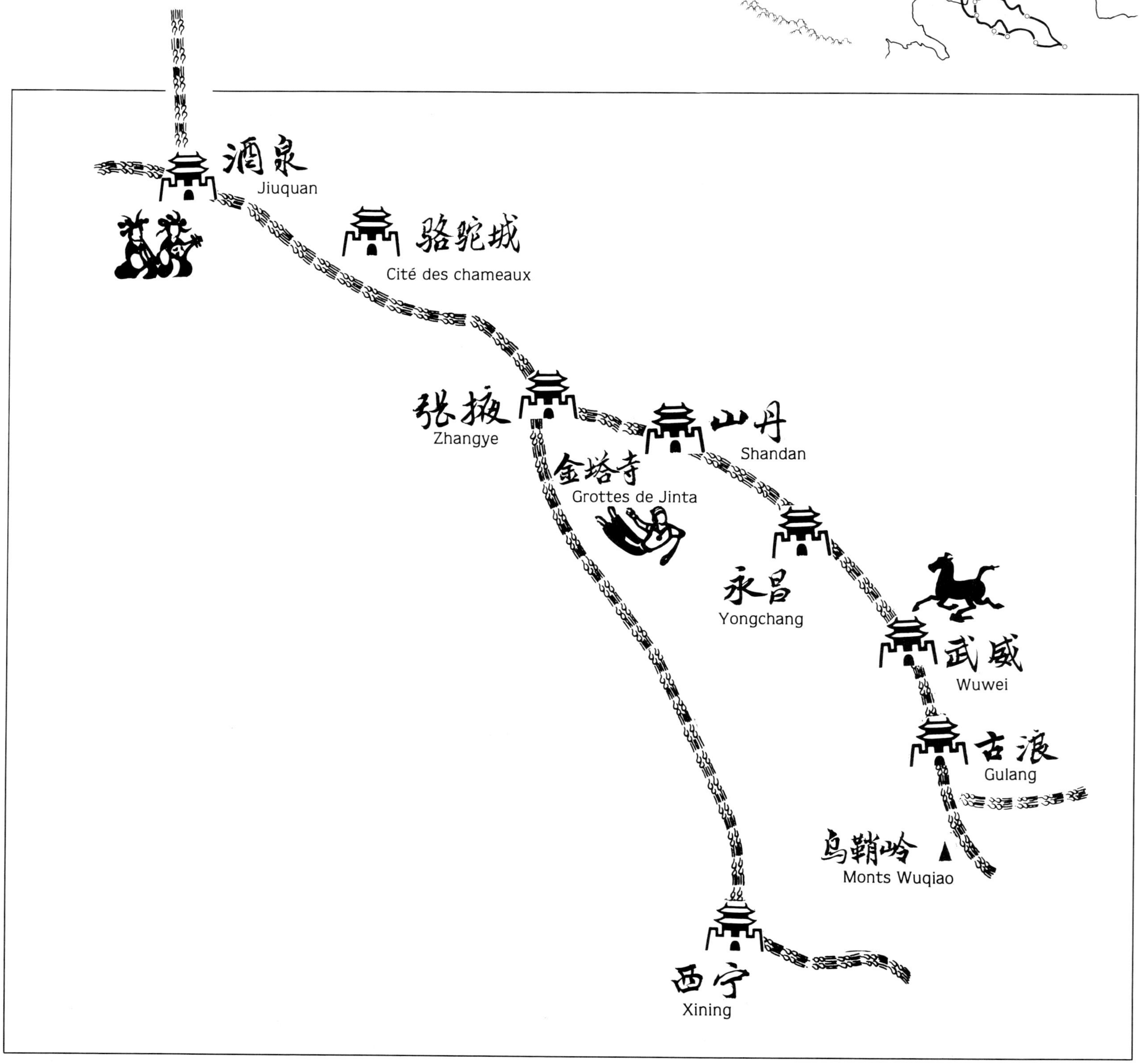

Ce "cheval au galop" en bronze, datant de la dynastie des Han de l'Est (25-220) et exhumé à Leitai, dans le district de Wuwei, est une œuvre d'une grande valeur artistique. L'animal, saisi en plein galop, a une patte posée sur une hirondelle aux ailes déployées, symbolisant ainsi un cheval céleste rapide comme un oiseau. Musée provincial du Gansu.

Au pays des chevaux célestes

Le Hexi est un couloir paradoxal, en ce sens que sa topographie n'offre ni gorge ni défilé sans toutefois cesser de représenter une réelle contrainte pour les caravaniers d'autrefois. Hier comme aujourd'hui, le paysage y reste inchangé. Au sud, les neiges éternelles des monts Qilian barrent l'horizon tandis qu'au nord un désert s'étend, immense et stérile. Aussi, devant les difficultés des parcours en montagne ou les périls des chemins de la soif, la Route de la Soie n'avait d'autre alternative que de suivre, sur près de 1 200 km, la ligne des piémonts, ni trop arides ni trop accidentés. C'est déjà cet itinéraire qu'avait emprunté Zhang Qian lors de sa mission de reconnaissance dans les Contrées occidentales. Dès après les victoires de Huo Qubing sur les Xiongnu, l'empereur Wudi, conscient de l'importance stratégique du passage, y avait fait prolonger la Grande Muraille en bordure du désert et instituer les commandements militaires de Yangguan et Yumen afin de protéger ses nouvelles préfectures. Par la suite, tout le trafic entre les Plaines centrales et les marches occidentales du nord de l'Empire fut canalisé le long du couloir du Hexi, véritable verrou de la Route de la Soie. Le premier bourg important que rencontraient les voyageurs s'y engageant, était Liangzhou, l'actuelle Wuwei. Des fouilles entreprises dans la banlieue nord de la ville ont mis au jour un tombeau datant de la dynastie des Han de l'Est. Plus de 200 objets divers en furent retirés, parmi lesquels la statuette en bronze d'un cheval au galop dont un seul sabot repose sur une hirondelle en vol. L'élégance de la stylisation, alliée à une étonnante spontanéité, est d'une expression rare. Depuis sa découverte, son image a fait très vite le tour du monde, la classant d'emblée aux côtés des plus célèbres chefs-d'œuvre de la statuaire de tous les temps. Qu'elle ait été trouvée à Liangzhou a valeur de symbole car, ici, commençait jadis le pays des chevaux.

Pâturage dans les monts Qilian où les Yugu mènent paître leurs yacks.

L'« Étalon-soie » et le « Cheval-tribut » ou l'étonnante histoire de la Cavalerie céleste

Les Chinois ont commencé à témoigner le plus vif intérêt pour les chevaux à partir de la dynastie des Zhou et peut-être même de celle des Shang, non pour la monte, car à l'époque la pratique de l'équitation ne s'était pas encore répandue en Chine, mais pour tirer les chars de guerre. Ce fut vers la fin du IVe siècle avant notre ère (307) que le roi Wuling de la principauté de Zhao lança le premier la mode des sports équestres et celle des vêtements serrés semblables à ceux que portaient les peuples cavaliers du Nord. C'est ainsi que la coutume s'en répandit dans les Plaines centrales, encore que l'élevage y restât peu développé.

Au début de la dynastie des Han de l'Ouest, l'empereur Gaozu devait comprendre la nécessité de créer des haras en Chine quand, au cours d'un combat contre les Xiongnu, il resta encerclé sept jours durant par la cavalerie ennemie. Il n'obtint l'armistice qu'en promettant une princesse Han en mariage, en plus d'une grande quantité de soie. En retour, le roi Xiongnu offrit des chevaux à l'empereur. Plus tard, dans les mêmes circonstances, les souverains chinois prirent l'habitude de sceller leurs alliances par d'importants dons de soieries aux peuples vassaux qui, en échange, leur donnaient des chevaux. Devenue systématique, cette combinaison cheval-soierie allait marquer l'économie de la Chine dynastique en provoquant une inflation aux conséquences catastrophiques. A l'époque des Tang elle avait pris les proportions d'un tribut réciproque dans lequel le statut de suzerain ne se distinguait plus guère de celui du vassal présumé. Les annales du temps racontent en détail comment les Huihu (Ouigour) accentuèrent leur pression sur le gouvernement impérial jusqu'à exercer sur lui un véritable chantage à l'intimidation. A l'origine, l'empereur avait négocié la paix au prix d'un don annuel de 1 000 000 de pi (1 pi = 0,73 m × 13,32 m) de soieries contre l'envoi de 100 000 chevaux. Le taux de l'échange, déjà très lourd pour les Tang, devint presque impossible à maintenir lorsque les Ouigour en portèrent la base sur la valeur d'un cheval pour 40 pi de soie. D'autant que si les uns critiquaient la qualité des tissus, les autres se plaignaient de ne recevoir que des bêtes si maigres qu'elles étaient inutilisables. Cependant, jamais les Tang ne voulurent dénoncer le contrat, et les Huihu furent les seuls à profiter de cet afflux de marchandise qui alimenta probablement, dans des proportions non négligeables, le commerce sur la Route de la Soie.

A toutes les époques le besoin des Chinois en chevaux n'en fut cependant pas moins grand. Longtemps la puissance des armées avait reposé sur celle de leur charrerie et si, pendant la période des Printemps et Automnes il semblerait que les Barbares du Nord aient livré bataille à pied, leurs voisins de l'Ouest se révélaient être déjà de redoutables cavaliers. Ce fut d'ailleurs pour se prémunir contre le déferlement de ces chevaux, autant attelés que montés, que ceux des Royaumes combattants qui y étaient les plus exposés commencèrent à édifier de grandes murailles, alors de simples levées de terre battue comme celles que les Qin construisirent dès le IVe siècle avant J.-C., dans le Gansu.

Toutes les guerres d'hégémonie qui précédèrent la fondation du premier Empire furent essentiellement des combats de chars. Les textes et les gravures ont donné des descriptions très fidèles des équipages. Dans la caisse étroite montée sur deux grandes roues et tirée par quatre chevaux, un noble prenait place, debout, flanqué d'un archer et d'un lancier. Hommes et bêtes étaient revêtus de cuirasses faites de peaux de rhinocéros, ou plus simplement de buffle, vernies et décorées de rubans de soie. La transmission des commandements s'effectuait à l'aide de fanions agités au-dessus des têtes. Chaque char était escorté par des fantassins parmi lesquels les uns avaient pour devoir de veiller au timon, tandis que les autres ramassaient au cours des déplacements, l'herbe qui servait de fourrage à l'étape. Au combat, l'armée adoptait toujours le même ordre de bataille selon la tactique dite des « cinq directions ». En tête venait la bannière de l'Oiseau vermeil, symbole du Sud mais aussi de la victoire, l'aile droite était celle du Tigre blanc de l'Ouest alors que la gauche avait pour emblème le Dragon bleu de l'Est, l'arrière-garde, enfin, revenait au Guerrier noir représenté par la Tortue du Nord. Les piétons suivaient, en troupe, avec pour tâche principale de réparer les chars endommagés et de panser les chevaux.

L'une des grandes réformes apportées par Shihuangdi fut de créer un corps de cavalerie dans l'armée impériale, ce qui pour lui n'était que la continuation d'une longue tradition familiale. Par expérience autant que par atavisme il savait que pour vaincre les armées rivales, toujours prisonnière des vieilles traditions de la charrerie féodale, le meilleur moyen était de leur opposer des cavaliers aussi rapides que mobiles. Afin de livrer bataille aux Xiongnu, l'empereur Wudi des Han développa son corps de cavalerie en même

Modèle en bronze de chars à cheval avec conducteur et guerrier, trouvé à Wuwei dans le Gansu en 1969. Dynastie des Han orientaux, IIe siècle av. J.-C. Musée national, Pékin.

Modèle en bronze d'un char à cheval, provenant de Wuwei (Gansu). Hauteur du cheval : 38 cm. Longueur du char : 63 cm. Dynastie des Han orientaux, IIe siècle av. J.-C. Musée national de Pekin.

temps qu'il instituait la pratique de l'équitation à la Cour et dans son gouvernement où nobles et hauts fonctionnaires se déplaçaient jusqu'alors en chars à bœuf.

Au début de la dynastie des Han c'était une catégorie particulière d'entrepreneurs-marchands qui, selon l'historien Sima Qian, avait pour attribution de fournir « des convois de plusieurs centaines de chars » pour les besoins du commerce et tous les chevaux nécessaires à l'armée ou au service de l'empereur. Mais les montures étaient rares et, comme le rapportent les Annales des Han, un cheval valait jusqu'à « cent livres de cuivre ». Aussi lorsqu'à la fin du IIe siècle avant notre ère les souverains chinois se lancèrent à la conquête de l'Ouest, ce fut moins pour ouvrir une voie commerciale que pour se frayer un chemin jusqu'à ces fameuses Contrées occidentales, où des peuples nomades élevaient des chevaux en grand nombre depuis plus d'un millénaire comme l'ont prouvé des gravures rupestres récemment découvertes à Airmach-Tâu, en Kirghizie soviétique. Les régions conquises commencèrent alors à payer leur tribut avec ces coursiers « à l'écume rougeâtre » *(Hanxue Ma)* que leur beauté fit surnommer « chevaux célestes ». Les meilleures bêtes étaient envoyées dans les haras impériaux et les autres confiées à des éleveurs privés, généralement installés en Chine du Nord dans des régions de vastes pâturages où les troupeaux vivaient en semi-liberté. Sous les Han de l'Est, la généralisation de l'usage de la selle et des étriers apporta de grands progrès à l'équitation, tandis que les haras étaient pourvus en étalons provenant du Ferghâna et de Transoxiane par la « Route des Chevaux », dont l'itinéraire principal se confondait avec celui de la Route de la Soie, en particulier dans le couloir du Hexi. Source essentielle d'un indispensable nerf de la guerre, cette voie exigeait de solides défenses que seules des caravanes de soie n'auraient peut-être pas justifiées. Les garnisons relais y étaient d'autant plus importantes qu'en plus des soldats elles devaient être susceptibles d'héberger, le cas échéant, les marchands mais aussi les convoyeurs et leurs troupeaux.

Toutes ces troupes, cantonnées le long de la Route de la Soie, participèrent également à son commerce dans une moindre proportion que celle concernant les « échanges » avec les Huihu, ou d'autres peuples voisins, mais néanmoins notables. En effet, si sur ce point, les Annales sont de précieux livres d'histoire elles s'avèrent aussi, à l'occasion, les registres d'une comptabilité très précise. Pour reprendre l'exemple des Tang, il est ainsi spécifié que la solde des 490 000 hommes de troupe en poste aux frontières représentait *un budget annuel de 1 200 000 pièces de soieries* (1 pièce = 13,2 m × 0,72 m) *en plus des 1 900 000 dan de céréales* (1 dan = 50 kg). Même s'il semble que ce mode de paiement en nature n'ait été utilisé qu'au cours des plus graves des nombreuses crises monétaires qu'aient connues les anciennes dynasties, il n'en reste pas moins vraisemblable qu'une telle quantité de soie ne put être écoulée que sur les marchés locaux puis, lorsque ceux-ci furent saturés, venir grossir le commerce extérieur. Or, les garnisons aux marches occidentales de l'Empire étaient particulièrement importantes. Sans diminuer l'attraction réciproque qui s'exerça par ailleurs entre l'Orient et l'Occident, il apparaît cependant, qu'après les chevaux, la présence des militaires fut sans doute pour beaucoup dans la prospérité de la Route de la Soie.

L'antique civilisation qui s'est épanouie dans le bassin du fleuve Jaune était, en effet, entièrement fondée sur l'agriculture. Elle produisait quantité de céréales et toutes sortes de fruits ou de légumes, pratiquait la sériciculture et l'élevage des volailles ou du bétail, mais les chevaux y étaient rares. Aussi, quand au nord de l'Empire, après avoir repoussé les Darouzhi et les Wusun, les hordes xiongnu en vinrent à menacer la Cour des Han de l'Ouest, l'empereur comprit l'urgente nécessité de constituer une cavalerie susceptible d'affronter celle de l'ennemi. Wudi fit alors venir des chevaux d'Asie centrale en même temps que la luzerne, fourrage dont ils avaient besoin. Il alla même jusqu'à choisir comme intendant un Xiongnu, Jin Redi, qui créa, dans les régions frontalières du nord-ouest, 36 haras regroupant un cheptel de 300 000 têtes. La race qui fut tout d'abord utilisée était celle que les Wusun élevaient depuis leur installation dans la région de l'Ili[1]. Ces bêtes, robustes et rapides, furent appelées par les Chinois *Tian Ma* (chevaux célestes). Plus tard, le gouvernement des Han de l'Ouest parvint à se procurer des bêtes du Dayuan (Ferghana, en U.R.S.S.), encore meilleures que les précédentes, auxquelles il fut également donné le nom de *chevaux célestes.* Cette appellation superbe leur est peut-être venue de ce que, à partir de la fin du IIe siècle avant notre ère, des haras furent installés près de Liangzhou, au pied du mont Yanzhi, dans la chaîne des *Qilian* ce qui, en langue xiongnu, signifie *Ciel.* A moins que ce soit, à l'exemple du « cheval qui galope sur le dos d'une hirondelle en plein vol », une allégorie à la gloire des troupes chargées de la défense du couloir du Hexi, dont les bannières claquaient au vent des victoires comme la crinière des chevaux à celui de leur course.

1. Le bassin de l'Ili, qui s'étend depuis le centre des Tianshan jusqu'à la petite chaîne des Boluokenu, était traversé par l'un des itinéraires les plus septentrionaux de la Route de la Soie (*cf.* chapitre VIII). Les Wusun, qui l'occupaient à l'époque du début du règne des Han de l'Ouest, s'y étaient installés au IIe siècle avant J.-C.

Les grottes du Sabot de cheval et de la Pagode d'or

Le couloir du Hexi est jalonné de sanctuaires rupestres dont le plus célèbre est celui des grottes de Mogao près de Dunhuang. Les autres sont moins connus mais chacun possède un caractère et, surtout, une histoire qui lui sont propres. Ainsi, se succèdent d'est en ouest ceux de la montagne Tianti (Escalier céleste) aux environs de Wuwei, des grottes de Mati (Sabot de cheval) et de Jinta (Pagode d'or) à Gulinsong, près de Zhangye, et enfin, non loin de la passe de Jiayu, ceux du mont Wenchu (Manjuçrî).

La grotte Mati (du sabot de cheval), située dans les monts Qilian, à 70 km au sud-est de Zhangye, ressemble à l'entrée d'une pagode. Les sculptures et fresques qui la décoraient ont disparu, ne laissant plus que les niches.

Jadis, les grottes de Mati jouissaient d'une grande renommée qu'il est aujourd'hui bien difficile d'évaluer car rien ne reste de leurs sculptures ni de leurs peintures murales. Seuls subsistent des niches aveugles en forme de pyramide et les soubassements effondrés d'un temple aux dimensions imposantes. A l'inverse, les grottes de Jinta, creusées dans des falaises escarpées, ont conservé, presque intacte, toute la richesse de leur ornementation. Deux salles, soutenues chacune par un large pilier central, abritent une centaine de statues d'argile peinte qui offrent une différence frappante avec celles de Bingling ou des monts Maiji. A en juger par leur style, elles dateraient approximativement du Ve siècle. Cependant leur profonde originalité tient essentiellement à ce que les effigies du Bouddha, des bodhisattvas et des donateurs, sont figurées sous d'étranges silhouettes pouvant, de prime abord, paraître quelque peu disproportionnées et informes, mais dont l'ensemble revêt néanmoins une grâce singulière que viennent rehausser des couleurs harmonieuses en dépit de leur fort contraste. Les plus remarquables sont les gandharvas qui, ordinairement, n'occupent qu'un rôle accessoire dans les bas-reliefs ou sur les fresques classiques du bouddhisme, alors qu'ils figurent ici au premier plan. Munis de leurs instruments de musique, symboles du *Monde de la Félicité*[2], leur cambrure d'une souplesse serpentine évoque à merveille leurs évolutions aériennes.

Nombre de personnages surprennent encore par leurs costumes ou certains détails insolites, tel ce donateur représenté avec, pour tout vêtement, un pagne et une écharpe. Dans une région tropicale il serait certainement passé inaperçu alors qu'en Chine du Nord il attire les regards et laisse supposer que le sculpteur a certainement pris un Indien comme modèle. Des statues voisines témoignent par ailleurs du même éclectisme vestimentaire. Car si les uns portent de longs pantalons, les autres exhibent des poitrines et des ventres nus que ne voilent guère les lourdes parures, colliers, boucles d'oreilles ou bracelets luxueux. Leurs coiffures sont à l'avenant : cheveux tombant sur les épaules ou tressés en deux nattes pendantes ; toutes fort différentes du strict chignon serré en usage chez les Chinois de l'époque.

2. L'iconographie bouddhique illustre les trois mondes du Mahâyâna dont le plus élevé, celui de la Félicité, est le séjour des divinités ou « monde du sans-forme » (*Arûpadhâtu*). Le deuxième est, au contraire, le « monde des formes » (*Rûpadhâtu*), celui des hommes et de tous les êtres vivants. Quant au troisième, le « monde du désir » (*Kâmâdhâtu*), ce sont les Enfers qui sont traditionnellement au nombre de 21, répartis en « Enfers froids », en « Enfers chauds », et leurs intermédiaires.

Les grottes Jinta (de la pagode dorée) se trouvent dans les monts Qilian, à l'est de la grotte Mati. L'accès en est dangereux. Les grottes est et ouest contiennent une centaine de sculptures pratiquement intactes. D'après leur style, elles auraient été réalisées vers le Ve siècle. Les gandharvas sculptés en haut relief et coloriés, confèrent à ces grottes un caractère particulier.

Les rois « barbares » des monts du Ciel

Les raisons de cette vague d'anticonformisme qu'illustrent les grottes de Jinta sont à chercher dans l'histoire mouvante et tumultueuse des lieux. Au temps de l'ouverture de la Route de la Soie ce pays était inclus dans le vaste territoire qu'avaient investi les Xiongnu vers le IIe siècle avant J.-C. Après le démantèlement de leur nation, au tout début de notre ère, une partie des tribus se retira au nord ou vers l'ouest tandis que d'autres restèrent sur place et s'adaptèrent au monde des Han. L'un de ces groupes, connu à l'époque sous le nom de « Barbares de Lushui », s'était ainsi fixé dans la contrée de Gulinsong, site futur des grottes de Mati et de Jinta. Sédentarisés, ils s'initièrent à l'agriculture puis, ayant assimilé des éléments de la culture Han, leurs chefs prirent comme nom de famille *Juqu*, un mot qui, à l'origine, désignait une fonction publique. Or, en 401, un certain Juqu Mengsun[3] s'empara du pouvoir en assassinant Duan Ye[4], roi des Liang du Nord[5], dans la Cité des Chameaux[6] et instaura sa capitale à Ganzhou (Zhangye). Selon les chroniques, le nouveau souverain était un bouddhiste fervent qui aurait personnellement financé la construction du sanctuaire de la montagne de l'Escalier céleste (Tianti). Nul n'a retrouvé l'historique des grottes de la Pagode d'or, mais quel qu'en ait été l'instigateur, l'art qui y trouva son expression peut être attribué à des sculpteurs d'origine xiongnu, ayant conservé une grande partie de leurs traditions ancestrales.

Hors du cadre religieux — et comme bien d'autres peuples autochtones des Contrées occidentales entrés dans l'orbe chinoise — ces « Barbares de Lushui » jouèrent sans doute également un rôle actif dans le développement du commerce sur la Route de la Soie dont l'itinéraire traversait les territoires qu'ils contrôlaient plus ou moins.

3. Juqu Mengsun (368-433), qui régna sous le nom de Wuxuan, fut le deuxième souverain des Liang du Nord. A sa mort Juqu Maoqian, le roi Aiwang, lui succéda jusqu'à sa soumission aux Wei du Nord qui mirent fin à la dynastie.

4. Duan Ye (?-401) fonda en 397 la dynastie des Liang du Nord dont il fut le premier monarque sous le nom de Jiankang Gong.

5. Entre le IVe et le Ve siècle, au cours de cette période très confuse de l'histoire appelée les Seize Royaumes des Cinq « Barbares » (*Wuhu Shiliuguo*), cinq dynasties portèrent le nom de *Liang* :
XIANBEI : Yan antérieurs (337-370), Yan postérieurs (384-407), Qin de l'Ouest (385-431) *Liang du Sud (397-414)*, Yan du Sud (398-410).
DI : Cheng Han (303-347), Qin antérieurs (351-394), *Liang postérieurs (386-403)*.
XIONGNU : Zhao antérieurs (318-329), *Liang du Nord (397-439)*, Xia (407-431).
HAN : *Liang antérieurs (317-376), Liang de l'Ouest (400-421)*, Yan du Nord (407-436).
JIE : Zhao postérieurs (319-351).
QIANG : Qin postérieurs (384-417).
Le seul point commun entre ces cinq monarchies Liang fut que toutes régnèrent dans des régions de l'actuel Gansu. Par ailleurs, elles ne doivent pas être confondues avec les Liang (502-557) des dynasties du Sud *(Nanchao)* et moins encore avec les Liang postérieurs (907-923) des cinq dynasties *(Wudai)*.

6. La Cité des Chameaux, dont les ruines se voient encore dans l'ouest du district de Gaotai, fut la capitale des Liang du Nord, le temps du règne de son premier souverain Duan Ye. Son successeur Juqu Mengxun (le roi Wuxuan), choisit Zhangye pour capitale qu'il devait encore transférer, douze ans plus tard, à Gucheng (Wuwei), provoquant ainsi l'abandon de l'ancienne Cité des Chameaux.

Les neuf États de Zhaowu

Sous le nom de Ganzhou, Zhangye fut autrefois l'un des plus grands marchés de la Route de la Soie. Cependant, son importance s'accrut encore entre le IVe et le VIe siècle lorsque, durant près de 300 ans, les troubles successifs qui affectaient les dynasties et les puissances sécessionnistes du Nord comme du Sud obstruèrent les communications vers les Plaines centrales. Le commerce se déplaça alors vers le nord-ouest et Zhangye devint le principal centre commercial pour les Contrées occidentales.

En Europe, la tradition veut que la soie chinoise ait été introduite en Occident par les Persans. Or, parmi tous les voyageurs venus de Perse en Chine, il se trouvait plus d'ambassadeurs que de marchands et moins nombreux encore furent les négociants chinois qui entreprirent le long voyage vers l'ouest. Ainsi, ne vouloir considérer que la dernière des très nombreuses étapes élude une réalité infiniment plus complexe, car il est certain que jamais aucune caravane n'effectua les quelque 10 000 km du parcours total entre Chang'an et les rivages de la mer Méditerranée. Les marchandises, comme les hommes, transitaient au contraire de caravansérails en bazars, changeant au gré des étapes sinon de mode de transport du moins de caravaniers.

Dans l'histoire chinoise il est mentionné que la plupart de ces relais à travers l'Asie centrale et occidentale étaient assurés par les marchands des « Neuf États de Zhaowu », une branche des Rouzhi qui jadis s'étaient établis à Zhaowu, au nord-ouest de Zhangye, dans le couloir du Hexi. Puis chassés, au IIe siècle av. J.-C., par les Xiongnu, ils se réfugièrent loin vers l'ouest où ils constituèrent le peuple *Yuezhi* cité dans les anciennes annales sous le nom de *Darouzhi*. Après avoir vaincu les Sogdiens, la nouvelle nation fonda, de part et d'autre des fleuves Amû-Darya et Syr-Darya, l'État du Kang (Afrasiâb, la future Samarqand) qui, par la suite, fut divisé en neuf État différents dont ceux de Parthie, Koshania, Tashkent, Kesh, Maimarsh, Kebud, Khwârezm et Merv, dont les souverains prirent comme nom de famille *Zhaowu*, en mémoire de leur appartenance commune.

Tous avaient également, en partage, le commerce comme activité principale. L'une des coutumes chez les Darouzhi voulait, paraît-il, qu'à la naissance d'un garçon, ses parents lui mettent du miel dans la bouche et de la glu sur les mains. Symboles éloquents des qualités cardinales pour un marchand ! Puis, à l'âge de vingt ans, il devait quitter sa patrie pour créer, ailleurs, son propre négoce. Avec de telles traditions, il n'est pas étonnant que ces gens aient eu la réputation d'être « âpres au gain et présents partout où un profit était possible » tout comme ils durent jouer un rôle d'intermédiaire indispensable dans un trafic de la soie que la conjoncture promettait déjà à la plus grande réussite.

Aussi, dès que l'Empire fut réunifié, Yang Jian, l'empereur Wendi des Sui, dépêcha son ministre Pei Ju[7] à Ganzhou pour relancer le commerce extérieur du pays. Tout en assumant ses fonctions, Pei Ju rédigea un ouvrage intitulé *Notes illustrées sur les Contrées occidentales* qui est resté un précieux document tant sur la géographie que sur les mœurs des peuples d'Asie centrale et méridionale. Il décrit par ailleurs les trois grands axes reliant Dunhuang à la mer Méditerranée, chacun d'eux correspondant à l'un des itinéraires de la Route de la Soie : celui du sud, celui du nord et le nouvel itinéraire nord. En 609, l'empereur Yangdi[8] invita les représentants des différentes régions du Xinjiang et des pays de l'Ouest des Pamirs, à visiter Zhangye. Pei Ju fut chargé d'aller les accueillir à Dunhuang tandis que l'empereur, qui se trouvait alors à Xinping (Xining, dans le Qinghai), franchissait le col de Biandu pour les rejoindre à Zhangye afin de les conduire, ensuite, jusqu'à Luoyang[9] sa capitale de l'Est. Leur rencontre eut lieu dans une liesse générale. Parées de leurs plus beaux atours, toutes les jeunes femmes de la ville, auxquelles s'étaient jointes celles de Liangzhou (Wuwei) reçurent le cortège des hôtes impériaux en brûlant l'encens, par des chants et des danses. Comme plus tard, les commerçants de la capitale pavoisèrent les rues et exposèrent un large échantillonnage des produits nationaux sur l'ordre de l'empereur qui, par cette vaste campagne de promotion, se révéla un précurseur des grandes foires modernes.

Zhangye devait longtemps conserver son prestige comme en témoigne la description qu'en a donné Marco Polo sept siècles plus tard :

... Campçio (Ganzhou = Zhangye) est une cité en Tangut[10], très vaste et noble, et elle gouverne toute la province. Les gens sont idolâtres, et il y en a qui adorent Mahomet[11] ; et encore il y a quelques chrétiens, lesquels ont en cette ville trois églises très grandes et belles ; mais les Idolâtres, eux, ont nombre de très beaux monastères et d'abbayes selon leurs coutumes. Ces monastères renferment une grandissime quantité d'idoles ; et vous dis qu'ils en ont qui sont grandes de dix pas[12]...

La pagode Wanshou (de la longévité millénaire), appelée aussi Muta (temple de bois) fut construite à Zhangye en 583. Elle possède neuf étages et s'élève à 32,8 m. Restaurée maintes fois, elle fut reconstruite sur le modèle original en 1925.

7. Pei Ju, de son vrai nom Pei Hongda, fut nommé, en 605 par Yangdi, commissaire impérial à Zhangye, chargé d'entretenir de bonnes relations et de commercer avec les Contrées occidentales. Il écrivit le *Xiyu Tuji*, récit de ses campagnes en Asie centrale, dans lequel il décrit les coutumes et les paysages des Contrées occidentales, et notamment les trois itinéraires de la Route de la Soie. Il mourut en 627.

8. Successeur de l'empereur Wendi (Yang Jian, 541-604), Yangdi (Tang Guang, 569-617) fut le deuxième des trois empereurs que compta la dynastie des Sui. Il fut tué en 617 et remplacé par son petit-fils Yang You (605-619) qui régna de 617 à 618, sous le nom de Gongdi.

9. A l'époque des Han de l'Est (25-220) qui, les premiers, y établirent leur capitale, Luoyang fut reconstruite sur l'emplacement de la cité de Chengzhou et elle s'étendit sur 3,8 km du sud au nord, et 2,7 km d'est en ouest. La Luoyang des Tang (618-907) avait été de nouveau agrandie vers l'ouest sur 9 km et sa circonférence atteignit alors plus de 25 km. Aujourd'hui, l'agglomération moderne se confine à la limite de l'ancienne cité et couvre un espace de 79 km^2.

10. La « Province du Tangut » correspondait à l'ancien royaume des Xia de l'Ouest (Xixia, 1032-1227) fondé par les Dangxiangqiang. Ceux-ci se fixèrent dans des régions comprises entre le Qinghai, le Gansu, le Shanxi et le Shaanxi.

11. Marco Polo a sans doute confondu « Mahomet » et le Bouddha.

12. 10 pas = 6 mètres.

Marco Polo, qui y séjourna pendant un an, eut largement le temps de visiter la ville et ses environs, mais son récit fait probablement allusion au temple du Grand Bouddha, bâti en 1098 et que l'on peut encore voir aujourd'hui près de la tour de la Cloche[13]. Outre de nombreuses statues inspirées du panthéon bouddhique, il abrite une monumentale effigie de Çâkyamuni en position du *Parinirvâna* (couchée), longue de 34,5 mètres.

Tous les étrangers qui firent halte à Zhangye n'ont pas laissé de témoignages aussi précis mais ils n'en furent cependant pas moins nombreux. Les indices les plus anciens sont souvent infimes, telles ces six pièces d'argent, peut-être égarées par quelque marchand, découvertes récemment à proximité du temple. L'avers en est frappé à l'effigie de Khusrâu Ier[14] de la dynastie des Sassanides et le revers porte un motif zoroastrien. Plus éloquentes sont les ruines qui s'élèvent en dehors de l'agglomération. Ce sont les vestiges d'une cité spécialement construite pour l'accueil des hôtes de passage. Elle portait le nom de *Liqian*, appellation chinoise d'Alexandrie[15] qui, par extension s'appliquait à désigner tout ce qui était occidental, que ce soit l'Empire byzantin, les Grecs ou les Persans...

13. Autrefois, deux tours s'élevaient au centre de chaque ville, à la croisée des artères principales. L'une était celle de la Cloche (Zhonglou) servant à ponctuer les heures et l'autre celle du Tambour (Gulou) utilisée en cas d'alerte ou pour signaler quelque événement important.

14. Khusrâu Ier (ou Khusrû) le Chosroes des Grecs, surnommé Anushirvàn (ou Anosharuvan), régna sur la Perse sassanide de 531 à 579. Avec l'aide des Tujue il vainquit les Yada (Huns Hephtalites ou *Çvetahûna*) de Bactriane, occupant de vastes territoires au sud de l'Amû-Darya. Il se heurta aux peuples turcs d'Asie centrale et guerroya également à l'Ouest contre Byzance et des Éthiopiens venus du Yémen.

15. Après les campagnes d'Alexandre le Grand, de nombreuses villes portèrent le nom du conquérant. Outre Alexandrie d'Égypte, la plus connue, bien des cités d'Asie centrale en perpétuèrent également le souvenir telles *Alexandria Oxiana* dont le site sur l'Oxus (Amû-Darya) fut oublié ; *Alexandria Eschate* devenue aujourd'hui Leninâbâd dans le Tadjikistan ; *Alexandria Arachosia*, de nos jours Kandahâr, et *Alexandria Prophthasia* en Afghânistân ; *Alexandria Margiana* à Merv au Turkestan ; et 6 ou 7 autres encore...

Le temple du grand bouddha de Zhangye abrite une statue du bouddha couché longue de 34,5 mètres et haute de 7,5 mètres.

Fragment d'une fresque du tombeau n° 5 de Dingjiazha représentant un petit orchestre jouant du Zheng (cithare à plusieurs cordes), du Pipa (luth chinois), de la flûte et du tambourin.

La montagne aux rhubarbes et la source de vin

Vers le couchant l'étape suivante était Suzhou, l'actuelle Jiuquan, dont l'importance fut d'avoir été de tout temps un nœud de communication entre les régions occidentales, la province méridionale de Qinghai et la bannière[16] septentrionale de Ejne, en Mongolie intérieure. Parmi des millions de voyageurs anonymes, les moines Kumārajīva, Faxian et Xuanzang y passèrent comme, plus tard, Marco Polo. Bien que ce dernier n'y ait noté « ni commerce, ni métier » il cite la ville sous l'appellation de *Succiu* en précisant cependant que ce terme désigne également toute une contrée dont elle est la « maîtresse cité ». D'ailleurs le nom du Gansu a été formé en accolant celui des villes de *Ganzhou* (Zhangye) et de *Suzhou* (Jiuquan), *Zhou* n'ayant d'autre signification qu'*unité administrative* (Préfecture). Mais ce qui frappa le plus le Vénitien fut la *grande abondance de troupeaux et de fruits* ainsi que *la plus fine rhubarbe, poussant à profusion dans les montagnes voisines, que les marchands achètent et portent par le monde.*

Paradoxalement, l'actuelle dénomination de Jiuquan fait référence à des événements survenus aux tout premiers temps de la Route de la Soie. Une fois encore, son origine se trouve dans l'épopée légendaire de Huo Qubing. Après avoir gagné une bataille contre l'ennemi xiongnu, il rentra triomphalement dans la ville à la tête de ses troupes. Pour fêter la victoire, l'empereur Wudi fit alors don d'une grande quantité de vin d'excellente qualité *(Jiu)* à son valeureux officier. Afin de pouvoir le partager avec tous ses soldats, Huo Qubing le fit déverser dans un puits *(Quan)* que l'on peut encore voir dans le parc *Jiuquan.* Cependant, le symbole d'opulence évoqué par la « source de vin » n'a rien perdu de sa valeur car, de nos jours, une plus grande richesse jaillit des puits du champ pétrolifère de Yumen qui s'étend non loin de la ville.

Dans le désert de l'Ouest, d'autres trésors gisent sous le sable, à l'intérieur de nombreuses sépultures anciennes dont l'une des plus belles, située à Dingjiazha, fut répertoriée sous le numéro 5. Tombe d'un haut fonctionnaire de la Cour des Liang de l'Ouest (400-421) elle se compose d'un vestibule cubique de trois mètres de côté et d'une crypte plus exiguë contenant le cercueil. Les murs de la première pièce sont entièrement décorés de fresques splendides dans lesquelles l'emploi des couleurs, la maîtrise du trait et l'extraordinaire fluidité des lignes sont une illustration magistrale de la technique des cernes de style traditionnel chinois.

16. Les « bannières » mongoles étaient des clans réunissant sur un même territoire des guerriers libres et leurs esclaves. Ce terme (*Qi*, en chinois et *Hoshun* en mongol) désignait des unités à la fois militaires et géographiques.

Un coin du parc de Jiuquan, où se trouve une source dans laquelle, suivant une légende, Huo Qubing aurait versé du vin.

Fresque représentant la reine-mère de l'Ouest dans le monde céleste.

Fresque représentant un immortel dans une partie du monde céleste. Devenaient immortels ceux qui atteignaient la perfection en ce monde.

Des thèmes différents sont répartis selon leur hauteur sur le mur. Près du plafond s'aligne toute une série de personnages mythiques et d'animaux fabuleux tels que Xiwangmu[17], Dongwanggong[18], le Cerf blanc[19], le Corbeau à trois pattes[20] et un Cheval céleste dont la silhouette ressemble beaucoup à celle du bronze de Wuwei. Des hommes volants rappellent l'antique croyance selon laquelle quiconque atteignait la perfection obtenait le pouvoir de s'envoler vers le royaume des cieux.

Au centre de la fresque sont représentées des scènes de la vie quotidienne du maître des lieux dans sa demeure. On l'y voit, coiffé d'un chapeau de mandarin, entouré de serviteurs lui portant le vin et les mets d'un festin, tandis que devant lui se produisent musiciens, danseurs, chanteurs et acrobates.

Près du sol, les scènes deviennent agrestes. On y découvre les paysages du Hexi tels qu'ils étaient au Ve siècle. Ce ne sont que vergers où les singes s'ébattent parmi les fruits, chevaux paissant dans les pâturages et paysans se livrant aux travaux des champs. Parmi eux, les Chinois venus des Plaines centrales se distinguent aisément des autochtones au grand nez et aux yeux creux, arborant une petite moustache relevée, un bonnet pointu en feutre et une veste courte comme en portaient les Di[21], les Xianbei[22], ou les Xiongnu.

L'agriculture avait commencé à se développer dès l'instauration des préfectures par l'empereur Wudi. Très vite, la douceur du climat et la fertilité des terres, alliées à une irrigation judicieuse avec les eaux de fonte des glaciers des monts Qilian, avaient fait de la région un centre de ravitaillement important sur la Route de la Soie. De plus, les fresques du tombeau montrent de très belles plantations de mûriers, ce qui laisse à penser que les environs de Jiuquan fournissaient non seulement des vivres aux caravanes mais aussi de la soie.

17. La « Reine mère de l'Ouest », *Xiwangmu*, est l'une des grandes figures de la mythologie chinoise. Selon la légende, elle aurait habité sur les monts Kunlun.

18. *Dongwanggong*, le « Royal Seigneur de l'Est » était l'époux et le pendant oriental de *Xiwangmu*, selon la mythologie antique.

19. Le Cerf blanc, souvent assimilé au Cheval blanc, sert de monture au shaman en transe pour se rendre auprès de la divinité céleste.

20. Le Corbeau à trois pattes est un attribut solaire dont l'homologue lunaire est le Crapaud à trois pattes.

21. Les Di, une des nationalités de la Chine antique, peuple de montagnards se sont installés dans le Shaanxi, le Gansu et le Sichuan, pratiquant l'élevage et l'agriculture. Une branche de cette nationalité fonda la dynastie des Chenghan qui régna de 303 à 347 à Picheng, au nord de Chengdu dans le Sichuan. Elle conquit le Sichuan et le Guizhou. Ce fut l'un des « Seize Royaumes des Cinq Barbares ».

22. Les Xianbei étaient une branche des Donghu. A l'époque des Royaumes combattants, ils nomadisaient dans les bassins de la Xilamulun et de la Laoha (Mongolie intérieure). Vers la fin du IIIe siècle, battus par les Xiongnu, ils se retirèrent dans les monts Xianbei, d'où le nom donné à cette minorité nationale.

西出阳关

第六章

CHAPITRE 6

LA ROUTE DES FORTERESSES

Ci-contre : *Construite en 1372, la cité de la passe de Jiayuguan se dresse à l'extrémité occidentale de la Grande muraille, dans l'ouest du couloir du Hexi. Elle est adossée au sud aux monts Qilian et est bordée au nord par la rivière Juyan. Grâce à sa position stratégique et à son imposante configuration, elle fut qualifiée de "passe la plus majestueuse sous le ciel".*

La Route des forteresses.

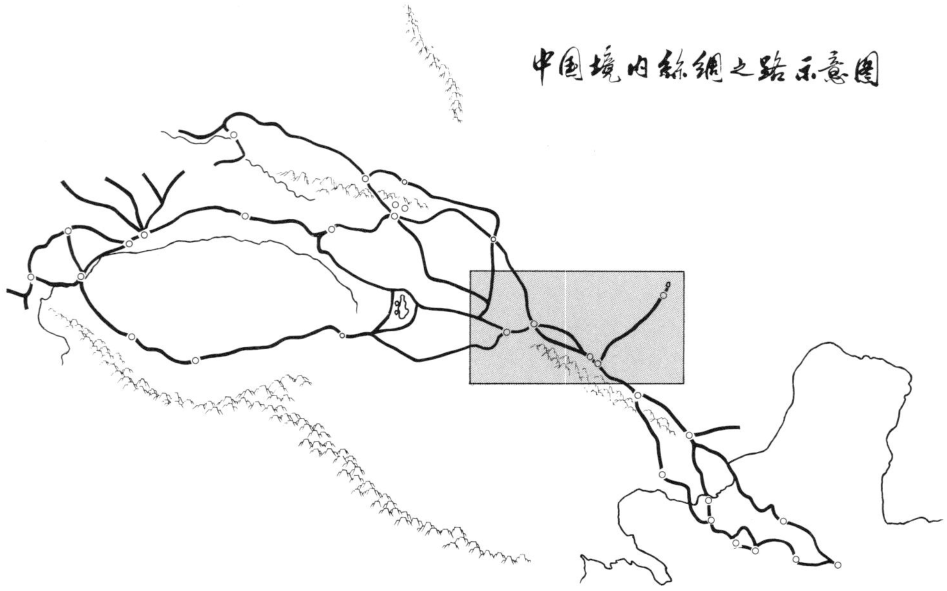

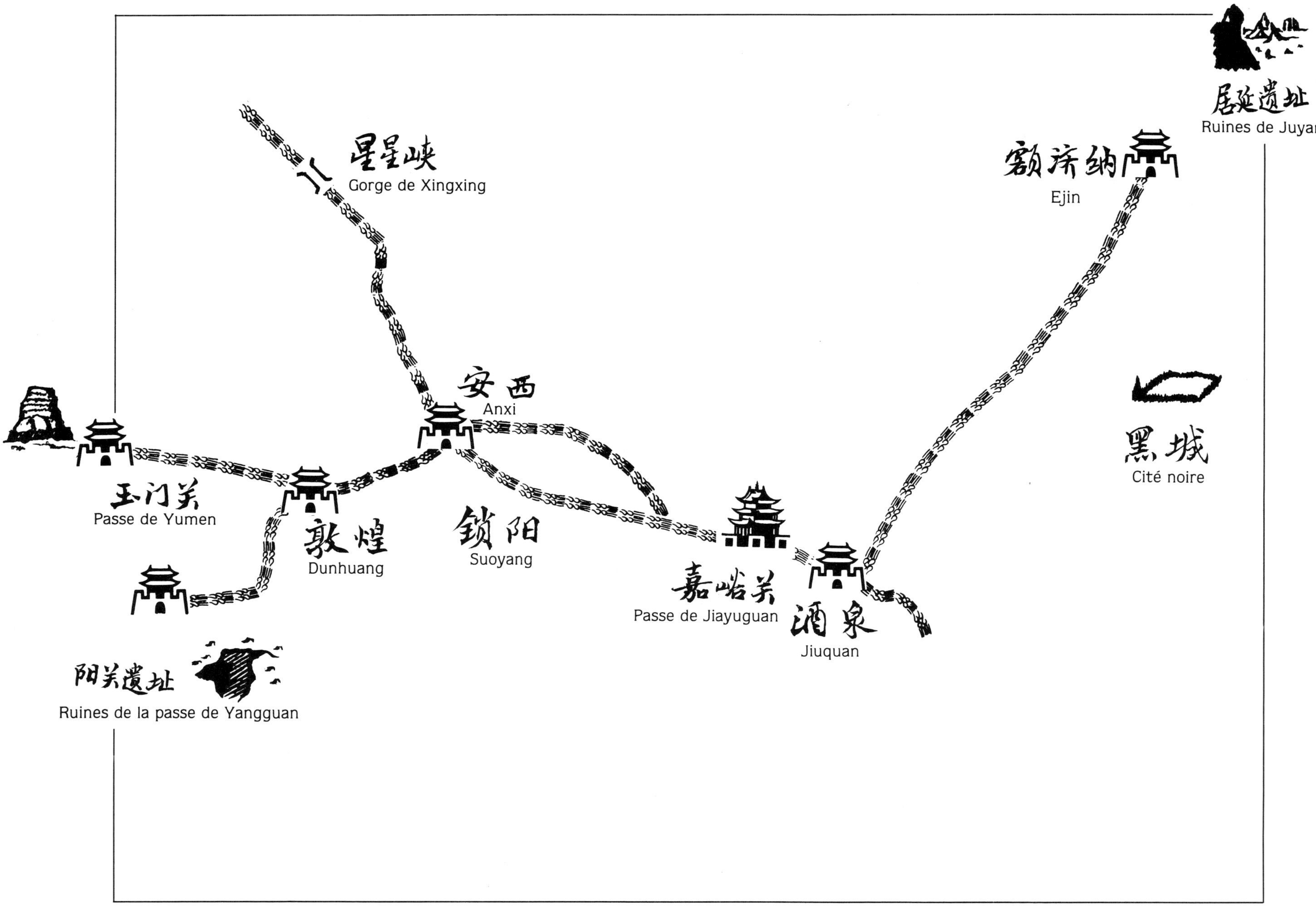

Jiayuguan. La dernière passe occidentale de la Grande Muraille construite sous la dynastie des Ming, pour assurer la sécurité des voyageurs dans le couloir du Hexi sur la route de la soie. C'est une importante citadelle entourée de murailles et de tours de guet.

Aux portes du désert des « Barbares »

Au fil de l'histoire, les itinéraires empruntés par la Route de la Soie furent soumis aux aléas de la politique et des événements. Les changements de dynastie et de territoire aux frontières, le choix des capitales impériales, les alliances ou les conflits suscitèrent la création de nouvelles voies. Au XIIIe siècle, Marco Polo, dans son cheminement vers l'est, n'avait aucune raison de se rendre à Chang'an, déchue de son titre de première ville de l'Empire depuis plus de trois siècles et demi, après la chute des Tang. Et, s'il n'avait été si longtemps immobilisé au cours de son voyage, sans doute aurait-il bifurqué vers le nord par Jiuquan / *Succiu.* Mais, ayant choisi de séjourner à Zhangye (Ganzhou / *Campçio*) pour plus de commodité, c'est de là qu'il repartit pour se rendre à Ejin Qi qu'il cite sous le nom d'*Eçina.* La bannière d'Ejin, qu'il atteint après « *une chevauchée de douze jours* », était alors le centre de ravitaillement des caravanes en partance pour une longue traversée du désert en direction de *Caracorum* (Qaraqorum), l'ancienne capitale mongole. Trente ans après Jean Plan Carpin[1], légat du pape Innocent IV, venu assister aux cérémonies de l'avènement du Khân Güyük[2], et vingt ans plus tard que Guillaume de Rubroek[3], envoyé extraordinaire de Saint Louis auprès de Möngke[4], Marco Polo découvrit une « *cité tout en bois et en terre* », déjà sur le déclin, dont, aujourd'hui, des ruines subsistent au lieu-dit *Erdenitsao,* dans le bassin supérieur de l'Orkhon, en République populaire de Mongolie. Après ce détour qui tendrait à prouver que les routes changeaient moins vite que les capitales, Marco Polo redescendit ensuite vers le sud-est pour rejoindre *Dadu* (Khânbalik « Cité du Grand Khân ») l'actuelle Beijing, en passant par *Ciandu*[5] (Shangdu), résidence d'été de Kubilay Khân[6], fondateur et premier empereur Shizu de la toute nouvelle dynastie des Yuan (1271-1368).

Depuis le XIIIe siècle le paysage qu'offre la bannière d'Ejin a beaucoup changé. Autrefois la rivière Noire (*Ruoshui*), dont les affluents passent à Jiuquan et à Zhangye, s'écoulait plus loin vers le nord-est pour aller se jeter dans le grand lac Juyan. De ce réservoir naturel il ne reste aujourd'hui qu'un petit étang envahi de roseaux, le Jinsutu. Désormais, le cours saisonnier de la Ruoshui va se perdre dans les cuvettes endoréiques du Sogo Nur et du Gaxun Nur tandis qu'alentour le désert ne laisse plus guère de souvenirs des terres fertiles d'antan, ni de la riche histoire que connut jadis la région.

Au IIe siècle avant notre ère, le lac Juyan se trouvait au centre d'une vaste oasis où les Xiongnu trouvaient en abondance le fourrage nécessaire à leur cavalerie. Puis, lorsqu'ils eurent été repoussés par les armées de Wudi, la défense des préfectures du Hexi incita les stratèges de l'empereur à créer un avant-poste dans la région d'Ejin Qi. Ainsi, quand la Grande Muraille fut prolongée, une section en fut construite le long de la rivière Noire jusqu'aux rives du lac. Par ailleurs, les fortifications érigées à Zheluzhang (« Paravent contre les Barbares ») furent complétées par toute une série de tours de

1. Franciscain italien, Giovani dal Piano dei Carpini (v. 1182-1252) fut l'un des premiers disciples de saint François d'Assise. Son voyage à Qaraqorum (1245-1246), marqua un tournant dans la politique de l'Église désireuse de substituer une action missionnaire à celle des Croisades. Il laissa une relation qui constitue la plus ancienne description de l'Asie centrale qu'ait connue l'Occident.

2. Güyük (1206-1248), fils aîné d'Ögödei auquel il succéda en 1246, après que Nimachar, sa mère, eût exercé la régence durant quatre années. A sa mort, son épouse Oghulqaimish assura à son tour la régence pendant deux ans pour son successeur Möngke, fils aîné de son frère Tolûi.

3. Bien que natif de la petite ville de Rubroek, près de Cassel dans les Flandres, le nom du père franciscain Guillaume fut orthographié de façons très diverses : Rubruck, Rubrouk, Ruysbroek et même Rubruquis. Né vers 1220, il fit le voyage de Terre sainte d'où Saint Louis l'envoya en ambassade auprès de Möngke. Sa mission (1253-1255) ne fut pas plus fructueuse que celle de son prédécesseur, car dans l'un et l'autre cas la réponse du Khân fut que le roi de France comme le pape devaient se reconnaître ses vassaux.

4. Möngke (1208-1259) succèda à Güyük après la régence de sa tante Oghulquaimish. Il fut protecteur du bouddhisme et du nestorianisme. Son règne fut marqué par ses campagnes contre les Alains et les Song du Sud. Il mourut de dysenterie dans le Sichuan et son frère Kubilay lui succéda.

5. Également cité par Marco Polo sous le nom de *Chemeinfu (Kaipingfu),* Shangdou *(Ciandou)* se trouve au nord de Beijing, à 40 km de Duolun en Mongolie intérieure.

6. Kubilay ou Setsen (1215-1294), successeur de Möngke, acheva la conquête de la Chine du Sud et fonda la dynastie des Yuan en se proclamant empereur, sous le nom de Shizu, à Beijing où il construisit une nouvelle ville qu'il nomma Dadu. Il essaya par deux fois, mais en vain, d'envahir le Japon (1274 et 1281) que sauvèrent, à deux reprises, des tempêtes providentielles *(Kamikaze)* qui détruisirent la flotte mongole. Ses tentatives au Tonkin, en Birmanie et à Java n'eurent pas plus de succès. A sa mort, son petit-fils Tämur (Oljaitu) lui succéda sous le nom chinois de Chengzong.

guet. La garnison était alors placée sous l'autorité d'un *duwei* (commandant de la place) dont l'homologue de Dixing était chargé du ravitaillement. De nos jours, il ne reste des anciens retranchements de Juyan que quelques murs écroulés émergeant des dunes couvertes de tamaris. Non loin de là, des pans de murailles, hautes et épaisses, parfois doubles, laissent deviner les plans de bastions, probablement des postes de commandement. Plus nombreux sont les vestiges de fortins et de tours de vigie, l'ensemble témoignant d'un système défensif solidement structuré.

Tour élevée sur les murailles d'enceinte de la cité de la passe de Jiayuguan.

Les soldats-pionniers et la garnison sacrifiée

Autour des ruines se distinguent encore des traces de canaux d'irrigation, des contours de champs, des emplacements de villages et des vestiges de temples. Jadis beaucoup d'hommes de troupe furent employés à la mise en valeur des terres et leurs familles, groupées en hameaux, travaillèrent avec eux aux cultures. Le temps passa. Mais, après la défaite des Xiongnu et l'exode vers l'ouest des dernières hordes du Nord, le couloir du Hexi cessa d'être menacé. Le rôle stratégique de Juyan perdit alors peu à peu de son importance. Pourtant l'abandon progressif des ouvrages militaires n'entraîna pas pour autant celui des champs qui continuèrent à être exploités, de génération en génération, avec comme seuls changements, ceux du lit de la rivière, jusqu'à ce que, bien des siècles plus tard, la sécheresse anéantisse l'héritage des soldats-pionniers.

Des fouilles sur le site de Juyan ont permis de mettre au jour quantité d'objets divers parmi lesquels les plus intéressants sont des tablettes de bois portant des inscriptions datant de la dynastie des Han. Dix mille d'entre elles furent emportées naguère aux États-Unis mais, dans les années 1970, les archéologues chinois en ont découvert près du double. Le décryptage des textes a révélé que sur l'une d'elles était inscrite la liste de tous les relais existant entre Juyan et la capitale Chang'an, ainsi que les distances séparant chacun d'eux. Ce sont de tels documents qui ont permis de reconstituer avec autant de précision cet itinéraire de la Route de la Soie, longtemps demeuré incertain.

L'ancien lac de Juyan après un changement de lit de la rivière Ejne. Il constitue maintenant un lac résiduel appelé Jinsutu.

La légende véridique du Khân Universel

Au XIIe siècle, les steppes bordant les frontières du nord de la Chine étaient parcourues de hordes appartenant à cinq grandes confédérations tribales : les *Monggol* (Mongol), les Merkit, les Kereit, les Tatar et les Naiman qui, depuis longtemps, nomadisaient entre l'Orkhon et le lac Balkash. A la mort de Yesügei, chef du clan Borjigin des *Monggol*, son fils Temüjin fit valoir ses droits et emporta de haute lutte le titre de *Khân* de sa tribu en 1197. Il dut cependant faire face à une vive opposition de la part de ses rivaux, tant au sein de son propre parti que parmi les dirigeants des autres confédérations. Il lui fallut dix années pour s'imposer et être enfin reconnu comme chef suprême de tous les « peuples vivant sous la tente » au cours du grand *Quriltay* de 1206 qui les avait tous rassemblés et au cours duquel fut créé le Khânat mongol. C'est alors que Temüjin, âgé de cinquante ans, reçut le surnom de *Gengis Khân*, le « Khân Universel ».

D'autres groupes ethniques voisinaient avec ces turbulents cavaliers : des Turcs de langue mongole, des Tungus venus de Mandchourie ou des Alains (Iraniens) qui, tous, se reconnaissaient pourtant une certaine parenté en dépit de leurs modes de vie différents. Les uns étaient des chasseurs semi-sédentaires des confins de la taïga, les autres des éleveurs errant avec leurs troupeaux sur la steppe. De même, ils possédaient en commun une structure sociale très évoluée que dominait une sorte d'aristocratie (les *Os blancs*) portant les titres de *Bahâdur, Noyon* ou *Bilge*, selon leur rang dont le plus élevé était celui de *Qaghan* ou *Khân*. Les hommes des tribus se répartissaient en guerriers *(Nokür)*, en gens du commun (les *Os noirs*) et en esclaves, des prisonniers de guerre chargés des basses besognes. Ils pratiquaient diverses religions, chamanique dans les contrées forestières et, ailleurs, chrétienne de rite nestorien (Kereit, Öngüt, certains Naiman, Merkit et Ouigour) ou bouddhique.

Au début du XIIIe siècle le régime des pluies sur la steppe fut particulièrement abondant et les tribus s'en trouvèrent subitement enrichies. C'est pourquoi lors du *Quriltay* de 1206, l'opinion générale étant de sauvegarder les bénéfices de cette prospérité, l'idée d'unifier toutes les factions en une seule nation, pour créer l'*Ulus*, fut bien accueillie. Dès lors, les bases de la grande loi mongole *(Yassak)* furent jetées, une armée organisée en même temps qu'un réseau de liaison, le fameux *Yam* qui, plus tard, allait devenir un remarquable service de poste.

Terres et pâturages furent dévolus aux membres de la Famille d'or *(Altin Kin)* constituée de Gengis Khân, de ses frères et sœurs et de ses quatre fils Jöchi, Chaghatai, Ögödei et Tolûi, que lui avait donné son épouse Börte. Ensemble, ils se mirent à combattre leurs proches voisins, parvinrent à réduire rapidement les Kirghiz du haut Ienisseï et les Oirat du lac Baïkal. Soumis à leur tour, les Ouigour devinrent les administrateurs de l'*Ulus* (région) mongol, puis les Xia de l'Ouest, bientôt suivis des Ongüt, reconnurent Gengis Khân comme leur suzerain. Dès 1211, Gengis

Gravure représentant Temüjin (Genghis Khân).

Khân multiplia ses attaques contre la dynastie des Jin qu'avaient fondée les Ruzhen. Alliés aux Qidan de Chine du Nord, les Mongols les vainquirent. Les Jin abandonnèrent alors Beijing et offrirent en mariage une de leurs princesses au Khân. La conquête des Plaines centrales était commencée.

En 1219, Gengis Khân, s'appuyant sur sa puissante cavalerie, dirigea ses offensives vers l'Occident et étendit le territoire du Khânat mongol jusqu'à l'Asie centrale et le sud de la Russie. En 1226, il mena ses armées vers le Sud contre les Xia de l'Ouest (Xixia). Mais l'année suivante il mourut de maladie au moment même où la dynastie des Xia de l'Ouest disparaissait.

Au sud et en Asie centrale, l'Empire turc des Saljuk (Seldjoukides), harcelé par les Byzantins, était en pleine décadence tandis que les Turcs du Khwârezm ne disposaient que d'une armée de mercenaires pour régner sur un peuple iranien supportant mal leur joug. A l'est, les communautés païennes et les principautés orthodoxes de Russie connaissaient une grande prospérité mais, divisées, elles étaient sur les plans politique et militaire, extrêmement vulnérables. Ces luttes intestines permirent aux Mongols de vaincre aisément les Chevaliers teutoniques en Silésie au cours de l'année 1241, les Chevaliers Porte-Glaive étant occupés à la conquête de Novgorod... Pourtant, les armées de Gengis Khân n'étaient pas aussi nombreuses que leur légende pourrait le laisser croire, mais leur organisation et leur efficacité ne rencontraient que des forces livrées à l'anarchie et à l'improvisation, ce dont elles surent profiter. Ögödei, fils et successeur de Gengis Khân, parvint, avec seulement 130 000 hommes, à conquérir une bonne partie de l'Asie et de l'Europe, tout territoire conquis étant immédiatement donné en apanage aux membres de la *Famille d'or*. Ce fut lui qui, vers 1230, instaura sa capitale à Qaraqorum (de *Qara-küriyen*, en mongol : Cercle des tentes noires), sur les rives de l'Orkhon. La ville, qui n'était encore qu'un grand campement développé dix ans plus tôt sur le site de l'ancienne Ordu-Baligh fondée par Gengis Khân, fut alors entourée d'une levée de terre en guise de muraille tandis que des constructions sommaires accueillaient une administration mi-han, mi-mongole. Mais la « cité de terre et de bois » que visita Marco Polo ne connut jamais une bien grande prospérité, bien qu'elle fût le siège d'un *Quriltay* en 1235 et qu'un évêché nestorien y eût été installé en 1275. A sa mort, Ögödei laissa cependant un territoire qui s'étendait de la Sibérie à la Chine du Sud et de la Pologne à l'océan Pacifique. Il ne restait plus à ses successeurs qu'à se déclarer empereurs de Chine, ce que fit Kubilay dès son avènement, en 1264. En 1271 il fonda la dynastie des Yuan et instaura sa capitale *Khânbalik* (la ville du Khân), à Dadu l'actuelle Beijing. Ce transfert entama le déclin de Qaraqorum qui fut définitivement abandonnée au début du XIVe siècle.

Cet immense Empire, où régnait un ordre absolu, fut cependant éphémère. Trop vaste et réunissant des populations trop diverses, l'État centralisé institué par la dynastie des Yuan s'accommodait mal du principe féodal régissant la société mongole. Ethnie minoritaire, les Mongols ne représentaient pas 1 % de la population totale de l'Empire. Par ailleurs les steppes de leurs lieux d'origine, jadis prospères, avaient subi, au cours du XIVe siècle, des sécheresses qui les avaient ravagées, décimant les troupeaux de chevaux indispensables à la cavalerie. Le centre politique de la nation devenait un semi-désert tandis que le nombre des descendants de Gengis Khân devenait immense, émiettant le territoire conquis en petits khânats rivaux. Les révoltes des peuples occupés mirent fin à ce système qui portait en lui le germe de sa propre destruction. En Chine, une série de grandes catastrophes comme le changement de cours du Huanghe en 1300, les famines de 1334 et de 1342, les émeutes de 1352 firent des millions de victimes. Occupés à lutter contre leurs cousins, les derniers empereurs des Yuan ne purent juguler les révoltes des paysans chinois. L'un des chefs de la rébellion, Zhu Yuanzhang, parvint à rallier une majorité d'opposants et, après avoir battu l'armée mongole, à se faire proclamer empereur de la nouvelle dynastie, de nationalité han, des Ming.

Ce fut la fin de l'immense Empire dans lequel, selon l'historien turc Abûl Ghazî Bahâdur, un lointain descendant de Gengis Khân, « une jeune vierge portant sur sa tête un plateau d'argent pouvait aller du Levant au Couchant sans crainte d'avoir à subir la moindre violence ». Ce qui, certainement, était quelque peu exagéré...

Ces pierres entassées sur le sommet du rempart est de la "Cité Noire" servaient probablement d'armes défensives.

Au temps des Xia de l'Ouest (1032-1227), les caravanes à destination de leur capitale Yinchuan proche du fleuve Jaune, passaient par la bannière d'Ejin devenue une division administrative du royaume sous l'appellation de *Weifujun*. Après la chute de cette dynastie Dangxiangqiang, les Yuan mongols lui conservèrent son importance de relais mais changèrent son nom en *Yijinailu*. C'est à son emplacement que se serait élevée la légendaire *Cité noire*. Selon une tradition locale, le vaillant *Général noir*, chargé de sa défense, aurait soutenu un siège de plusieurs mois face à un ennemi supérieur en nombre. Ayant épuisé leurs réserves d'eau, les assiégés préférèrent se donner la mort plutôt que de se rendre, non sans avoir auparavant enfoui les trésors de la cité au fond des puits à sec. La ville aurait alors été incendiée et rasée. L'étude des anciennes chroniques a tout d'abord permis de situer Yijinailu à 30 km au sud-est des ruines de Dalankubu. A cet endroit on voit encore aujourd'hui une étendue de cendres noires jonchée de tuiles brisées et ceinturée d'une haute muraille. A l'est, la paroi est hérissée de pieux de bois et, aux angles, se trouvent encore des tas de pierres grosses comme le poing. Mis à part ces émouvants vestiges de défense, les seules bâtisses encore reconnaissables sont un *stûpa* au nord-ouest et des constructions islâmiques au sud-ouest. Or, les textes ont également révélé que cet épisode tragique avait réellement existé il y a plus de six siècles, lors d'une offensive dans la région de l'armée des Ming menée par le général Feng Sheng[7] dont l'objectif était la prise de Qaraqorum (1369).

7. Feng Sheng (vers 1330-1395), général de l'armée des Ming réputé pour avoir été un excellent archer. Après avoir combattu les Yuan aux côtés de Zhu Yuanzhang qu'il aida à monter sur le trône, il fut nommé, en 1385, commandant en chef des armées contre les dernières troupes mongoles qu'il vainquit à Jinshan en 1387. Dégradé pour abus de pouvoir il fut assigné à résidence à Fengyang. Réhabilité en partie, il fut réintégré comme inspecteur des gardes dans le Shanxi après 1392. D'après les *Annales des Ming* il aurait été exécuté ou se serait suicidé sur ordre.

La Première Passe héroïque sous le ciel

Adossée aux monts Qilian couronnés de neiges éternelles, face aux massifs arides des Mazong, la forteresse de Jiayuguan surnommée *Tian Xia Di Yi Xiong Guan* (Première Passe héroïque sous le ciel) se dresse en plein désert à l'extrémité occidentale de la Grande Muraille. Cet ouvrage imposant, barrant le couloir du Hexi qu'il commande, fut construit en 1372 à une période à laquelle le trafic sur le parcours transasiatique de la Route de la Soie commençait déjà à décliner par suite du développement des voies maritimes et, aussi, en raison des difficultés croissantes rencontrées dans les pays du Moyen-Orient. Ainsi, ces fortifications répondaient davantage à un souci de défense plutôt qu'à protéger des échanges commerciaux.

Cette porte dans la passe de Jiayuguan est le seul accès à la cité extérieure qui entoure à l'est, au sud et au nord la cité intérieure.

Les sept voyages de Zheng He

Succédant aux Yuan mongols, les souverains de la dynastie des Ming comprirent très vite que, dans le cadre des relations extérieures, il était devenu indispensable de doubler les anciens itinéraires continentaux, lents et hasardeux, par des voies maritimes tout aussi dangereuses mais beaucoup plus rapides. L'exemple en était donné par les ambassades, en provenance de tous les pays d'Asie et parfois même de plus loin, venant par mer en visite officielle et non plus, comme jadis, en caravane.

Servie par le régime régulier des vents de la mousson, la Chine était l'héritière d'une longue tradition de la marine à voile. Le gouvernail d'étambot avait été inventé par les marins de Canton vers le Ier siècle de notre ère, alors qu'il ne fut connu en Occident que mille ans plus tard, tandis que les plus gros navires de haute mer des Song, des bâtiments à six mâts et quatre ponts pouvant embarquer un millier d'hommes, naviguaient déjà à la boussole et à l'aide des cartes les plus précises du monde. Certains grands capitaines, partis des ports de Canton, Fuzhou ou Quanzhou, avaient poussé jusqu'à Java et, au-delà, sur les côtes indiennes mais leurs voyages, dont les buts étaient à la fois scientifiques, diplomatiques, économiques et militaires, n'eurent aucune suite jusqu'à ce que l'empereur Chengzu (1360-1424) et son successeur Xuanzong (1399-1435) ne les confient à Zheng He, l'un des plus grands capitaines que la Chine ait connus.

Zheng He (1371-1435), de son vrai nom Ma He, était un musulman originaire du Yunnan. Il avait été capturé, à l'âge de onze ans, lors de la conquête du pays par les troupes de Zhu Yuanzhang, premier empereur de la dynastie des Ming. Castré, il entra comme eunuque à la Cour du prince de Yan, le futur empereur Chengzu. Celui-ci, après son avènement, lui donna le nom de *Zheng* et lui confia de hautes responsabilités dans le commandement naval. C'est à ce titre qu'il conduisit sept expéditions maritimes dans les pays du Sud et du Sud-Ouest. Chaque escadre, composée de plusieurs dizaines de grosses jonques dont la plus grande mesurait 148 m de longueur sur 60 m de largeur, embarqua plus de 20 000 hommes. En plus des équipages, se trouvaient à bord des plénipotentiaires, des militaires, des religieux, des lettrés et des marchands. L'objectif d'un tel déploiement était moins la conquête, qu'une démonstration de puissance à la faveur de laquelle pouvaient être recueillis de précieux renseignements sur les pays et les peuples voisins de l'Empire. Par la même occasion des campagnes purent être enfin entreprises pour localiser et détruire les bases qu'utilisaient les pirates japonais et javanais dont les navires infestaient les eaux chinoises depuis fort longtemps.

Dessin montrant un type de navire utilisé par Zheng He, conservé au Palais impérial. On peut remarquer le gouvernail, invention nouvelle à l'époque. D'après "Histoire de la navigation chinoise".

Pour son premier voyage (1405-1407), Zheng He appareilla au sud et, après une escale à Qui-Nhon sur la côte du Champâ (Viêt-nam), il atteignit Palembang au sud-est de Sumatra, puis Java où il eut à intervenir dans un conflit entre la colonie chinoise de l'île et les autorités du Majapahit. De là, il cingla sur Ceylan et enfin l'Inde du Sud qu'il toucha à Calicut. Dès son retour, en 1407, il repartit pour Ceylan, Calicut et le port voisin de Cochin.

En 1409 il reprit la mer pour le Siam et aborda à Malaka où il s'opposa aux prétentions du Majapahit javanais et marqua son passage par l'érection d'une stèle. Se dirigeant ensuite vers l'Inde il débarqua à Ceylan dont il fit prisonnier un roi qui avait tenté de s'y opposer.

En 1413, Zheng He repartait pour la quatrième fois. De passage à Sumatra il apporta le soutien de ses forces à un souverain local, le râja d'Atjeh, avant de faire voile sur Calicut et Ormuz à l'entrée du golfe Persique. De là, une partie de l'escadre alla longer les côtes d'Afrique orientale jusqu'à Mogadiscio et, peut-être, le Mozambique.

En 1417 il voguait à nouveau en direction de Sumatra et du golfe Persique. De Sumatra, certains de ses navires étant allés directement en Arabie et sur la côte des Somalis, ils ne rentrèrent qu'en 1420, un an après les autres qui n'avaient été qu'à Ormuz. Leur périple fut le plus long jamais accompli à l'époque.

En 1421 l'infatigable Zheng He levait l'ancre à nouveau pour Sumatra, base de départ d'autres explorations du golfe Persique et des rivages de l'Afrique orientale. De retour en 1422 il ne devait plus entreprendre de voyages lointains pendant près de neuf ans. Les mers du Sud n'en furent pas pour autant totalement désertées par les Chinois. En 1424 une flottille commandée par un autre capitaine se rendit à Sumatra.

Ce n'est qu'en 1431, avec des bâtiments rénovés et de nouveaux équipages, que Zheng He entreprit sa septième et dernière grande croisière. A soixante ans il revit toutes les escales qui avaient marqué sa longue carrière : le Champâ, Java, Sumatra et Palembang, Malaka, la côte indienne du Malabar et Calicut, Ormuz enfin où il relâcha tandis que le reste de sa flotte allait à Djedda, le port de La Mecque que son père *hâjî* avait atteint, bien des années plus tôt, par voie de terre. Le retour s'effectua par Aden, la côte méridionale de l'Arabie et Mascate pour rejoindre Ormuz puis, selon l'itinéraire habituel, jusqu'à Nanjing où il arriva en 1433.

Considéré comme un héros en Chine où il reçut le titre de *Sanbao Taijian* (eunuque des Trois Trésors), Zheng He devint un personnage mythique dans bien des pays où il passa et des temples furent élevés en son nom. Mais sa plus grande réussite fut d'être parvenu à imposer une image de la puissance de la Chine telle que les pays arabes, également sensibles au fait qu'il ait été musulman, envoyèrent plusieurs ambassades et développèrent les échanges commerciaux. Ce même résultat, obtenu auprès de nombreuses nations du Sud-Est asiatique, fit que jamais le prestige de l'Empire ne fut aussi grand dans cette partie du monde.

Zheng He ne laissa aucune relation personnelle de ses périples mais ses compagnons publièrent plusieurs ouvrages parmi lesquels le *Xiyang Fanguo Zhi* (Mémoires sur les Royaumes barbares des Océans de l'Ouest) de Gong Zhen, paru en 1434, ou le *Xingcha Shenglan* (Merveilles découvertes par le bateau à l'étoile) de Fei Xin, publié en 1436. Seul l'auteur du *Yingya Shenglan* (Merveilles des Océans), un certain Ma Huan, avait participé à cette épopée maritime sans précédent. Par ailleurs c'est dans le *Wubei Zhi* (Annales militaires complètes) de Mao Yuanyi que fut découverte la carte maritime de Zheng He, considérée comme la plus ancienne connue à ce jour en Chine. Enfin, et pour la petite histoire, ce serait ce hardi navigateur qui aurait introduit l'usage de l'opium dans son pays. Mais, surtout, ses expéditions obtinrent un tel retentissement que les voies maritimes furent dès lors privilégiées au détriment de la Route de la Soie, devenue presque impraticable à cause des troubles qui agitaient ses populations depuis la désagrégation de l'Empire mongol.

Les puissantes murailles de la forteresse, hautes de près de douze mètres, étaient invulnérables aux armements de l'époque[8]. Depuis les grandes tours de guet qui dominent le noir horizon du Gobi, l'état-major pouvait suivre les mouvements de l'ennemi tandis que les créneaux et merlons maçonnés des chemins de ronde constituaient une protection efficace pour les archers de la garnison. Véritable ville fortifiée, Yiayuguan était divisée en deux secteurs avec, d'une part la *cité intérieure* exclusivement militaire et, d'autre part, la *cité extérieure* dont les portes s'ouvraient aux caravanes et aux piétons.

Entre 1972 et 1973, une campagne de fouilles fut entreprise dans une nécropole datant des dynasties des Wei et des Jin, située au nord-ouest de la passe de Jiayuguan. Sur les huit tombes ouvertes, six ont livré plus de six cents briques décorées. La plupart représentent des scènes de la vie quotidienne telle qu'elle se déroulait dans le couloir du Hexi avant le Ve siècle. Dans un style alerte et réaliste, elles composent une série d'instantanés pris sur le vif, montrant, entre autres, les travaux des champs et les activités de la ferme telles que les pratiquaient les paysans de l'époque. L'une d'elles représente même la cueillette des feuilles de mûrier, ce qui prouve que la sériciculture existait dans cette région autrefois verdoyante.

Mais tous les témoignages du passé n'ont pas bravé les siècles aussi impunément que la fière passe de Jiayuguan ou que les décors funéraires ensevelis dans le désert. Bien des cités anciennes n'offrent plus que le spectacle désolé de leurs murs démantelés. Ainsi il ne reste de Heishui, à 15 km à l'ouest de Zhangye, ou de la Cité des Chameaux, dans le district de Gaotai, que des murailles d'enceinte entourant une aire dévastée depuis longtemps envahie par les sables. De même, à l'apogée de la Route de la Soie sous la dynastie des Tang, les villes de Guazhou et de Shazhou avaient acquis une grande renommée. Aujourd'hui leurs vestiges s'élèvent aux portes des chefs-lieux d'Anxi et de Dunhuang qui les ont remplacées. Seule Suoyang, jadis appelée Kuyu, s'est mieux conservée. Située à 60 km au sud d'Anxi, elle était aussi l'une des agglomérations les plus importantes, défendue par des fortifications très élaborées dans lesquelles des places d'armes saillantes et rentrantes permettaient les tirs croisés. Des tours d'angle rondes ou carrées servaient à la fois au guet et à la communication par signaux. Par ailleurs, une muraille de première enceinte, également pourvue de courtines et de bastions, venait encore renforcer les défenses de la ville. Ce formidable appareil était surtout destiné à prémunir la population des incursions fréquentes de peuplades tibétaines qui s'étaient installées sur le plateau voisin du Qinghai au VIIe siècle. De nos jours, Suoyang est isolée en plein désert car, si dans le passé la Route de la Soie suivait au plus près celle des oasis, les voies de communication modernes contournent les régions inondables par les crues brutales que provoquent, au printemps, la fonte des glaciers des monts Yema tout proches.

8. La poudre est sans doute la plus célèbre des grandes inventions chinoises. Mais, contrairement à ce qui fut souvent dit, elle trouva très vite des applications militaires et les armées impériales disposèrent très tôt d'armes à feu. Vers la fin du VIIe siècle, à l'époque des Tang, la découverte par des alchimistes du mélange de charbon de bois, de salpêtre et de soufre fut sans doute fortuite car sa première mention ne signale que son danger. Cependant son apparition sur les champs de bataille ne fut pas immédiate et ce n'est qu'en 919 que la poudre servit, peut-être pour la première fois, à la mise au point d'un lance-flammes à pétrole. Vers l'an mil apparurent les premières bombes et grenades ainsi que des flèches propulsées par fusée. Quant au fusil à canon, dont la crosse fut tout d'abord une lance, les Song s'en servirent pour se défendre contre les Jin vers 1126. Il est d'ailleurs probable que ce fut le tube de bambou qui fut à l'origine du canon métallique vers le XIVe siècle. En 1132 apparut le fusil à crosse et canon et, en 1259, le fusil à tir « rapide », une sorte de tube de bambou chargé de poudre et d'une « balle ». Ce n'est que sous les Yuan qu'apparut le véritable canon, en bronze ou en fer, alors appelé « mortier à feu ».

Une des 600 briques exhumées des tombes des dynasties des Wei et des Jin (220-240), situées dans le désert de Gobi, à 20 km au nord de la passe de Jiayuguan. Les dessins de ces briques représentent des scènes de la vie quotidienne. Ici, l'abattage d'un bœuf. Musée provincial du Gansu.

Emplacement du chef-lieu de district de Longle à l'époque des Han, à environ 10 km à l'est de la passe de Yangguan. Les civils de la cité administrative ne pouvaient résider dans cette passe en raison de son importance militaire.

La Passe du Sud

Ce furent ces violentes crues, comme seuls les déserts en connaissent, qui détruisirent le fort de Yangguan (Passe du Sud) que dominent les monts Altun. Construit à l'époque des Han, aux abords de l'oasis de Nanhu à 70 km au sud-ouest de Dunhuang, il ne reste des anciennes fortifications qu'une muraille épaisse de quatre mètres. Cependant une quantité de débris d'objets divers, de fragments de poteries, mais aussi des pointes de flèches, des monnaies antiques et des bijoux disséminés dans le sable, ont fait du site une célèbre « grève des antiquités » depuis longtemps visitée. Au loin, vers le Levant, verdoie une autre oasis qui sous les Han fut le chef-lieu du district de Longle, appelé Shouchang par les Tang. Ici encore les dunes ont recouvert les ruines dont seuls quelques pans de mur sont encore visibles çà et là. De même, le marécage qui subsiste au sud perpétue le souvenir du riche *bassin de Wowa,* l'une des régions d'où l'empereur Wudi faisait venir ses fameux « chevaux célestes ». Vers le nord d'autres ouvrages militaires se succèdent jusqu'à la passe de Yumen tandis que le désert qui s'étend à l'ouest, au pied des monts Altun, conduit à l'ancien État de Shanshan, contemporain des Han, au nord-est de la Ruoqiang actuelle.

Selon les documents historiques, les caravanes à destination de l'Occident emprunterent de préférence, les premiers temps, l'itinéraire sud de la Route de la Soie qui, depuis la passe de Yangguan, conduisait à Ruoqiang en longeant les contreforts septentrionaux des monts Kunlun pour aller, d'oasis en oasis, rejoindre finalement Shache (Yarkant) et de là Taxkorgan aux portes des Pamirs.

Tour de guet servant à supporter des feux d'alarme à l'approche de l'ennemi, construite il y a plus de deux mille ans en dehors de la passe de Yumen.

La Porte de Jade

D'époque Han, la passe de Yumen se trouve à une centaine de kilomètres à l'ouest de Dunhuang. Plus modeste que Yangguan, elle ne couvrait que 600 m^2 au sol, ceinturés d'un solide rempart. Depuis toujours, les populations locales l'appelaient familièrement *Xiaofangpan*, c'est-à-dire la « Petite Citadelle carrée ». Au début du siècle, lorsque l'archéologue britannique Sir Aurel Stein traversa le Taklimakan « sur les traces de Xuanzang et de Marco Polo » il avait déjà avancé l'hypothèse que Xiaofangpan était sans doute la fameuse « Porte de Jade » si souvent mentionnée dans l'histoire ancienne de la Route de la Soie. Cette intuition fut par la suite confirmée, quand le professeur Yan Wenru y découvrit un lot de tablettes dont l'une portait l'inscription sans équivoque : « Commandement de Yumen[9] ».

A 20 km de là, sur la route de Dunhuang, la citadelle de Hecang, qui appartenait au même dispositif de défense, était un dépôt de munitions fortifié. Entouré d'une muraille de 6,7 m de hauteur, le bâtiment mesurait 132 m de long sur 17 m de large. En dépit de ses proportions, il avait été néanmoins surnommé la « Grande Citadelle carrée » *(Dafangpan)*, plus par analogie que pour une ressemblance avec Yumen dont les dimensions étaient de 24 m × 26 m. Conçu comme un entrepôt, l'espace intérieur avait été divisé, dans le sens de la longueur, en trois pièces dont chacune des cloisons était percée de huit trous d'aération, de forme triangulaire, disposés en quinconce. Construit sur une butte naturelle à deux mètres au-dessus de la rivière voisine, ce qui le mettait hors d'eau en cas d'inondation, il était, en outre, protégé au sud par une tour de vigie et par un mur double sur les trois autres côtés.

9. *Yu* : jade, *Men* : porte.

La rivière Shule passe non loin au nord de la forteresse. Saisonnière, elle traverse Anxi mais disparaît ensuite dans le désert où son cours se perd en direction du Lop Nur. Cependant, des résurgences occasionnelles ont fait que les pistes caravanières l'ont suivie d'autant plus naturellement que son orientation est plein ouest. Il était également normal que des fortifications comportant des garnisons permanentes s'organisent sur ce même parcours. Ainsi, sous les Han, une section de la Grande Muraille fut construite entre Juyan et la passe de Yumen et prolongée vers l'ouest de 50 ou 60 km, les tours de guet s'espaçant ensuite jusqu'aux rives du Lop Nur.

Ce rempart datant des derniers siècles avant notre ère n'a rien de comparable avec les ouvrages maçonnés qu'élevèrent les Ming beaucoup plus tard[10]. Édifié avec des couches alternées de terre battue et de roseaux il n'avait que 2,60 m de hauteur pour une largeur de 3 m à la base. Cet obstacle était toutefois suffisant pour briser la charge des cavaliers xiongnu qui, contraints de mettre pied à terre, perdaient alors beaucoup de leur efficacité. Du côté sud de la muraille, des tours de guet s'échelonnaient tous les 5 km. Chacune d'elles était flanquée d'un poste de garde, pour la relève, et d'une réserve de fagots destinés à allumer les feux d'alerte. Dans ce dispositif, Yangguan et surtout Yumen, la plus exposée parce que la plus nordique, constituaient des positions clés. Par ailleurs cette dernière représentait en quelque sorte un passage obligatoire pour les voyageurs et les caravanes, voulant se rendre à Turpan, Yanqi (Karashahr), Kuqa ou Samarqand sur ce qui constituait, à l'époque, l'itinéraire nord de la Route de la Soie.

10. La construction de nouvelles murailles fut entreprise dans le nord du Hebei et du Shanxi entre 1403 et 1435, sous les règnes de Chengzu (1360-1424) et de Xuanzong (1399-1435), puis de 1470 à 1480 dans le sud de l'Ordos, au temps de l'empereur Xianzong (1447-1487) de la dynastie des Ming.

Vestige de la cité de Xiaofangpan (petite citadelle carrée) qui, il y a deux mille ans, gardait la passe de Yumen, qui permettait d'accéder aux Contrées occidentales.

Ruines de la Grande muraille et d'une tour de guet au-delà de la passe de Yumen.

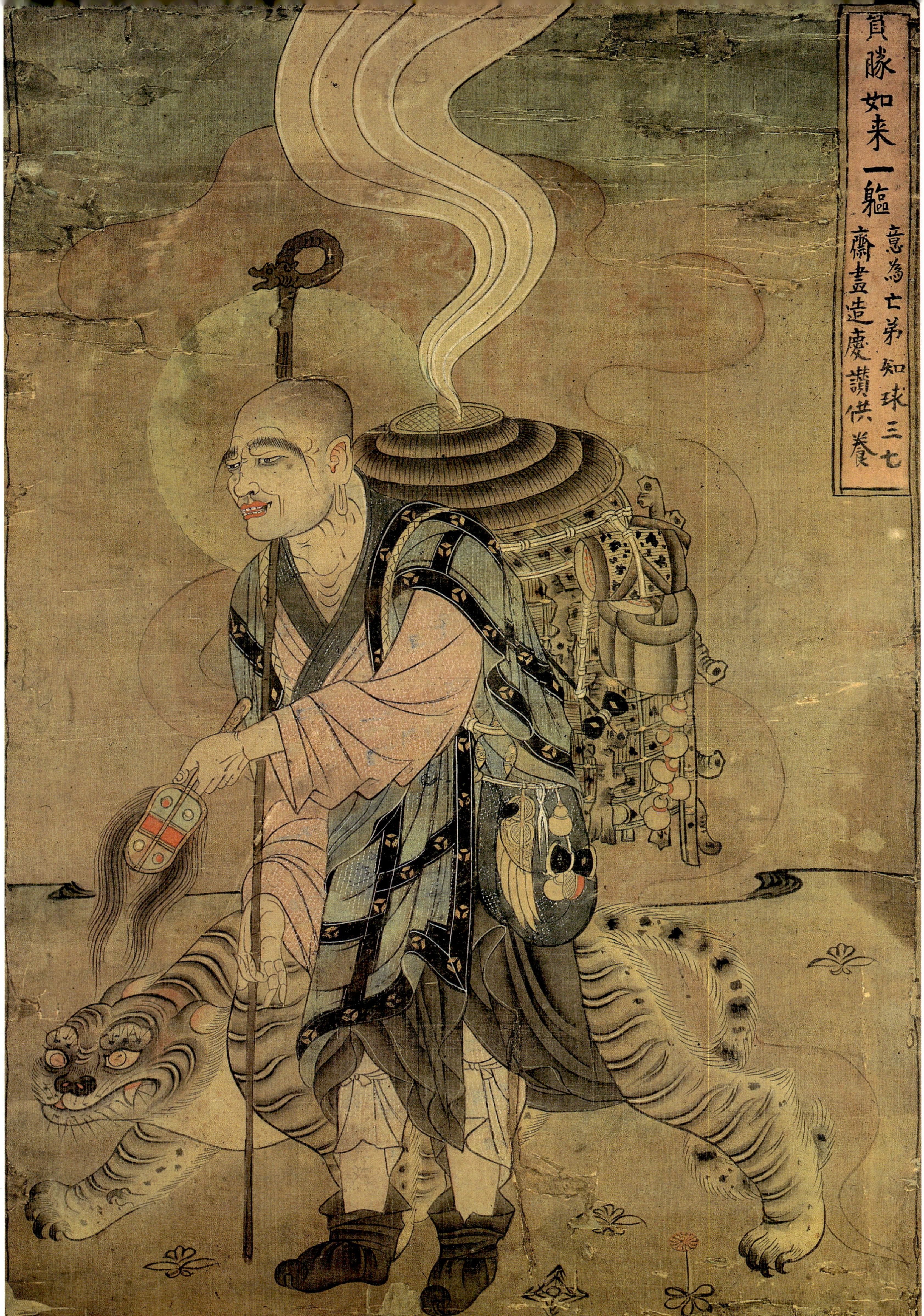
寶勝如来一軀
意為亡弟知球三七
齋畫造慶讚供養

絲路明珠—敦煌

第七章

CHAPITRE 7

DUNHUANG PERLE DE LA ROUTE DE LA SOIE

Ci-contre : *Religieux bouddhiste mendiant chevauchant un tigre. Peinture murale provenant de Dunhuang (Xinjiang), datant du* IX*e siècle.*

La région de Dunhuang et ses grottes bouddhiques.

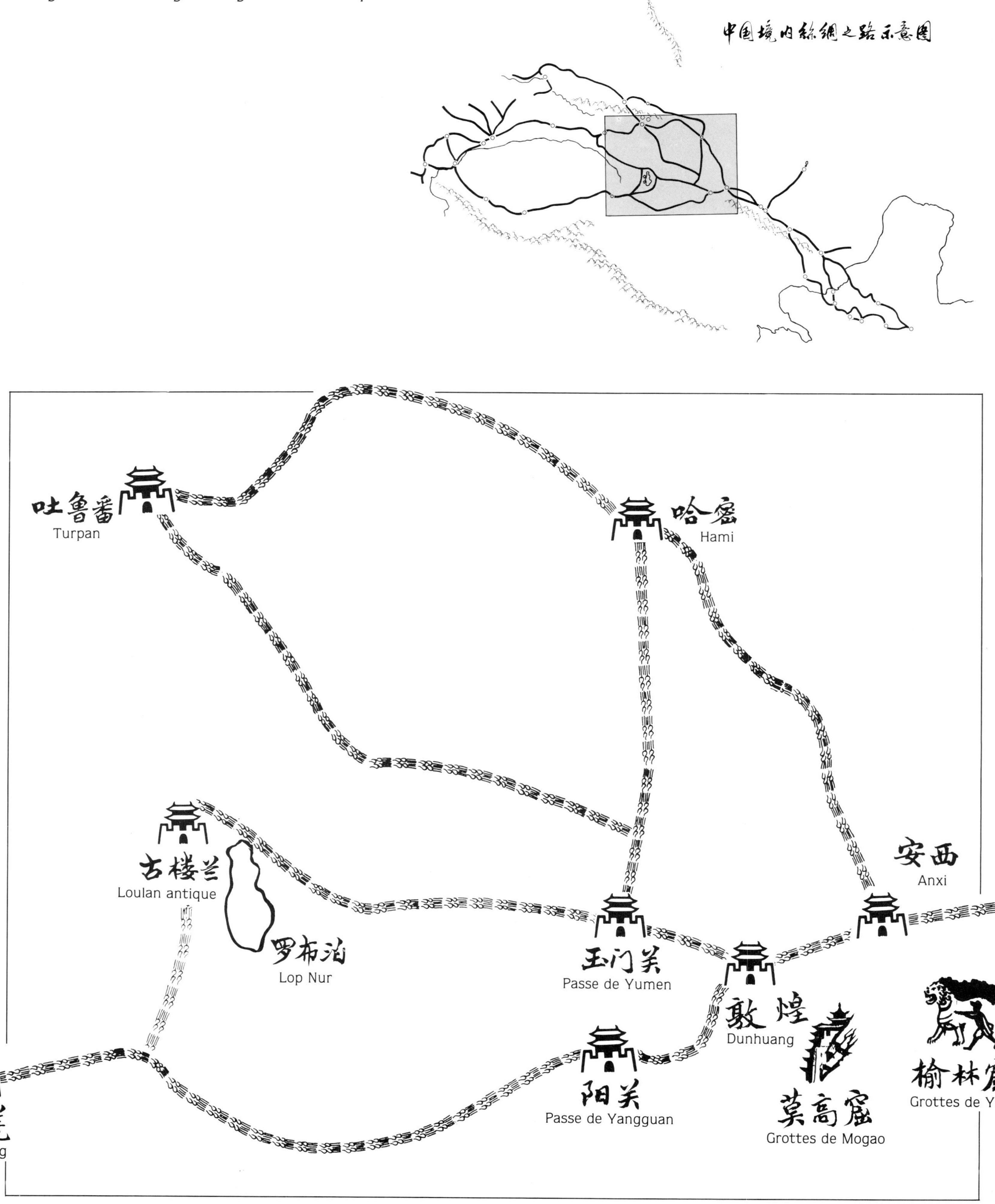

Zhang Qian fait ses adieux à l'empereur Wudi des Han avant son départ pour les contrées occidentales. Fresque de la grotte n° 323 de Mogao, peinte huit cents ans après cet événement, à l'époque des Tang.

Le miracle des mille bouddhas

Depuis les temps lointains de la préhistoire, des peuples nomades avaient mené leurs troupeaux jusqu'aux vertes oasis de la rivière Dang qu'alimentent les torrents dévalant des cimes enneigées des monts Qilian. A la fin du Néolithique, il y a plus de 4 000 ans, un groupe d'immigrants serait venu des bassins moyen et inférieur du Changjiang (Yangtsé) pour se fixer au pied du mont Sanwei où il aurait ainsi constitué la première population sédentaire. Après la conquête de la région par les Han de l'Ouest, de nombreux habitants de nationalité han venus des Plaines centrales commencèrent à s'y installer et tous ces nouveaux arrivants entreprirent de mettre en culture des terres qui auparavant n'étaient que pâturages. La contrée se couvrit alors de champs irrigués tandis que s'élevaient villages, cités et remparts. A partir de la fin du IIe siècle avant notre ère, les voyageurs et les caravanes, en route pour Yangguan, prirent l'habitude de faire halte à la préfecture de Dunhuang (Grande Prospérité), récemment créée et en passe de devenir l'un des grands carrefours de la Route de la Soie.

A l'époque des Wei, puis des Jin de l'Ouest (IIIe et IVe siècle), les techniques agricoles et artisanales, les arts et les sciences avaient beaucoup progressé, rejoignant le niveau des connaissances des habitants des Plaines centrales. Le bouddhisme s'était également largement répandu sous l'impulsion, en particulier, du moine Dharmarâksha[1] surnommé le *Bodhisattva de Dunhuang.* D'origine Darouzhi[2] ce saint homme avait débuté en religion à l'âge de huit ans, en accompagnant un pèlerin à travers les pays méridionaux de l'Asie centrale et au Gandhâra. Au cours de ce voyage, il apprit de nombreuses langues et recueillit des *sûtra* en sanskrit qu'à son retour il entreprit de traduire tout en prêchant sa foi à Dunhuang et ses environs.

En l'an 400, Li Gao[3], premier souverain et fondateur de la dynastie des Liang de l'Ouest, fit de Dunhuang la capitale de son royaume. De nouvelles troupes prirent posi-

1. Moine bouddhiste de la seconde moitié du IIIe siècle et du début du IVe siècle, Dharmarâksha (ou Zhu Fahu) était natif du Rouzhi, sa famille étant fixée à Dunhuang depuis plusieurs générations. Disciple du moine chinois Zhu Gaozuo, il l'accompagna dans un voyage au Gandhâra. A son retour, il s'établit à Dunhuang et se rendit également à Chang'an et Luoyang. Il y aurait introduit les canons bouddhiques sanskrits et traduit plusieurs ouvrages. Son œuvre lui valut cet autre surnom de « Maître du *Tripitaka* de Dunhuang » *(Dunhuang Sanzong).*

2. Peuple d'origine indo-scythe, les Yuezhi ou Darouzhi étaient jadis établis dans l'actuel Gansu. Mais l'invasion xiongnu, puis des heurts avec les Wusun, les repoussèrent jusqu'en Bactriane où Zhang Qian, le pionnier de la Route de la Soie au IIe siècle avant notre ère, essaya de les convaincre de s'allier à la dynastie des Han contre leur ennemi commun.

3. Li Gao (351-417), premier roi et fondateur de la dynastie des Liang de l'Ouest, régna à Dunhuang (400-405) puis à Juquan jusqu'à sa mort. Sous le titre de « Taizu des Liang » il fut considéré comme le premier ancêtre des Tang.

Situées dans le district de Dunhuang, à 25 km au sud-est du chef-lieu, les grottes de Mogao sont creusées dans la falaise du flanc est des monts Mingsha, face aux monts Sanwei. Leur excavation s'étendit du IVe au XIVe siècle. On compte aujourd'hui 492 grottes décorées de fresques sur une surface de 45 000 m² et plus de deux mille statues en argile peinte. Ces grottes bouddhiques sont considérées comme un des trésors de l'art mondial.

tion entre Yangguan et Yumen où l'agriculture s'intensifia tandis que s'organisait l'accueil de dizaines de milliers de familles arrivant des régions du Changjiang, de la Hanshui et du bassin inférieur du Huanghe. Ce fut au Ve siècle que Kan Yin, un lettré natif de Dunhuang, écrivit son célèbre *Traité des treize provinces* dans lequel il retraça l'historique des divisions administratives sous les dynasties des Qin et des Han, complété de généralités en matière de démographie, de topographie et d'économie. Cet ouvrage, unique en son temps, est considéré aujourd'hui comme le plus ancien document sur la géographie de la Chine dynastique.

Au temps des Sui et des Tang, l'unification de la nation et l'assimilation des diverses ethnies en présence favorisèrent encore l'épanouissement économique et culturel d'une contrée déjà prospère qui développait ses relations avec l'Occident.

Située à la jonction des trois itinéraires de la Route de la Soie, la population des six districts de la préfecture, qui comptait exactement 38 335 personnes au début du Ier siècle avant notre ère, atteignit, dit-on, près de 800 000 habitants à l'époque de sa prospérité. Le bouddhisme, solidement implanté, suscita la construction de monastères, de temples et de pagodes non seulement dans les villes mais aussi dans les bourgs et les villages. Ce fort courant religieux devait être à l'origine d'un art particulier tirant sa quintessence d'influences subtiles et multiples dont les « grottes de Dunhuang » donnèrent la pleine mesure. Cette appellation générale, communément employée, désigne en réalité les trois sanctuaires de Yulin, Xiqianfodong et Mogao, le plus beau de tous, mais dont aucun ne se trouve dans la ville même de Dunhuang.

Estampage d'une brique gravée de la dynastie des Tang, représentant un chameau et son chamelier, trouvée à Dunhuang (Gansu), illustrant les difficultés rencontrées par les voyageurs sur la route de la soie. Institut des objets culturels de Dunhuang.

L'oasis de Mogao se situe à 25 km au sud-est de la ville, autour d'une source pure que surplombent les monts *Sanwei* (Trois périls) et *Mingsha* (Sables chantants). Au crépuscule, par temps clair, les roches cristallines de leurs parois scintillent d'un éclat rougeâtre ajoutant encore à la beauté du paysage. A ce propos, sur une stèle du sanctuaire, érigée en 698 par un certain Li Huairang, sous la dynastie des Tang, attestant la « restauration des grottes de Mogao », un texte rappelle les circonstances de sa fondation : *En l'an 366, Lezun, un moine de grande vertu au cœur serein, cheminait, son bâton de pèlerin*[4] *à la main. Après avoir traversé forêts et déserts il arriva au crépuscule au pied du mont Sanwei. Levant les yeux il aperçut sur la montagne mille rayons d'or semblables aux mille lueurs de mille Bouddhas.* Mû par cette vision, Lezun creusa dans la falaise des contreforts du mont Mingsha la première grotte, lieu de prière et de méditation, face au mont Sanwei. Après lui, d'autres dévots creusèrent d'autres grottes dont le nombre atteignit le millier sous les Tang. Le faste de l'époque avait remplacé la simplicité primitive et, sur les eaux limpides de la Daquan, se reflétèrent les toitures étagées, les piliers et les poutres sculptées de façades en bois laqué de vives couleurs. Mais de ces anciennes splendeurs, le temps et ses redoutables alliés que sont le soleil, le vent et le sable n'ont épargné que 492 grottes, datant du IVe au XIVe siècle[5], dans lesquelles se sont néanmoins conservés 45 000 m² de fresques et plus de 2 000 statues d'argile polychromes.

4. Crosse de bâton de pèlerin bouddhique appelé *Khakkhara* en sanskrit et, en chinois, *Xizhang* (Bâton d'étain) ou *Shenzhang* (Bâton sonnant).

5. La construction des sanctuaires de Mogao commencée à l'époque des Seize Royaumes (303-439), se poursuivit sous les dynasties des Wei du Nord (386-534), des Wei de l'Ouest (535-557), des Zhou du Nord (557-581), des Sui (581-618), des Tang (618-907), des Cinq Dynasties (907-960), des Song du Nord (960-1127), des Xia de l'Ouest (1032-1227) et des Yuan (1271-1368).

Poncif utilisé à Dunhuang et représentant un bouddha prêchant, assis sur un lotus.

Poncif utilisé à Dunhuang et représentant un bodhisattva.

Formules et principes pour des chefs-d'œuvre

Lorsque les premiers pèlerins bouddhistes arrivèrent en Chine, au tout début de notre ère, de grandes peintures ornaient déjà depuis longtemps les murs des tombeaux. Mais la très riche iconographie qu'ils révélèrent devait rapidement concourir à développer l'art de la fresque et le porter bientôt à son apogée. Les techniques en étaient sensiblement différentes de celles de la peinture « *a fresco* » italienne, encore qu'elles variaient sans doute davantage par leurs méthodes que dans leurs principes mêmes. En effet, dans les grottes, les irrégularités de la paroi et la fréquente porosité de la roche ne permettaient pas une intervention directe de l'artiste. Il en était de même pour les tombes dont les murs de brique étaient sources de réactions chimiques, nuisibles aux couleurs, ou sur le revêtement de terre, trop fragile, des salles palatiales. Des spécialistes s'inspirèrent de l'expérience des anciens pour mettre au point un mode de traitement des surfaces identiques, en dépit de la nature du support.

Ce procédé consistait tout d'abord à créer une base neutre et solide à la future fresque. Pour cela, de petites bottes de tiges de chanvre étaient clouées, côte à côte sur la paroi brute, à l'aide de minces éclats de bambou. Cette armature recevait un premier enduit composé d'argile et de sable grossier, assez fluide cependant pour être appliqué à la taloche. Après séchage, la surface ainsi obtenue était égalisée avec un mélange, encore à base d'argile, mais contenant cette fois un sable très fin et une bouillie de papier de chanvre pilonnée, jusqu'à l'obtention d'une matière crémeuse. La couche, soigneusement lissée, était ensuite blanchie avec une solution de kaolin puis glacée avec de la colle additionnée d'alun afin de prévenir tout risque de craquelure.

Sur cet espace parfaitement uniforme le maître d'œuvre dirigeait le travail de ses assistants pour l'exécution, en grandeur, de son dessin de chevalet. Le transfert s'opérait par l'intermédiaire d'un poncif sur lequel étaient tracés les contours ainsi que des indications pour la mise en couleur par l'intermédiaire d'un code numérique. A chaque numéro correspondait un pot de colorant d'une teinte donnée.

Pour reporter le dessin sur le mur, les traits du sujet étaient criblés de coups d'épingle de façon à ce qu'un tamponnage à la poudre d'ocre le fasse apparaître sur le support. Il suffisait alors de le reprendre au pinceau puis de suivre les instructions du nuancier pour disposer les aplats de couleurs.

La décoration des grottes bouddhiques occupa de nombreux peintres, venus d'Asie centrale ou même du Gandhāra. Ils formèrent des disciples sur place, ce qui explique l'extrême diversité des styles. Des règles s'imposèrent. Les paysages, par exemple, pourtant si présents dans les traditions picturales chinoises, ne furent au tout début que suggérés par des arbres et des rochers à peine ébauchés. Par ailleurs, la plupart des scènes étaient accompagnées de textes explicatifs, ces tableaux historiés s'enchevêtrant souvent. Ce ne fut que vers le milieu de l'époque des Tang que, la facture chinoise prédominant, la nature devint plus réaliste.

Parallèlement à la décoration des sanctuaires, l'ornementation des tombeaux de dignitaires avait continué, dans les différents styles impériaux, régis par de strictes théories telles que celles énoncées par le *Zhouli* (Rituel des Zhou). Ce classique, rédigé vers la fin de la dynastie des Zhou, fixa des éléments de base qui se retrouvèrent dans tous les modes de la peinture chinoise ancienne. Prenant pour modèle le Cycle des Cinq Éléments, les couleurs fondamentales étaient le bleu, le rouge, le jaune, le blanc et le noir. Mais il préconisait également que le ciel soit sombre et jaune la terre ; que le bleu et le blanc devaient se trouver côte à côte, ainsi que le rouge et le noir, le sombre et le jaune ; que le blanc devait être toujours appliqué en dernier.

Un autre ouvrage, dont l'influence a été très importante, fut le *Guhua Pinlu* qui contenait les « Six Principes de la Peinture » formulés par Xie He au début du Ve siècle. Ce traité pratique énumérait les règles d'un académisme qu'observèrent les artistes officiels. Ces différentes lois concernaient l'expression de la réalité, l'harmonie des mouvements, la ressemblance, la concordance des couleurs, le respect de la composition et, enfin, la copie des grands maîtres. Parmi les classiques qui furent pris en exemple se trouvèrent Yan Liben (auteur présumé du dessin préliminaire des « Six Coursiers de Zhaoling ») qui réalisa également de nombreux rouleaux aux aplats de couleurs franches ; Li Sixun (651-716) et son fils Li Zhaodao (?-750) dont l'utilisation de pigments bleus et verts, caractéristique, fit école ; Han Gan célèbre pour ses chevaux célestes repris, en bas-reliefs, dans le tombeau de l'empereur Xuanzong. Nombre d'œuvres magistrales ont ainsi été retrouvées sur des fresques funéraires avec, parfois, tant de fidélité qu'il n'est pas impossible que leurs auteurs eussent eux-mêmes participé à la décoration de ces tombeaux. L'un des artistes les plus exceptionnels qu'ait connus la dynastie des Tang fut sans doute Wu Daozi (701-792). Travaillant seul et cultivant la spontanéité, il fut capable, dit-on, de peindre dans un temple bouddhique les quatre murs d'une pièce en une seule journée... Durant sa vie, il a ainsi orné de peintures bouddhiques ou taoïques plus de 300 salles de sanctuaires et de temples, tant à Chang'an qu'à Luoyang.

Bouddha d'argile peinte de la grotte n° 259 datant de la dynastie des Wei du Nord (386-534).

Décor peint du plafond de la grotte n° 288, datant des Wei de l'Ouest, composé de figures géométriques simples et de décor de feuillage.

L'exemple des dieux

Parmi tous ces oratoires, nul n'est capable de reconnaître celui qui fut jadis sculpté par le sage Lezun. Sans doute existe-t-il encore, mais rien ne permet de le distinguer des autres, dont les plus anciens remontent à la fin des Seize Royaumes (303-439). Qu'ils soient de cette époque ou contemporains des Wei du Nord ou des Wei de l'Ouest plus tardifs, leur caractéristique commune est d'avoir été largement inspirés par l'*Arûpadhâtu*, le « Monde divin » des bouddhistes, que les artistes ont traduit dans des peintures naïves et par des sculptures dont l'expression méditative est à l'image de ces vertus cardinales du bouddhisme que sont la compassion et la méditation. Les sujets les plus fréquents sont empruntés au florilège des *Jâtaka*[6], épisodes célèbres de la vie de Çâkyamuni ou de ses « existences antérieures », modèles de renoncement et du don de soi. Ainsi le *Jâtaka du roi des Çibî*[7], figurant dans la grotte 275, illustre le terrible sacrifice consenti par le monarque à seule fin de sauver une colombe. Un jour, alors qu'un épervier avait jeté son dévolu sur une tendre colombe, celle-ci trouva refuge auprès du souverain qu'elle implora de chasser le rapace. « Sire », lui dit alors l'oiseau de proie, « vous dites étendre votre protection à tous les êtres vivants, mais pourquoi donc voulez-vous m'affamer ? » Sensible à l'injustice qu'il allait commettre, le roi décida de donner au rapace une quantité de sa propre chair égale au poids de la colombe. Aussitôt il fit apporter une balance et, plaçant sa protégée sur l'un des plateaux, commença la pesée. Des morceaux de ses cuisses eurent beau s'ajouter à ceux de ses bras et de son dos le fléau ne bougea pas. La fresque le représente lorsque, résigné, il s'assit sur le plateau en position du lotus offrant son corps en échange de la vie de l'innocent volatile. Mais, que l'artiste ait aussi délibérément accentué le contraste entre le visage rayonnant de sérénité du martyr et les traits grimaçants de son bourreau, procède moins d'une recherche de l'effet dramatique que d'une profonde vénération envers la force d'âme face aux pires souffrances physiques.

6. Les *Jâtaka* (Nativités) sont un ensemble d'environ 550 contes d'origines diverses. Tous décrivent des épisodes légendaires des « vies antérieures » du Bouddha historique Gautama, au cours de ses incarnations successives animales ou humaines. Lorsque le bouddhisme franchit les frontières de l'Inde, chaque pays en donna des versions plus ou moins différentes. Ainsi les deux récits qui suivent appartiennent au *Tripitaka* chinois et sont tirés du *Liudu Jijing* (Recueil des *Sûtra* sur les Six Sagesses) que traduisit du sanskrit le moine Shenghui, en 280.

7. Dans ce conte, Sarvada, roi de la tribu indienne des Çibî, est une incarnation du Bouddha et la colombe celle de Sakka (Indra, le roi des dieux de la cosmologie brâhmanique) qui le met à l'épreuve.

Départ de la ville à minuit. Fresque de la grotte n° 329, du début des Tang (618-907) décrivant le futur Bouddha Çâkyamuni quittant le palais royal de son père pour se faire ascète dans la montagne.

Ce thème, souvent repris, trouve un autre exemple remarquable dans la grotte 254 où un grand panneau décrit, en plusieurs tableaux, le *Jâtaka du prince Mahâsattva*[8] *se sacrifiant pour une tigresse.* L'argument en est la rencontre du prince avec une tigresse mourant de faim. Pour la ranimer, Mahâsattva se couche auprès d'elle et, après s'être tranché la gorge avec un éclat de bambou, il offre son cou à la gueule du fauve. La bête lèche tout d'abord son sang puis le dévore, sauvant ainsi ses sept petits. Les scènes annexes représentent les deux frères du prince, partis à sa recherche, ses parents se désolant, les funérailles et la construction d'une pagode à sa mémoire. Ici, l'atmosphère générale est créée par une dominante brun foncé, servant de fond aux touches froides d'indigo, de vert, de gris soutenu et de blanc, pour exprimer l'universalité du « don de soi », objet du même culte que la maîtrise des sens. Cependant toutes ces peintures ont pour finalité de mettre en valeur, tant sur le plan esthétique que spirituel, les effigies du Bouddha qui, dans ces grottes, sont à l'image fidèle de son vocable sanskrit dont la signification est *l'Éveillé.* Pour traduire ses qualités de lucidité et de clairvoyance, les sculpteurs l'ont représenté vêtu à l'indienne, avec un plissé des drapés sobrement plaqué au corps, et sous des traits reflétant sa gravité et son détachement devant les vaines agitations du *Rûpadhâtu* (monde des formes) de la condition humaine.

A l'époque des Jin et des Wei l'art religieux, encore soumis à l'orthodoxie indienne, donna cependant des œuvres majeures reflétant toujours l'idéal humain comme, par exemple, le Bouddha de la grotte 259 dont les proportions respectent parfaitement l'harmonie des formes. Sur son visage flotte un sourire indicible que Chang Shuhong, le directeur de l'institut des monuments historiques de Dunhuang, se plaît à comparer à celui de Mona Lisa, bien que plus de 1 000 ans séparent ce Bouddha de l'œuvre de Léonard de Vinci. Sous les Wei du Nord, l'apport de la culture chinoise se manifesta tout d'abord par une plus grande concision et dans un emploi audacieux des couleurs. Toutefois ce ne fut qu'au temps des Zhou du Nord et des Sui que l'évolution devait être la plus marquante avec l'introduction de thèmes traditionnels qui connurent leur plein épanouissement sous les Tang.

8. Dans cette autre histoire, le prince Mahâsattva est un ascète qui vivait l'une des existences antérieures du Bouddha. Une version différente le fait se jeter du haut d'une falaise dans la gueule du fauve.

La Chasse, fresque de la grotte n° 249, datant des Wei de l'Ouest (535-557) décrivant en lignes simples une scène de la vie nomade dans les montagnes et les forêts.

Groupe de bodhisattvas de la grotte n° 285, une des plus belles fresques de l'époque des Wei de l'Ouest. Elle suit le style de peinture des plaines centrales qui consistait, à l'époque des Wei et des Jin (220-420) à représenter le "corps gracieux et le visage fin". Le relief des personnages et leurs vêtements reflètent des influences étrangères.

Tout exercice d'un art, fût-il aussi hautement spirituel que dans la pratique du bouddhisme, laisse tôt ou tard apparaître l'homme derrière le zélateur. A Dunhuang, cette irruption du naturel commença de poindre dès l'époque des Sui dans l'interprétation de personnages secondaires comme les grands disciples, plus faciles à humaniser. Ânanda le jouvenceau ou Mahâkâçyapa l'homme mûr furent les sujets de prédilection de ces premières tentatives. Dans la grotte 419 se trouve ainsi une figuration de Kâçyapa sous son apparence traditionnelle de moine déjà marqué par l'âge, mais ses traits fortement burinés furent probablement copiés sur ceux de quelque pélerin de la Route de la Soie dont le visage, tanné par le vent du désert et le froid des cols, portait les stigmates d'un voyage éprouvant.

Avec les Zhou du Nord, apparurent ensuite les témoignages de la vie quotidienne dans le saint lieu qui devait être aussi un grand caravansérail. Sur une fresque de la grotte 296 les animaux domestiques eux-mêmes participent au décor. Près d'un puits une charrette dételée évoque le repos du soir pour un chameau baraqué qui, de l'autre côté, étanche sa soif. De même, plus loin, chevaux et mulets sont à leurs mangeoires tandis que les caravaniers distribuent le fourrage ou devisent tranquillement. Puisée dans ces conversations, l'anecdote trouve son expression sur un autre panneau. La scène représente deux marchands chinois, chevauchant à la tête de leur caravane, alors qu'ils s'apprêtent à traverser un pont de l'autre côté duquel un homme, visiblement de type occidental, retient son chameau lourdement bâté, afin de leur céder le passage. Des fresques de la grotte 420 dépeignent avec la même spontanéité les mille difficultés que rencontraient les voyageurs sur les pistes de la Route de la Soie au Vᵉ siècle. Intéressantes ou seulement touchantes, toutes ces indications ont d'autant plus de valeur que, si les itinéraires de cette grande voie ont été amplement jalonnés de monuments impériaux et religieux, l'existence des plus humbles n'y a laissé que peu de traces malgré leur multitude.

Le Bouddha Maitreya, statue en argile peinte, une des plus anciennes statues de Mogao, datant de la fin du IVᵉ ou du début du Vᵉ siècle. Le style de son vêtement ainsi que le traité des plis "en robe mouillée" est de facture indienne. Grotte n° 275, datant des Liang du Nord, 397-460.

Le paradis de l'Ouest du Bouddha Amitâbha. Fresque de la grotte n° 217, datant de l'apogée de la dynastie des Tang (713-761). Détail représentant l'aspect Amitâyus de ce Bouddha.

Bodhisattva en argile peinte de la grotte n° 194, datant du milieu de la période des Tang. La finesse et la précision de la décoration de cette pièce sont remarquables. Elle montre le type d'une jolie femme de l'époque des Tang.

Les chefs-d'œuvre de Dunhuang

A l'avènement des Tang, les dernières contraintes de l'académisme furent levées, effaçant la frontière des conventions entre l'univers mythologique et le monde du réel. Les arts traditionnels chinois, puisant aux sources étrangères, connurent un apogée qui, à Dunhuang, suscita des créations d'une rare magnificence. Les thèmes classiques s'enrichirent de tout un luxe de détails procurant à l'ensemble une ampleur jamais atteinte. L'un de ces chefs-d'œuvre est une fresque qui, couvrant tout un mur, représente le *Paradis de l'Ouest, terre d'élection du Bouddha Amitâbha*[9]. Sur un fond stylisé de palais, de pagodes et de pavillons superbement décorés, le Bouddha siège, en position du *Padmâsana*, sur un trône en forme de fleur de lotus, surmonté d'un dais et encadré par deux grands figuiers sacrés[10]. A ses côtés se tiennent Avalokiteçvara et Mahâsthâmaprapta[11] les deux bodhisattvas qui l'assistent traditionnellement. Devant eux, une assemblée de gandharvas jouent de leurs instruments ornés de rubans de soie tandis que, parmi les nuages, dansent les apsaras dans une pluie de fleurs. Au premier plan, un étang fleuri de lotus et des oiseaux rares ajoutent leurs notes précieuses à cet hymne paradisiaque, à la fois mystique et sensuel.

Cette même volupté se retrouve dans la figuration des *feitian* (apsaras), ces êtres célestes musiciennes et danseuses, divinités des parfums et de la beauté. A l'époque des Tang elles ne ressemblaient plus en rien aux immortels ailés du temps des Han ni aux anges hellénistiques du Gandhâra ni même aux apsaras de l'Inde ancienne. Créatures évanescentes, ondulant dans les airs, elles semblent avoir donné vie aux étoffes de soie qui épousent avec grâce leurs évolutions, charmant les dieux et séduisant les mortels. Les bras chargés de fleurs, dont elles sèment les pétales, et de fruits prometteurs de succulentes saveurs, elles s'enveloppent de senteurs qui s'échappent en volutes enivrantes de leurs encensoirs. S'accommodant au mieux de ce lyrisme visionnaire, un certain réalisme subsiste par l'habitude, alors devenue courante, de choisir comme modèle des personnages réels ou en respectant, tout au moins, les canons d'une esthétique pré-

9. Amitâbha, en chinois : *Amituo Fo* ou, par abréviation *Mituo*, est le grand Bouddha (Jina) de méditation et de « lumière infinie » dans le bouddhisme du Mahâyâna. Ses effigies sont dorées car, lorsqu'il est en état de recueillement, son corps est censé émettre une lumière radieuse. Son origine est incertaine mais il est possible qu'il soit issu d'une transposition des divinités solaires iraniennes, sa « terre d'élection » étant située à l'ouest. Par opposition au Levant, Empire des naissances à la vie, le Couchant est l'Empire des morts où Amitâbha confère une vie éternelle aux mortels qu'il reçoit dans son « Paradis de l'Ouest ».

10. Le figuier sacré *(Ficus religiosa)* également appelé figuier des pagodes ou pippal (*Açvatta* en sanskrit, *Putishu* ou *Foshu*, en chinois) est un arbre de la même famille que le mûrier (Moracées), aux feuilles en forme de cœur dont l'extrémité s'effile en une longue pointe. Ce fut à son ombrage que le Bouddha médita durant sept semaines, en attendant l'« Éveil ».

11. Mahâsthâmaprapta *(Daishizhe)* est un bodhisattva mineur, figurant la Force et la Sagesse d'Amitâbha. Représenté sous les traits d'un moine à la tête rasée il est, peut-être, une divinisation tardive de Maudgalyâyana, l'un des grands disciples du Bouddha.

Le Paradis de l'Ouest, détail d'une fresque de la grotte n°112 représentant un orchestre et des danseuses. Une Apsarâ joue du Pipa tout en dansant.

Détail d'une fresque de 13,5 m de longueur sur 5 m de largeur, représentant les monastères bouddhiques du mont Wutai. C'est la plus grande carte topographique murale de Chine. Ce détail montre le temple Dajian'an. Grotte n° 61, datant de la dynastie des Song, 960-1279.

cise. A Chang'an, les contemporains de Wei Yuanzhog, duc de Qi, pouvaient ainsi reconnaître les danseuses étoiles de sa Cour dans les *feitian* ornant le temple Baoying[12].

Mais l'exemple le plus fameux a sans doute été la statue d'un danseur célèbre, Liu Yiting, réalisée par Yang Huizhi[13] qui fut en son temps l'un des grands maîtres du modelage. Son exactitude dans les moindres détails était telle que quiconque l'ayant connu pouvait l'identifier en la voyant seulement de dos . De même, parmi les compliments en usage entre courtisans, la galanterie permettait de comparer les plus jolies demoiselles d'honneur à des bodhisattvas. Loin d'être sacrilège, cet hommage exprimait parfois une réalité car, souvent, ces belles parmi les belles prêtaient leur beauté aux portraits des saints parmi les saints. A l'inverse, dans la grotte 194 datant du milieu de la dynastie des Tang, entouré de gardiens au torse nu et musculeux, un bodhisattva se présente sous la silhouette déliée d'une jeune femme au frais visage. Trop parfaite pour avoir jamais existé, elle n'aurait cependant pas déparé la Cour d'un prince ou d'un empereur dont elle incarnait l'idéal.

L'époque tang n'a pas été seulement celle d'un élitisme esthétique. Au IXe siècle notamment, des sujets historiques, que rien ne prédisposait à pénétrer dans un sanctuaire bouddhique, furent néanmoins en vogue. Dans la grotte 156, une vaste peinture murale longue de 8 m sur 1,20 m de hauteur, retrace un fait d'armes intitulé *Zhang Yichao reconquiert le couloir du Hexi.* Elle montre comment, en 851, ce général prit la tête d'une armée rassemblant les différentes ethnies de la région pour vaincre les troupes du Tuofan (Tibet) et rétablir la libre circulation sur la Route de la Soie. Pour sa victoire sur les envahisseurs, Zhang fut nommé gouverneur dépendant de l'« Armée de justice » à Dunhuang où il préserva une paix précaire en des temps difficiles. Cette œuvre, qui met en scène une centaine de personnages et plus de quatre-vingts chevaux accompagnés de bannières, de tambours et de trompettes, fut la première grande fresque épique jamais inspirée par un fait historique réel. D'un tout autre ordre, la plus grande des

12. A Xi'an, le temple Baoying, fondé en 705, se trouve près de la pagode de la Petite Oie sauvage.

13. Auteur de nombreuses statues en terre modelée, Yan Huizhi (713-741) fut l'un des plus grands sculpteurs de la dynastie des Tang. Il travailla à Dunhuang.

statues de donateurs, se trouvant dans la grotte 98 à Mogao, serait le portrait véridique de Li Shengtian, un roi du Yutian[14] à l'époque des Cinq Dynasties (907-960)[15].

Certaines peintures datant des Song reprirent les thèmes du quotidien, mais avec plus d'ampleur qu'au temps des Sui, comme en témoignage la fresque du *mont Wutai*[16] de la grotte 61. Sur une longueur de 13,5 m et une hauteur de 5 m, se déroulent les champs, les villes, les vallons et les rivières que domine la montagne sacrée dans une région comprise entre Taiyuan (Shanxi) et Zhending (Hebei). On y voit les paysans travaillant à un moulin tandis que d'autres s'affairent à piler le riz ou à hacher la paille. Sur les routes, des passants transportent des marchandises à la palanche ou avec des bêtes de somme pendant que des voyageurs s'arrêtent à une auberge. Un inventaire systématique des motifs de cette extraordinaire vue panoramique a relevé plus de cent soixante-dix types différents de constructions parmi lesquelles des ponts, des citadelles, des temples, des maisons, des boutiques qui composent à la fois un atlas architectural de l'époque, mais aussi la plus vivante des cartes de géographie.

Constellation de microcosmes divins ou profanes, les oratoires de Dunhuang conservent les divers reflets de leur temps, jusqu'à la dynastie des Yuan dont la grotte 465 donne un aperçu à travers une soixantaine de panneaux aux sujets éclectiques. Les artisanats de la poterie ou du tissage y voisinent avec les travaux agricoles et des activités moins banales comme le dressage d'un tigre, le tout émaillé de symboles ésotériques issus du lamaïsme, alors religion d'État.

14. Ce royaume du Yutian (Hotan), dont Xuanzang avait noté qu'il « produisait des pierres précieuses et que ses habitants étaient de fervents bouddhistes », avait été fondé par une branche des Ouigour venue du Nord. La famille royale qui portait le nom de *Yuchi* reçut de l'empereur de Chine celui de *Li*, en 842. Honneur insigne car il s'agissait du nom de la dynastie impériale des Tang. Le portrait de Li Shengtian, peint en 940, le représente dans un costume copié sur celui des empereurs de nationalité han, rappelant que, par ailleurs, l'empereur Gaozu des Jin postérieurs lui avait donné, deux ans auparavant, le titre de *Dabao Yutian Guowang* (Roi suprême du Yutian). Dans la même grotte 98 figure également le portrait de son épouse chinoise, fille de Zao Yijing, gouverneur impérial de la région.

15. Succédant à l'époque des Tang (618-907) la période dite des Cinq Dynasties *(Wudai)* regroupe les règnes des Liang postérieurs (907-923), des Tang postérieurs (923-936), des Jin postérieurs (936-946), des Han postérieurs (947-950) et des Zhou postérieurs (951-960).

16. Le mont Wutai, la « montagne aux Cinq Terrasses » est l'un des plus célèbres lieux saints du bouddhisme chinois. Ses cinq sommets rappellent, en effet, ceux du mythique mont Meru et elle passe pour être le lieu de naissance de Wenshu, le bodhisattva Manjuçrī.

Zhang Yichao reconquiert le couloir du Hexi. Fresque de la grotte n° 156, de la fin des Tang. La scène montre les armées de Zhang Yichao s'avançant à la reconquête des territoires perdus, en 851.

Caravane dans la cité magique. Fresque de la grotte n° 215, datant de l'apogée des Tang, représentant des voyageurs arrivant dans une cité magique suscitée par un guide-magicien. La cité ressemble à celles des Contrées occidentales.

Des Africains sur la Route de la Soie

Sur les parois des oratoires, des caravanes de tous les âges défilent pour la postérité, suivies de marchands et de voyageurs appartenant à toutes les ethnies qui peuplèrent l'Asie centrale. Turcs, Arabes ou Persans se reconnaissent à leurs traits stéréotypés d'Occidentaux et les minorités à leurs costumes. A Yulin, d'étranges personnages à peau noire prouvent que, jadis, des gens venus d'horizons encore plus lointains passèrent sur la Route de la Soie.

A l'abri de hautes montagnes, à 70 km au sud du district d'Anxi, le sanctuaire de Yulin se compose de quarante et une grottes ornées d'environ 1 000 m² de fresques et d'une centaine de statues d'argile peintes. Commencées sous la dynastie des Tang, elles furent augmentées ou modifiées durant plus d'un millénaire. Or, sur l'une des peintures datant de la fondation, figurent deux hommes dont le teint plus foncé ne laisse aucun doute sur leur origine négroïde. L'un de ces *Kunlun,* comme les appellent les Chinois, tire des deux mains sur une laisse passée à un lion bleu que chevauche Manjuçrî. L'autre est le cornac d'un éléphant blanc à six défenses, monté par Samantabhadra. Bien qu'intégrés à l'iconographie traditionnelle du bouddhisme, ces Noirs ne sont pas le fruit d'une fantaisie d'artiste ni le résultat d'une oxydation des pigments entrant dans la composition des couleurs, mais le témoignage d'un événement contemporain de la réalisation des fresques. En effet, selon la *Collection de documents sur le gouvernement et l'administration des Tang*, il apparaît que, en 628, une ambassade était venue des côtes d'Afrique orientale, apportant épices et ivoire en tribut à l'empereur. D'autres lui succédèrent soit par mer jusqu'à Guanzhou en Chine méridionale, soit par le continent et la Route de la Soie. L'apparence insolite de ces étranges visiteurs dut faire sensation et il est probable que la toujours actuelle *Danse des Cinq Lions,* qui date des Tang, en fut inspirée. Dans ce ballet exécuté par cent dix acteurs et chanteurs, des danseurs vêtus de peaux de lion miment les évolutions des fauves obéissant aux ordres de deux dompteurs grimés en Africains. Cependant, malgré le succès de ce spectacle populaire, les représentations de Noirs dans la peinture, comme dans la sculpture, n'en restèrent pas moins rares, ce qui rend les œuvres de Yulin d'autant plus précieuses.

Kunlun et Chinois

Zheng He fut loin d'être le premier Chinois à s'être rendu en Afrique, tout comme longtemps avant lui il avait été fait allusion au continent africain. Dès le Ier siècle avant notre ère, l'historien Ban Gu mentionna le pays de *Yitiapu*, ce qui s'avéra être la transcription phonétique du nom chinois de l'Éthiopie. Toutefois la première véritable description fut donnée par Du Huan dans ses « Souvenirs de voyages » *(Jing Xing Ji)*, écrits au retour d'un séjour de douze ans (751-762) dans l'Empire des Abbassides (750-1258). Il mentionne la contrée de *Mo Lin* que tous ses exégètes s'accordent à situer en Afrique, encore que d'avis différents quant à sa localisation. Pour les uns il s'agirait du Maroc et, pour les autres, la région de Malindi, au Kenya. Or, si les premiers souverains abbassides ont étendu leur emprise jusqu'au Maghreb et en Espagne, jamais leur Empire n'a dépassé les environs d'Assouan vers le sud.

Les annales des Tang furent plus précises en indiquant, sans doute possible, que la ville de Berbera (port de Somalie) était un endroit riche en ivoire et en parfums. Elles rappellent également plusieurs visites de personnages venus de Zanzibar. Sans doute est-ce à la faveur de l'une de ces réceptions que les artistes de l'époque trouvèrent les modèles qui servirent aux peintures de Dunhuang. Sous la dynastie des Song, des relations se poursuivirent entre l'Empire et le grand Sultanat des côtes orientales de l'Afrique qui, en 1071 et 1083, envoya des ambassades à Daming. Dès lors, de nombreux ouvrages furent publiés sur la nature et les mœurs dans ces lointains pays. Certains même évoquèrent la traite des esclaves.

Au temps des empereurs Yuan et Ming, la Corne de l'Afrique était bien connue des navigateurs chinois. Marco Polo consacra plusieurs chapitres à ces escales en se basant probablement sur les récits des marins. Il raconte ainsi comment Kubilay envoya deux missions d'exploration à *Mogedaxo* (Mogadiscio, en Somalie), la seconde ayant été entreprise « pour faire libérer un de ses messagers qui avait été pris »... Mais, par ailleurs, ce passage du *Livre de Marco Polo* fut à l'origine d'une fameuse confusion due à la mauvaise transcription du manuscrit par certains copistes qui mélangèrent, peut-être, *Mogedaxo* et *Canghibar* (Zanzibar, au chapitre suivant) pour écrire *Madeigascar*. Comme de plus Marco Polo qualifiait volontiers d'« îles » les ports de toute terre inconnue, historiens et géographes crurent longtemps qu'il s'agissait bien de Madagascar, nom qui fut donné à la Grande Ile après sa découverte, en 1500, par les Portugais alors que Marco Polo lui-même l'avait appelée « île Saint-Laurent ».

Plus que les annales ou les anciens textes chinois, c'est probablement le Vénitien qui a laissé la version la plus imagée de sa vision des *Kunlun :*
« Les gens sont grands et gros, bien qu'à la vérité, ils ne soient pas grands en proportion comme ils sont gros ; car je vous dis qu'ils sont si gros et si membrus que s'ils avaient la taille en rapport, ils paraîtraient certainement des géants. Et vous dis qu'ils sont démesurément forts, car ils portent la charge de quatre hommes qui ne seraient pas de cette île ; et ce n'est pas merveille, car je vous dis qu'ils mangent bien chacun la ration de cinq hommes d'une autre contrée. Ils sont tout noirs et vont tout nus, sauf qu'ils couvrent leur nature. Et ils font joliment bien car ils l'ont très grosse, vilaine et même horrible à voir »... Suivent encore d'autres considérations, guère plus amènes, se terminant toutefois par cet avis d'un connaisseur : *« Mais ils sont grands marchands et font grand commerce. »* (Marco Polo, *Le Livre de l'Inde*, CXCIII.)

Le Bodhisattva Manjuçrî, monté sur un lion, arrive des Indes, conduit par un Indien (ou un Africain ?) et accompagné d'autres bodhisattvas. Fresque de la grotte n° 25 de Yulin (milieu de l'époque des Tang).

Le secret de la 16e grotte

Au début du siècle, la nouvelle d'une extraordinaire découverte attira l'attention des milieux scientifiques du monde entier sur Dunhuang. Depuis des années, un taoïste, Wang Yuanlu, s'était installé dans le sanctuaire et, avec la même foi que ses prédécesseurs, il avait entrepris de le restaurer. Sans autre capacité que sa bonne volonté, il mendia dans les oasis voisines afin de réunir les fonds nécessaires aux travaux. Un jour, alors que des ouvriers travaillaient à dégager le sable qui avait envahi une grotte, répertoriée plus tard sous le nº 16, Wang se tenait dans l'étroit couloir qui en donne accès depuis la façade. Soudain, un craquement se fit entendre et une fissure apparut sur la paroi, à sa droite. Intrigué, il sonda le mur en le frappant de sa pipe, à petits coups. Cela sonna creux. Curieux de voir ce qui pouvait se trouver derrière, il fit démolir ce qui n'était, effectivement, qu'une mince cloison. Quelques coups de pioche suffirent à la faire s'effondrer, découvrant un sombre réduit, au sol surélevé par rapport à celui de la grotte voisine et mesurant à peine 1,70 m sur 2,70 m, dans lequel avaient été entassés, jusqu'au plafond, des rouleaux de *sûtra*, des manuscrits, des œuvres d'art et quantité de documents divers. L'amoncellement était tel qu'il masquait entièrement les peintures murales représentant une donatrice qui tient entre ses mains l'« Éventail aux Phénix », un attribut généralement réservé aux sages parmi les sages, et deux figuiers sacrés aux branches desquels sont accrochés une gourde et un sac. Près du sol, la figuration d'une paire de sandales parachevait le décor accompagnant une statue dont, au moment de la découverte, il ne restait que le socle. Les archéologues chinois, ont, depuis, élucidé le mystère de cette chambre secrète construite, à d'autres fins, sous la dynastie des Tang, vers le milieu du XIe siècle.

Portrait d'une donatrice. Fresque du mur nord de la grotte aux documents de Dunhuang, découverte en 1900.

Il s'agissait, en effet, de la crypte du Vénérable Hong Bian, Supérieur du monastère. Sa statue, dans laquelle avaient été déposées ses cendres, fut d'ailleurs retrouvée, en 1965, dans la grotte 362 où elle avait été transportée lorsque, en 1035, les armées des Xia de l'Ouest avaient envahi le couloir du Hexi. Les moines de Mogao, habitués à la prudence devant ce genre d'événement, avaient rassemblé les biens les plus précieux du monastère dans cet oratoire dont ils murèrent l'entrée. Sur la nouvelle paroi, soigneusement enduite, fut peint un bodhisattva afin de parfaire son camouflage. Nul ne sait ce qu'il advint de ceux qui étaient dans le secret car, durant près de neuf siècles, personne ne soupçonna son existence. Le hasard voulut, malheureusement, qu'il soit mis au jour trop tôt. Bien que les autorités provinciales, qu'il avait prévenu, l'aient mis en garde, le

Manuel de divination par les nuages. Document trouvé à Dunhuang, datant de l'époque des Tang.

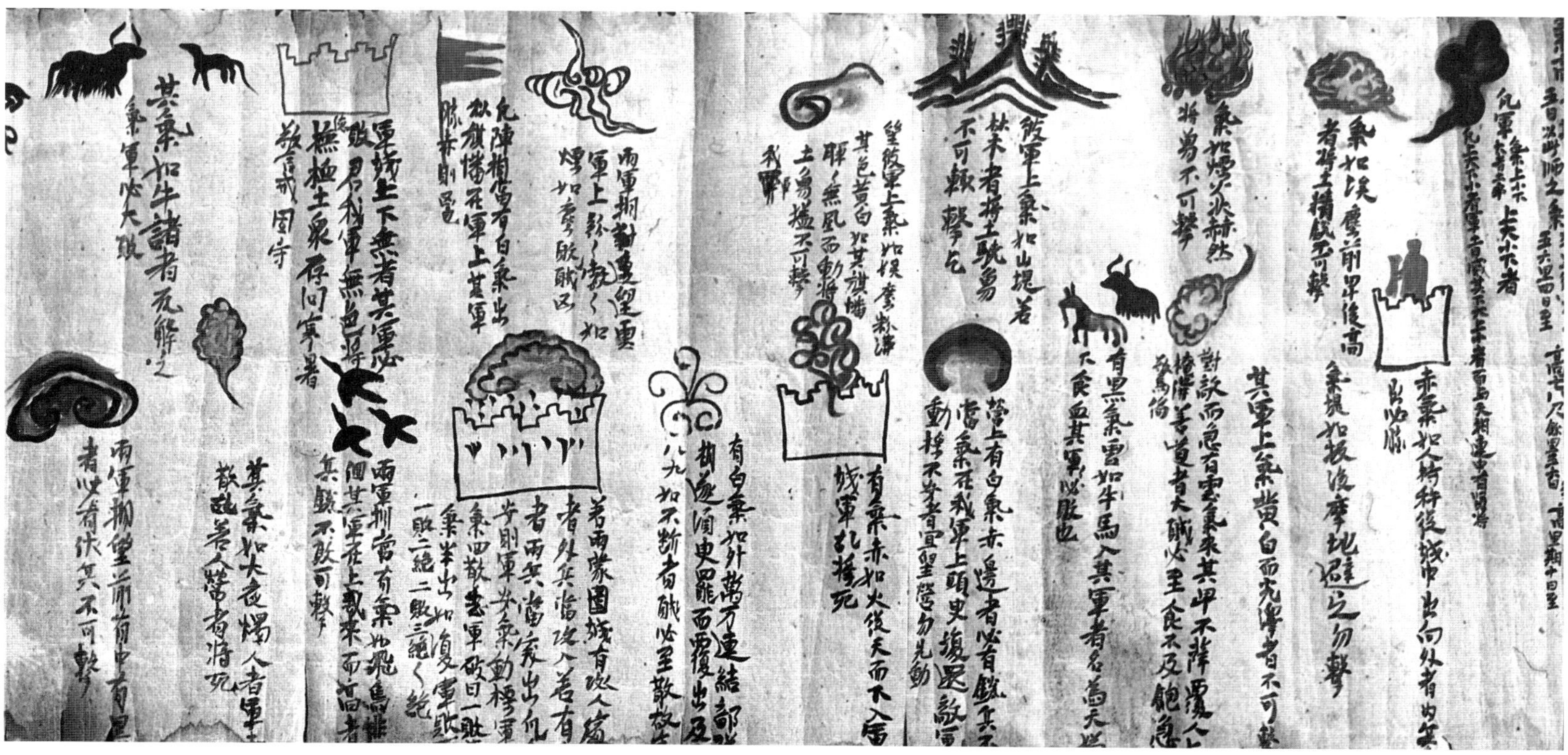

Le mont Mingsha doit sa formation à une accumulation de sable. Au moindre souffle de vent, ce sable produit en glissant le long de la pente un crissement sonore ; d'où son nom de "mont des sables chantant".

trop candide Wang Yuanlu se laissa circonvenir lorsque des propositions d'achat lui laissèrent entrevoir la possibilité de poursuivre l'œuvre qu'il s'était fixée. Le premier à avoir profité de la situation fut le Russe Obrutchev qui, par l'indiscrétion d'un commerçant chinois de Tacheng, dans la trouée de Junggar, avait appris que les grottes de Mogao et celles des Mille Bouddha contenaient des documents et des livres anciens. Il se rendit donc à Dunhuang, en passant par Turpan et, recourant à la ruse, il parvint à échanger de précieux manuscrits, des peintures sur soie et des statues du Bouddha contre des chandelles de fabrication russe... Vint ensuite Sir Aurel Stein qui, lors d'une campagne de fouilles dans le Xinjiang, se rendit à Dunhuang en 1907 pour y admirer les sanctuaires qu'il ne connaissait encore que de réputation. Il ne se doutait pas qu'il y ferait la plus grande moisson de sa carrière pourtant déjà riche. Il n'apprit, en effet, l'existence de la bibliothèque secrète qu'en arrivant sur place. Grâce à d'habiles subterfuges, il parvint à convaincre Wang de lui montrer, puis de lui céder des documents dont il remplit vingt-neuf caisses destinées au British Museum. Malgré son importance, ce prélèvement ne devait pas être le seul. Par un funeste concours de circonstances et sans qu'ils se fussent concertés, l'archéologue britannique fut suivi à un an d'intervalle par le Français Paul Pelliot (1908), le Russe Kozlov (1909) et enfin le Japonais Ôtani (1910) avant que l'embargo fût mis sur ce qui restait de la bibliothèque. La majeure partie des 60 000 pièces qu'elle contenait à son ouverture fut dispersée à tout jamais. Parmi ces ouvrages datant du Ve au début du XIe siècle se trouvaient des manuscrits en chinois, en sanskrit, en ouigour classique, en langues du Kuqa, du Hotan, du Tibet et de Sogdiane. Il y avait également bon nombre de livres imprimés, dont les plus anciens, en xylographie, sont peut-être les plus vieux du monde, traitant d'astronomie, d'histoire, de géographie, de médecine ou de littérature. Pêle-mêle, des pièces administratives, contrats et registres, voisinaient avec des soieries brodées, des peintures sur papier ou sur soie, et des statuettes. Bien qu'éparpillées, les richesses de Dunhuang sont un matériel qu'étudient, encore aujourd'hui, les spécialistes de la Chine ancienne, chinois ou étrangers, dont les

Dunhuang, un pavillon de bois protège la grotte centrale de Mogao.

travaux constituent désormais une science à part entière appelée la « dunhuanologie » *(Dunhuang Xue).*

Cette lourde perte pour le patrimoine national chinois ne fut cependant pas totalement stérile car elle fut aussi la cause, bien indirecte, d'une vocation qui allait être à l'origine de la véritable renaissance des sanctuaires de Dunhuang. En 1927, un jeune Chinois nommé Chang Suhong vint à Paris poursuivre ses études. Passionné d'art, il fréquentait assidûment le musée du Louvre et les autres musées où il s'absorbait dans la contemplation des grands maîtres. Un jour, en sortant des jardins du Luxembourg, il descendit se promener sur les quais de la Seine où son regard fut attiré par de gros livres exposés par un bouquiniste. Il s'agissait des *Grottes de Touen-Houang* de Paul Pelliot, six volumes illustrés de plus de trois cents reproductions de fresques et de statues. Peut-être parce qu'il se trouvait loin de sa patrie, Chang Suhong fut bouleversé par la révélation d'un millénaire de peinture chinoise. Sur les conseils du marchand, il alla ensuite au musée Guimet où une salle entière était consacrée à la collection Pelliot. Quelques années plus tard il écrivait : *« Le temps passe mais les chevaux de fer* [17] *pendus aux coins des toits de Mogao tinteront à jamais dans mon cœur. »* Sa voie était tracée. De retour au pays, il arriva à Dunhuang en 1943.

Depuis, cet artiste d'origine mongole a renoué avec le désert de ses ancêtres et, avec une abnégation digne des *Jâtaka*, il mit sa vie et toutes ses forces au service de la sauvegarde de ce haut lieu. Entouré de ses collègues de l'Institut des objets culturels de Dunhuang, il a mené à bien la restauration des grottes endommagées par des siècles de vent et de déprédations. Les secteurs les plus fragiles ont été consolidés tandis que sur le mont Mingsha une muraille pacifique a fait taire les sables insidieux. Par ailleurs, des relevés systématiques ont été entrepris, travail d'une extrême précision nécessitant parfois plusieurs années pour une seule fresque. Grâce à cette énergie collective, Dunhuang a recouvert une grande partie de son éclat de Perle de la Route de la Soie, joyau de l'histoire millénaire des civilisations anciennes.

17. Suspendus aux coins des toits des pagodes bouddhiques, les « chevaux de fer » *(Tiema)* sont des clochettes dont le battant est un morceau de tôle représentant une silhouette de cheval ou une feuille de pippal. Leur rôle est analogue à celui des « chevaux du vent » *(Rlung-Ta)* tibétains qui claquent sur le ciel des lamaseries. Dans le bouddhisme du Nord, comme pour les chamans mongols, le cheval est l'intermédiaire le plus rapide et le plus fiable entre les hommes et les divinités.

Tout le long de la Route de la Soie, des inscriptions peintes ou gravées mais surtout les archives et les grandes bibliothèques, comme celle de Dunhuang, ont révélé une extraordinaire pluralité d'écriture. Cependant, quelle que soit la diversité de ces textes, ils n'ont conservé qu'une infime minorité des langues, dialectes et idiomes dans lesquels les voyageurs se sont autrefois exprimés. Ligne de convergence de tout un continent, la Route de la Soie était le lieu où se rencontraient les ethnies les plus différentes qui, sans doute, se singularisaient davantage par leur parler que dans leur allure. Par ailleurs, des siècles de migrations, d'exodes et d'invasions provoquèrent de formidables remous dans les populations, bousculant les traditions dans le choc de cultures souvent très dissemblables. Avec le temps, certains peuples disparurent, d'autres arrivèrent qui s'imposèrent ou furent assimilés. Dans cette perpétuelle mouvance, il est très difficile de démêler l'écheveau linguistique, d'autant qu'aujourd'hui les sources d'information sont fragmentaires ou imprécises, voire inexistantes. Ce qui rend fort aléatoire toute tentative d'approche de ce vaste sujet.

Il est toutefois possible d'imaginer que jadis les marchands et les caravaniers furent contraints d'adopter, pour les nécessités quotidiennes, un vocabulaire hybride formant des sortes de *lingua franca* indispensables à leurs activités. Gens sans importance, ils n'ont laissé aucun témoignage, à l'exception des Sogdiens dont des inscriptions dans un alphabet dérivé de l'araméen furent retrouvées, notamment à Dunhuang. Mais peut-être est-ce parce que leur langue semble avoir été celle qui fut la plus largement employée, entre le IVe et le Xe siècle, dans une grande partie de l'Asie centrale et, en particulier, sur la Route de la Soie depuis la passe de Yumen jusqu'à la frontière iranienne. Le *yaghnabī*, encore parlé dans les environs de Samarqand, en serait un ultime vestige.

A l'époque des Han, la langue chinoise *(han)* écrite était identique sur l'ensemble du territoire de l'Empire. Il n'en reste pas moins certain que les conversations échangées à la Cour ne devaient guère avoir de consonances communes avec les mêmes propos tenus par des paysans des provinces méridionales ou occidentales. De nos jours encore, un habitant de Beijing éprouve de grandes difficultés à comprendre un interlocuteur venant de Shanghaï, la phonétique étant différente d'une région à l'autre. Pour les fonctionnaires, autrefois en poste loin de la capitale, le problème était le même, sinon pire, et ils n'avaient d'autre solution que d'être bilingues, sinon polyglottes.

Quant aux « Barbares », leur langage n'est pas toujours parvenu jusqu'à nous et c'est en se fondant sur leurs origines ethniques que des hypothèses peuvent être avancées, avec beaucoup de réserves. Ainsi, les Xiongnu utilisaient peut-être ce qui devint plus tard le *turc*, avec quelques emprunts au *scythe*. Les Wusun, pour leur part, s'exprimaient sans doute dans une langue indo-européenne mais sans certitude sur ses racines éventuellement scythes ou germaniques. De même, au temps où ils occupaient leur terre d'origine, les Yuezhi possédaient un langage de souche indo-européenne qui fut qualifiée de *tokharien* lorsque, plus tard, ils s'installèrent en Bactriane. Dans les oasis, en bordure de la dépression du Tarim, les populations se servaient de dialectes *iraniens* qui se différencièrent pour donner le *sogdien* et ses dérivés le *kutchéen*, l'*agnéen* ou le *qarashahr*. En suivant le même raisonnement, il est probable que sur l'itinéraire sud de la Route de la Soie d'autres dialectes locaux procédaient du *tibétain*.

En ce qui concerne les Contrées occidentales de l'ancienne Perse et de l'actuel Afghânistân, les données sont un peu plus précises. En Bactriane, à l'époque des satrapies, le *grec* et le *parthe* étaient d'un usage courant parmi divers dialectes indo-iraniens qui s'écrivaient peut-être avec des caractères helléniques. Puis au début de notre ère, vinrent les pèlerins bouddhistes qui, en voyageant à travers l'Asie centrale, introduisirent le *sanskrit*, langue religieuse commune au bouddhisme et à l'hindouisme du Kaçmīr. C'est ainsi que le Tokharestan des anciens Yuezhi ayant été conquis par les Kushân, ceux-ci transcrivirent leur langue tantôt avec l'alphabet grec tantôt avec l'alphabet sanskrit plus ou moins modifiés.

Vers le milieu du VIe siècle, la progression des Tujue s'étendant en Asie centrale, toutes les langues locales se mêlèrent plus ou moins de *turc*. Un siècle plus tard, les incursions des Qiang vers les oasis occidentales du Taklimakan, puis, une centaine d'années après, jusqu'à Dunhuang, y ajoutèrent des éléments empruntés au *tibétain*. Lorsque, enfin, vers 850, les Huihu reprirent ces régions, leur langue turque se mêla à cet ensemble de dialectes hybrides pour donner le *ouigour*. En fait, ces nouveaux envahisseurs parlaient un langage dérivé du *türkī* (ou *chaghatai*, turc ancien) qu'ils écrivaient avec un alphabet copié sur l'araméen par l'intermédiaire du sogdien. Toutefois certains d'entre eux employaient encore une langue plus archaïque, peut-être apparentée au tokharien. D'ailleurs ils possédaient, dès avant le VIIe siècle, une écriture runique également araméenne, puisée dans le vieux sogdien, dont les plus anciens exemples figurent sur les célèbres « stèles de l'Orkhon ». Cette graphie disparut cependant au VIIIe siècle, remplacée par celle qu'inventèrent les Huihu.

Au Xe siècle, après avoir conquis une grande partie de l'Asie centrale, jusqu'au Talas (Kirghizie), les Sassanides de Perse imposèrent diverses variantes de *pelhvī* (ou *farsī*), tandis qu'à l'est, les Turcs Qarakhânides des oasis les plus occidentales de la Route de la Soie, utilisaient encore des dialectes turcs tout comme certains Ouigour pratiquaient toujours le sogdien. Au nord, les Qaraqidan parlaient le *mongol* mais leurs lettrés, très sinisés, maniaient parfaitement le *chinois*. De la même famille linguistique, les Qidan avaient mis au point une écriture singulière dont deux spécimens datant des débuts du XIIe siècle, furent retrouvés en Mongolie.

Deux jetons en plomb portant des inscriptions en caractères grecs. Maison de la culture du district de Lingtai.

A la fin du XIIe siècle, un vaste quadran de l'Asie était donc partagé, à l'ouest, entre les Xia de l'Ouest d'origine tibétaine, les Qaraqidan ou autres Mongols, et les peuples de Transoxiane de culture arabo-persane. A l'est, les Chinois voisinaient avec les tribus mongoles et tungus (Ruzhen et Manchous). Il n'existait, en réalité, que trois grandes branches d'ethnies altaïques : les Turcs, les Mongols et les Tungus qui, bien qu'apparentés, ne parlaient pas les mêmes langues. Ainsi, parmi les Mongols, Naiman et Kereit semblaient être, de par leurs traditions, des Turcs en voie d'assimilation.

Avant qu'ils ne rassemblent des peuples comme les Xianbei, Ruanruan, Huns hephtaliques, Avar ou Qidan que liait une vague parenté linguistique, les véritables Mongols étaient établis dans des régions de Mongolie aujourd'hui proches de la frontière soviétique, au nord d'Ulaanbaatar. Nomades des steppes ou chasseurs des forêts, tous parlaient un même langage, voisin de celui des Tungus installés sur le pourtour du lac Baïkal et vers l'est. Cette langue devint celle de la confédération, puis de l'Empire. Mais lors de l'avènement de Kubilay au trône impérial, le chinois fut tout aussi largement utilisé en étant, avec le mongol, langue officielle sur un territoire s'étendant de la mer de Chine à la Volga.

Brique gravée représentant un chameau de Bactriane et son chamelier, datant de l'époque des Tang et trouvée à Dunhuang.

天山北路
第八章

CHAPITRE 8

LA ROUTE DES MONTS CELESTES

Ci-contre : *Le lac céleste, dans les monts Tianshan. Entouré de hautes montagnes, ce lac de type alpin est un site célèbre.*

La route des monts célestes.

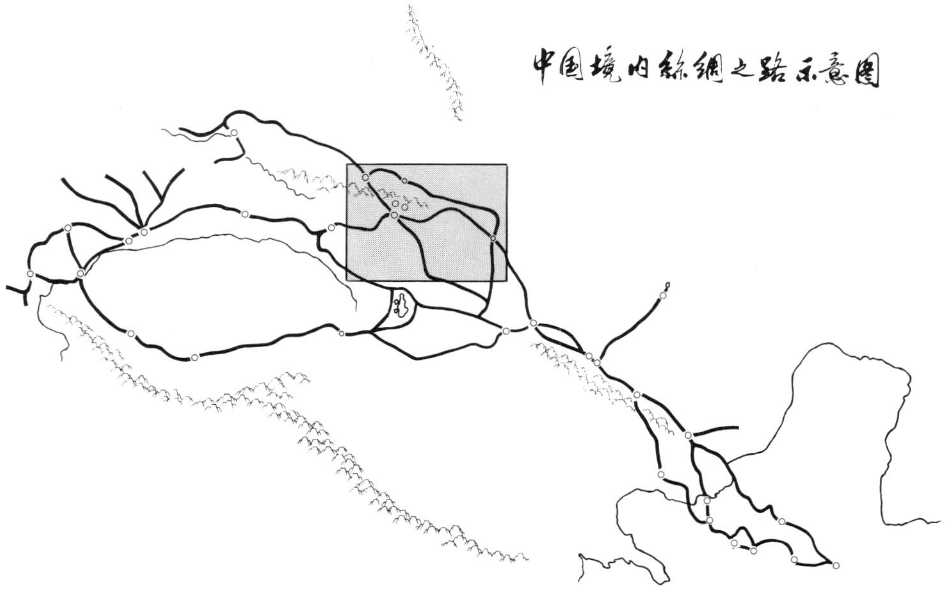

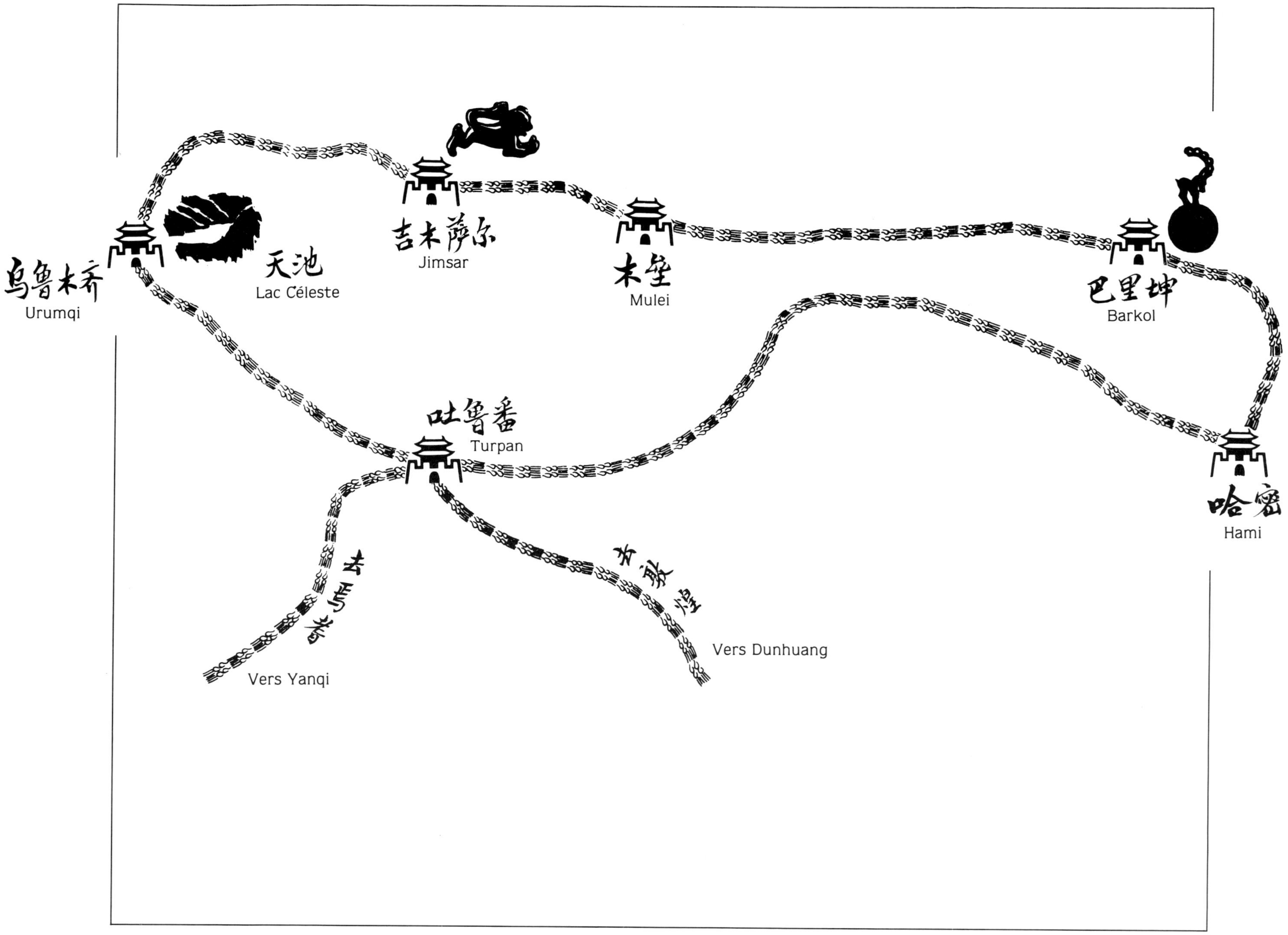

Une nouvelle porte sur l'Occident

L'actuel Xinjiang et les régions qui se trouvaient plus à l'ouest étaient jadis divisés en une quantité de petits États ou royaumes qui constituaient ce que les Chinois désignaient globalement sous le terme de *Xiyu*, les « Contrées occidentales ». Géographiquement, le pays se présente, au débouché du couloir du Hexi, comme une double cuvette que sépare d'ouest en est la puissante chaîne septentrionale des *Tianshan* (Monts Célestes) semblable à une gigantesque digue jetée entre deux déserts. Au nord, les sommets de l'Altaï bordent la trouée de Junggar (Dzoungarie) dont le centre est occupé par le désert de Gurbantünggüt. Au sud, la grande dépression du Tarim est presque entièrement recouverte par le terrible désert du Taklimakan, fermé à l'ouest par les Pamirs et au midi par la chaîne des Kunlun que prolongent les monts Altun vers le nord-est.

La Route de la Soie pouvait bifurquer de part et d'autre des Tianshan, qui lui étaient parallèles, pour en longer les piémonts par le nord ou par le sud. Mais sous les dynasties des Han, les fréquentes incursions des tribus xiongnu septentrionales firent que le trafic s'effectua tout d'abord par les chemins méridionaux qui suivaient les confins du Taklimakan. La première indication d'une route passant par la trouée de Junggar fut cependant donnée dans un chapitre des *Annales des Han*, intitulé *Recueil historique des Contrées occidentales*. Il y est simplement dit que « ... sous le règne de l'empereur Wudi, les habitants de l'État du Beshbalik ont trouvé une nouvelle voie qui permet d'atteindre la passe de Yumen en évitant le dangereux passage du Kumtagh[1]. Mais leur souverain, Gu Ju, en interdit l'accès aux étrangers ». Ce n'est qu'au IIIe siècle qu'il fut mentionné dans les *Annales des Trois Royaumes*[2] et que le souverain local Yi Duoza s'étant reconnu vassal des Wei, des communications purent être établies sur ce qui fut alors appelé le « nouvel itinéraire nord ». L'« ancien », qui devenait ainsi « médian », était celui tracé à l'époque des Han sur la ligne des oasis septentrionales du Taklimakan. Durant les dynasties des Sui et des Tang, le parcours conduisant de Dunhuang à Hami, puis des rives du lac Barkol à Jimsar, Urumqi et Yining, fut l'un des plus fréquentés pour le commerce à destination de la mer Noire et, au-delà, vers la Méditerranée.

1. Le *Kumtagh* (montagnes de sable, en turc) est une formation de dunes, relativement étroite mais très longue, qui, au sud de Hami, barre la route du Lop Nur et de Loulan, à l'ouest de Dunhuang. Sa traversée était réputée dangereuse en raison des sables mouvants, fréquents dans les fonds.

2. Le terme de « Trois Royaumes » (*Sanguo*, en chinois) désigne la période (220-280), qui succéda à la dynastie des Han de l'Est (25-220), durant laquelle régnèrent les Wei (220-265) à Luoyang, les Shuhan (221-263) à Chengdu et les Wu (222-280) à Wuhan et Nanjing.

Caravane d'hiver sur le toit du monde.

Le désert du Gobi.

A travers le Gobi

Entre le Gansu et le Xinjiang s'étend un *gobi*[3], vaste étendue de sable et de pierraille où ne poussent que de maigres touffes d'alhagi[4]. Il est aujourd'hui difficile d'imaginer comment, autrefois, tant de gens ont pu se lancer à travers cette immensité désolée. Ce fut pourtant le chemin que prit, au VIIe siècle, le moine Xuanzang pour se rendre en Inde. Au sortir de la passe de Yumen, il entra seul dans le désert. Comme il le raconta plus tard, « aucun oiseau ne volait dans le ciel et nul animal ne courait sur la terre... » Pour lui montrer la route, il ne trouva que le crottin des chameaux laissé par les caravanes qui l'avaient précédé. Un jour, alors qu'il voulait s'humecter la gorge desséchée par la poussière et la chaleur, il laissa échapper sa gourde dont le précieux contenu se vida dans le sable. Sans se décourager, Xuanzang se remit en marche vers l'ouest. Après quatre jours et cinq nuits sans boire, ses forces l'abandonnèrent et il tomba sans connaissance près de son cheval, lui aussi mal en point. La fraîcheur de la nuit le ranima. Aussitôt, il se leva et reprit sa route en tirant sa monture par la bride. Le ciel se montre parfois miséricordieux envers ceux qui persévèrent. Non loin de là, il trouva un point d'eau qui les sauva provisoirement. Mais plutôt que revenir sur ses pas, le courageux moine préféra risquer la mort de nouveau et ne pas faillir à sa mission. C'est ainsi qu'après encore bien des difficultés il parvint à Yiwu (Hami).

Sans autre moyen que sa foi, Xuanzang venait de franchir les quelque 400 kilomètres qui séparent Yiwu de Anxi. Cette grande oasis changea plusieurs fois de nom au cours de l'histoire. Au temps des pasteurs nomades xiongnu, elle s'appelait en effet *Yiwulu.* Puis, lorsque l'empereur Mingdi[5] des Han de l'Est défit le chef Huyan, il y nomma un *duwei* (commandant militaire) responsable à la fois de la garnison et de la mise en valeur des terres. Un demi-siècle plus tard, la ville ayant prospéré, l'empereur Shundi[6] y créa un poste de gouverneur local. Sous les Tang, l'oasis devint la préfecture de *Xiyi* qui peu après reprit son ancienne appellation de *Yiwu.* Dans les annales dynastiques il est d'ailleurs indiqué que « ... caravanes et voyageurs se succèdent sans interruption entre Yiwu et la Perse... » ce qui montre bien l'importance, à l'époque, de cette étape sur la Route de la Soie.

3. Mot mongol signifiant littéralement « terre sans végétation ». Cependant les véritables déserts sont généralement désignés par leur nom en chinois : *shamo.*

4. L'alhagi *(Alhagi camelorum)* est une légumineuse de la famille des Papilionoïdées se présentant sous la forme d'un arbrisseau épineux qui constitue l'essentiel de la nourriture des chameaux sauvages, ou domestiques, dans les régions désertiques du Xinjiang. Il sert également de combustible aux nomades lorsque le bois fait défaut. Une espèce voisine *(A. maurorum),* répandue depuis le sud-ouest méditerranéen jusqu'en Inde, dont les fleurs sont comestibles, aurait été la manne miraculeuse qui aurait nourri les Hébreux au Sinaï, d'où son nom vernaculaire de « manne d'Égypte » ou « manne de Perse ».

5. Liu Zhuang (28-75), l'empereur Mingdi des Han de l'Est, régna de 57 à 75 à Luoyang.

6. Liu Bao (115-144), de la dynastie des Han de l'Est, monta sur le trône à l'âge de onze ans sous le nom de Shundi. Il régna à Luoyang jusqu'à sa mort.

La steppe de Barkol au pied nord des monts Tianshan que traversait le "nouvel itinéraire nord" de la route de la soie. Cet itinéraire fut tracé assez tardivement, mais sous la dynastie des Tang, il devint une importante voie de communication avec les Contrées occidentales.

Objet ornemental en bronze, décoré d'un bouquetin, typique de l'art des steppes. Mis au jour à Barkol, il appartenait probablement à des Xiongnu.

Les verts pâturages de Barkol

En quittant Hami, les caravanes se dirigeaient au nord sur une trentaine de kilomètres avant de franchir les premiers contreforts des Tianshan au col de Nanshan. Ayant rejoint le nouvel itinéraire nord, elles cheminaient le long des piémonts, vers le Couchant, à travers les steppes de Barkol où l'eau et le fourrage ne manquaient jamais pour les chameaux et les chevaux. A l'inverse de l'austère Gobi, plaines et forêts d'altitude sont ici peuplées par une faune aussi riche que variée allant de l'ours, ou la panthère des neiges jusqu'à l'hémione et la gazelle, en passant par toutes sortes d'espèces singulières.

Jadis la région de Barkol appartenait à l'État de Pulei dont les *Annales des Han* disent que « les habitants plantaient leurs yourtes[7] là où il y avait de l'eau et des pâturages ». Ils pratiquaient un peu l'agriculture et élevaient des troupeaux de moutons, de bœufs, de chameaux et de superbes chevaux.

Non loin de la ville miroitent les eaux du lac qui a donné son nom au pays, appelé autrefois Pulei, et aujourd'hui Barkol. Vers l'ouest, des tours de guet jalonnent l'ancien itinéraire de la Route de la Soie et rappellent un long passé guerrier.

En 72 avant notre ère, l'empereur Xuandi[8] des Han de l'Ouest nomma Zhao Chongguo général de Pulei. Celui-ci ayant conclu une alliance avec les tribus wusun, mit en déroute les forces xiongnu au cours d'une bataille sur les rives du lac. En l'an 73, soit un siècle plus tard, l'empereur Mingdi des Han de l'Est lança contre les Xiongnu du Nord ses généraux Dou Gu et Geng Zhong à la tête de 12 000 cavaliers. Ce fut après leur victoire qu'une garnison de soldats-cultivateurs fut installée à Hami sous le commandement d'un *duwei*. Un an plus tard, les Xiongnu étaient de nouveau battus et les troupes Han se portèrent vers l'ouest pour réduire le souverain du Beshbalik qui se soumit à l'Empire des Han.

Lorsque, en 129, la préfecture de Yiwulu fut instituée, Pulei se trouva sous sa juridiction. Mais, en 137, ce devait être Pei Cen, le gouverneur de Dunhuang qui, une fois

7. *Yourte* est un mot kazakh, donc d'origine turque, utilisé couramment pour désigner la tente de feutre des nomades d'Asie centrale. Il est appliqué par extension à l'habitat des Mongols qui la nomment *Ger* (ou *Gher*).

8. Liu Xun (91 av. J.-C. - 49 av. J.-C.), empereur Xuandi des Han de l'Ouest, dont le règne dura de 74 à 49 avant notre ère, à Chang'an.

encore sur les bords du lac, infligea une défaite aux guerriers xiongnu menés par leur chef Huyan. Une stèle, d'époque han, commémorant cet événement, fut découverte à Barkol, au début du XVIIIe siècle. Elle se trouve aujourd'hui dans les collections exposées au musée de la région autonome ouigour du Xinjiang.

Au VIIIe siècle, les Tang réorganisèrent l'administration locale en désignant à Jimsar, alors appelé Tingzhou, un gouverneur et un commandant ayant sous ses ordres les troupes cantonnées à Hanhai, Tianshan et Yiwu. A une trentaine de kilomètres du chef-lieu de l'actuel district de Barkol se dressent les ruines d'une ancienne cité que les gens de la région appellent la « ville délabrée » qui, d'après ses coordonnées géographiques et les objets mis au jour sur place, ne serait autre que le quartier général des forces basées jadis à Yiwulu.

De nos jours, cette contrée fertile et bien arrosée dépend du district autonome kazakh de Barkol dont elle est le grenier. S'étendant sur près de 34 000 km^2, le district compte 90 000 habitants, pour la plupart des Kazakh et des Han, vivant de leurs troupeaux et des cultures. Depuis quelque temps, l'élevage du cerf élaphe y est pratiqué avec succès, apportant une contribution notoire à l'économie locale [9].

9. Depuis un lointain passé les populations du Kazakhstan, de l'Altaï et de Sibérie, ont toujours fait commerce des bois encore en velours *(refaits)* des cervidés, considérés dans les pharmacopées locales et chinoises comme un excellent fortifiant. De récentes études en laboratoire ont révélé qu'ils contenaient en effet une grande quantité d'une substance hormonale, la pantocrine, dont l'action s'avère bénéfique pour lutter contre les anémies et la sénilité. Autrefois, les cerfs étaient chassés à l'époque du « changement de tête » ce qui provoqua leur disparition dans bien des régions d'Asie centrale. Mais, très tôt, leur élevage en enclos a remplacé les massacres d'antan, permettant une exploitation rationnelle par un prélèvement des ramures au moment le plus propice.

Le lac Barkol se trouve au milieu d'une steppe herbeuse où nomadisent des tribus qui y plantent leurs yourtes.

Chameaux traversant la steppe de Barkol.

Ruines d'une tour de guet établie dans la steppe de Barkol sur le trajet de l'ancienne route de la soie.

Sous la yourte kazakh

Exposés aux vents chargés d'humidité soufflant du nord, les versants septentrionaux des Tianshan reçoivent en moyenne 300 mm de pluie par an, ce qui explique les forêts de conifères couvrant les pentes et les verts pâturages du piémont. Au printemps, alors que les sommets sont encore couronnés des neiges hivernales, les pasteurs kazakh viennent monter leurs yourtes blanches à la lisière des bois, le long des ruisseaux qui descendent de la montagne. Alentour, leurs troupeaux se dispersent sur les herbages.

La yourte des Kazakh, guère différente de celle des Mongols, se compose d'une armature de bois recouverte de feutre avec, au centre, le foyer. L'ouverture, au sommet, sert à la fois pour l'éclairage intérieur et l'évacuation des fumées. Fidèles à leur tradition d'hospitalité, les Kazakh réservent aux visiteurs, connus ou inconnus, un même accueil chaleureux en leur offrant du thé au lait, du beurre, du mouton et du *koumis*[10], cette boisson rafraîchissante, préparée ici avec du lait de jument, qui aurait, dit-on, la vertu de soulager les hypertendus et de guérir les ulcères de l'estomac. Le thé, autre breuvage très apprécié des Kazakh, est souvent additionné de lait ou de beurre de jument. Pour ce peuple de musiciens, les réunions sont très vite prétextes à chansons et les chanteurs populaires qui interprètent leurs propres mélodies, en s'accompagnant à la *dombra*[11], remportent alors un franc succès. Mais les chants à reparties, aux réponses humoristiques, ont également une faveur particulière auprès d'un public prompt à rire et toujours nombreux à venir les entendre.

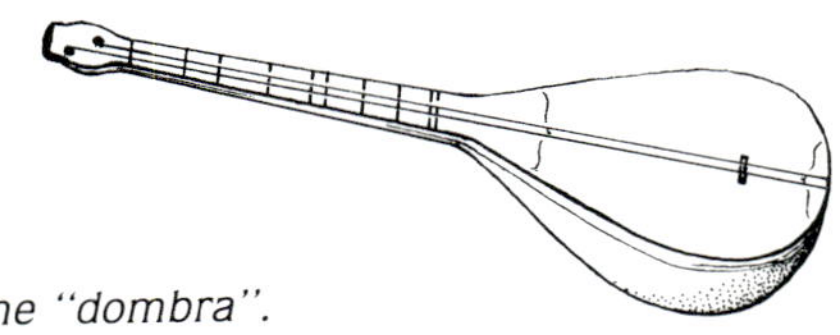

Une "dombra".

10. Boisson traditionnelle des nomades, le koumis est préparé le plus souvent avec du lait de jument mais aussi, parfois, d'ânesse, de chamelle ou de vache. Son degré en alcool varie selon la durée de fermentation, le « koumis jeune » ne titrant que un degré environ et le « koumis vieux » deux à trois degrés.

11. Avec son long manche et sa caisse de résonance en forme de poire, la *dombra* ressemble à un pipa en miniature. Instrument à deux cordes d'une sonorité assez faible, elle est généralement utilisée en accompagnement.

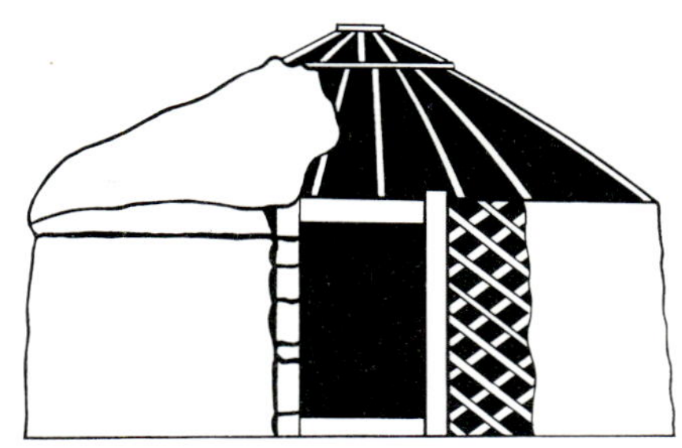

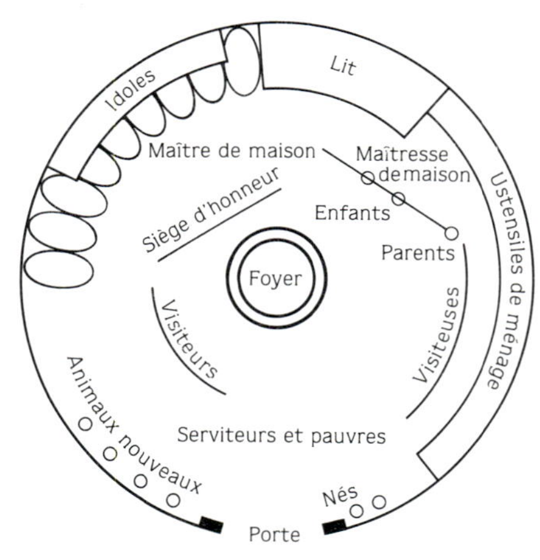

Plan d'une yourte mongole.

Au centre de leur tente de feutre, les Kazakh installent un foyer pour le chauffage et la cuisine.

Les ruines de Beiting

A l'ouest de Barkol, la Route de la Soie passait par Mulei et Qitai pour arriver à Jimsar. Au début de la dynastie des Tang, cette grande ville d'étape fut tout d'abord, en 640, chef-lieu de la préfecture de Tingzhou sous le nom de *Jinman* puis, en 702, le siège de la vice-royauté de Beiting qui, avec son homologue d'Anxi établie à Qiuci (Kuqa) représentaient, sous mandat de l'empereur, la plus haute autorité civile et militaire dans les Contrées occidentales.

Les ruines de l'ancienne Beiting s'élèvent aujourd'hui à une dizaine de kilomètres au nord de Jimsar. Des murailles en pisé subsistent encore sur les côtés nord, ouest et sud, avec, çà et là, des vestiges de fossés et de bastions. La cité était autrefois protégée par une double enceinte dont l'extérieure, rectangulaire, mesurait environ 5 km. Les fouilles menées ces dernières années dans le périmètre urbain ont permis la découverte de très nombreux objets parmi lesquels un miroir et un lion de bronze, une boule et un lion sculptés dans la pierre, des monnaies de l'époque tang. Dans le quartier nord de la ville, le sol d'un local, sans doute administratif, fut mis au jour, révélant un dallage décoré de fleurs de lotus semblable à ceux découverts à Xi'an.

Beiting, au temps de sa splendeur, fut l'un des grands centres du nouvel itinéraire nord de la Route de la Soie, alors à son apogée. Les caravanes en partaient pour se rendre à Suiye, aujourd'hui Tokmak dans le Kirgizhistan soviétique, au-delà de la rivière Ili. Située au nord-ouest de l'Issyk-kul, sur les bords de la rivière Cu, Suiye fut décrite par Xuanzang dans ses *Mémoires sur les Contrées occidentales à l'époque des grands Tang* comme « une cité riche en eau où dans un périmètre de 6 ou 7 li (environ 3 km) habitent des marchands venus de pays étrangers », ce qui montre bien que, même très loin de Chang'an, le commerce était toujours aussi actif sur la Route de la Soie.

Dalle sculptée provenant des ruines de Beshbalik (ancienne Beiting) dans le district de Jintar, et datant de la dynastie des Tang.

Lion en bronze trouvé dans les ruines de Beiting (Beshbalik) et datant de l'époque des Tang.

Miroir de bronze d'époque tang, exhumé à Beiting. En forme de fleur de lotus, le dos de ce miroir est décoré de motifs floraux.

Animaux bizarres et bêtes curieuses

Il existe en Chine un grand nombre d'animaux originaux dont l'un des plus rares, le grand panda *(Ailuropoda melanoleuca)*, est devenu célèbre dans le monde entier comme emblème populaire de la protection de la nature. Beaucoup d'autres, non moins remarquables, restent cependant méconnus en Occident, sinon par la légende. Ainsi, chacun se souvient de la Toison d'or que Jason rapporta de Colchide (delta du Rion sur la mer Noire, aujourd'hui en R.S.S. de Géorgie), mais bien peu savent que si cette dépouille fabuleuse a bien existé, il n'est pas impossible qu'elle ait appartenu à un très étrange mammifère chinois qui hante les forêts d'altitude des montagnes du Sichuan et des provinces voisines. Sous une silhouette de bovin trapu à la face camuse, au muffle large et portant de courtes cornes plaquées sur le sommet du crâne, le takin *(Budorcas taxicolor)* pose quelques problèmes aux naturalistes qui ne savent pas s'ils doivent le classer à côté du bœuf musqué arctique, auquel il ressemble vaguement, avec les chamois, ou s'il représente une étape transitoire entre les chèvres et les moutons. Toutefois ses caractères profondément archaïques tendent à le faire considérer comme une sorte de « fossile vivant » dont l'unique espèce constitue à elle seule un groupe particulier composé de trois races géographiques. Celle du Shaanxi est la plus belle avec son pelage épais, de longueur inégale et d'une teinte presque uniformément dorée. Ces animaux qui vivent en hardes comptant parfois plusieurs dizaines d'individus ne subsistent que dans quelques régions reculées. Leur répartition, plutôt méridionale, s'étendait autrefois jusqu'aux monts Qinling au sud de Xi'an. Aussi, peut-être que dans un passé lointain une fourrure de takin a voyagé à travers la Chine par le jeu des présents entre souverains, des butins de guerre ou de tributs, pour arriver finalement en Colchide après avoir suivi un itinéraire qui, plus tard, allait être celui de la Route de la Soie.

Dans les mêmes montagnes que les takins, les tragopans *(Tragopan temminckii)* sont des oiseaux guère mieux connus mais tout aussi splendides. Ces gallinacés de la taille d'une grande pintade possèdent un plumage d'un rouge incandescent, semé de taches blanches perlées de noir qui les font apparaître comme les figurations créées par la nature du mythique Oiseau vermeil ou du fabuleux Phénix, dont les modèles appartinrent cependant à d'autres espèces moins spectaculaires. Au Xinjiang, la faune des steppes et des déserts est restée assez diversifiée bien que les effectifs des grandes espèces tendent à diminuer dangereusement, non parce qu'ils sont soumis à une chasse excessive, mais à cause de la concurrence des bêtes domestiques de plus en plus nombreuses sur les pâturages et aux points d'eau. Ainsi, l'élevage des chevaux et des chameaux a conduit au bord de l'extinction leurs ancêtres sauvages, le cheval de Prjevalski *(Equus przewalskii)* et le chameau de Bactriane *(Camelus bactrianus)* autrefois nombreux dans les gobis. Parfois quelques-uns sont encore aperçus mais il s'agit souvent d'hémiones *(Equus hemionus)*, pour les premiers, ou de bêtes échappées ayant retrouvé la liberté, pour les seconds. Toutefois, il subsiste dans une région particulièrement isolée, proche des Kumtagh à l'ouest de Dunhuang, une petite population de véritables chameaux sauvages qui font l'objet d'une protection vigilante de la part des autorités. Les autres animaux sont moins directement menacés telles les étranges gazelles d'Asie centrale, souvent appelées « gazelles goitreuses » *(Gazella subgutturosa)*, en raison de la poche qui gonfle le cou des mâles en rut. Les gazelles de Mongolie *(Procapra gutturosa)* ont la même caractéristique mais elles possèdent de surcroît une grosse vésicule buccale, semblable au « sac vocal » qui sort de la bouche des chameaux lorsqu'ils blatèrent.

Cheval de Przewalsky, un des derniers chevaux sauvages de la steppe.

Mais le désert et les steppes arides sont aussi habités par une quantité de petites bêtes que leur taille menue et leur grande discrétion font généralement ignorer. Cependant leur adaptation à des conditions d'existence rigoureuses les rend souvent fort intéressantes. La perdrix du désert *(Pterocles orientalis)*, par exemple, paraîtrait bien banale, à première vue, si ce n'était sa surprenante indifférence à la chaleur. En plein midi, elle déambule sur le sol surchauffé avec une aisance d'autant plus déconcertante ; ses pattes sont si courtes qu'elle semble se traîner sur le ventre. Le secret de son endurance réside dans une poche d'air située sous la peau de son abdomen qui se trouve ainsi isolé par cet écran pneumatique. Chose rare, cette adaptation spécifique apparaît déjà chez l'embryon de façon à ce que le poussin puisse en profiter dès son éclosion.

Quant aux rongeurs, beaucoup se contentent d'inverser le processus d'hibernation en dormant au fond de leur terrier pendant les huit ou neuf mois d'été. D'autres, plus audacieux, restent actifs mais ils ne sortent que dans la fraîcheur de la nuit. Pour résoudre

Un Budorcas taxicolor, *appelé aussi Takin, dont la fourrure aux reflets dorés donna peut-être naissance à la légende de la "Toison d'or".*

le problème de la soif, leur organisme s'est transformé en alambic pour distiller les corps gras contenus dans les graines qu'ils consomment afin de les convertir en « eau physiologique ».

En montagne tout est différent. L'altitude modifie les températures, la pluviosité et la végétation de telle sorte que les reliefs deviennent comparables à des îles émergeant d'un océan. Sur les grèves des piémonts une faune mixte cohabite, alors que plus haut, la plupart des animaux appartiennent à des peuplements « alpins » de répartition continentale. Ainsi, parmi environ 120 espèces de mammifères et 500 d'oiseaux répertoriées dans les Tianshan, se trouvent des ours, des renards ou des aigles qui ne sont guère différents de leurs congénères d'Europe centrale, si ce n'est par certains caractères secondaires plus ou moins remarquables. Le cas le plus spectaculaire est sans doute celui du mouflon *(Ovis amnon)* dont la distribution géographique couvre une grande partie de l'Amérique du Nord et de l'Eurasie depuis la Corse jusqu'au Kamchatka. Un tel territoire a entraîné la formation de nombreuses sous-espèces parmi lesquelles celle des Tianshan, l'argali de Marco Polo ou mouflon du Pamir *(O.a. polii)*, se distingue par l'ampleur de la spirale de ses cornes dont la longueur peut atteindre 1,90 m, le record du genre.

Une vue du sud du Gobi, en Mongolie, steppe aride où paissent quelques chameaux de Bactriane.

伊犁河畔
第九章

CHAPITRE 9

LA ROUTE DES ALLIANCES

Ci-contre : *Statue en pierre placée devant l'entrée d'un tombeau Tujue à Zhaosu (Mongolküre) et représentant un guerrier du* VIe *siècle ap. J.-C.*

La Route des alliances.

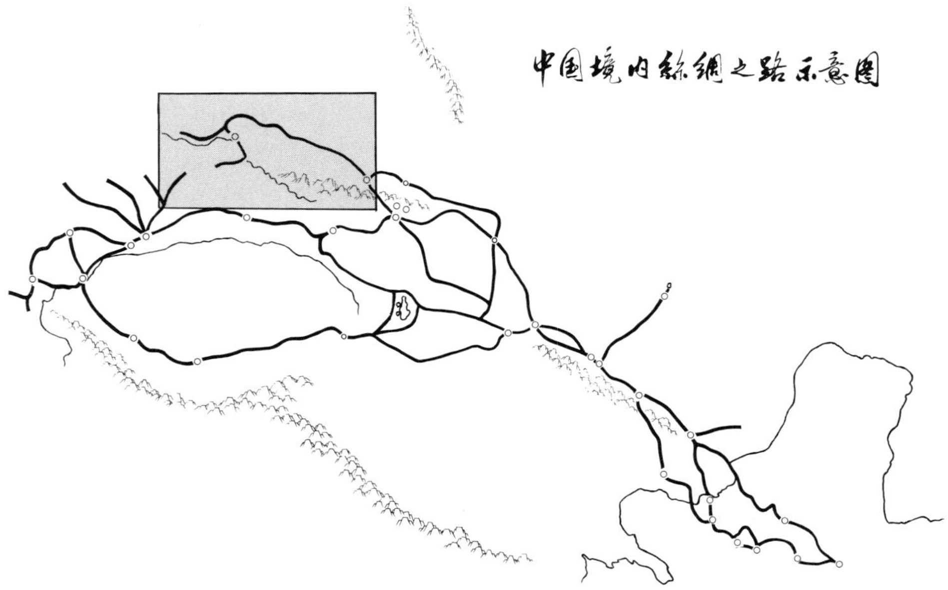

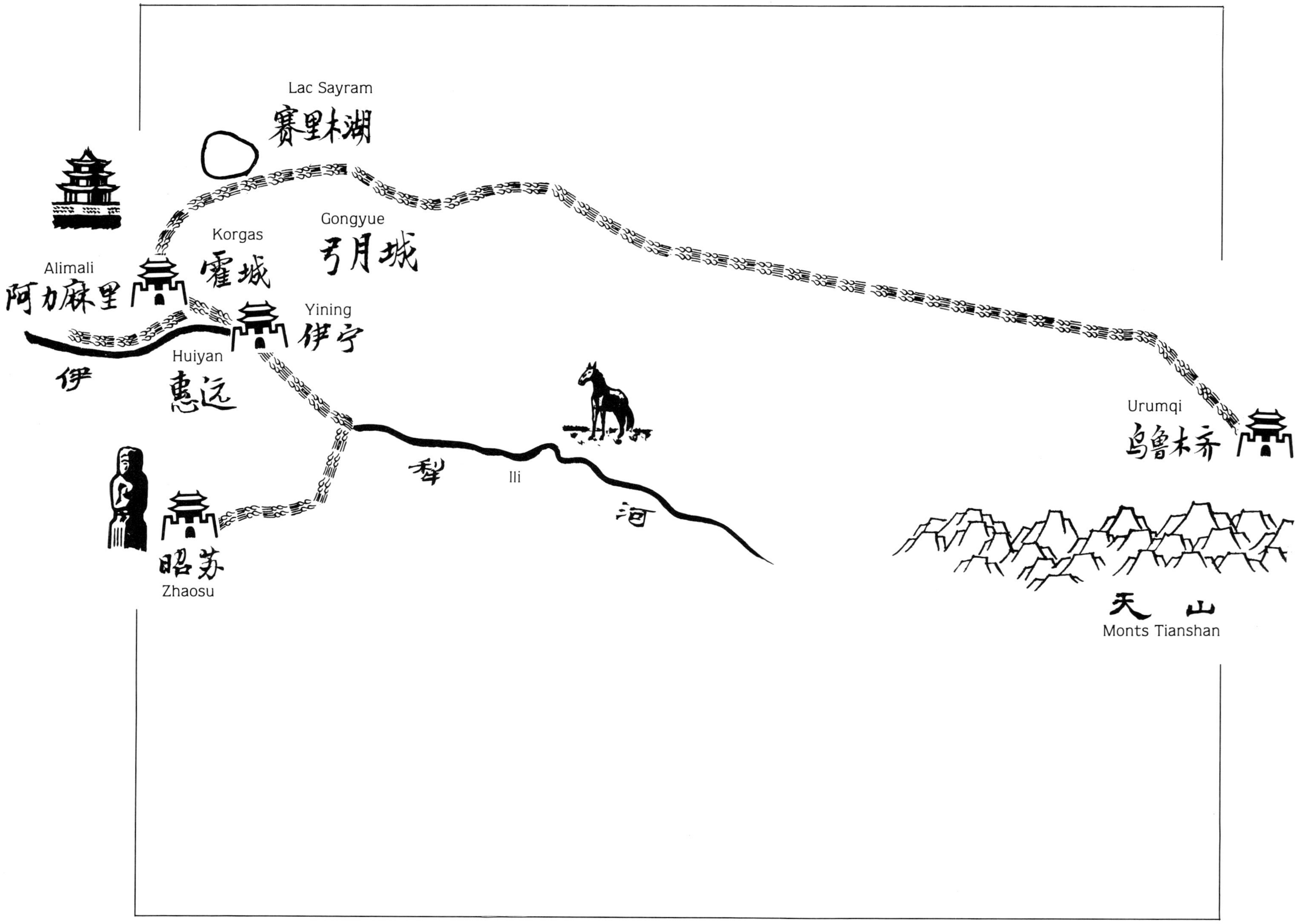

Vase en poterie datant des Han de l'Ouest, trouvé dans une tombe Wusun à Zhaosu (Mongolküre), d'un type courant chez les populations nomades.

L'ancienne terre des Wusun

Prenant sa source au pied des Tianshan, la rivière Ili serpente vers le nord-ouest pour aller se jeter dans le lac Balkash. Avec ses affluents, les rivières Kax, Künes et Tekes, elle draine un bassin fertile où les facilités d'irrigation ont permis un développement précoce des cultures à côté de pâturages qui, depuis un lointain passé, en avaient toujours été la principale ressource. Les éleveurs y pratiquent en effet une transhumance plusieurs fois millénaire, menant leurs troupeaux, au printemps, sur les alpages les plus humides et, en hiver, dans les fonds ensoleillés à l'abri des vents dominants et des fortes chutes de neige. Dispersés dans les prairies, les moutons à fine toison du Xinjiang ressemblent à des flocons d'écume sur un océan d'herbe tandis qu'au loin déferlent des vagues de chevaux galopant en liberté sur la steppe.

Cette région du nouvel itinéraire nord de la Route de la Soie fut connue pour ses traditions équestres dès la plus haute antiquité. Jadis habitée par les cavaliers scythes[1], les Wusun s'y installèrent vers le IIe siècle avant notre ère puis, beaucoup plus tard, les Tujue, les Qidan et les Mongols s'y succédèrent, laissant le souvenir d'une histoire riche en péripéties.

Originaires des plaines que dominent les monts Qilian, les Wusun en avaient été chassés vers l'ouest par les Xiongnu. Selon la légende, leur premier roi après l'exode avait connu un extraordinaire destin. Abandonné à sa naissance dans la steppe, après que ses parents eussent été tués par l'ennemi, ses cris auraient ému les oiseaux dans le ciel et les loups sur la terre. Les uns lui donnèrent la becquée, les autres l'allaitèrent, le sauvant ainsi d'une mort certaine. Un jour, le chef des Xiongnu découvrit l'enfant et, l'ayant pris pour un être surnaturel, il l'adopta. Élevé dans la pratique des arts martiaux, le garçon devint un brillant guerrier à qui son père adoptif donna, pour le récompenser de ses exploits, les terres sur lesquelles régnaient autrefois ses parents. Chargé de la défense des frontières occidentales du territoire xiongnu, il entraîna une petite armée wusun de quelques centaines de cavaliers et de bons archers. A la tête de ses troupes il remporta des succès qui l'amenèrent bientôt à revendiquer son indépendance vis-à-vis des Xiongnu qu'il se mit à combattre, dès lors, avec acharnement. De nouvelles victoires lui permirent de fonder son propre État sur une vaste contrée qui s'étendait depuis les plaines de l'Ili jusqu'au cours supérieur de la rivière Cu[2], comptant « 630 000 habitants répartis en 120 000 familles et défendue par 180 000 cavaliers en armes ».

Il reste de cette époque quantité de vestiges historiques parmi lesquels un grand nombre de tombeaux disséminés sur la steppe entre les rives de l'Ili et les Tianshan. Tous furent bâtis selon un plan identique : sous un tumulus pouvant atteindre 10 m de hauteur et 200 m de circonférence à la base, un caveau renfermant un double cercueil, dont le premier n'est pas sans rappeler le chalet d'hiver des pasteurs kazakh, construit avec des troncs d'arbres superposés. Certains, de grandes dimensions, laissent penser que leur importance variait en fonction du rang social qu'occupait le défunt ; les plus

1. Les Scythes élevaient de grands troupeaux de chevaux, non seulement pour leur cavalerie, mais aussi dans des buts commerciaux et alimentaires. Ptolémée les désigna, en effet, sous le nom d'« Hippophages ».

2. Prenant sa source dans les monts Kirghiz, à l'ouest des Tianshan, la rivière Cu suit, tout d'abord, un cours d'ouest en est avant d'obliquer vers le nord, à proximité du lac Issyk-kul, pour se diriger ensuite vers le nord-ouest où elle se perd dans les marais du sud-est de Kzyl-Orda.

imposants étant ainsi les sépultures royales ou de notables. Parmi les objets mis au jour lors des fouilles, un soc de fer, dont la forme est semblable à celle des lames de charrue en usage dans les Plaines centrales à la même époque, montre qu'une influence han s'était déjà manifestée dans cette lointaine région. De même, une gourde aux lignes frustes, d'un modèle qu'affectionnaient les populations nomades du temps, rappelle beaucoup celles qui ont été exhumées des tombes qin du Guanzhong. Enfin des fragments de soieries sont également là pour évoquer les échanges commerciaux aux premières heures de la Route de la Soie.

Les princesses han d'Extrême-Occident

Quand en 119 avant notre ère, Zhang Qian, l'émissaire des Han de l'Ouest, arriva chez les Wusun, il fut reçu amicalement et, aussitôt, ses hôtes dépêchèrent à Chang'an des messagers afin d'y conduire plusieurs dizaines d'excellents chevaux en hommage à l'empereur. De ces coursiers à qui Wudi devait donner le nom de « Chevaux célestes » avant qu'il ne réserve ce titre à ceux du Dayuan (Ferghâna), encore plus beaux. Dès lors, les produits de l'élevage wusun furent appelés *Xiji Ma*, les « Chevaux d'Extrême-Occident »,que Li Bai originaire de Suiye en Asie centrale, chanta dans un poème demeuré célèbre :

Il franchit les hauts Kunlun
Et traverse le vaste Xiji,
Sans que ses jambes raidissent.
Étrillé à Yan au chant du coq,
Il broute à Ye dans l'après-midi[3].
Il s'élance en avant tel l'éclair,
Frôlant le sol comme une ombre fugitive.

Dix ans après la visite de Zhang Qian, le souverain wusun vint à son tour à Chang'an pour demander la main de Liu Xijun, fille du prince de Jiangdu, neveu de l'empereur Wudi[4], avec, comme cadeau de fiançailles, mille de ses meilleurs chevaux. Plus que la valeur du présent, l'alliance tant souhaitée contre les Xiongnu incita Wudi à consentir au mariage. L'empereur était en effet parfaitement en mesure d'apprécier la valeur du contrat, car au chapitre du *Recueil historique sur les Contrées occidentales,* dans les *Annales des Han,* il avait été mentionné, sur les indications de Zhang Qian, que les plus riches éleveurs wusun possédaient couramment des troupeaux de quatre à cinq mille bêtes, et l'ennemi était aux frontières.

Dans un équipage digne d'une princesse des Han, Liu Xijun prit donc le chemin de l'Extrême-Occident accompagnée d'une suite de plusieurs centaines de personnes. Emmenant avec elle des lettrés, des musiciens et des danseurs, elle emporta également du mobilier, son trousseau de jeune mariée, sa garde-robe personnelle et ses bijoux. Les chars d'apparat, de lourds chariots et des animaux de bât composèrent ainsi la plus riche caravane jamais vue sur la Route de la Soie, transportant jusqu'aux lointaines contrées du Couchant le meilleur de ce que produisaient l'art et l'artisanat des Plaines centrales.

Ce déploiement de luxe raffiné eut d'autant plus d'influence sur la culture locale que le souverain wusun avait fait bâtir un palais de style han pour sa jeune épouse qui y donna ses premières réceptions. Elle offrit à la noblesse festins et présents, se considérant davantage comme une ambassadrice de la dynastie des Han auprès d'un puissant allié, qu'en nouvelle reine. En dépit de ses difficultés à adopter une langue et des mœurs

3. L'État de Yan s'étendait non seulement sur la région de Beijing mais aussi sur le nord-est du Hebei et l'est du Liaoning, tandis que celui de Yue se trouvait dans le Zhejiang, au sud de Shanghai.

4. Liu Jian, neveu de l'empereur Wudi des Han de l'Ouest, fut de 128 à 121 av. J.-C. prince de Jiangdu.

Troupeau de chevaux appartenant à des Kazakh nomadisant dans la steppe de Zhaosu (Mongolküre). A l'origine, le bassin de l'Ili était le grand centre d'élevage des chevaux "célestes" des nomads Wusun. Pendant plus d'un millier d'années, ces nomades échangèrent leurs chevaux contre des soieries et du thé de Chine.

aussi différentes des siennes, Liu Xijun sut sacrifier son bonheur à la raison d'État et, bien que son royal époux eût été trop âgé pour la consoler, elle ne s'abandonna à exprimer sa détresse qu'au travers la poésie de ses chants :

Ma famille m'a mariée au roi des Wusun,
Dans un pays étranger à l'autre bout du monde.
La tente me sert de maison et le feutre de mur,
La viande est ma nourriture et le lait ma boisson.
La nostalgie qui m'habite me torture le cœur,
Puissé-je avoir les ailes du loriot pour revenir dans mon pays natal !

Pour l'aider à supporter son exil, l'empereur Wudi lui envoyait tous les deux ans un messager qui lui apportait, avec des nouvelles de la Cour, des soieries et des brocarts. Mais le jour arriva où le roi, devenu trop vieux, voulut la remarier à son petit-fils Cenzun, selon la coutume wusun. Liu Xijun, réticente, voulut en appeler à l'empereur mais, celui-ci ne voulant pas compromettre son alliance, lui fit savoir qu'elle devait se soumettre aux usages du pays. C'est ainsi qu'elle épousa le prince et qu'elle vécut jusqu'à la fin de ses jours loin de Chang'an, sans jamais y revenir.

Par la suite, le mariage d'une autre princesse han avec un noble wusun renforcèrent les liens unissant les Han de l'Ouest à leurs lointains voisins des Contrées occidentales. Jieyou, petite-fille de Liu Wu — prince de Chu[5] — devait, à ce titre, jouer un rôle important lors d'une période particulièrement tendue avec les Xiongnu. En l'an 73 avant notre ère, ces derniers, inquiets des bonnes relations qu'entretenaient les Wusun avec la Cour des Han, massèrent leurs troupes à la frontière puis, sans aucune raison, réclamèrent que la princesse leur soit livrée. Aussitôt Jieyou et le roi demandèrent son appui à l'empereur Xuandi, fils et successeur de Wudi. Un an plus tard, une armée han de 100 000 cavaliers, avançant sur cinq colonnes, marcha contre les Xiongnu, et le général

5. Liu Wu avait été, de 174 à 154 av. J.-C., le troisième prince régnant de l'État de Chu, aboli en 69 avant notre ère.

Chang Hui prit le commandement des forces wusun au nom de l'empereur. Le roi, à la tête d'une cavalerie forte de 50 000 hommes, attaqua l'ennemi par l'ouest et lui infligea sa première grande défaite sur les rives du lac Pulei (Barkol), réalisant, un demi-siècle plus tard, l'objectif de Zhang Qian dont la mission principale avait été de « couper le bras droit aux Xiongnu ».

Wusun et Han vécurent ensuite en paix. Jieyou eut avec son époux le roi Guimi Weng trois garçons et deux filles. Leur fils aîné, Guimi Yuan devait, plus tard, succéder à son père, le cadet fut roi de Shache (Yarkant) et la première des filles se maria avec Jiangbin, roi de Qiuci. Tous ces liens contribuèrent à la stabilité politique entre les peuples des Contrées occidentales qu'un drame faillit cependant compromettre. Guimi Weng devait, en effet, mourir assassiné par Wu Jiutu, son propre fils né d'une autre épouse. Le jeune homme fomenta une révolte et se proclama roi en se prévalant de la puissance des Xiongnu auxquels il se trouvait apparenté par sa mère. C'est alors qu'intervint Feng Liao, demoiselle d'honneur de la princesse Jieyou et femme du général de l'aile droite des armées wusun. Très douée pour la diplomatie, elle avait déjà effectué de nombreux voyages officiels, au nom de sa maîtresse, dans différentes régions des Tianshan où elle avait su gagner l'estime et la confiance des autorités locales. Après le meurtre du souverain, elle alla trouver Wu Jiutu afin de lui exposer l'intérêt qu'offrait la suzeraineté de la dynastie des Han de l'Ouest. L'ayant convaincu, elle put se rendre à Chigu[6], quelque temps plus tard, en tant que représentante de la Cour impériale, pour couronner Guimi Yuan roi des Wusun et Wu Jiutu vice-roi, en leur remettant les sceaux officiels des Han de l'Ouest. Par la seule force de sa persuasion, Feng Liao était parvenue à rétablir une paix aussi durable qu'après la plus sanglante des batailles. En l'an 51 avant notre ère, elle raccompagna à Chang'an la princesse Jieyou, alors septuagénaire, puis elle choisit de repartir aider le jeune Xingmi, qui venait de succéder à son père Guimi Yuan, et consacrer le reste de son existence au pays qu'elle avait tant aimé.

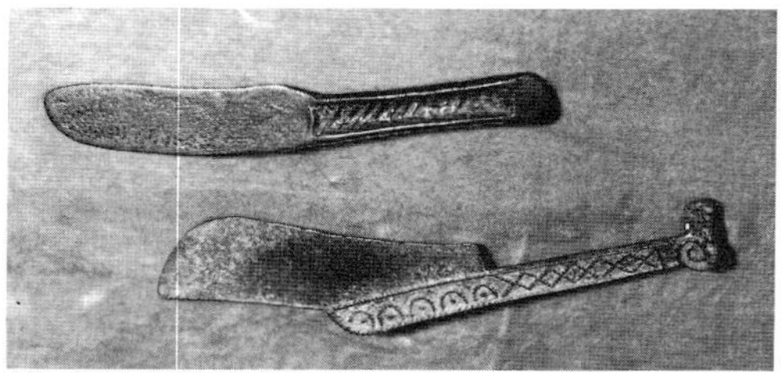

Couteaux de bronze utilisés par les Wusun.

6. Chigu, capitale des Wusun, était jadis établie sur la rive sud-est du lac Issyk-kul actuellement dans le Kirghizistan soviétique.

Tombes de Wusun à Zhaosu (Mongolküre). Souvent signalées par un tumulus circulaire, elles sont de dimensions variant avec le statut social du défunt. Les plus imposantes, véritables collines, abritent la dépouille d'un chef ou d'un notable. Leur nombre indique la densité de la population des Wusun.

L'énigme des kurgan

La multitude de tombeaux à tumulus, appelés *kurgan*, qui jalonnent le nord-ouest du Xinjiang, jusque dans les plaines du Ferghâna, sont à la fois trop nombreux et, géographiquement trop dispersés pour avoir été édifiés par les seuls Wusun. Les archéologues pensent qu'un bon nombre a pu être édifié par les Rouzhi, les Xiongnu et peut-être même par les ancêtres des Kirghiz. Beaucoup cependant peuvent être attribués aux Wusun, en particulier dans le bassin de l'Ili, dans les régions de l'ouest et du sud-ouest du lac Issyk-kul. De ces tombes ont été exhumés des pièces de feutre et de tissus brodés ainsi que divers objets en or ou en fer dont quelques-uns avaient été visiblement importés de Chine et des royaumes gréco-bactriens.

Par ailleurs ce type de sépulture se retrouve dans les traditions funéraires des peuples semi-nomades du haut Ienissei qui, à la deuxième époque de la « Culture de Tagar » (IVe-Ier siècle av. J.-C.), érigèrent d'immenses kurgan pouvant contenir plus d'une centaine de corps. Ils étaient de surcroît entourés de puissants murs de pierre et surmontés de grands monolithes. Mais, tous ces tombeaux ayant été pillés et incendiés, bien peu de documents ont pu être recueillis. Les seuls qui furent épargnés, comportent des motifs décoratifs, illustrant un bestiaire mythique, semblant être d'inspiration han.

Les fils de la louve

Après que les Wusun eurent été repoussés jusque dans les Pamirs par l'invasion des hordes *touran (Rouran),* descendues du nord-est vers le Ve siècle, d'autres nomades, les Tujue, investirent à leur tour les pâturages de l'Ili. Selon la légende, leur plus lointaine origine avait été une tribu qui vivait près des *mers occidentales*[7]. Attaquée par des voisins belliqueux, tous les membres en furent massacrés, à l'exception d'un garçon de dix ans qui fut tout d'abord atrocement torturé puis amputé des bras et des pieds avant d'être abandonné sur la steppe. Une louve le découvrit et revint chaque jour le nourrir en lui apportant une part de sa chasse. Le temps passa, l'enfant grandit et s'accoupla avec la louve qu'il féconda. Mais ses anciens tortionnaires ne l'avaient pas oublié et leur chef, ayant appris qu'il était encore vivant, donna l'ordre qu'il soit immédiatement retrouvé et mis à mort. Le bourreau remplit son office mais, au moment où il relevait son glaive sur la tête de la louve, le souffle d'un ouragan subit l'enleva dans les airs pour la transporter jusqu'aux Tianshan, non loin de Gaochang (Turpan). Dans cette contrée verdoyante et riche en gibier, la bête se réfugia dans une vaste grotte où elle mit au monde dix fils. Devenus grands, les dix garçons choisirent un nom et se séparèrent pour, chacun, fonder leur famille. Ashina, le plus intelligent de tous, fut reconnu comme chef et, avec les siens, il quitta la montagne. Ce serait de ce premier clan que les Tujue descendraient.

7. Ces « mers occidentales » étaient les mers d'Aral et Caspienne.

Une autre version, à peine moins fabuleuse, raconte que les ancêtres de ce peuple vivaient autrefois au nord du territoire des Xiongnu. Leur chef, Abangbu, avait soixante-dix frères dont l'un, né d'une mère louve, dépassait les autres en astuce et en bravoure. Appelé Yizhini Shidu, il épousa la fille du dieu de l'Été et celle du dieu de l'Hiver qui lui donnèrent quatre fils. L'aîné, Nedu Liushe, devait plus tard sauver la tribu de la misère où elle était tombée et en devenir le chef sous le nom de *Tujue,* tandis que les enfants de ses dix épouses prenaient celui de leur mère, le plus jeune étant Ashina. A la mort du père il fut convenu que celui d'entre ses fils qui sauterait le plus haut vers la branche d'un arbre choisi pour la circonstance, serait son successeur. Le vainqueur de l'épreuve fut le cadet, Ashina.

En fait, les Tujue[8] appartenaient à la confédération tribale des Xiongnu. En 439, lorsque Tuo Batao, l'empereur Taiwu des Wei du Nord, vainquit les forces de Juqu, Ashina, suivi de 500 familles, se réfugia chez les Rouran (Ruanruan), la plus grande nation septentrionale de l'époque. Installés plus tard dans les plaines au sud des monts Altaï, ils vécurent de chasse et d'élevage tout en mettant au service de leurs hôtes leur connaissance des techniques de la fonte du fer.

8. Les Tujue tiendraient leur nom des monts Altaï au pied desquels leur tribu s'était tout d'abord établie. Le profil des sommets aurait, à leurs yeux, évoqué la forme d'un casque de guerrier ce qui, dans leur dialecte, se disait *tujue.* De même, s'il est peu probable que des louves soient directement intervenues dans leur généalogie, le loup fut sans doute l'un de leurs principaux totems comme en témoignent les têtes dorées qui figuraient au sommet des mâts dressés devant la tente des chefs.

Vers le milieu du VIe siècle, le célèbre chef Ashina Tümen annexa les territoires des tribus environnantes, étendant son emprise jusque sur les régions du nord-est du Gansu et du Shaanxi. Dès lors un commerce de la soie s'instaura dans la zone frontalière du royaume des Wei de l'Ouest avec lesquels des relations officielles furent établies en 546. La même année, les Tujue firent la conquête des Tiele, une autre tribu nomade. Cette nouvelle victoire donna de l'assurance à Tümen qui s'enhardit jusqu'à demander au souverain des Rouran la main de sa fille. « Comment un forgeron, l'un de mes esclaves, peut-il formuler un tel vœu ? » fit répondre le dynaste, outré de tant de prétention. Furieux d'apprendre le rejet méprisant de sa requête, Tümen fit exécuter l'ambassadeur qui le lui avait rapporté et, rompant avec son ancien suzerain, il se tourna vers les Wei de l'Ouest dont l'empereur Wendi[9] lui accorda, en 551, la main de la princesse Changle. Un an plus tard, il renversait le souverain rouran et se proclamait *Shanyu*[10] de toutes les tribus de l'Ili. Il devait, par la suite, fonder un État limité à l'ouest par les mers Caspienne et d'Aral, à l'est par la Corée, au sud par la Grande Muraille et au nord par les rivages septentrionaux du lac Baïkal. Les liens unissant les Tujue aux Han et aux autres peuples de l'Empire ne firent que se renforcer, jusqu'à ce que, en 582, ils se divisent en deux nations distinctes que séparaient, géographiquement, les monts Altaï.

9. Yuan Baoju (507-551) fonda, en 535 à Chang'an, la dynastie des Wei de l'Ouest (535-557) dont il fut le premier empereur, Wendi.

10. Titre de chef suprême équivalent à celui de Khân.

Dès lors les Tujue de l'Est entrèrent de plus en plus dans l'orbe des Han sous le règne des Sui dont les annales des Sui *(Document historique sur les Tujue)* rapportent le message du Shanyu Shabolue déclarant : « Nos deux pays ont des territoires différents, mais sont animés des mêmes sentiments. (...) Nous souhaitons rester pour toujours un pays vassal. » Ce à quoi l'empereur Wendi[11] répondit : « De nos jours, suzerain et vassal ne font qu'un et profonds sont les liens qui nous unissent. » La coopération économique se développa : moutons et chevaux tujue arrivèrent en grand nombre dans les provinces intérieures de la Chine, tandis que les soieries et les porcelaines han effectuaient le chemin inverse.

11. De son vrai nom Yang Jian (541-604) il fut tout d'abord général dans l'armée des Zhou du Nord (557-581). Il hérita du titre de « duc Suiguo » porté par son père et l'empereur le fit, plus tard, roi Sui. Fort de son influence sur la noblesse de son fief et du Gansu oriental, il prit tous les pouvoirs à la mort du souverain, en 579. Deux ans plus tard il contraignit le jeune Yuwen Yan, empereur Jingdi à sept ans, d'abdiquer en sa faveur. Il fonda ainsi la dynastie des Sui (581-618) en prenant le nom d'empereur Wendi. Sa victoire sur la dynastie des Chen en 589 devait lui permettre de réaliser la réunification de la Chine. Il mourut empoisonné par son fils Yang Guang (569-618) qui lui succéda sous le nom de Yangdi.

Quant aux Tujue de l'Ouest, leur territoire étant celui qu'occupaient jadis les Wusun sur l'itinéraire nord de la Route de la Soie, ils participèrent activement au commerce des soieries et autres denrées rares, comme à celui des épices en provenance des pays du Sud, destinées à l'Empire byzantin. Au cours de son pèlerinage vers l'ouest, Xuanzang passa à Suiye en 630. Il y fut chaleureusement reçu par le souverain des Tujue de l'Ouest qui lui offrit une robe de moine et 50 pièces de soie avant de le reconduire, avec ses ministres, sur une dizaine de li (5/6 km). Pour la suite de son voyage, il le fit même accompagner par l'un de ses fonctionnaires parlant le chinois, langue que celui-ci avait apprise lors d'un séjour à Chang'an pendant sa jeunesse.

Des anciens Tujue, il ne reste aujourd'hui que les statues de pierre, qui se dressent encore parmi les herbes folles des étendues sauvages de la steppe, marquant l'emplacement de leurs tombeaux. Dans la terre, les caveaux faits de lourdes dalles ne contiennent ni corps ni mobilier funéraire mais seulement les cendres du défunt. La coutume tujue voulait, en effet, que les morts fussent incinérés. Pour perpétuer leur souvenir seules subsistaient leurs effigies les représentant sous les traits de personnages à l'allure martiale, portant une fière moustache, la taille serrée par un large ceinturon et chaussés de bottes. Levant une coupe dans leur main droite, la gauche posée sur le pommeau de leur épée, tous ont le regard tourné vers l'Orient, là où se lève le soleil, objet de leur culte.

Les vergers d'Occident

Comme toutes les contrées jadis traversées par la Route de la Soie, les rives de l'Ili sont jalonnées de ruines qui rappellent leur gloire d'antan. A 25 km au nord-est de Yining (naguère Gulja) dans le périmètre du champ de foire de la région de Turpan, un site jonché de tessons de céramiques tang marque l'emplacement de l'ancienne cité de *Gongyue* (Croissant de lune) . Cette ville, construite effectivement sous la dynastie des Tang, fut à l'époque un important relais de l'itinéraire nord entre Tingzhou (Jimsar) à l'est, Suiye à l'ouest et Qiuci (Kuqa) au sud. Lors des fouilles effectuées à Turpan, la découverte d'un reçu attestant le prêt sur parole, à un marchand han par un commerçant local, de 275 pièces de soie parmi d'autres marchandises, donne une idée des échanges commerciaux en ces temps.

Une autre grande étape du nouvel itinéraire nord était Alimali, que les habitants de la région appellent couramment l'« ancienne cité d'Aletaï » et dont les vestiges sont situés sur la rive ouest de la rivière Kegen, dans le district de Huocheng. Résidence, au Xe siècle, de Wozaer, chef des Geluolu[12] la ville fut, deux siècles plus tard, administrée par les Liao de l'Ouest, plus connus dans l'histoire sous le nom de « Qidan noirs[13] » *(Kara Kitat)*, une nation fondée par Yelü Dashi avec pour capitale Husiwoerduo proche de l'actuelle Tokmak en U.R.S.S. A l'époque de Gengis-Khân, Alimali était en pleine prospérité et, dans les *Notes de voyage à l'ouest* qu'il rédigea en 1219 au cours de la conquête des Contrées occidentales, Yelü Chucai[14] indiqua que « ... Alimali, baignée à l'ouest par un grand fleuve nommé Ili, est une contrée, riche en raisins et en poires, où sont semées les cinq céréales[15] comme dans les Plaines centrales... » Après la fondation du Khânat, Chaghataï[16], le second fils de Gengis-Khân, fit de la ville sa villégiature d'été mais, comme il y séjournait le plus souvent, elle devint un des centres politiques de Djaghataï Khân.

12. Les Geluolu, ou Karlu, étaient une population turque originaire des régions de l'Altaï.

13. Les « Qidan noirs » ne représentaient qu'une fraction de la nation des Qidan (Kitan ou Khitan), héritiers des anciens Xianbei mongols dans le nord-est de la Chine (Mongolie orientale et bassin du Liaohe occidental dans le Jiling). Au début du Xe siècle, une campagne de conquête leur permit de fonder l'Empire des Liao qui s'étendait à travers la steppe depuis la Corée jusqu'aux Tianshan. La dynastie des Song dut négocier la paix avec eux et le lourd tribut qu'elle versa en argent et en soieries approvisionna le commerce sur les itinéraires septentrionaux de la Route de la Soie. Une alliance entre les Ruzhen (Jürchen) du Nord et les Song du Sud parvint à les réduire, au début du XIIe siècle. Cette défaite entraîna l'exode, au Xinjiang, d'une partie de la noblesse qui y créa le royaume des « Qidan noirs » *(Kara Kitat)* ou Liao de l'Ouest. A la fois bouddhiste et nestorien, le nouvel État prospéra. Sa victoire, en 1141, sur les Turcs musulmans Saljuk (Seljoukides) fut, peut-être, à l'origine de la fameuse légende du « Prêtre Jean » qui, pour l'Occident chrétien, représenta un symbole de résistance et d'alliance contre l'Islâm. Mais le royaume disparut à l'aube du XIIIe siècle, balayé par les troupes de Gengis-Khân.

14. Prince de l'ancienne famille impériale des Liao (Qidan), Yelü Chucai (1190-1244) était gouverneur de Zhongdu (Beijing), lorsque Gengis-Khân prit la ville. Il se mit alors à son service et, l'ayant accompagné dans ses campagnes en Asie centrale et en Perse (1219), il persuada le conquérant mongol de préserver le patrimoine littéraire han puis, comme haut dignitaire, entreprit de nombreuses réformes. Il créa les relais de poste à travers l'Empire (1229) et émit pour la première fois du papier-monnaie (1236). A la mort de Gengis-Khân, il servit aussi fidèlement son successeur, Ögödei, et mourut à Qaraqorum.

15. A la culture de l'orge, du blé et des deux genres de millet *(Panicum* et *Setaria)* s'était en effet ajoutée celle du riz après sa diffusion entre le VIIIe et le XIe siècle.

16. Chaghataï (Tcharhatay ou Djaghataï) était le deuxième fils de Gengis-Khân. Ayant reçu en apanage le titre de Khân des tribus turco-mongoles de l'Ili et de Transoxiane qui occupaient l'ancien Empire des Liao de l'Ouest (Qidan noirs), il fonda la lignée des Chaghataïdes (ou Türkī) qui, indépendants, régnèrent jusqu'en 1369, après l'avènement des Ming (1368).

Le tombeau de Tughlûq Tîmûr, de style musulman d'Asie centrale, se dresse non loin de l'ancienne cité d'Alimali. C'était un descendant à la septième génération de Genghis Khân et le premier khân mongol à se convertir à l'Islâm dans la région du Xinjiang.

Pour tous les voyageurs qui passèrent par Alimali (ou Alima) son souvenir resta lié à celui des fruits. Yelü Chucai avait déjà fait remarquer que « *Alima*, dans les langues de l'Ouest signifie *pomme* et, alentour, ce ne sont que vergers de pommiers ». Quelques années après lui, le maître taoïste Qiu Chuji[17] venu dans la région sur ordre de Gengis-Khân, laissa un témoignage que rapportèrent ses disciples : « Le vingt-septième jour de la neuvième lune nous arrivâmes à Alima... et nous passâmes la nuit dans le verger de l'Ouest. Les autochtones appelaient les fruits *Alima* et la ville en était pleine. Nous l'appelâmes donc Alima... » En réalité, le nom que les Tujue de l'Ouest avaient donné à la ville était, en türki, Almalik. Ce qui, traduit littéralement, signifiait la « Ville des pommiers ».

Aujourd'hui, même la muraille de la ville a disparu mais de nombreux objets ont été mis au jour sur le site. Les plus nombreux sont des porcelaines de l'époque des Yuan telles que bols, tasses ou assiettes, portant les sceaux des fameux fours de Jingdezhen (Jiangxi), Longquan (Zhejiang), Cizhou (Hebei) et de Jun (Henan). De formes élégantes, richement décorées de motifs traditionnels chinois comme, par exemple, les deux dragons jouant avec une perle, le phénix s'ébattant parmi les pivoines, ou encore les caractères « Bonheur et Prospérité », leurs provenances très diverses montrent que les productions artisanales de toutes les provinces de l'Empire se retrouvaient sur la Route de la Soie.

Non loin de l'ancienne cité, le tombeau de Tughlûq Timûr, le Khân Chaghataï[18], se remarque par son style typiquement musulman. De construction rectangulaire, surmonté d'une coupole, sa façade est ornée de briques émaillées de couleur violet, bleu et blanc. Ce décor propre à un genre architectural répandu en Asie centrale serait, ici, destiné à commémorer le zèle religieux de celui qui fut le premier Khân mongol de la région du Xinjiang à s'être converti à l'islâm et sous le règne duquel 160 000 de ses sujets embrassèrent sa foi.

17. Qiu Chuji (1148-1227), souvent cité sous le nom de Qiu Changchun était un prêtre taoiste, grand maître de la secte *Quanzhen* (Pure Intégrité). En 1221, accompagné de son disciple Li Zichang, il se rendit en Asie centrale et en Perse afin de répondre à une convocation de Gengis-Khân. Après leur entrevue, le Khân exempta d'impôt les dignitaires taoistes. Il dicta à son disciple la relation de leur voyage *(Xiyouji)*.

18. Khân *Chaghataï* du Mogholistân (1347-1363) constitué par les territoires Ouigour de l'Ili et de l'Issyk-kul puis de ses conquêtes de l'Afghânistân et de la Transoxiane. Il fut renversé et tué par Tîmûr-i Leng, le « Boiteux », plus connu en Occident sous le nom de Tamerlan.

La céramique chinoise

Statuettes en bois peint représentant des danseuses en costume d'époque tang, trouvées à Astana près de Turpan. Musée de la région autonome ouigour du Xinjiang.

Poterie chinoise de l'époque des Shang, trouvée à Yumen (Gansu).

Depuis l'époque des Han, les Chinois semblent avoir été de grands amateurs de céramique. La poterie était au moins connue depuis le Néolithique. De son évolution progressive naquit une production raffinée dont l'usage était réservé à la seule classe aisée de la société dynastique, comme par ailleurs le bronze. Le peuple, pour sa part, n'employait que des ustensiles de terre cuite.

Sous la dynastie des Shang (env. XVIe s.-XIe s. av. J.-C.) les céramiques qui, jusque-là, n'avaient été que peintes à froid, commencèrent à être décorées à l'aide d'oxydes métalliques cuits au four. Dès le IIIe siècle avant notre ère, à l'époque des Royaumes combattants, apparurent les premières porcelaines bleues. Puis les potiers mirent au point de nouvelles glaçures, minces couvertes au feldspath, craquelées au feu qui, vers les Ve-VIe siècles, remplacèrent l'émail plombifère tendre, utilisé jusqu'alors. Ce ne fut qu'à partir de cette époque que commença la fabrication de la véritable porcelaine, à base de kaolin, tandis que se répandaient de nouveaux procédés d'émaillage probablement venus de la Perse sassanide par la Route de la Soie.

Sous l'influence des échanges avec l'Occident (Perse et Byzance) la céramique chinoise ne cessa de progresser. Mais ce n'est qu'au Ve ou VIe siècle que les artisans chinois parvinrent à produire des porcelaines sous couverte blanche. Les productions les plus remarquables de l'époque tang furent incontestablement les pièces qui reçurent cet émail marbré et trichrome, appelé *Sancai* (trois couleurs). Par la superposition de trois oxydes (vert de cuivre, jaune ou brun de fer et bleu de cobalt) les céramistes créèrent de merveilleux décors, en provoquant volontairement, à la cuisson, des coulures et des gouttes du plus heureux effet. Un grand nombre de figurines représentant des femmes de la Cour, des notables mais aussi des chevaux et leurs cavaliers ou des chameaux avec leurs chameliers, furent traités selon cette manière. Les pièces étaient généralement passées au four avant d'être émaillées. Pour les personnages, le visage était très souvent laissé en réserve, ou peint à froid, afin d'être réhaussé par la richesse des *sancai* du vêtement et des accessoires. Ce procédé, dont les qualités de transparence furent, par la suite, encore améliorées, resta en usage au royaume des Liao, dans les provinces du Nord, jusqu'à l'époque des Song. Parmi les porcelaines blanches, celles produites dans les fours de Xingyao dans le Hebei, et par ceux de Qiongyao dans le Sichuan, sont parmi les plus belles et les plus fines. Les céladons des fours de Yueyao (Yuezhou, la Shaoxing actuelle dans le Zhejiang) qu'un poète compara à des jades, furent également très renommés. Sous les Cinq Dynasties ces céladons furent d'ailleurs exclusivement réservés à l'usage impérial.

Sous la dynastie des Song, âge d'or de la céramique chinoise, les motifs qui ornaient les pièces comprenaient, entre autres sujets, des fleurs, des nuages stylisés ou des étoiles. Ils étaient fréquemment dessinés par incision sur la pâte encore molle de façon à apparaître, au trait, sous l'émail. Les plus prisés furent les fameux « céladons », terme occidental, emprunté à un personnage de l'*Astrée* célèbre pour les rubans verts de son costume, pour désigner des émaux obtenus par réduction d'oxydes de fer qui donnaient de subtiles teintes vertes plus ou moins foncées. En Chine, ces pièces étaient désignées sous des noms différents selon leur degré de coloration et leur provenance. Parmi les meilleures pièces, se trouvèrent celles, de nuances bleutées, produites à Dongyao (Fours de l'Est) près de Kaifeng.

Tout au long de la dynastie des Tang, les ateliers chinois s'étaient diversifiés en rivalisant d'imagination et d'innovations techniques. Quelques-uns des plus connus furent ceux de Xing, dans le Hebei, pour la blancheur des couvertes ; Qiong, au Sichuan, dont la finesse dans la matière resta inégalée ; Changnan (Jingdezhen), au Jiangxi, où furent fabriquées des porcelaines appelées « pseudo-jade ». Il y eut encore Dingzhou (Shaanxi), Qiuzhou (Hunan) ou Shuzhou (Anhui). Quant aux fours de Yue (de la ville de Yuezhou, aujourd'hui Shaoxing dans le Zhejiang), ils continuèrent, en l'améliorant sans cesse, la tradition des porcelaines dont le poète Gu Kuang disait, au VIIIe siècle, qu'elles semblaient être de jade, tout en poursuivant la manufacture de céramiques connues, en Occident, sous le nom de *proto-céladon* et, en Chine, sous celui de *Piaose* (vert nature) au temps des Jin, *Qianfeng Cuise* (vert de l'ère Qianfeng) sous les Tang et *Bise* (poterie secrète), à l'époque song, quand elles possédaient une certaine teinte bleu-vert, couleur des plumes de martin-pêcheur. L'ensemble des productions de Yue était tel que, lorsque le souverain de l'État de Wu fit sa soumission à l'empereur Taizong des Song, il lui offrit un assortiment de 50 000 objets de céramiques.

Les arts du feu étaient alors, en Chine, à leur apogée, tant par la diversité des émaux que dans la perfection des formes. Les grands centres se situaient à Dingyao et Cizhou (Hebei), Yueyao et Longquan (Zhejiang) ou encore Junyao et Ruyao (Henan). Cet épanouissement se prolongea sous la dynastie des Yuan puis celle des Ming durant laquelle le plus important foyer se développa à Jingdezhen, l'ancienne Changnan du Jiangxi, où plus de 3 000 potiers travaillèrent simultanément pour la Cour impériale, mais aussi à l'approvisionnement des marchés intérieurs et de l'exportation.

Un peuple à dos de cheval

Il y a bien longtemps, alors que verdoyaient les forêts et qu'un lac azuréen miroitait au pied des monts Tianshan tout couronnés de neiges éternelles, un cygne d'une blancheur immaculée descendit du ciel. En se posant à terre, il se métamorphosa en jeune fille si belle que sa grâce fit pâlir l'astre de la nuit. Un jeune homme, beau comme le soleil du printemps, vint lui offrir son cœur. Meilleur des archers, il pouvait, de ses flèches, transpercer les oies sauvages cachées sous les nuages. Mais ce furent ses chants mélodieux qui séduisirent la belle. Ils se marièrent et eurent beaucoup d'enfants qui, plus tard, devinrent les Kazakh.

Cette légende populaire résume les traditions d'un peuple qui, dans les plaines de l'Ili, vit depuis des siècles à dos de cheval. Un mode de vie sans doute encore plus ancien car la population actuelle se constitua au fil des temps par assimilations successives : tout d'abord des Yuezhi aux Wusun puis des Tujue, des Qidan et des Mongols. De nos jours, les coutumes kazakh sont restées imprégnées d'un nomadisme atavique, lien culturel puissant, qui trouve sa pleine expression dans les jeux traditionnels dont les plus populaires sont les courses de chevaux, mais aussi la « capture de la chèvre », version locale du célèbre *buzkashi*[19] afghân, ou encore les « filles poursuivantes », un divertissement original consistant en un badinage à coups de cravache... Il s'agit, en fait, d'une occasion de rencontre entre jeunes gens à marier pour laquelle cavalières et cavaliers, en costumes de fête, se donnent rendez-vous sur la steppe. C'est à une demoiselle de s'avancer la première et de lancer un défi qu'un garçon relève aussitôt. Chevauchant côte à côte, les partenaires s'éloignent du groupe en devisant gaiement tandis que d'autres filles provoquent à leur tour les garçons. Selon l'usage, le jeune homme peut librement courtiser sa compagne, sans que celle-ci ait à s'en formaliser, jusqu'à ce qu'il pique soudain et s'enfuie au galop. La fille se lance alors à sa poursuite avec le droit, si elle le rejoint, de le fouetter sans qu'il lui soit permis de riposter. Mais, la plupart des gagnantes se contentent généralement d'esquisser un geste que leurs rires démentent, et, très souvent, cette tendre victoire annonce des fiançailles.

Les Kazakh, toutefois, ne se préoccupent pas seulement de chevaux. Le climat doux et humide du bassin de l'Ili y favorise l'élevage autant que l'agriculture. Depuis les premiers soldats-paysans des Han de l'Ouest, l'agriculture a été largement développée, en particulier sous l'impulsion de Lin Zexu vers le milieu du siècle dernier. Héros de la résistance anti britannique lors de la guerre de l'Opium, ce commissaire de l'empereur Daoguang avait été exilé dans la région de l'Ili après la signature du désastreux traité de Nanjing, en 1842. Sans se laisser décourager par sa disgrâce, Lin Zexu entreprit de grands travaux dont le canal d'irrigation, qui porte son nom, creusé sur plus de 100 km entre la rivière Kax et Huiyuan. Ainsi les vergers d'antan se sont transformés en une riche plaine agricole produisant non seulement des pommes et des melons aussi savoureux qu'ils l'étaient autrefois, mais aussi du blé, du maïs et du riz, à l'aide d'une mécanisation des cultures comptant parmi les plus avancées du pays.

19. Le *buzkashi* afghân oppose deux équipes de cavaliers *(Shapandoz)* qui se disputent le cadavre d'un veau, d'un bouc ou d'une chèvre, décapité, dont le corps a été rempli de sable et mis à tremper toute une nuit pour l'alourdir. Afin d'encore augmenter la difficulté, les pattes en sont tranchées aux jarrets. Le jeu consiste à se saisir de la carcasse déposée dans un cercle *(Hallal,* le cercle de justice) au centre du terrain pour l'emporter jusqu'à une limite fixée à environ 500 m et la ramener à son point de départ, en dépit des assauts de l'adversaire qui cherche à s'en emparer. Dans cet engagement total des hommes et des chevaux, tous les coups (ou presque) sont permis.

Les chevaux de l'Ili, issus de la race des "chevaux célestes" des Wusun, grands, beaux et résistants, sont très recherchés pour leurs qualités et leur facilité de dressage. Ils sont surtout utilisés par les Kazakh.

火焰山下

第十章

CHAPITRE 10

LES PISTES DE LA MONTAGNE ARDENTE

Ci-contre : *Les "Grottes aux mille bouddhas" de Bezeklik, au pied de la "Montagne ardente", près de Turpan, furent creusées du* V^{e} *au* XIVe *siècle. On en compte actuellement 57.*

La montagne ardente et les oasis de feu.

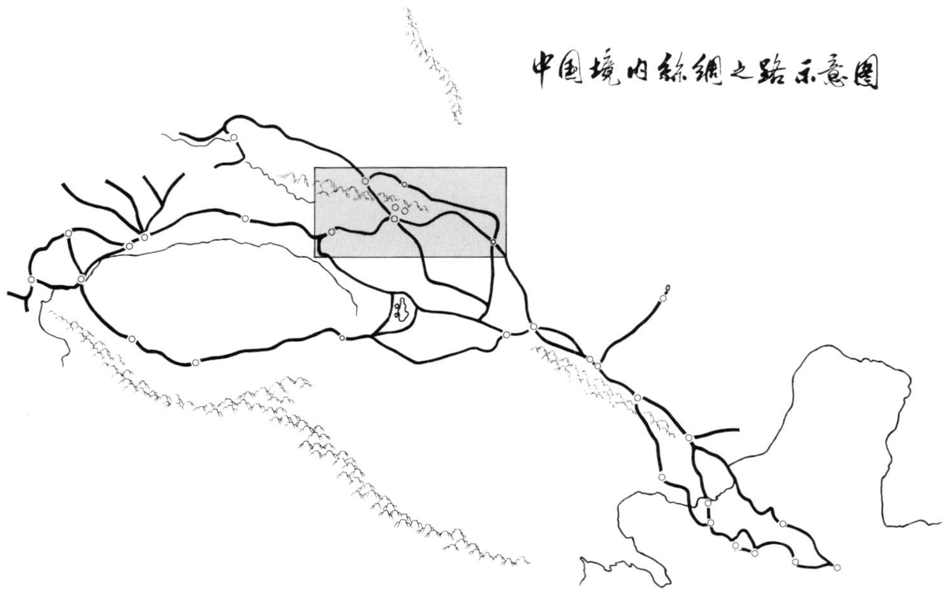

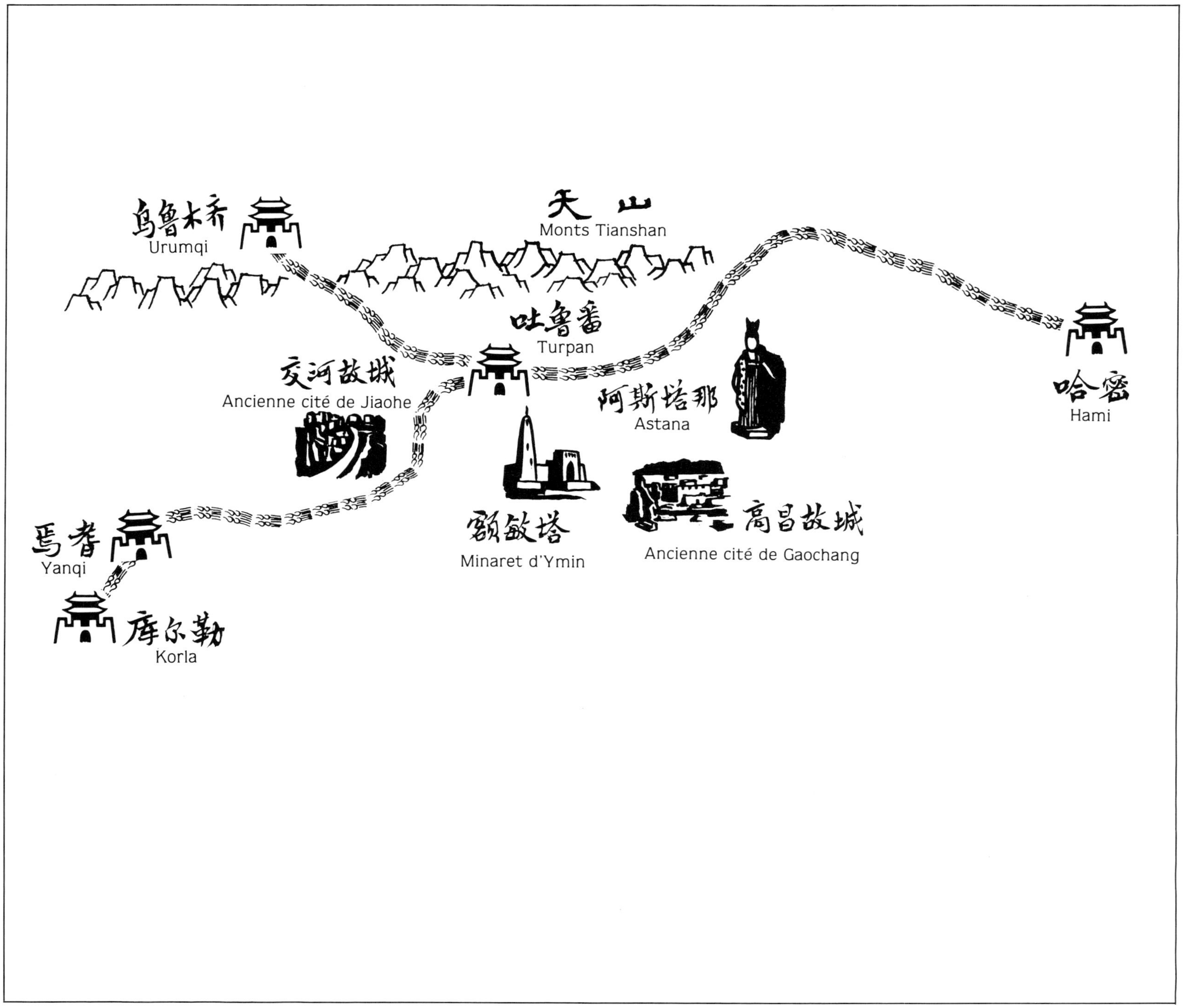

Copie d'un manuscrit de Xuanzang, intitulé Datang Xiyuji *"Voyage dans les Contrées occidentales à l'époque des Grands Tang".*

L'Oasis de feu

Vaste dépression de 50 000 km², encaissée par les monts Bogda au nord, et Qoltag au sud, la fosse de Turpan a la particularité d'être la région la plus basse de toute la Chine. A son centre, le lac Aydingkol se trouve en effet à 154 m au-dessous du niveau de la mer. Située dans une zone au climat sec, de type continental, et couverte d'immenses déserts de sable ou de pierrailles qui s'échauffent plus vite qu'ils ne refroidissent, elle ne reçoit que 16 mm de pluie par an. En été, il y fait une chaleur torride. De juin à août, il n'est pas rare que le thermomètre reste au-dessus de 40°, ce qui explique pourquoi, depuis l'antiquité, elle a été surnommée l'« Oasis de feu ». Une appellation qu'elle mérite d'autant mieux que le massif montagneux, long de 90 km, qui la traverse, est constitué de grès tertiaires aux teintes pourpres lui donnant un aspect incandescent sous les feux du soleil, d'où son nom de « Montagne ardente ».

En dépit de ces conditions extrêmes, des communautés humaines se sont depuis longtemps établies dans ce paysage d'enfer, aujourd'hui divisé entre les districts de Turpan, Shanshan et Toksun. Des arbres ont été plantés, pour rendre plus tolérables la chaleur et les vents de sable saisonniers. Des haies de peupliers bordent les canaux et les routes conduisant aux oasis, havres de fraîcheur offerts aux voyageurs brûlés par le soleil du désert environnant, et chaque maison est précédée d'une pergola où il fait bon vivre à l'ombre de la treille.

Malgré ces traditions héritées d'un lointain passé, la région avait autrefois une terrible réputation que Cen Shen [1], un poète de la dynastie des Tang évoqua en ces vers :
Des nuées de feu couvrant la montagne étouffante
Chassent les oiseaux volant mille li à la ronde.

Pareil décor ne pouvait qu'inspirer Wu Cheng'en lorsqu'il écrivit son fameux roman le *Siyouji* (Histoire des Quatre Voyages), récit épique des tribulations du moine Xuanzang cheminant sur la Route de la Soie pour se rendre en Inde [2] :

1. Issu d'une famille de petits fonctionnaires, Cen Shen (715-770) passa ses examens à l'Académie impériale en 744 et parvint à obtenir le titre de Docteur *(Jinshi)*. Envoyé, en 749, en garnison sur les frontières de l'Ouest pendant de longues années, il s'y illustra davantage comme poète que pour ses faits d'armes.

2. Né à Huai'an dans le Jiangsu, Wu Cheng'en (1500-1582) ne fut bachelier qu'à l'âge de quarante-trois ans. Il ne fit cependant qu'un court passage dans l'administration et, mécontent des milieux officiels, préféra revenir au pays natal où il écrivit, sur la fin de sa vie, le *Siyouji*. Le récit du voyage de Xuanzang, sur fond de légendes et contes populaires, circulait déjà dans toute la Chine depuis la dynastie des Song. C'est alors que fut publié l'ouvrage de Xuanzang, le *Voyage à la recherche des sûtra*, mais ce n'est que sous la dynastie des Yuan que cette histoire connut sa plus grande vogue et devint le fameux *Voyage vers l'Ouest*. De nombreuses pièces de théâtre s'en inspirèrent alors, exaltant la volonté du peuple de vaincre la nature à travers une apologie du bouddhisme (mêlé de pratiques appartenant au Dao). Wu Cheng'en reprit les éléments de ce répertoire en attribuant le rôle principal au roi des Singes, Sun Wukong, symbole de la révolte populaire envers toutes les formes d'oppression.

... *Aucune herbe ne pousse sur 800 li de feu. Aurait-on une tête de bronze et un corps de fer qu'on fondrait en s'y aventurant...* Mais fort heureusement, le saint homme était accompagné de son fidèle disciple, Sun Wukong, l'astucieux roi des Singes. Alors que la montagne leur barrait la route, celui-ci parvint à triompher de l'horrible roi Démon-Buffle[3], souverain des lieux, et de sa diabolique épouse, la princesse Éventail de fer. Avec une feuille de bananier il souleva le vent et amena la pluie, éteignant le feu et ouvrant ainsi la voie vers l'ouest.

Selon la relation que Xuanzang lui-même nota dans ses mémoires, son passage dans la contrée fut moins prodigieux, encore qu'il y ait connu une mésaventure qui, après son épuisante traversée du désert, allait de nouveau mettre à l'épreuve sa détermination à poursuivre son voyage.

3. Dans la tradition indienne, le personnage du « démon-buffle » incarne les passions pernicieuses et la mort.

La vallée de Guozi dans le district de Korgas, où passait depuis le XIIIe siècle le nouvel itinéraire du nord reliant Jimsar à la vallée de l'Ili. Elle est aujourd'hui traversée par la route Urumqi-Yining.

Vue de la "Montagne ardente", dans la dépression de Turpan. Ses roches dénudées en grès tertiaire de couleur pourpre semblent s'enflammer sous le soleil...

Ruines d'une ancienne pagode bouddhique près de l'antique cité de Gaochang, dont les murs ne s'ornent plus que de niches à bouddhas vides...

Grève de la faim au pays de la soif

A Yiwu (Hami), alors qu'il s'était à peine remis de ses fatigues, Xuanzang reçut la visite d'un envoyé spécial du souverain local, Qu Wentai, roi de Gaochang, qui l'invitait à se rendre dans sa capitale, proche de Turpan. Le moine suivit le messager et il arriva en pleine nuit aux portes du palais royal où le monarque l'accueillit, une bougie à la main en témoignage de son estime[4].

Après un séjour de deux semaines durant lequel il fut comblé d'égards, Xuanzang voulut saluer le roi afin de pouvoir se remettre en route. Mais, dans l'intention de le retenir, celui-ci lui dit :
« En compagnie de mon père, j'ai effectué de nombreux voyages dans les Plaines centrales et il m'a été donné de rencontrer beaucoup de moines célèbres. Aucun, toutefois, ne m'a inspiré autant de respect que vous. Quel honneur de vous avoir connu... En humble disciple, je n'ai d'autre vœu que de consacrer ma vie à votre service ! Croyez en ma sincérité, abandonnez votre projet d'aller vers l'ouest et installez-vous ici afin que mon peuple, tout entier, puisse recevoir votre enseignement. »

Devant le refus du moine, le roi menaça :
« Dans ce cas, à vous de choisir : ou vous demeurez dans mon pays ou mes soldats vous reconduiront chez vous ! Réfléchissez, mais je ne saurais trop vous conseiller de me donner satisfaction.
— C'est pour aller chercher des textes sacrés que j'ai entrepris ce long voyage, lui répondit Xuanzang. Quoi que vous fassiez pour m'empêcher de partir, vous ne parviendrez jamais qu'à retenir mon corps et mes os, alors que mon esprit et ma volonté s'échapperont. »

4. La coutume bouddhique de l'offrande d'une bougie symbolise la lumière divine et le don de soi. Cet hommage est rendu aux divinités et aux moines illustres afin de leur témoigner estime et dévouement. Le même rite de vénération existe dans les religions brâhmaniques.

Désarmé devant une aussi ferme résolution, Qu Wentai essaya alors de circonvenir par la douceur son hôte récalcitrant. Plein de prévenance il lui servit, en personne, à manger. Mais Xuanzang resta impassible. Assis, immobile, les yeux clos, il refusa de prendre toute nourriture trois jours durant. Finalement, le roi, convaincu qu'il ne parviendrait pas à fléchir la ferme résolution du moine, lui présenta des excuses et le pria de l'accepter pour frère en restant encore un mois afin de prêcher sa foi.

Au jour convenu, devant l'assemblée des dignitaires, des religieux et de la population, Qu Wentai fit ses adieux à Xuanzang et lui offrit trente chevaux et plus de provisions qu'il ne lui en fallait pour finir son voyage. Il lui remit, par ailleurs, des lettres de recommandation, accompagnées, chacune, par une pièce de soie, à l'intention des souverains des vingt-quatre pays que le pèlerin aurait à traverser.

Nul ne sait quand le bouddhisme a été introduit dans les oasis de la fosse de Turpan. Mais, en raison du passage de la Route de la Soie, il est probable qu'il y fut connu, sinon pratiqué, très tôt par une minorité. Les premiers à y avoir largement adhéré auraient été les *Huihu*, ancêtres des Ouigour venus du bassin de l'Orkhon, au IXe siècle, comme en témoignent les *sûtra* traduits dans leur langue, découverts dans la région. Des vestiges architecturaux de différentes époques sont également abondants. Outre les ruines de temples et de pagodes se trouvant parmi les décombres des anciennes cités abandonnées, plusieurs sanctuaires bouddhiques subsistent sur les pentes de la montagne Ardente. Des célèbres « grottes aux mille Bouddha » de Bezeklik, pillées à maintes reprises au cours de l'histoire[5], il ne reste plus que cinquante-sept grottes recélant des fragments de peinture, pathétiques reflets d'un art étonnamment brillant. Encore en assez bon état, la fresque de la grotte 39, intitulée *Hommage des princes,* représente un groupe de monarques se recueillant après la mort de Çâkyamuni, et atteste, pour la postérité, de l'habile vivacité des artistes de Gaochang.

5. Après des siècles de déprédations dues à l'érosion, le vandalisme et l'ignorance, le site de Bezeklik fut visité pour la première fois par des Européens en 1905, lors de la mission des archéologues prussiens Albert von Le Coq et Theodor Bartus qui y prélevèrent un grand nombre de fresques, en les sciant à même les parois. Envoyées au musée ethnologique de Berlin, les plus grandes furent exposées en étant cimentées sur les murs, ce qui, lors de la Seconde Guerre mondiale, empêcha de les mettre à l'abri. Malgré les protections mises en place, vingt-huit fresques, dont la plupart venaient de Bezeklik, furent réduites à l'état de gravats parmi les décombres du bâtiment bombardé à sept reprises, entre 1943 et 1945. Malgré cette perte irréparable, les collections d'Asie centrale du nouveau musée de Berlin-Ouest comptent parmi les plus riches du monde occidental.

Un bodhisattva, fragment d'une fresque de la grotte n° 37 de l'ensemble des "Mille bouddhas" de Bezeklik, à Turpan. Il porte une robe cramoisie, des colliers et un visage plein dépeignant les traits d'un autochtone.

Près de Turpan gisent les ruines de la cité du royaume de Gaochang, construite sous les Tang. Cette cité constituait une étape importante sur la route de la soie, car elle donnait accès à Tingzhou (actuelle Jimsar) à l'est, à Qiuci (actuelle Kuqa) au sud ou à Suiye, près de Tokmak en Asie centrale soviétique.

Les fleurs fanées du désert

Séparé d'Urumqi par 180 km d'une route qui serpente vers le sud-est à travers les monts Tianshan, le district de Turpan fut jadis le cadre d'une riche histoire dont le désert a conservé maints vestiges. Autrefois, l'essentiel des activités politiques, économiques et culturelles, dans cette région, s'était concentré dans des cités qui, après avoir connu une longue période d'épanouissement, se sont fanées dans les solitudes de l'abandon. Les plus importantes furent Jiaohe (Yarkhoto) et Gaochang (Karakhoja).

Jiaohe n'est qu'à une dizaine de kilomètres à l'ouest de Turpan. La ville était établie entre deux petites rivières, sur un étroit îlot dont les berges, affouillées par le courant des crues saisonnières, étaient suffisamment escarpées pour tenir lieu de murailles. Dans les ruines se distinguent encore les venelles débouchant sur une avenue centrale, longue de 350 m, mais large de 3 m seulement. A son extrémité nord, s'élèvent les structures d'un grand temple où subsistent des traces de niches et de statues du Bouddha. A l'opposé, côté sud, les débris des tuiles d'un faîtage sur une esplanade laissent deviner les plans d'un bâtiment qui devait être la résidence du gouverneur. Dans les quartiers d'habitation s'aperçoivent, çà et là, des cours dont les paysages sont mieux conservés que les maisons dont il ne subsiste que des pans de murs révélant toutefois un mode de construction original. En effet, elles n'étaient pas bâties en élévation mais excavées dans le sol. Une vaste fosse était creusée en ménageant les murs sur lesquels était ensuite posée la toiture.

Avant la venue des Han de l'Ouest dans le pays, Jiaohe était la capitale de la Cour du Cheshi antérieur, une ancienne chefferie xiongnu. Puis, en 48 avant notre ère, l'empereur Yuandi[6] y nomma un administrateur chargé de la mise en valeur des terres. L'effort porta essentiellement sur les travaux d'irrigation qui ont abouti à un astucieux système de canaux, appelé *Kârez*, captant et transportant l'eau sous terre, à l'abri du soleil. Sans cesse agrandi, le seul réseau autour de Turpan atteint aujourd'hui, paraît-il, 3 000 km. Enfin, vers le milieu du VIIe siècle, dans le but de renforcer son pouvoir dans les lointaines Contrées occidentales, le gouvernement des Tang instaura à Jiaohe la vice-royauté d'Anxi dont le chef-lieu devait être transféré, par la suite, à Qiuci (Kuqa).

6. Liu Shi ou Liu Sheng (75-33 av J.-C.), empereur dit Yuandi des Han de l'Ouest, régna à Chang'an de 48 à 33 avant notre ère.

Ruines de Jiaohe (Yarkhoto) sur le plateau de Yaeryazi, à dix kilomètres à l'ouest du chef-lieu de l'actuel district de Turpan. A l'époque des Han de l'Ouest (206 av. J.-C. - 8 ap. J.-C.), elle était la capitale du Beshbalik antérieur. Au milieu du VIIe siècle, la cour des Tang y installa la vice-royauté d'Anxi. Longue de 1 000 m du nord au sud et large de 300 m d'est en ouest, elle était dépourvue de murs d'enceinte.

La ville de Gaochang était d'une tout autre importance. Ses ruines s'étendent non loin de la commune de la montagne Ardente, à environ 40 km au sud-est de Turpan. Au cœur d'une oasis fertile, une muraille en pisé de 5 km, sur encore 11 mètres de hauteur malgré une érosion millénaire, entoure toujours une agglomération presque carrée, apparemment bâtie sur le modèle de la Chang'an des Tang. En plus de ses cités extérieure, intérieure et palatiale, elle possédait un temple, couvrant la superficie d'un hectare, dont seuls sont restés debout une porte, un sanctuaire dédié au Bouddha et la base d'une pagode. On y trouve par ailleurs le dallage d'une vaste cour. Sous la dynastie des Han de l'Ouest, Gaochang avait été une ville de garnison pour un détachement de soldats-agriculteurs. En 327, Zhang Jun[7], souverain des Liang antérieurs, en fit un chef-lieu de district qui, à l'époque des dynasties du Sud et du Nord[8], devint la capitale d'une succession d'États féodaux indépendants. Beaucoup de ces pouvoirs ont été éphémères, mais le plus durable fut le royaume de Gaochang que fonda, en 499, Qu Jia, ancêtre de Qu Wentai, l'hôte abusif de Xuanzang quelque 130 années plus tard.

Lorsque, après la réunification de la Chine par les Sui, l'empereur Yangdi effectua une tournée d'inspection dans les provinces occidentales, il fut accueilli à Ganzhou (Zhangye) par Qu Boya, huitième souverain en titre du royaume de Gaochang. Le neuvième roi en fut le fameux Qu Wentai, contemporain de l'avènement des Tang. Ce curieux personnage, encore plus madré en politique qu'en religion, feignit de se soumettre à l'Empire et vint même à Chang'an demander audience à Li Shimin tandis qu'il ne cessait de détenir et dévaliser, à leur passage par Gaochang, les ambassades que l'empereur envoyait dans les Contrées occidentales. La Cour des Tang ne pouvait tolérer ces actes de brigandage qui non seulement bravaient son autorité mais, de surcroît, compromettaient la libre circulation sur la Route de la Soie. En 640, Taizong ordonna une expédition punitive qui mit fin au règne des Qu. Il avait duré 141 ans. Gaochang devint alors la préfecture de Xichang, appelée plus tard Xizhou la « Préfecture de l'Ouest ».

La ville devrait connaître, par la suite, un rapide essor en tant que relais réputé sur la Route de la Soie où s'échangeaient les soieries et les laques, venues des provinces intérieures, contre des joyaux, des remèdes ou des chevaux arrivant d'Asie centrale. Tous ces marchés étaient d'égale importance et même le commerce des produits médicinaux pouvait faire l'objet de transactions considérables, comme l'indiquent des textes anciens mentionnant pour une seule opération la contre-valeur de 235 pièces de soie.

Au milieu du IXe siècle, un nouveau tournant dans la destinée de Gaochang prit naissance sur les steppes glacées du bassin de l'Orkhon. Le peuple des Huihu s'y débattait dans des luttes intestines, affaibli par la famine et le froid, décimé par les épidémies. Vaincu par les Xiajiasi, ancêtres des Kalkhas[9] de Chine et des Kirghiz d'Asie centrale, une partie des survivants émigra vers l'ouest et se fixa dans la fosse de Turpan, où Gaochang fut choisie pour la résidence du Khân. Ces réfugiés, connus sous le nom de « Huihu de Gaochang », ont laissé comme trace de leur passage une puissante construction que les habitants de la région ont appelée la « Forteresse du Khân ». La ville fut finalement désertée vers la fin de la dynastie des Yuan, il y a plus de six siècles.

7. Zhang Jun, qui régna de 324 à 346 dans la ville de Guzang, au Gansu, fut le troisième souverain de la dynastie des Liang antérieurs, durant la période des Seize Royaumes des « Cinq Barbares ».

8. Par commodité, les différentes périodes des époques de sécession dans l'Empire sont souvent désignées par un terme générique, significatif de leur caractère particulier, évitant d'énumérer toutes les dynasties qui se succédèrent pendant ce laps de temps. Ainsi les dynasties du Sud et du Nord (420-589) recoupent, en partie, les Seize Royaumes des « Cinq Barbares » (303-439) en réunissant :
— les dynasties du Sud : Song (420-479), Qi (479-502), Liang (502-557), Chen (557-589) ;
— et les dynasties du Nord : Wei du Nord (386-534), Wei de l'Est (534-550), Wei de l'Ouest (535-557), Qi du Nord (550-577), Zhou du Nord (557-581).

9. Appelé *Jiankun* à l'époque des Han, ce peuple altaïque d'éleveurs, d'agriculteurs et de chasseurs fut nommé *Xiajiasi* sous les Tang à qui ils firent leur soumission en 648. En 860, ils vainquirent les Huihu. Mais du Xe au XIIe siècle, beaucoup d'entre eux partirent pour les régions de l'ouest des monts Tianshan où ils se fondirent parmi les populations locales pour donner les actuels Kalkhas de Chine et Kirghiz d'Asie centrale.

Pièce persane en argent, pièce romaine en or et pièces arabes en or, trouvées à Xi'an et aux alentours. Musée provincial du Shaanxi.

Tissu de brocart représentant un "royaume barbare", des dynasties du Nord (386-581), trouvé à Astana. Musée de la région autonome ouigour du Xinjiang.

Morceau de brocart trouvé à Astana, d'époque tang, dont le motif de "perles et d'oiseaux" dénote une influence de l'art sassanide de la Perse. Musée de la région autonome ouigour du Xinjiang.

Les archives de la mort

Au nord-ouest de Gaochang, le désert qui s'étend entre les hameaux d'Astana et de Karakhoja recouvre une vaste nécropole. Depuis la libération, treize campagnes de fouilles ont mis au jour 400 tombes dont la plus ancienne date de l'an 273, sous la dynastie des Jin de l'Ouest, et la plus récente de 772, à l'époque des Tang. Quantité d'objets et de documents ont été exhumés de ces sépultures dans un remarquable état de conservation dû à la sécheresse du climat. Des soieries de la fin du VIe siècle et du début du VIIe, en particulier, ont gardé tout leur éclat. Durant cette période, l'art du tissage avait atteint un niveau sans précédent, tant sur le plan des techniques que sur celui de l'esthétique, dans la fabrication d'une grande variété de voiles, d'étamines, de satins et de brocarts [10]. Certains décors sont d'inspiration occidentale comme ceux constitués de paires d'oiseaux ou d'animaux affrontés et entourés de dessins géométriques, motifs typiquement sassanides imités des damassés persans. Car, bien qu'à l'époque la Perse produisît ses propres soieries, les étoffes chinoises y jouissaient toujours d'une grande réputation. Ainsi les pièces persanes en argent et les monnaies d'or romaines, qui furent retrouvées avec ces précieux tissus, ne font qu'ajouter à ces symboles éloquents des échanges commerciaux entre l'Orient et l'Occident réunis par la Route de la Soie.

Par ailleurs, les sépultures ont livré des milliers de documents divers tels que contrats, registres, comptabilités, lettres ou textes canoniques qui, selon la coutume, avaient servi à la confection de chaussures, ceintures et bonnets du trousseau funéraire accompagnant le défunt dans son voyage pour l'éternité.

Bien que fragmentaires et quelque peu disparates, ces papiers sont demeurés parfaitement lisibles. Leur étude a permis d'obtenir d'intéressants renseignements sur les affaires civiles et militaires de la vie quotidienne du temps. Il a été ainsi découvert que dans cette région, dont la vocation était agricole de longue date, les paysans cultivaient des céréales (blé, orge, sorgho, millet ordinaire et glutineux), des haricots, du sésame et des mûriers mais aussi des cotonniers. La plantation en aurait débuté, dans la région de Turpan, au plus tard vers le Ve ou VIe siècle car, sous la dynastie des Tang, la culture et le travail de filature y étaient déjà très avancés alors que dans les autres pro-

10. Si, dans le vocabulaire français des tissus, les mots voile, étamine ou brocart peuvent s'appliquer à toutes sortes de textiles, d'autres sont restés étroitement liés à la soie chinoise dans leur etymologie. Ainsi *serge* et *sergé* dérivent du latin *sericus, serica, sarica* (la soie), mais aussi du nom de l'ancien pays des *Sères*, les Chinois. Bien que *satin* vienne de l'arabe *zaytun*, il s'agit de la transcription du nom de *Quanzhou*, ville de province du Fujian spécialisée dans la fabrication de cette étoffe. De même *pongé* vient de *Buzhi*, en chinois : métier à tisser, *via* l'anglais *pongee*. Quant aux *pékin*, *shantung* et autres *chinés* leur origine demeure évidente. Les Routes de la Soie d'Orient et d'Occident y sont également présentes avec le *tussor*, de l'hindustanî *tasar*, et le *tabis*, du nom d'un quartier de Bagdad ou encore les *damas* et *damassés*, de la ville de Damas.

vinces chinoises l'usage ne s'en développa qu'à l'époque des Song du Nord (960-1127). Les premiers plants cultivés à Turpan appartenaient à une espèce *(Gossypium herbaceum)* qui, originaire d'Afrique, fut tout d'abord introduite dans le sud-est du Xinjiang où des fragments de cotonnades ont été trouvés sur un site archéologique datant des Han de l'Est, à Minfeng.

Parmi les autres trouvailles notoires qu'apporta l'examen de toute cette paperasserie funéraire, figurent des laissez-passer délivrés à ceux qui, pour une raison ou une autre, désiraient se rendre en un point quelconque de l'Empire. Ce système, mis progressivement en place sous la dynastie des Tang, permettait la surveillance des communications sur l'ensemble du territoire. Le voyageur devait présenter son laissez-passer aux contrôles où un officier de la garnison y inscrivait l'itinéraire suivi et la date de passage, avant de le signer. L'entrée en fraude et la contrefaçon étaient déjà des délits punis par la loi. L'un d'eux portant la mention : *Laissez-passer délivré à Tang Yiqian pour se rendre à Fuzhou* montre que, à l'époque, des personnes étaient capables d'entreprendre la traversée de la Chine, dans sa diagonale, depuis la frontière du nord-ouest jusqu'au Fujian, province maritime du sud-est.

Les sépultures recelaient également des trésors d'art telles les délicates peintures sur soie d'époque tang. La plus belle est celle intitulée *Jeu de Go,* découverte en menus morceaux dans la tombe 187. Un patient et minutieux travail de restauration a révélé un admirable groupe de femmes et d'enfants dont l'un tient dans ses bras un petit Bichon de race byzantine. En Chine comme à Byzance, les élégantes partageaient non seulement leur goût pour les soieries mais aussi pour les petits chiens de tendresse considérés, à juste titre, comme le comble du luxe étant donné leur prix. Cette valeur justifiait que des sujets fussent transportés sur la Route de la Soie, parmi d'autres marchandises précieuses, depuis les rivages de la Méditerranée jusqu'à Turpan, au cœur du Xinjiang.

Laissez-passer délivré à un certain Shi Randian sous la dynastie des Tang, découvert à Astana. De tels laissez-passer étaient indispensables aux voyageurs sur la route de la soie. Musée de la région autonome ouigour du Xinjiang.

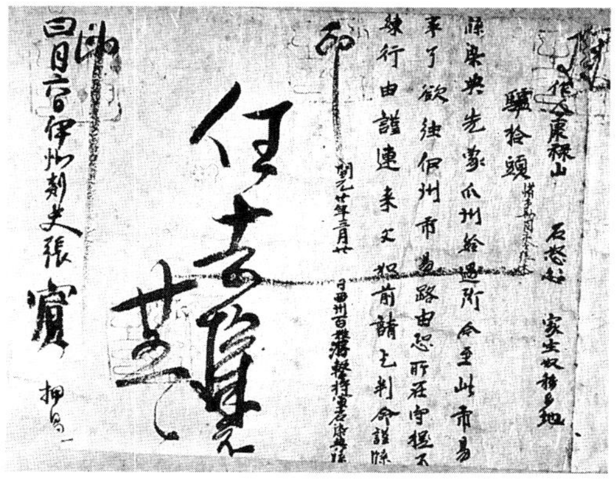

Les rites funéraires de l'ancienne Chine

Les rites traditionnels observés lors des funérailles ont été abolis en Chine depuis l'instauration de la République populaire qui a supprimé toutes les manifestations de coutumes superstitieuses. Ils restent cependant pratiqués dans les communautés chinoises de Taiwan et de l'Asie du Sud-Est où un décès est encore célébré comme un « événement blanc », cette couleur étant celle du deuil.

Ainsi, lorsqu'une mort survenait dans une famille, les proches consultaient tout d'abord le calendrier des augures, indiquant les jours fastes ou néfastes pour toutes les circonstances, afin de fixer la date des funérailles. Puis la nouvelle était annoncée aux voisins sur les banderoles blanches accrochées à la porte de la maison mortuaire.

Dans les cérémonies suivantes, quantité d'objets symboliques en papier, en bois ou en céramique étaient destinés à être brûlés ou déposés dans la tombe. Très divers, ces accessoires comportaient :
— des divinités masculines et féminines envoyées au ciel pour accueillir l'âme du mort,
— des domestiques pour servir le défunt dans l'au-delà,
— un cheval blanc, sa monture dans l'autre monde,
— un bœuf, figurant son bétail,
— un coffre d'or, un autre d'argent, représentant sa fortune,
— une « tour de nostalgie » (*Wangxiang*) sur laquelle l'âme du mort était censée monter au 35e jour (cinquième semaine) pour contempler une dernière fois les siens,
— diverses monnaies (imitation de pièces d'or et d'argent, lingots, billets de différents formats dont certains de la « Banque du Monde souterrain »),
— des formules magiques pour écarter les démons,
— des objets personnels de valeur tels que bijoux, peintures sur soie, ustensiles de laque,
— des pièces de vêtements qui, pour les plus pauvres, étaient en papier, éventuellement de récupération lorsque celui-ci était rare et, dans certains cas, encore bien d'autres choses.

Ainsi, dès que le mort avait été revêtu du costume mortuaire qu'il s'était fait confectionner de son vivant, un peu de monnaie funéraire et un palanquin de papier étaient consumés pour son départ sur les chemins de l'éternité. Le corps était ensuite transporté au temple dans un cercueil, laqué de noir à l'extérieur et de rouge à l'intérieur, dans lequel avaient été placés auparavant un oreiller rouge et bleu en forme de macre (châtaigne d'eau) et, sous le molleton du fond, des petits sachets de papier huilé en nombre égal à celui de l'âge du défunt. Ces objets n'étaient pas garnis de balle ou de bourre mais d'un mélange de chaux, de cendre et de terre.

A la tête du catafalque était dressé un autel qui, après l'enterrement, était rapporté à la demeure familiale où il devait rester pendant les « Sept septaines » (49 jours), nécessaires à l'âme pour atteindre sa destination. Pour ce long passage entre les deux mondes, avant de refermer le cercueil, un peu de riz était versé dans la bouche du mort, en ultime repas.

Une fois la cérémonie religieuse achevée, un cortège se formait pour aller au cimetière. En tête venaient un orchestre et les porteurs d'une grande bannière blanche censée indiquer la route à l'esprit du disparu. Derrière, le cercueil suivait sur un simple brancard ou sur une voiture décorée de fleurs blanches et ornée de longs rubans blancs que tenaient les parents et amis qui l'accompagnaient. En chemin, chacun brûlait encore une quantité de monnaie funéraire.

La tombe avait été creusée selon les indications d'un géomancien qui en avait déterminé le site et l'orientation à l'aide d'une boussole spéciale *(Lu Jin)*. La mise en terre était précédée de l'hommage d'un personnage important, convié aux funérailles, à qui il revenait de se prosterner au bord de la fosse.

Enfin, la famille donnait des festins pour ses invités qui, en retour, offraient des présents, parmi lesquels des tentures de coton, de drap ou de satin blancs portant des éloges du mort dont les proches observaient un deuil de trois ans alors qu'il n'était que d'un an pour ses filles mariées, ses neveux et ses nièces.

La vallée du Raisin

Les oasis de la fosse de Turpan regorgent de toutes sortes de fruits dont les plus réputés sont les raisins et les melons. Après les premières reconnaissances de Zhang Qian, un voyageur chinois rapporta du Dayuan (Ferghâna) à Chang'an des cépages qui ne tardèrent pas à se répandre dans l'intérieur du pays. A l'époque des Tang il existait ainsi à Turpan de grands vignobles mais aussi une importante production viticole. Selon les archives retrouvées dans les tombes, les impôts sur les plantations de vigne étaient perçus en vin, durant le règne des Qu à Gaochang, comme l'indique une feuille de registre consignant l'entrée de 973 hectolitres. Ce ne fut d'ailleurs qu'après la répression de Qu Wentai de Gaochang par Li Shimin que les procédés de vinification ont été connus à Chang'an. Dès lors, la capitale bénéficia d'excellents vins que chantèrent Li Bai, Wang Wei et bien d'autres, qui n'étaient pas poètes.

Il existe à Turpan de nombreux vignobles mais aucun n'est comparable à la « vallée du Raisin » qui s'étend au pied de la montagne Ardente sur 8 km de long et 500 m de large. Les vignes y donnent des grappes aux grains de formes et de couleurs variées. Les uns sont d'un vert de jade ou d'émeraude, les autres purpurins ou violacés, au galbe rond, ovale ou cordé. Une variété blanche, sans pépins, se prête à merveille à la confection de délicieux raisins secs. Aux vendanges, les grappes sont suspendues à de hautes perches verticales qui montent jusqu'au toit de vastes préaux construits à flanc de coteau. Après un mois d'exposition au seul souffle de la montagne Ardente, les grains ont conservé leur belle teinte vert tendre tandis que la concentration en sucre a presque triplé.

Les melons sont, en revanche, une spécialité du district de Shanshan. Réputés depuis la plus haute antiquité, ils sont connus sous le nom de « melon de Hami » depuis que le souverain de ce royaume en offrit à l'empereur Qianlong des Qing [11]. Parfumés, croquants, juteux et sucrés, ils sont ramassés deux fois par an. Ceux de la première récolte, tendres et succulents, ont une chair orangée. Les seconds, très parfumés, peuvent se conserver pendant une année. Les raisins sans pépins, les melons secs, dorés et aussi doux que le miel, ont fait la célébrité de la région de Turpan auprès des gourmands et des gourmets bien au-delà de la Route de la Soie.

11. Qianlong est, en fait, le nom de la seule ère qu'ait connue, comme l'usage en fut imposé sous cette dynastie, le règne de Aixinjiüle (Aisinjioro) Hongli (1711-1799), empereur Gaozong de la dynastie des Qing (1644-1911). En 1796, après soixante ans d'exercice du pouvoir, lorsqu'il abdiqua en faveur de Renzong, à seule fin de ne pas rester plus longtemps sur le trône que son illustre prédécesseur Kangxi, la Chine était à l'apogée de son extension territoriale, mais également au seuil de sa décadence dans une société féodale à son zénith.

Jeu de go, fragments d'une peinture sur soie, trouvée dans la tombe n° 187 à Astana et datant de l'époque des Tang. Endommagée lors de sa découverte et restaurée, la peinture complète montre onze personnages. Ce fragment décrit une dame noble devant l'échiquier. Musée de la région autonome ouigour du Xinjiang.

南下塔里木

第十一章

CHAPITRE 11

LE DEFILE DE LA PORTE DE FER

Ci-contre : *La montagne des grottes aux "Mille bouddhas" de Kizil se trouve à 67 km à l'est du chef-lieu du district de Baicheng (Bay). Les grottes se trouvent creusées au flanc sud du mont Minwudaiyiwu et font face à la rivière Muzat. Excavées aux* IIIe *et* IVe *siècles, elles forment un ensemble remarquable de 236 sanctuaires et salles d'habitations pour les religieux, dont 75 sont ornées de fresques murales. Ces grottes constituent l'ensemble le plus vaste et le plus ancien de vestiges bouddhiques de l'ouest du territoire chinois.*

Les oasis bouddhiques du Turpan.

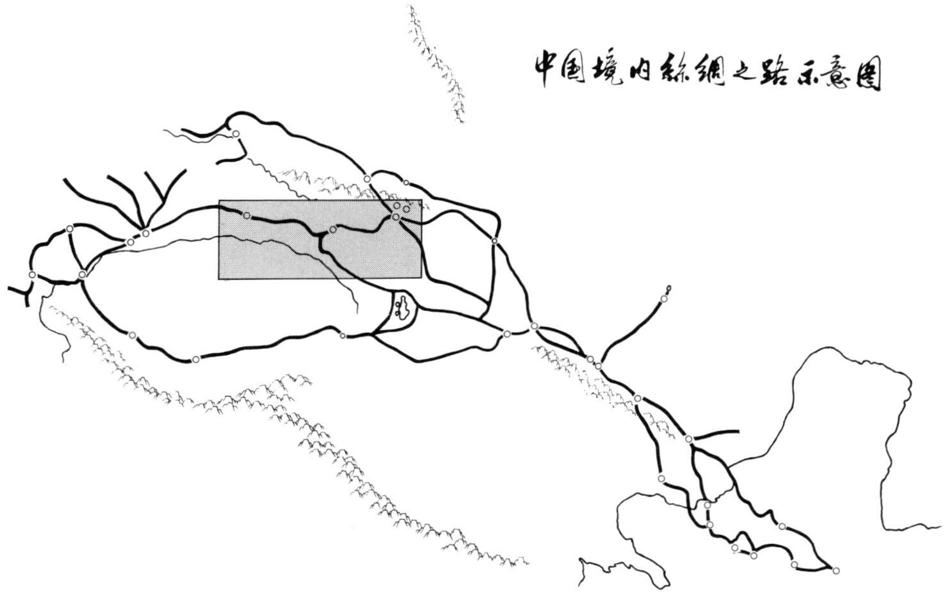

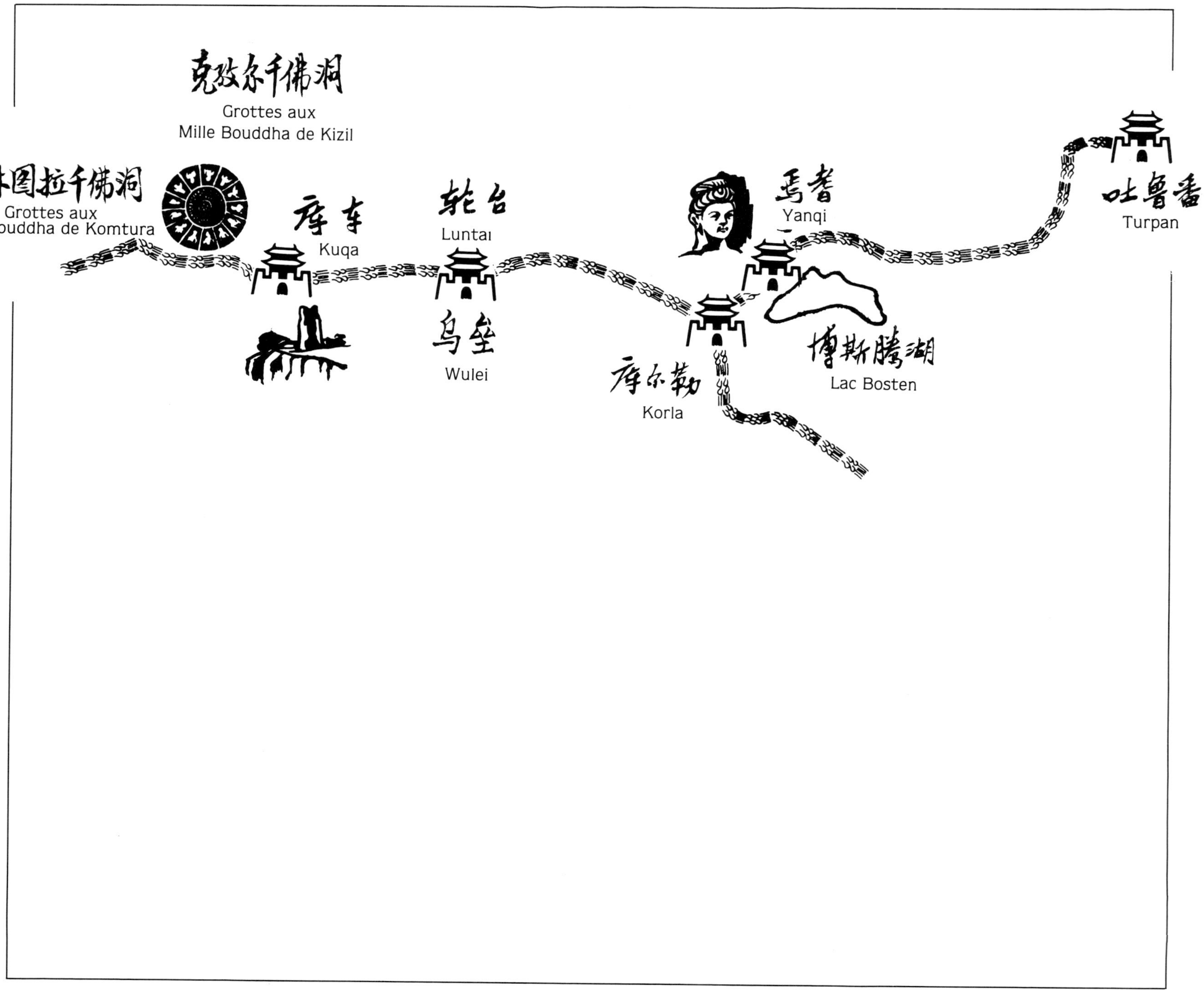

Les fouilles entreprises dans les anciennes tombes des environs du ravin Alagou ont livré de nombreux fragments de tissus de soie, des poteries funéraires et des objets divers en or, argent et en laque ayant appartenu à des populations autochtones de l'époque des Han de l'Ouest (206 av. J.-C. - 8 ap. J.-C.). Cet objet d'or en forme de lion provient d'une des tombes fouillées. Musée de la région autonome ouigour du Xinjiang.

Avant la Route de la Soie

Autrefois, pour aller vers le sud, de Turpan jusque dans la dépression du Tarim, la Route de la Soie coupait à travers les monts Qoltagh et Kuruktagh. Le vieil itinéraire était le plus judicieux car, aujourd'hui, la ligne de chemin de fer conduisant à Korla suit exactement le même tracé. Ainsi les voyageurs du train peuvent voir sur une terrasse, au débouché du ravin de Yuergcu, une ancienne forteresse aux murs de galets. De cette hauteur, le regard embrasse toute la vallée et le chemin qu'empruntaient jadis les caravanes. Lors de fouilles menées dans son enceinte, fut mis au jour un fragment de document daté de la dynastie des Tang laissant penser aux archéologues que ce poste de surveillance avait été probablement construit, au plus tard, vers cette époque (VIIe-Xe siècle). Il fut, en tout cas, postérieur aux tombes découvertes alentour appartenant à une peuplade qui vivait dans la région à une période se situant entre les Royaumes combattants et les Han de l'Ouest, c'est-à-dire au cours des cinq derniers siècles avant notre ère.

Parmi l'abondant mobilier funéraire que livrèrent les sépultures, figuraient des soieries qui, malgré leur altération, laissent encore deviner les contours de leurs motifs décoratifs. De nombreuses pièces d'orfèvrerie, des bronzes, des laques et des terres cuites furent également exhumés. Les objets en or sont, pour la plupart, ornés de figures animales révélant un art naturaliste des plus intéressant. Un fauve gravé sur une plaque n'est pas sans rappeler le tigre représenté sur les tuiles terminales des auvents de portes d'époque han. Une certaine influence de l'esthétique propre aux Plaines centrales se retrouve par ailleurs dans le traitement d'autres sujets. Mais le plus significatif fut sans doute un plateau à piètement en bronze, utilisé pour les sacrifices zoroastriens[1]. Or, il en fut retrouvé d'autres, d'un modèle strictement identique, dans plusieurs régions d'Asie centrale actuellement situées de l'autre côté de la frontière soviétique. Tous ces indices portent à croire que, bien avant l'ouverture de la Route de la Soie, le réseau d'échanges qui s'était instauré, au sein des tribus nomades, suivait déjà des parcours qui allaient être, plus tard, celui des caravanes.

1. Lors des cérémonies, les prêtres zoroastriens brûlaient sur ces plateaux de bronze des bois odorants et des parfums en offrande à leur divinité tutélaire Ahura-Mazdâ.

De nos jours, seule la longue recherche des archéologues travaillant dans les ruines et les tombeaux peut raviver ces lointains souvenirs. Pour les voyageurs, la silhouette d'une vieille citadelle s'est simplement profilée, un instant, par la fenêtre du train qui, après avoir franchi les Tianshan au col de Kuixian, dans le massif des Qoltagh, suit la faille de Wulastai et descend sur Baluntai et Hejing pour atteindre la plaine de Yanqi, toute quadrillée de champs et sillonnée de canaux.

Enclavée par les Tianshan et les monts Kuruktagh, cette région constituait jadis un État qui, sous les Han, s'appela *Yanqi* puis *Karashahr* pendant la dynastie des Tang. Ses terres, fertiles, se prêtaient déjà à toutes sortes de cultures et, en particulier, à celle de la vigne. Par ailleurs, les pêcheries du lac Bosten (Bagrax) contribuaient, par ses ressources, à la prospérité générale. Dans ses eaux limpides et fraîches, riches en plancton, foisonnent en effet des tanches noires, grosses et grasses, dont la chair est délicieuse. De plus, les marais riverains fournissent une énorme quantité de roseaux servant à la fabrication de la pâte à papier et de fibres artificielles de qualité pour l'industrie textile. Ce vaste réservoir naturel de 980 km², le plus grand du Xinjiang, est alimenté par l'eau de fonte des névés des Tianshan que lui déverse la rivière Kaidu au terme de son cours à travers les gobis de l'ouest, tandis qu'au sud la rivière du Paon *(Konqihe)*, son affluent, arrose les oasis de Korla et de Yuli (Lop Nur).

Parmi les sites historiques qui jalonnent la contrée le plus célèbre est celui des « Mille salles », une grande ruine, vestige de ce qui fut un temple aux dimensions imposantes. L'action destructrice des hommes s'est jointe aux éléments pour n'en laisser que quelques pans de mur croulants parmi un tas de décombres. Une dizaine de statues représentant des donateurs ont cependant pu en être dégagées. Leurs visages aux profondes orbites et au nez aquilin n'ont rien de chinois mais sont, au contraire, typiques de l'art du Gandhâra des premiers siècles de notre ère.

Le lac Bosten (Bagrax) situé au sud-est du bassin de Yanqi (Karashahr), constitue la plus grande réserve d'eau douce du Xinjiang. Il s'étend sur une superficie de 980 km².

Pionniers d'hier et d'aujourd'hui

Au-delà de Korla commence le Tarim, semblable, en beaucoup plus vaste, aux régions précédentes. Comme elles, cette immense dépression endoréique est cernée de hautes montagnes mais ce sont, ici, des chaînes entières qui se succèdent. Les Tianshan au nord, les monts Kunlun et Karakoram au sud, le « Toit du monde » des Pamirs[2] à l'ouest et les monts Altun à l'est, dressent des remparts infranchissables aux vents humides venus des toundras septentrionales comme à ceux des moussons méridionales. Au centre de ce cirque aux dimensions continentales, ne recevant que quelques dizaines de millimètres de pluie par an, il n'existe aucun lac mais une succession de gobis toujours plus stérile, jusqu'au désert absolu du Taklimakan.

Dans ce paysage minéral, soumis à un soleil implacable, seuls les plus grands cours d'eau parviennent à se frayer un passage à travers ces étendues désolées. Les autres

2. Bien qu'en Occident l'usage courant ait consacré « Toit du monde » le plateau tibétain, cette locution figurée s'appliquait autrefois, dans les pays limitrophes d'Asie centrale, au(x) Pamir(s), mot venant du persan *Paimir* qui signifie « pied des sommets ».

Deux têtes en terre cuite, celles d'une femme (à droite) et d'un homme barbu (à gauche), représentant probablement des donateurs qui vécurent sous la dynastie des Tang, trouvées lors des fouilles effectuées à Xigeqin, près de Yanqi (Karashahr).

disparaissent dans les sables pour former des rivières souterraines qui ressurgissent parfois à la lisière d'un ancien cône de déjection, créant une oasis. La plupart, cependant, ne s'éloignent guère des piémonts périphériques. Cette observation s'applique surtout à l'hydrographie du sud où les torrents suivent un cours perpendiculaire aux reliefs dont ils dévalent. Tous finissent par se perdre au cœur du Taklimakan, à l'exception de la rivière Hotan qui parvient presque à le traverser en son milieu. Dans le nord, au contraire, la grande rivière Tarim serpente le long des montagnes, comme la rivière Yarkant qui la prolonge vers l'ouest et celle de Qarqan, à l'est. L'ensemble encercle le désert d'un chapelet d'oasis par lesquels passaient les deux itinéraires de la Route de la Soie.

En l'an 101 avant notre ère, le gouvernement des Han de l'Ouest créa un commandement militaire sur l'itinéraire nord et des garnisons de plusieurs centaines d'hommes s'installèrent dans les régions de Bügür (aujourd'hui Luntai) et de Chadir (au sud-est de l'actuel district de Korla). Leur tâche était de garantir la sécurité des caravanes tout en s'employant à la mise en culture de terres nouvelles. Plus de 5 000 hectares furent ainsi aménagés, équipés d'un système d'irrigation et permettant de constituer des réserves de céréales. Un demi-siècle plus tard, les champs de Bügür et de Chadir s'étaient rejoints pour ne plus former qu'une étendue d'un seul tenant.

En 60 av. J.-C., la Cour impériale institua une vice-royauté à Wulei, non loin de Bügür, dont le rôle était de poursuivre le développement agricole, tant au nord qu'au sud du bassin du Tarim. Ces travaux s'étendirent vers l'ouest jusque dans les régions du lac Issyk-kul et de la rivière Cu, entraînant une nette amélioration de l'agriculture locale par l'introduction de nouveaux outils aratoires[3] et de techniques mises au point dans les Plaines centrales. Cet effort devait se poursuivre sous toutes les dynasties jusqu'à ce que, en 1949, les troupes de l'Armée Populaire de Libération entrent au Xinjiang et prennent la relève. Afin de ne pas alourdir les charges de la population locale avec leur ravitaillement, les partisans de Mao Zedong renouèrent avec l'ancienne tradition des soldats-agriculteurs de la Route de la Soie. Au prix de mille difficultés, le 18e Régiment canalisa les eaux de la rivière Konqi tandis que le 29e créait, près de Korla, des rizières et des champs de coton que depuis les habitants ne cessent d'agrandir et d'améliorer.

3. Outre les grands travaux d'aménagement entrepris par les soldats-agriculteurs, les troupes han introduisirent dans les Contrées occidentales les progrès d'une technologie déjà très avancée. Ainsi, la fusion du fer leur était connue depuis le VIe siècle avant notre ère et les premiers aciers avaient suivi trois siècles plus tard. Ces métaux avaient alors été utilisés pour remplacer les anciennes armes de bronze mais, surtout, les outils agricoles auparavant en bois. Le matériel agricole était généralement en fonte, fragile mais permettant de produire en grande quantité des araires, pioches ou bêches, à l'aide de petits hauts fourneaux à soufflet, faciles à mettre en œuvre. Ces techniques placées sous monopole d'État en 117 av. J.-C. ne purent rester exclusives et voyagèrent, entre autres sur la Route de la Soie jusqu'en Occident où, vers l'an 40, Pline l'Ancien vanta la « science métallurgique des Sères ».

Les poiriers de la rivière du Paon

Avant de décrire un large méandre vers l'ouest, entre Korla et Yuli, pour aller finalement se jeter à l'est, dans le lac Lop Nur la rivière du Paon *(Konqi)* s'est frayé un passage à travers les contreforts occidentaux des monts Kuruktagh en y creusant une gorge profonde, longue de 14 km et bordée de falaises escarpées. Ce défilé fut appelé la « Porte de fer » car il constituait un passage obligatoire de Yanqi à Korla, sur la route de Kuqa (Qiuci). En raison de son importance stratégique, des fortifications en défendaient l'accès, mais disparues depuis longtemps, elles sont aujourd'hui remplacées par un pacifique barrage hydroélectrique au service de l'agriculture et de l'industrie de la région. De même, il ne reste rien de l'antique garnison de Chadir dont les ruines ont été jadis englouties sous les sables du Taklimakan poussés, vers le nord, par le vent du désert.

De nos jours, Korla est une cité active où sont installées des usines d'électronique, de construction mécanique, de chimie des textiles et même une mine de charbon. Toutefois le mariage du soleil et de l'eau, dans l'oasis qui l'entoure, lui a également conservé sa vocation agricole. Ainsi, elle est demeurée célèbre pour sa production fruitière et, plus particulièrement, pour ses poires très sucrées[4] et délicatement parfumées. Ces vergers sont un héritage des soldats-agriculteurs de l'ancien temps car, dans des textes datant du IIe siècle, les poiriers figurent parmi les espèces végétales qui furent introduites dans le pays par les troupes impériales. Au VIIe siècle d'ailleurs, Xuanzang, attentif à tout ce qu'il rencontrait de remarquable, ne manqua pas de signaler les succulentes poires de Korla. Mais, s'il est effectivement probable que le poirier a voyagé d'est en ouest sur la Route de la Soie, pour parvenir jusqu'en Occident, une légende Ouigour lui attribue une origine locale différente, trop belle pour ne pas être contée.

Jadis, les habitants de l'oasis ne cultivaient pas les poiriers et, seuls, les plus riches en faisaient venir, à grands frais, de lointaines contrées. Pour que les gens du peuple puissent enfin y goûter, une jeune Ouigour, du nom d'Ailiman[5] décida un beau jour de prendre le chemin de l'Orient, à la recherche de ces précieux arbres fruitiers. Elle franchit quatre-vingt-dix-neuf montagnes et visita quatre-vingt-dix-neuf cités. Mais si, au cours de son long périple, elle perdit quatre-vingt-dix-neuf ânes, elle en rapporta quatre-vingt-dix-neuf poiriers qu'elle planta dans son village. Malheureusement quatre-vingt-dix-huit plants ne purent s'acclimater et séchèrent sur pied. Il n'en survécut qu'un seul qui, greffé sur un sauvageon, donna un bel arbre dont le vent répandit alentour un doux parfum de fruits. Un grand propriétaire terrien, par l'odeur alléché, proposa à Ailiman de le lui acheter. La jeune fille refusa mais l'homme revint à la charge, employant tantôt la douceur, tantôt la menace. Tous ses efforts furent vains, tant et si bien qu'à la fin, excédé de ne pouvoir s'approprier le poirier qu'il convoitait, il ordonna à ses gens d'aller le couper. Ailiman tenta de s'interposer mais la lutte était par trop inégale. Dans l'échauffourée, elle reçut un mauvais coup et s'effondra, mortellement blessée, sur son arbre abattu. Au printemps suivant, la souche encore noire du sang versé se couvrit de vigoureux rejetons que les paysans vinrent tailler, en secret, pour en faire de nouveaux greffons. C'est ainsi que les rives de la Konqi se couvrirent de vergers, perpétuant le souvenir de la courageuse Ailiman.

4. Les poires qui font la réputation de Korla et d'autres oasis du Xinjiang, appartiennent à une espèce particulière *(Pyrus serotina)* donnant des fruits à longue queue, de petite taille de forme arrondie et très parfumés, dont la chair croquante est extrêmement juteuse mais d'un goût pas aussi prononcé que l'odeur le laisserait supposer. Connu sous le nom de « poirier des sables de Chine » ce fruitier est cultivé au Japon *(Nashi)* et il fut, aux États-Unis, à l'origine de la variété *Kieffer*. Il reste sous-exploité en Europe malgré son intéressante faculté à être reproduit par bouturage (plantation en pleine terre d'un rameau prélevé sur l'arbre mère) ou marcottage (enracinement spontané d'une branche aérienne).

5. La similitude de consonance entre *Alima*, prénom ouigour, et la ville d'*Alimali* n'est due qu'à une coïncidence de transcription.

Kuqa la musicienne

A l'ouest de Korla et de Luntai, Kuqa est aujourd'hui, avec ses quelque 300 000 habitants, le second district du Xinjiang méridional en ordre d'importance. Le chef-lieu se compose de deux villes dont la plus grande est une banlieue nouvelle construite à la fin des années 1950. Quant à l'ancienne cité, elle fut autrefois, sous le nom de Qiuci, l'une des plus célèbres étapes du Couchant sur la Route de la Soie. Parmi les trente-six « États » qui constituaient les Contrées occidentales à l'époque des Han de l'Ouest, Qiuci passait déjà pour une métropole, avec une population de 80 000 âmes, alors que les autres n'étaient, pour la plupart, que des bourgades isolées ou de simples territoires occupés par des nomades.

Dans les environs du nord de Korla, s'ouvre la Porte de Fer, qui garde la sortie d'un défilé rocheux long de 14 km et où s'engouffre le cours supérieur de la rivière du Paon (Konqi). C'est par cette gorge encaissée que les voyageurs pouvaient pénétrer dans le bassin du Tarim.

A la suite des missions de Zhang Qian, le royaume de Qiuci entretint avec l'Empire d'étroites relations qu'un mariage vint encore resserrer. En 69 avant notre ère, Dishi, la fille aînée de la princesse Jieyou et du roi des Wusun, avait pris la Route de la Soie pour se rendre à Chang'an afin d'y parfaire son éducation musicale. A son retour, elle passa par Qiuci dont la réputation musicale n'avait pas encore gagné toute la Chine. Mais, tout allait commencer par une histoire d'amour. Le roi Jiangbin s'éprit en effet de la jeune fille et lui demanda sa main. Les parents ayant donné leur consentement, l'union fut célébrée et, quatre ans plus tard, les nouveaux époux firent le voyage jusqu'à Chang'an où ils séjournèrent durant un an. Ils y furent reçus par l'empereur Xuandi qui, après avoir conféré à Dishi le titre de princesse, leur offrit de somptueux cadeaux parmi lesquels des chars, des chevaux, des bijoux, des soieries mais aussi des chanteurs et des musiciens.

A leur retour, le roi et la reine se firent construire des palais dans le style des Han et adoptèrent les us et coutumes de la Cour impériale. A la mort de Jiangbin, son fils Chengde lui succéda. Fier de sa parenté avec la dynastie Han, il continua d'œuvrer pour le rapprochement entre le Qiuci et la Cour des Han. Toutefois, pendant longtemps, les rapports s'exercèrent principalement sur les plans politiques et commerciaux. En l'an 91, Qiuci fut érigée par les Han de l'Est en vice-royauté chargée des affaires militaires et administratives pour les Contrées occidentales. Puis, après la longue éclipse des trois siècles et demi de la sécession pendant lesquels Qiuci développa son identité culturelle, le royaume ne fut plus, sous les Tang, que l'une des marches d'Anxi, au même titre que Yutian, Shule et Suiye. Par la suite, le rôle de son roi devait être assimilé à celui d'un gouverneur local assumant l'administration civile, comme cela se produisit, par ailleurs, pour d'autres grands feudataires.

Petite statuette de bronze représentant un musicien céleste, provenant de Kuqa dans le Xinjiang, et datant du Vᵉ siècle.

Ruines de l'antique cité de Subashi, à 20 km au nord du chef-lieu du district de Kuqa. C'est ici que se trouvait probablement le temple Zhaohuli mentionné par le religieux bouddhiste chinois Xuanzang dans ses Mémoires sur les Contrées occidentales à l'époque des Grands Tang.

En cessant d'occuper une place prépondérante dans l'administration impériale, Qiuci ne perdit cependant rien de son statut de capitale artistique et religieuse. Les échanges avec les Plaines centrales, amorcés sous les Han, avaient suscité entre les deux cultures de profondes affinités, qui connurent un vif regain entre les Ve et VIIIe siècles. Particulièrement sensible dans les domaines musical et chorégraphique, le répertoire des Plaines centrales, longtemps figé par un traditionalisme institutionnel, fut alors rénové sous l'impulsion de grands interprètes originaires des Contrées occidentales. L'un de ces artistes des plus marquants fut Suzup qui accompagna, en 565, la fille du khagan des Tujue en visite à Chang'an. Né dans une famille de musiciens de Qiuci, ce virtuose du *pipa* (luth chinois à quatre cordes) avait derrière lui une longue carrière de succès commencée en tant que jeune prodige. Dans la capitale, il rencontra le compositeur Zheng Yi avec qui il se lia d'amitié et l'initia à de nouvelles harmonies en lui apprenant à jouer de son instrument. De leur collaboration naquit un renouveau de la musique chinoise qu'ils remirent en vogue tant auprès des masses populaires que dans le cercle très fermé de la Cour impériale où le florilège du Qiuci fut admis comme l'une des *Neuf musiques* de l'époque des Sui puis des *Dix musiques* sous la dynastie des Tang.

Cette fusion entre les arts des provinces orientales et occidentales se remarque jusque dans la facture de certains instruments. Ainsi, pour ne reprendre que l'exemple du *pipa*, il en existait de deux sortes. Le *quejin* utilisé au Xinjiang et en Asie centrale avait été transmis de Mésopotamie *via* la Perse et l'Inde. Quant au *zhijin*, propre à Qiuci, il combinait la caisse de résonance piriforme du premier au manche droit du *yueqing*, la « guitare-lune » des Plaines centrales. Mais, de nos jours, tandis que les personnages sur les fresques des temples esquissent les pas de ballets à jamais incertains, la musique qui les accompagnait est depuis longtemps oubliée. Toutefois, la moderne Kuqa est restée un pays de chants et de danses qui trouvent leur pleine expression lors des fêtes et réjouissances populaires, selon l'antique tradition.

Pièces de monnaies arabes trouvées à Kuqa.

Le son, le geste et la note

Jusqu'à présent, aucun exemple d'écriture musicale datant des premiers millénaires de l'histoire chinoise n'a encore été retrouvé, ce qui laisserait supposer que, pendant très longtemps, les œuvres du répertoire furent transmises de mémoire, des compositeurs aux interprètes puis entre musiciens. Pour une société dans laquelle la musique relevait moins du divertissement ou d'un plaisir d'esthète que d'une institution régie par tout un système de lois morales, philosophiques et protocolaires, cette lacune semblerait paradoxale si elle ne justifiait l'importance du Bureau de la Musique, à l'égal des autres ministères des gouvernements impériaux.

Toutefois les premiers éléments de solfège remonteraient aux temps légendaires, lorsque Gongsun Xuanyuan, l'Empereur Jaune (Huang Di) fondateur de la nation chinoise, aurait demandé à Ling Lun, son maître de musique, d'établir une gamme. Celui-ci, perplexe, se mit en chemin pour aller chercher l'inspiration, par monts et par vaux. Un jour il arriva au pays de *Tai Ha* où poussaient des bambous particuliers dont les tiges étaient toutes du même diamètre. Il en prit une qu'il coupa exactement entre deux nœuds et, en soufflant dedans, il obtint un son, doux comme le murmure du fleuve Jaune, appelé plus tard *Huang Zhong* (Cloche Jaune). C'est alors qu'un couple de phénix vint se poser sur une branche, au-dessus de lui. A partir de la note que donnait le sifflet de bambou, le mâle chanta les cinq suivantes auxquelles la femelle répondit par six autres, intermédiaires. Aussitôt, Ling Lun s'empressa de tailler des bambous dont chacun reproduisait les sonorités que lui avaient données les oiseaux, obtenant ainsi, avec le son fondamental de la « Cloche Jaune », le diapason des douze *lü*, les six notes *yang* et les six notes *yin* du système dodécaphonique, base de toute la musique chinoise. Il est, par ailleurs, remarquable que le terme *lü*, archétype du modèle et de la règle, fut également employé pour désigner les articles du code pénal impérial, établissant ainsi un parallèle entre l'harmonie musicale et celle du pouvoir légiférant.

En se référant aux seuls textes historiques, l'origine du son fondamental reste obscure. Cependant la plus ancienne mention du calcul, sur cette base, des cinq premières notes d'une gamme pentatonique a été donnée au VIIe siècle avant notre ère par Guan Zhong (mort en 645 av. J.-C.), ministre du royaume de Qi à l'époque des Printemps et Automnes. Sa méthode, dite « mode des trois parts » *(San hunyi)* fut reprise dans l'encyclopédie de Lu Buwei (mort en 225 av. J.-C.), ministre de Shihuangdi, pour établir l'échelle des douze *lü* qui, par la suite, resta inchangée. En effet, au-delà de ce nombre de progression par quintes, il subsiste un écart de 1/9e de ton pour retrouver le son fondamental. Cet inconvénient devait être largement compensé par l'utilisation des cinq degrés de l'échelle pentatonique : *Gong* (fa, sol, la, do, ré), *Chang* (sol, la, do, ré, fa), *Jiao* (la, do, ré, fa, sol), *Zhi* (do, ré, fa, sol, la) et *Yu* (ré, fa, sol, la, do), chacun des douze *lü* pouvant être pris comme point de départ selon le principe de la « transposition » qu'autorisait la valeur absolue de ces tons de référence. Ce qui représentait, en fait, une gamme de soixante notes. Par la suite, deux possibilités transitoires y furent adjointes, équivalentes à mi bémol et si bémol, appelées *Pian Gong* et *Pian Zhi*, c'est-à-dire *Gong* et *Zhi* « bémolisés ». Un tel ensemble explique la richesse polyphonique de la musique chinoise.

La notation se limitait alors aux noms des douze *lü*, exprimés par douze caractères, comme ils figurent, par exemple, sur les cloches de certains carillons. Ce ne fut qu'à l'époque des dynasties du Sud, entre le IVe et le VIe siècle, qu'apparut un moyen empirique permettant de reconstituer la mélodie à l'aide d'une description très précise des gestes, propres à chaque instrument, que devait exécuter l'interprète. Ainsi, pour le *Qing* (cithare à sept cordes) cette « partition gestuelle » indiquait le doigté, la corde à jouer et un repère sur l'instrument comme le montre cette composition du Qiu Ming (494-590) à l'époque des dynasties du Nord et du Sud.

〔谱例二〕《碣石调幽兰》中之一片段

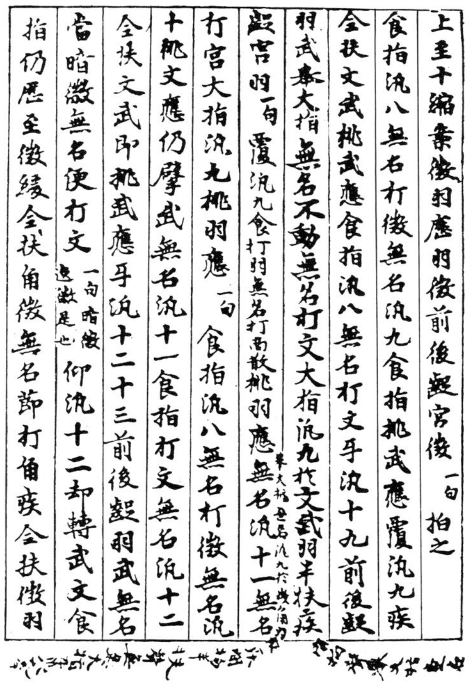

Se lit de droite à gauche et de haut en bas, la "partition" commence à la deuxième colonne. Les huit premiers caractères se traduisent par : l'"index" (de la main gauche) sur la marque 8, le médium (de la main droite) attaque la corde zi, etc.

A la fin de la dynastie des Sui, un certain Cao Rou entreprit une première simplification de ces partitions gestuelles d'une pratique incommode. Des améliorations successives aboutirent finalement au procédé *Jianzi Bu*, contemporain des Song du Sud, vers 617. Ce nouveau système donnait exactement les mêmes indications que précédemment mais sous une forme abrégée, résumée dans des caractères composites tels que, par exemple :

constitué de :

 *Médium de la main gauche*

 *7e marque*

 *Pincer du doigt de la main gauche à une demie marque inférieure*

 *Attaquer la corde, vers le corps, avec le médium droit*

 *6e corde*

ce qui, en termes clairs, équivaut à dire : *le médium de la main gauche pince la corde 6 à une demi-marque sous le repère n° 7. Glisser jusqu'à 7 tandis que le médium de la main droite attaque, vers le corps, la corde 6.*

Cependant, alors que Cao Rou travaillait sur la schématisation des partitions pour cithare, d'autres musiciens de son temps effectuèrent des recherches identiques à partir du doigté de la flûte. Le résultat en fut la notation *Gongchi*, exprimée par 7 caractères conventionnels donnant les 7 degrés sonores de l'échelle heptatonique.

Ce système avait l'avantage de convenir également pour le jeu de certains instruments à cordes tels que le violon chinois *(Er Hu)* ou la guitare-lune *(Yueqing)*.

De nos jours, il existe en Chine bien d'autres types de notation dont aucune, toutefois, ne saurait dispenser un élève des explications du maître. L'une des plus usitées est une gamme heptatonique dont les symboles sont des chiffres :

majeur $\dot{1}\ \dot{2}\ \dot{3}\ \dot{4}\ \dot{5}\ \dot{6}\ \dot{7}$
tonique 1 2 3 4 5 6 7
mineur $\underset{\cdot}{1}\ \underset{\cdot}{2}\ \underset{\cdot}{3}\ \underset{\cdot}{4}\ \underset{\cdot}{5}\ \underset{\cdot}{6}\ \underset{\cdot}{7}$

Qiuci la pieuse

Jadis point de convergence de tous les grands courants intellectuels, Qiuci fut visitée très tôt par les premiers moines bouddhistes comme, plus tard, devaient y passer les pèlerins chinois en quête de sûtra. Patrie de Kumârajîva que l'empereur Yao Xing des Qin postérieurs avait élevé à la dignité de « Grand Maître de l'État », la ville avait acquis un tel rayonnement spirituel que, sur l'itinéraire de la Route de la Soie, au sud des Tianshan, pas moins de dix-sept établissements conventuels annonçaient son approche. Au VIIe siècle, à l'époque du voyage de Xuanzang, la cité et ses environs comptaient une centaine de temples servis par quelque 5 000 moines et nonnes. A ses portes de l'Ouest, de part et d'autre de la route, se dressaient deux statues colossales du Bouddha. Chaque année, à l'approche de l'équinoxe d'automne, une grande fête réunissait les religieux pour la lecture des textes sacrés devant le souverain et la population assemblée. Dans les sanctuaires, les effigies de Çâkyamuni étaient parées de riches brocarts et de joyaux étincelants avant d'être conduites en procession, sur des chars fleuris, à travers les rues.

De nos jours, les principaux monuments témoignant encore de cette foi fervente sont les sanctuaires rupestres de Kizil et de Komtura. Creusées au flanc du mont Minwudayiwu, à 67 kilomètres de Kuqa, les grottes aux Mille Bouddha de Kizil s'ouvrent sur la rivière Muzat. Le site, qui s'étend sur près de 2 000 m, comporte 236 oratoires étagés sur la falaise, dont 75 conservent des restes de fresques d'une superficie totale d'environ 10 000 m^2. L'origine du sanctuaire remonte au IVe ou Ve siècle mais son aménagement fut poursuivi durant un millénaire, donnant ainsi un large panorama de l'art religieux dans cette région particulièrement féconde du Xinjiang. L'un des traits caractéristiques de l'esthétique du Qiuci apparaissant dans les motifs décoratifs est une fréquente utilisation de la symétrie et des formes géométriques. L'exemple le plus représentatif en est donné par le plafond de la grotte 17, orné d'une peinture en losanges. Trente-huit scènes inspirées des *Jâtaka* s'y inscrivent dans un harmonieux damier.

Les grottes aux "Mille bouddha" de Komtura se trouvent au pied du mont Que'ertag, à 32 km au nord-ouest de Kuqa. Quarante-sept d'entre elles sont ornées de fresques. Elles furent creusées et décorées vers le IIIe siècle.

Fresque murale de la grotte n° 14 de Kizil, représentant une scène d'une des vies antérieures du roi Guangming "Clarté". Le style de cette peinture montre des influences persane, indienne et chinoise.

Des fresques exécutées selon les mêmes principes ornent le sanctuaire de Komtura, établi au pied du massif des Que'ertagh, à 32 km au nord-ouest de la ville. Parmi de nouvelles grottes récemment dégagées du sable qui les avait envahies, un autre décor de voûte a été mis au jour. De forme ronde, il se compose d'une fleur de lotus au centre, entourée de treize caissons sur lesquels figurent des bodhisattvas, chacun représenté dans une pose différente. Une certaine plénitude dans les traits des visages et la vivacité des coloris porteraient à penser que cette peinture pourrait dater du début du VIIIe siècle, à l'apogée de la dynastie des Tang. Cependant, en dépit des influences chinoises ou indiennes qu'ils recevaient, en raison de leur situation géographique sur la Route de la Soie, les artistes de Qiuci surent trouver et préserver un style singulier qui, à travers les siècles, conserva toujours sa profonde originalité.

Buste d'un bodhisattva, en torchis peint, provenant de Komtura (Xinjiang), et datant des VIIe-VIIIe siècles. L'art de cette statuette de 35 cm de hauteur, typiquement koutchéen, se rapproche cependant de l'art chinois, avec son visage aux formes pleines et les yeux légèrement fendus. Les sourcils, les yeux, la moustache et la barbiche de ce portrait idéalisé d'un prince sont marqués par un trait noir alors que la bouche et les plis du menton sont indiqués en rouge vif.

翰海西北

第十二章

CHAPITRE 12

LES ROUTES DE L'ISLAM

Ci-contre : *Portrait d'un riche donateur, probablement un souverain, escorté de porteurs de parasol et d'éventails, représenté dans la grotte n° 409 de Mogao Ku à Dunhuang, à l'époque des Xi Xia (Xia de l'Ouest, 1032-1227). Ce genre de fresque nous renseigne amplement sur les cérémonies et habits des personnages nobles de l'époque.*

Les chemins d'accès aux Contrées occidentales.

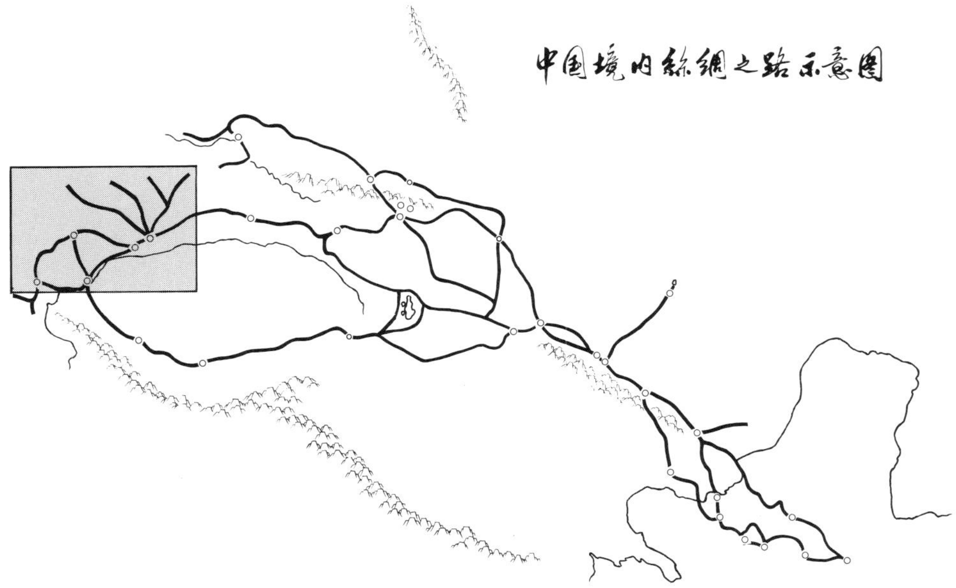

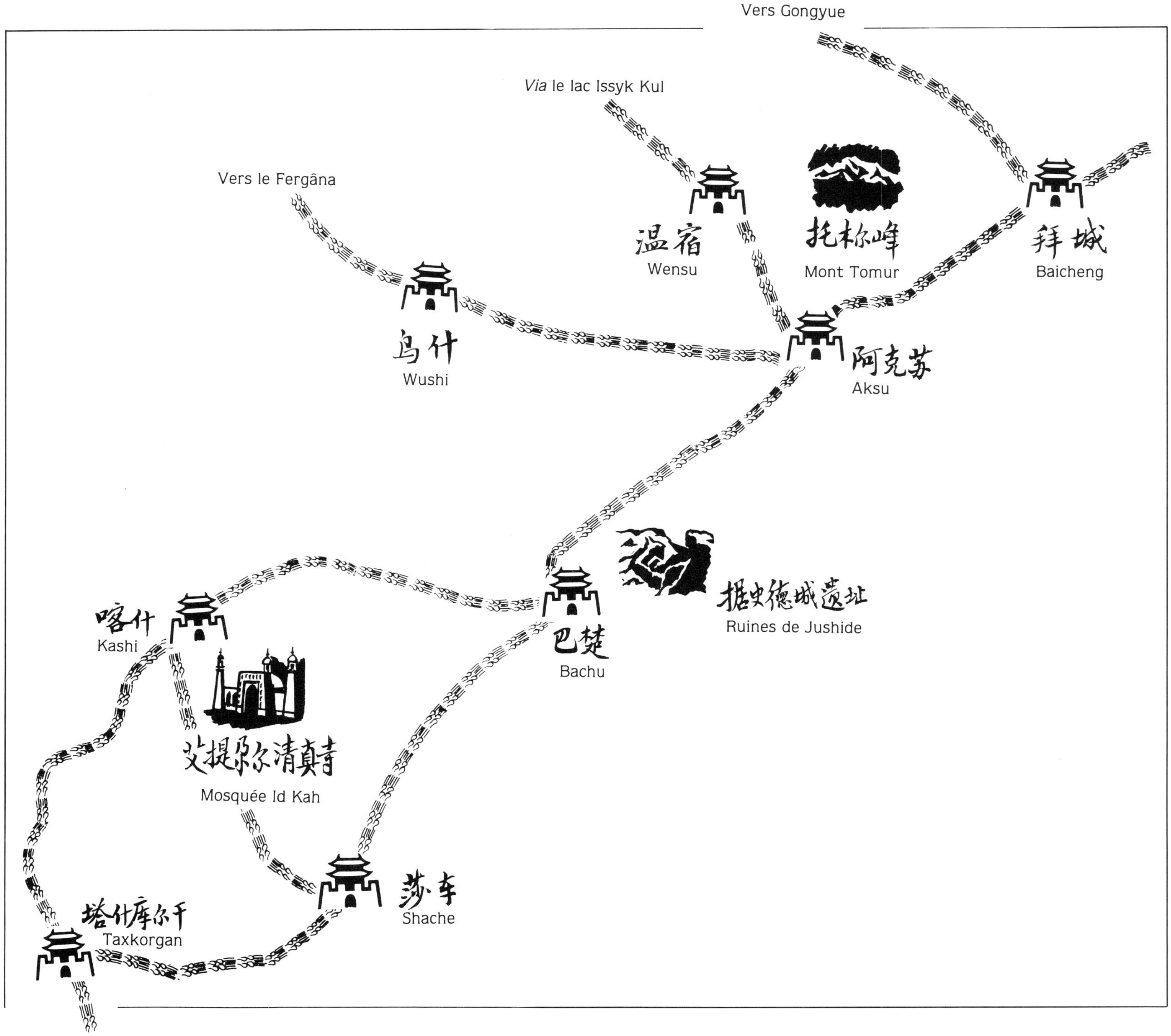

Vue du col de Biedieli, un des passages importants permettant de traverser les monts Tianshan.

Les cinq chemins des Contrées occidentales

De nouveau prise entre des montagnes, les Tianshan, et un désert, le Taklimakan, la Route de la Soie ne pouvait que suivre les piémonts en remontant les cours parallèles du Tarim et des rivières Muzat, Aksu, Kaxgar, Yarkant, Hotan ou Toxkan. Longeant ensuite la lisière septentrionale du désert, elle passait par la Kaxgar et les villes-étapes de Baicheng, Aksu, Bachu (Maralwexi), Kashi (Kaxgar) et Wuqia (Ulugqat), traversait le Pamir et entrait en Asie centrale. A l'ouest de Kuqa, entre Baicheng et Aksu, les caravanes avaient le choix entre cinq routes. Car, si une seule menait au Levant, quatre autres s'offraient vers le Couchant.

La première se prenait à la sortie de Baicheng. Elle remontait la rivière Muzat dont les gorges, au nord, contournent par l'est le massif du mont Tomur, point culminant de la chaîne des Tianshan en Chine. Elle suivait ensuite la rivière Xiatai et, passant au nord du lac Issyk-kul, rejoignait le bassin de la rivière Cu. A l'époque des Tang, cet itinéraire fut le plus fréquenté comme étant le chemin de Gongyue, capitale des Tujue de l'Ouest sur les bords de l'Ili, et la liaison entre Qiuci, siège de la vice-royauté d'Anxi, et Suiye (Tokmak) placée sous sa juridiction.

Le second parcours était celui qu'indiqua dans ses *Notes de voyage*, Du Huan[1], un soldat de l'armée des Tang qui se rendit à Tashkent en passant par le col de Biedieli (Bedel). Partant d'Aksu il traversait Wushi (Uqturpan) où, à la sortie de l'oasis, se dressent encore des ruines de 7 mètres de hauteur, vestiges d'une ancienne tour de guet. Après avoir franchi le col, la route descendait sur la vallée de la rivière Naryn et parvenait ainsi jusqu'à la plaine du Ferghâna.

Un siècle avant l'infortuné Du Huan, Xuanzang avait emprunté une troisième voie qui, toujours depuis Aksu, se dirigeait sur Wensu puis Kermuxiada, le long de la rivière Kumalike et, après l'ascension des Tianshan, atteignait la région du lac Issyk-kul. De là, il suffisait de suivre la rivière Cu jusqu'à Suiye où le saint homme se présenta avec deux charrettes de fruits et 500 pièces de satin et de soie, prodigalités qu'offrait le roi de Gaochang au khâgan des Tujue de l'Ouest dont le territoire fut, entre VIe et le milieu du VIIe siècle, l'un des grands carrefours pour les échanges économiques et culturels, tant vers l'Orient que vers l'Occident.

Quant à la quatrième route, elle prenait par Bachu, Kashi (Kaxgar) pour franchir les Pamirs. Enfin, la cinquième et dernière route partait également de Bachu et passait par Shache (Yarkant) pour atteindre la frontière en passant par Taxkorgan.

1. Maître papetier de son état, Du Huan connut un destin hors du commun. Enrôlé dans l'armée impériale lors de l'offensive chinoise contre les Arabes en Transoxiane, il tomba aux mains de l'ennemi après la défaite de 751 sur le Talas. Les troupes musulmanes, qui ne montraient guère de pitié envers les prisonniers, avaient cependant reçu l'ordre d'épargner ceux d'entre eux spécialisés dans un art ou une technique. Du Huan passa ainsi au service des conquérants avec d'autres artisans qui leur communiquèrent, entre autres, les procédés de fabrication du papier jusqu'alors inconnus en Occident. En 762, après plus de dix ans de captivité, Du Huan rentra en Chine où il écrivit ses souvenirs.

La nécropole de Khwâjâ Abû Bakr, aussi connue sous le nom de "tombe de Xiangfei" (de la favorite parfumée), se trouve dans la banlieue est de Kashi. Cette noble dame, issue d'une illustre famille Ouigour, s'appelait Maimure Aizimu. S'étant rendue à la capitale en compagnie de son frère, elle devint bientôt la favorite de l'empereur Gaozong des Qing. Elle était célèbre pour sa fidélité aux traditions de sa famille et sa piété. Après sa mort, elle fut inhumée dans les tombeaux de l'Est (Xiling) érigés dans le district de Zunhua (Hebei). En réalité, cette nécropole de Kwâjâ Abû Bakr avait été fondée par un aïeul de son grand-père.

Tuokuzisaleyi

Durant la dynastie des Tang, Bachu fut érigée en préfecture sous le nom de Weitu. Son chef-lieu, Jushide, se trouvait alors à Tuokuzisaleyi, une passe naturelle dans les monts Aiwaiyitagh à une soixantaine de kilomètres de la ville actuelle. Le site se présente sous l'aspect d'un fond herbeux, large d'environ 500 mètres, par où passait la Route de la Soie. La cité de Jushide s'étageait sur les pentes de la montagne, de part et d'autre du ravin.

De cette position stratégique, il ne subsiste aujourd'hui que des murailles démantelées entourant un champ de ruines et de cendres encore jonché des ossements des habitants massacrés et laissés sans sépulture. Parmi ces tragiques vestiges des batailles qui marquèrent la partition de l'Empire, les archéologues ont exhumé un grand nombre d'articles de soie et de coton, des poteries, des monnaies ainsi que des archives en brâhmî ou inscrites sur des tablettes de bois dans l'écriture du Hotan.

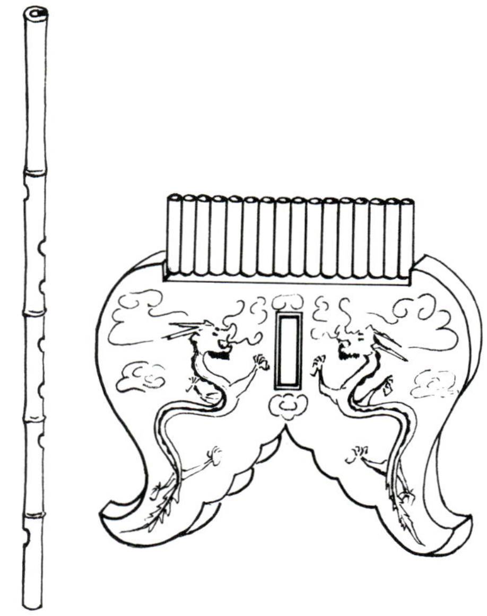

2. A gauche Lai, à droite Xiao.

Mais le trait le plus frappant entre tous ces objets est l'extrême diversité de leur provenance, prouvant, si cela devait encore l'être, l'intensité des échanges entre des communautés souvent lointaines, qui ne confiaient pas que leur commerce à la Route de la Soie. Témoin une petite flûte retrouvée lors des fouilles. Taillée dans un os de l'aile d'un aigle, percée de trois trous, elle se tenait verticalement à la manière du *Xiao*. De nos jours ce même type d'instrument, appelé *Nayi*[2], demeure très populaire chez les Tajik[3]. Certains musicologues pensent qu'il est peut-être à rapprocher du *Lai* chinois qui, bien qu'ayant plusieurs tuyaux, porte un nom de consonance très voisine. Selon le même raisonnement, il pourrait également être apparenté au *nei* roumain, une sorte de flûte de Pan, mais il est possible qu'il ne s'agisse encore que d'une homonymie fortuite.

Par ailleurs, aux abords immédiats de Tuokuzisaleyi, la paroi rocheuse d'une falaise laisse deviner l'emplacement d'un ancien temple avec des grottes et des sculptures. Malheureusement, seules quelques statues d'argile mises au jour dans les environs permettent d'imaginer sa magnificence d'autrefois. Très influencées par l'art du Gandhâra, elles sont de la même facture que celles, sans doute contemporaines, qui furent retrouvées à Yanqi et Hotan.

3. Les Tajik constituent l'ethnie majoritaire dans les Pamirs, mais ils occupent également le Tadjikistan soviétique et certaines régions d'Afghânistân, d'Iran et, en Chine, du Xinjiang. Ce peuple a pour origine lointaine les tribus parlant l'iranien oriental dans l'est des Pamirs. Selon les chroniques anciennes, ce fut à partir de ce foyer ancestral que s'effectuèrent, à différentes périodes, les migrations qui aboutirent à la répartition des populations actuelles.

Tête de terre cuite représentant une noble donatrice. Haute de 13 cm, cette œuvre d'art exécutée sous la dynastie des Tang, garde des caractères de la tradition du Gandhâra. Elle fut trouvée à Tuokuzisaleyi. Institut de recherche archéologique du Xinjiang.

Pour la paix de l'Ouest

Bas-relief en ivoire haut de 5 cm et représentant un Qidan ou un Mongol. Le chapeau plat et le large collier sont caractéristiques.

Avant-dernière étape de l'itinéraire nord et précédant sa jonction avec la Route du Sud à Taxkorgan, Kashi fut autrefois très célèbre sous le nom de *Shule*. Son histoire remonte aujourd'hui à plus de vingt et un siècles. Jadis, sa population était constituée d'une majorité d'Iraniens d'origine indo-européenne à laquelle s'étaient mêlés des Qiang[4], des Xiongnu et des Darouzhi qui, ensemble, avaient fondé sur une base tribale, une principauté comptant parmi les trente-six États des Contrées occidentales, au temps des Han de l'Ouest. Comme, à l'époque, les affrontements entre les troupes impériales et les Xiongnu eurent pour principal théâtre d'opérations l'est du Xinjiang, la ville bénéficia d'une paix propice au développement du commerce.

Cette quiétude devait toutefois prendre fin lors du gouvernement de l'usurpateur Wang Mang[5] qui, par ses erreurs politiques, avait rallumé la guerre avec les Xiongnu au tout début du Ier siècle de notre ère. Le trafic sur la Route de la Soie, jusque-là très actif, s'en trouva sérieusement perturbé jusqu'à la restauration des Han de l'Est. C'est alors qu'un jeune officier décida d'être le Zhang Qian de sa génération et d'œuvrer pour

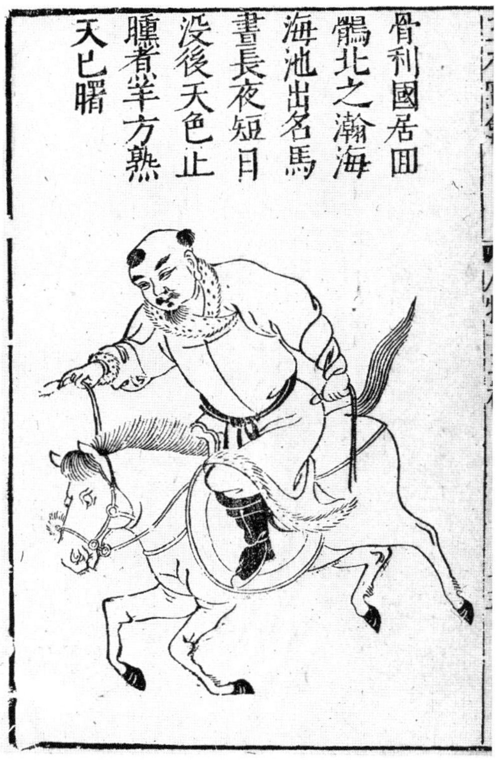

Gravure représentant un cavalier Ouigour du pays de Guli. La légende précise qu'on y mange du mouton cuit à la tombée de la nuit et qui n'est consommé qu'à l'aube du lendemain.

Gravure représentant une scène du pays de Kuqa. Le jour de l'An y est célébré par un combat entre un cheval et un taureau. On y organise également des courses de chevaux qui donnent lieu à de nombreux paris.

renouer les relations entre l'Orient et l'Occident. Son nom était Ban Chao. Frère cadet du grand historien Ban Gu[6], il s'était engagé dans l'armée impériale où il avait très vite brillé par son génie militaire. Sa mission fut de rétablir les communications sur l'itinéraire sud de la Route de la Soie. A la tête d'un détachement de trente-six hommes seulement, il parvint, à force de courage et d'habileté tactique, à mettre en déroute les partis xiongnu qui occupaient les régions de Shanshan (Ruoqiang) et de Hotan. Il chassa ensuite le roi, que le souverain de Qiuci, allié des Xiongnu, avait installé sur le trône de Shule, pour le remplacer par un notable de la ville jouissant de l'estime de ses concitoyens. Sa tâche de pacificateur n'était cependant pas achevée car il dut encore mater une rebellion de hobereaux locaux, manipulés par les Xiongnu. La paix enfin rétablie dans le Xinjiang, Ban Chao envoya son adjoint, Gan Yin[7] en mission au Daqin (Empire romain). Bien que cette initiative n'eût guère été couronnée de succès, il n'en resta pas moins le principal artisan d'un renouveau de la Route de la Soie après l'un des pires moments qu'aient connus les Contrées occidentales. Hormis cette gloire, il ne reste plus

4. Peuple de la Chine antique, les Qiang occupaient un territoire aujourd'hui situé dans les provinces du Gansu, du Qinghai et du Sichuan. Parmi les nombreuses tribus qui existaient à l'époque des dynasties Qin et Han, les Ruo habitaient les régions méridionales traversées par l'itinéraire sud de la Route de la Soie.

5. Neveu d'une épouse de l'empereur Yuandi des Han de l'Ouest, Wang Mang (45 av. J.-C. - 23 ap. J.-C.) fut anobli mais ne joua un rôle politique qu'après avoir marié sa fille au jeune empereur Pingdi (9 av. J.-C. - 5 ap. J.-C.) et obtenu la présidence du Département de la Guerre. En l'an 8, il se proclama empereur de la dynastie *Xin* (Nouvelle). Il tenta alors de changer le système de gouvernement qu'avaient instauré les Han de l'Ouest afin d'atténuer la grave crise sociale qu'ils avaient provoquée. Mais ses efforts furent vains : le désordre économique persista, les lois restèrent trop sévères, les impôts trop lourds et les inégalités entre classes trop flagrantes. Cette situation devait déclencher de nombreuses révoltes paysannes dont la plus importante fut celle des « Sourcils rouges » ainsi nommés en raison de la couleur dont les conjurés s'étaient teint les sourcils pour se distinguer des partisans de l'usurpateur.

6. Fils de l'historien Ban Biao qui avait entrepris de compléter les *Mémoires historiques* que Sima Qian avait commencés, Ban Gu (32-92) continua l'œuvre de son père. Mais, après y avoir consacré une vingtaine d'années, il fut compromis dans une intrigue et jeté en prison où il mourut. L'empereur confia alors le soin de terminer la rédaction des *Annales des Han (Qian Han Shu)* à sa sœur Ban Zhao, également historienne.

7. Gan Yin partit pour l'Empire romain en 97. Mais, arrivé en Perse il fut arrêté par les Parthes et contraint de rebrousser chemin sans avoir rempli sa mission.

rien de l'ancienne ville, dont le site est aujourd'hui recouvert par la banlieue sud de la moderne Kashi.

Après une longue éclipse, la dynastie des Tang procura un nouvel essor à Shule qui devint alors, non seulement un important caravansérail sur la Route de la Soie, mais aussi un centre administratif, résidence de l'un des quatre gouverneurs de la région d'Anxi. La cité de l'époque, bien que portant le même nom, ne se trouvait plus au même endroit que la première, mais dans une dépression distante d'une soixantaine de kilomètres vers l'est. Des tessons de céramique rouge et noire, éparpillés sur plusieurs milliers de mètres carrés à la ronde, en marquent l'emplacement. Des fouilles superficielles ont permis de découvrir, au milieu d'os de porc, de mouton et de bœuf, des fragments d'outils en fer, des colliers de perles, des objets décoratifs, des monnaies et des sculptures. Près de Moredun, à l'ouest, un dagoba[8] et un temple bouddhique sont les seuls vestiges à être encore restés debout.

8. Ce terme pâli, emprunté au bouddhisme du *Theravâda*, est une altération du *Dhâtugarbha* (Corps matériel) sanskrit, synonyme de *stûpa*. En principe réservé à celles de ces constructions édifiées dans un sanctuaire ou à usage de reliquaire, le mot prend parfois un sens générique comme, par exemple, à Ceylan.

Naissance d'une nation

Le passé de Kashi, en pays ouigour, est étroitement lié à l'histoire de ce peuple qui, aujourd'hui, constitue l'une des plus importantes minorités nationales chinoises. Leurs ancêtres les Huihu nomadisaient, au IIIe siècle avant notre ère, sur les steppes s'étendant au nord du territoire des Xiongnu. Vers le IVe siècle, ils gagnèrent les plaines de l'Orkhon où, après l'avènement des Tujue, de même origine, ils continuèrent de mener la même vie pastorale auprès de leurs nouveaux voisins.

Au commencement de la dynastie des Tang, ils rejoignirent les Xuejantuo[9] pour s'allier aux troupes chinoises engagées contre le khânat des Tujue orientaux. Accédant au rang de puissance, les Huihu fondèrent à leur tour, vers le milieu du VIIIe siècle, une nation dirigée par un chef suprême qui, quelques années plus tard, put prêter main-forte à l'empereur Suzong[10] dans sa reconquête du pouvoir après la révolte d'An Lushan et l'éphémère dynastie Da Yan dont Shi Seming[11] fut pratiquement le seul souverain.

Mais vers les années 830, des accidents climatiques vinrent perturber l'ordre établi. De terribles tempêtes de neige balayèrent les prairies de l'Orkhon, décimant les troupeaux et les hommes accablés de famine et d'épidémies. Des conflits opposèrent les chefs de clan qui, par leurs luttes intestines, sapèrent les fondements de l'État. Des tribus entières partirent en exode, les unes vers l'Occident, les autres en direction des régions du centre. Toutefois les regroupements les plus importants se concentrèrent à l'est du lac Balkash et dans le Xinjiang.

De tout temps, le Xinjiang avait été un vaste creuset où des peuples venus d'horizons ethniques très différents cohabitaient pacifiquement. C'est ainsi qu'au milieu du Xe siècle, Huihu et Geluolu eurent la possibilité de s'unir pour fonder le khânat des Karakhânides. Leur territoire, qui s'étendait depuis les rives orientales et méridionales du lac Balkash jusque dans l'ouest du Tarim, possédait deux grands centres administratifs. L'un était installé à Balasagun, aujourd'hui Akbexim en Kirghizie soviétique, et l'autre à Halewoyi (*Palais royal*, en ouigour) à proximité de Kashi. Ce voisinage ne fit qu'accroître les activités du relais sur la Route de la Soie. Car, tandis qu'un itinéraire occidental conduisait directement au Ferghâna, *via* la passe de Terek, et à Samarqand par les vallées transversales du nord des Pamirs, d'étroites relations s'étaient maintenues avec la Chine. Dans *Le Bonheur, la Joie et la Sagesse*[12], l'un des classiques de la littérature ancienne d'Asie centrale, un passage évoque ces échanges :

... Lorsque la terre se couvre d'un tapis vert, les caravaniers qidan nous apportent leurs chargements en provenance de Chine...

A l'époque où cette œuvre fut écrite, un érudit natif de Kashi, Muhammad Kashigarî, rédigea en arabe le *Dictionnaire turc* qui traitait de la linguistique, de l'histoire et des mœurs des peuples d'Asie centrale. Cet ouvrage, comme le précédent, marqua le début d'un syncrétisme culturel entre les communautés karakhânides, turques et chinoises, que devait favoriser la propagation de l'islâm dans les Contrées occidentales vers le VIIIe siècle. Ce fut sur cette base que s'édifia, avec les apports ultérieurs qidans et mongols, l'actuelle nationalité ouigour.

9. Nom chinois d'une peuplade turque qui aida l'armée des Tang à vaincre les Tujue, en 630.

10. Li Heng (711-762) également connu sous les prénoms de Yu, Shao, Ting et Sisheng, prit le titre d'empereur Suzong, de la dynastie des Tang, en 756, à son accession au trône de Chang'an où il régna jusqu'à sa mort.

11. Shi Seming, d'origine turque, était un officier qui avait combattu les Qidan aux côtés de An Lushan. A la mort de son compagnon d'armes, il se retourna contre le fils de ce dernier et le tua en 759. S'étant proclamé empereur de la dynastie Da Yan, il fut assassiné en 761 par l'un de ses enfants qu'il avait déshérité. La lignée qu'il avait fondée s'éteignit à la mort de son fils aîné Shi Zhaoyi qui se suicida en 763.

12. Ce poème narratif classique de 13 290 vers fut écrit aux alentours de 1070 par l'écrivain ouigour musulman Yusuf Hase Hajib. De la version originale, en huihu, une traduction arabe fut donnée dans la forme littéraire azuz *(arud)* consistant à faire alterner des syllabes longues et courtes selon un rythme déterminé par des *rukn* (pieds) de trois, quatre ou cinq phonèmes alternés.

Tête de bouddha en argile, haute de 14 cm, et datant de la période des Tang, trouvée à Tuokuzisaleyi. L'ûrnâ qui orne son front, marque qui indique la prédestination de l'Eveil, est ici en forme de cachet. Le visage plein, la bouche bien modelée révèlent une forte influence chinoise. Institut de recherche archéologique du Xinjiang.

Kashi, porte de l'Islâm

Après la lente et pacifique infiltration du bouddhisme, l'irruption de la foi islâmique sur la Route de la Soie allait être l'un des événements les plus marquants de son histoire. Les prémices, pourtant, en avaient été discrets. En l'an 651, un émissaire du calife Othman Ibn Affân[13] arriva à Chang'an où il fut reçu en audience par l'empereur Gaozong des Tang. Il n'était toutefois pas le premier musulman à être venu en Chine car, l'année précédente, un certain Hussain ben Muhammad Salatî était mort et enterré à Quanzhou dans la province maritime du Fujian.

La pénétration de l'islâm en Chine s'effectua, en effet, tant par l'est que par l'ouest. Des marchands arabes et persans se rendaient fréquemment, par voie maritime, dans les ports de Guangzhou, Quanzhou, Yangzhou ou Hangzhou. Quelques-uns s'y fixèrent et créèrent des colonies qui bâtirent des mosquées afin de pratiquer leur religion. Dans le même temps les Arabes, par leur victoire sur la Perse sassanide, étaient parvenus jusqu'en Asie centrale. Au début du VIIIe siècle, inquiets de cette invasion, les souverains de Samarqand, An (Parthie), Comedi (chaîne de l'Alaï) et Tukhârâ, demandèrent son aide à la dynastie des Tang, qui refusa. Tombées sous obédience musulmane, ces contrées mirent l'islâm aux marches occidentales de l'Empire. Bientôt le khân des Karakhânides se convertit et, tandis que 20 000 familles des environs de Balasagun suivaient spontanément son exemple, l'ordre en fut signifié aux populations de Kashi. La ville, de par sa situation, servit alors de base à une guerre sainte menée contre les États voisins. Au début du XIe siècle, la dynastie des Li, souveraine à Yutian, fut renversée. Un siècle plus tard, Kuqa et Yanqi furent, à leur tour, conquises. Au XIVe et XVe siècle l'expansion musulmane se poursuivit vers l'est avec la chute de Turpan puis de Hami et, dès le XVIe siècle, l'islâm devint la religion prépondérante dans le Xinjiang.

De nos jours, l'architecture de Kashi témoigne encore de son ancienne ferveur. Au centre de la ville, l'*Idgâh* (aire de prière), fut construite au XVIIIe siècle pour recevoir 8 000 fidèles, ce qui en fit la plus grande mosquée de la région et, probablement, de la Chine tout entière. De même, la nécropole de Khwâjâ Abû Bark est restée un haut lieu pour les musulmans chinois. Le terme de *Khwâjâ* était en effet un titre honorifique accordé autrefois aux notables de cette religion considérés comme « descendants du fondateur de l'islâm et savants de sa doctrine ». Une jeune fille issue de l'une de ces familles *khwâjâ* de la région fut ainsi mariée à l'empereur Gaozong des Qing qui l'avait surnommée *Xiangfei* (Concubine parfumée).

13. Petit-fils d'Ummaya, l'un des compagnons du prophète Muhammad, Othman Ibn Affân succéda à Omar comme troisième calife en 644. Assassiné en 656 dans sa maison de Médine, sa succession fut l'une des causes du schisme qui divisa les musulmans en sunnites et en chiites.

Tombe de Shuletan, un noble du khânat des Karakhânides, situé à Atushi au nord de Kashi. Un abri a été construit afin de la protéger.

Vestiges d'un stûpa et d'un sanctuaire bouddhiques datant de la dynastie des Tang, s'élevant au milieu du désert, à Moredun près de Shule, au nord-est de Kashi.

Mais cette nouvelle culture ne se limita pas seulement au domaine spirituel. Avec l'enseignement du Coran et des *Hadith*[14] bon nombre de connaissances scientifiques furent diffusées, en particulier dans les disciplines mathématiques, astronomiques et médicales, ajoutant l'une de ses plus riches pages à l'histoire, déjà longue, des échanges entre l'Orient et l'Occident.

14. Grand classique de l'islâm et base de la loi musulmane, après le Coran, les *Hadith* sont une relation des paroles et des actes du prophète Muhammad et de ses disciples que des adeptes rédigèrent plus de quatre-vingts ans après sa mort à Médine, en 632.

Écrits
de la Route de la Soie

A la diversité des langues en usage sur la Route de la Soie, répondit une égale variété d'écritures. La plupart d'entre elles procèdent d'emprunts aux différentes cultures dont l'influence s'exerça sur certains peuples à certaines époques. Interprétées et adaptées à chaque idiome, elles donnèrent une multitude de graphies qu'il serait trop long et trop ardu d'énumérer dans leur ensemble. Seul un rapide aperçu peut être ici proposé sous la mention de leurs origines respectives.

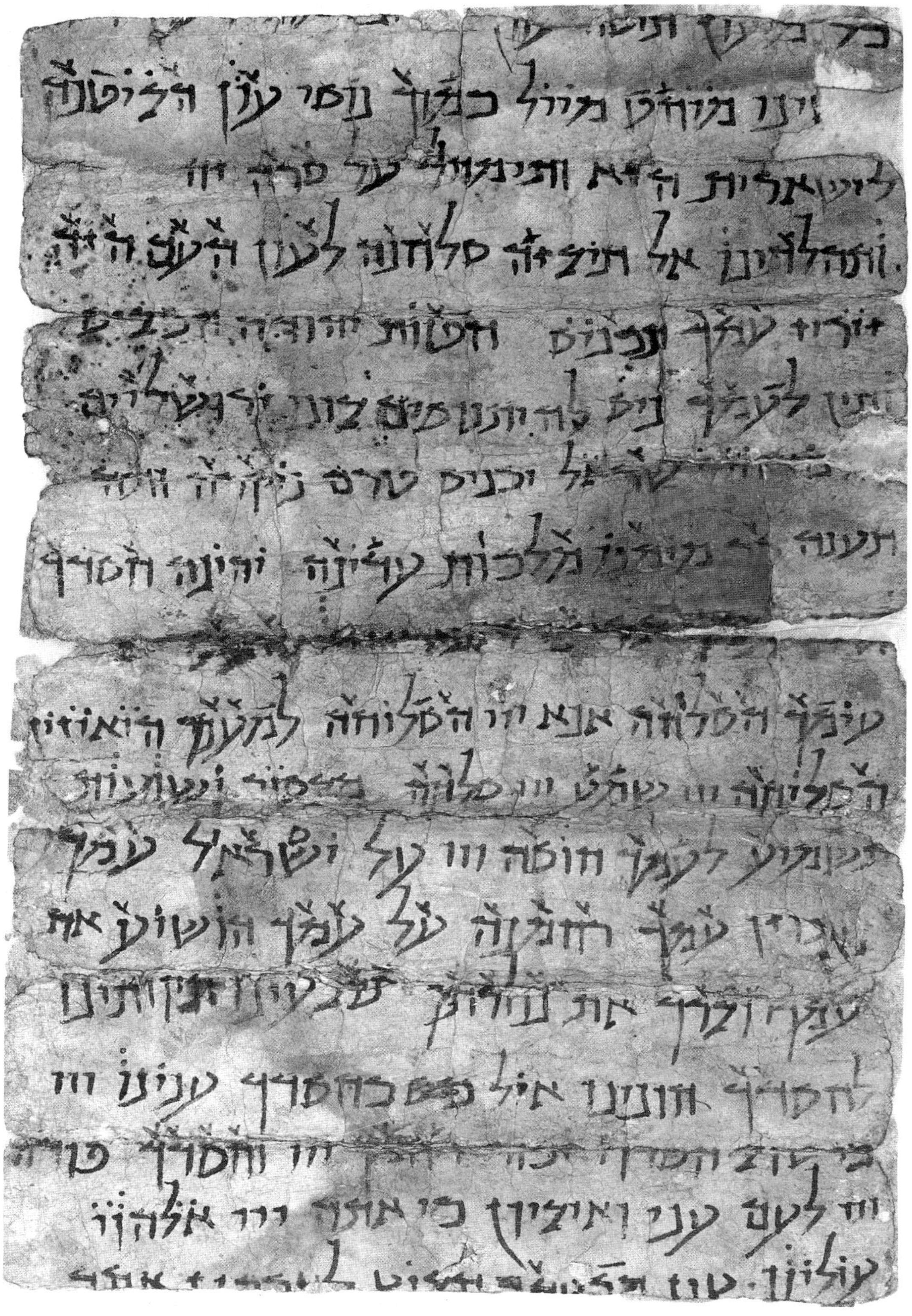

Texte hébreu trouvé à Dunhuang : extrait d'une prière de pardon (Selihah).

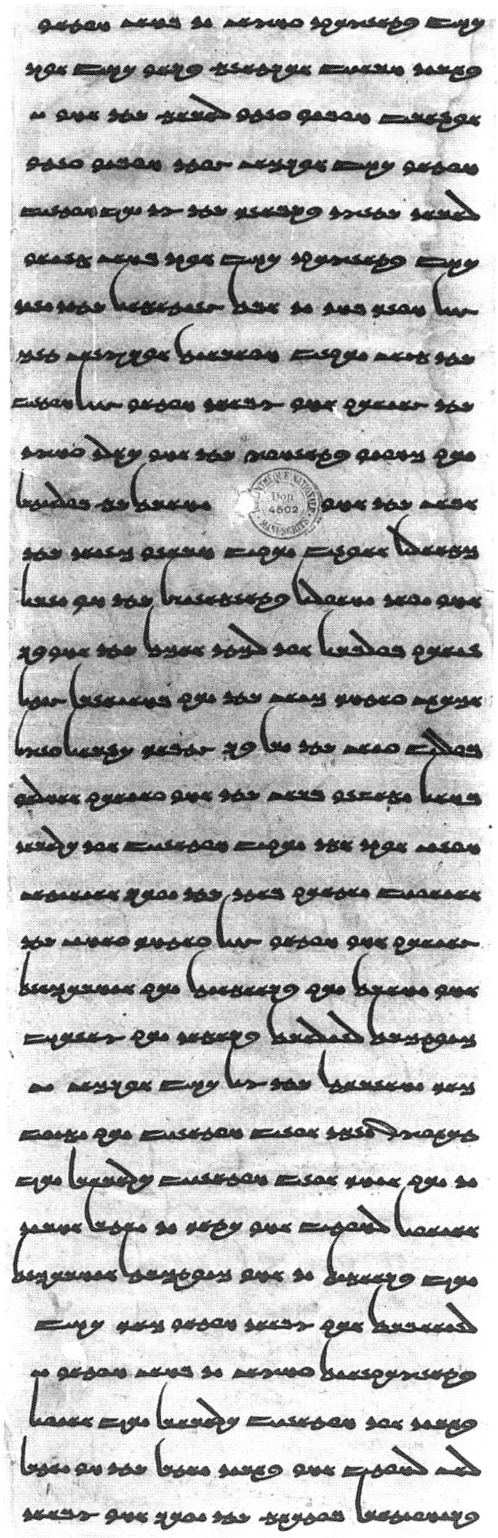

Texte sodgien : extrait du Vessantarajâtaka.

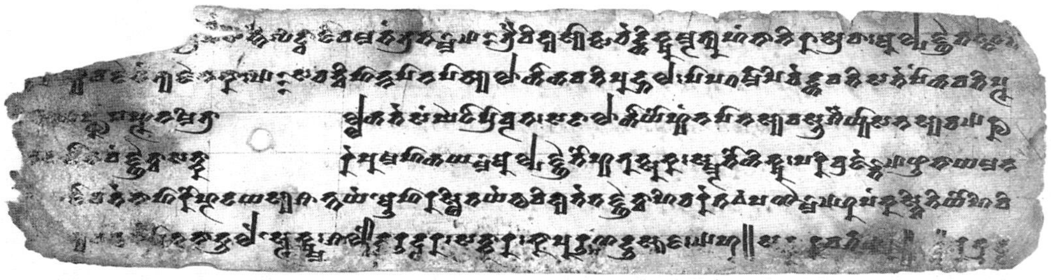

*Texte sanskrit : extrait de l'*Udânavarga *(collection de stances bouddhiques).*

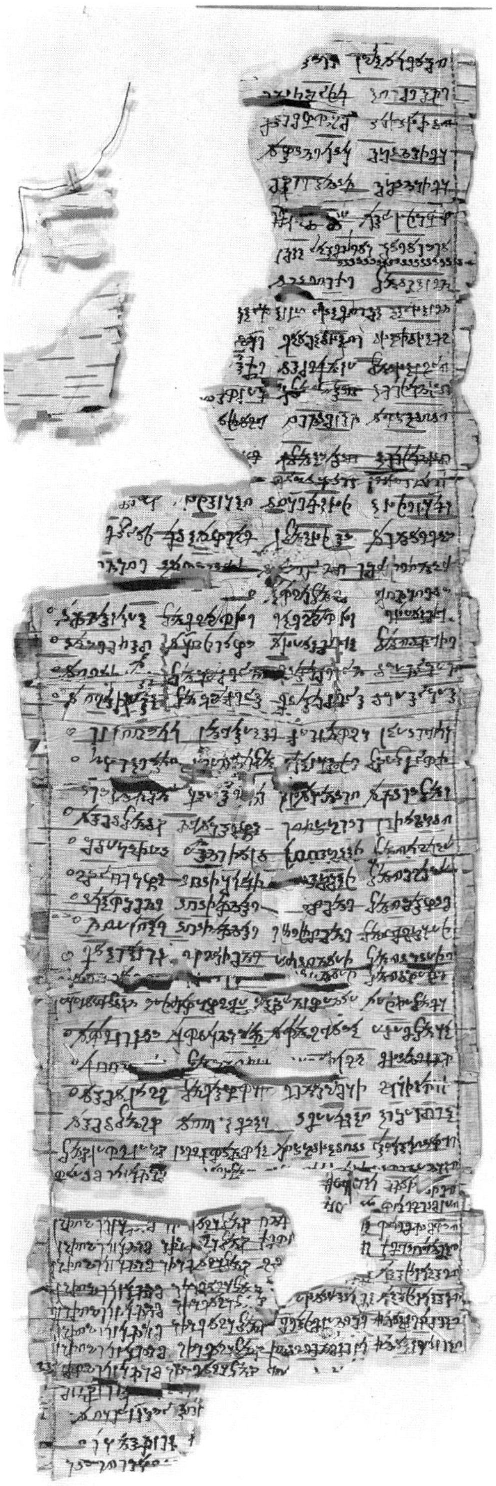

Manuscrit en écriture kharoṣṭhī : Dharmapada en gāndhārī.

Texte ouigour : œuvre de piété bouddhique.

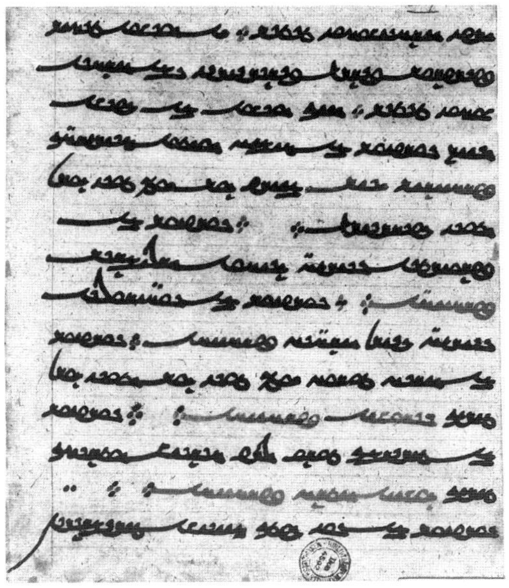

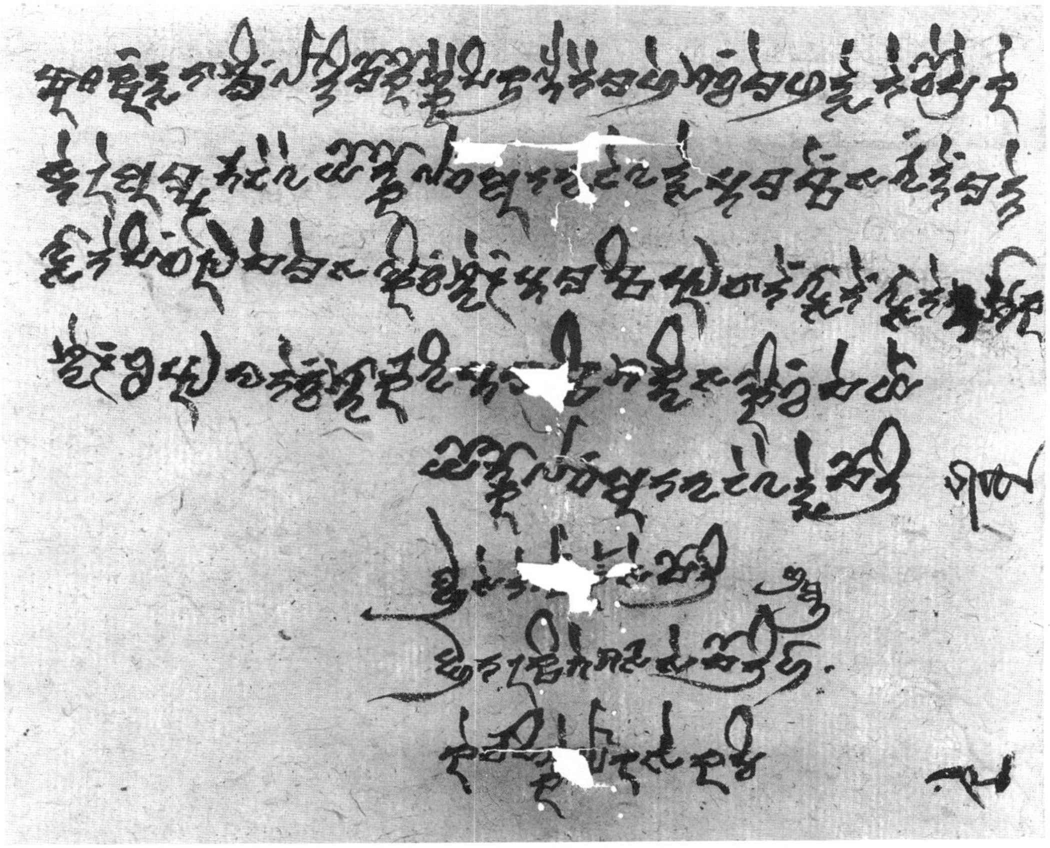

Feuille de comptabilité de monastère en koutchéen : écriture brāhmī cursive.

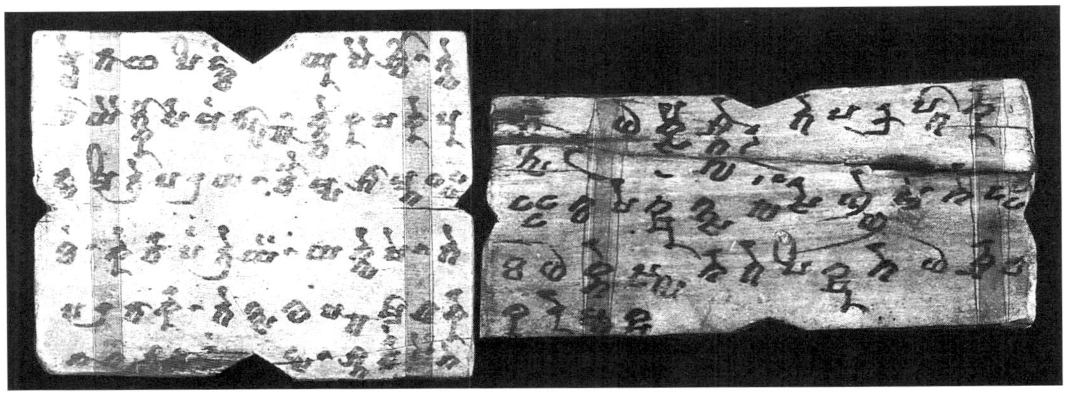

Fragments d'un laissez-passer pour une caravane, écrit en Koutchéen (de Kuqa). Celui de droite porte une date se référant au roi Swarnatepe (Suvarṇadeva en sanskrit).

樓蘭故地

第十三章

CHAPITRE 13

LES CHEMINS DE LA VILLE SOLITAIRE

Ci-contre : *Vestiges d'une grande tour de guet se dressant sur un sol fortement érodé par le vent, à 5 km au nord de l'ancienne cité de Loulan (Kroraine).*

Les chemins du Turpan et du Lop Nur.

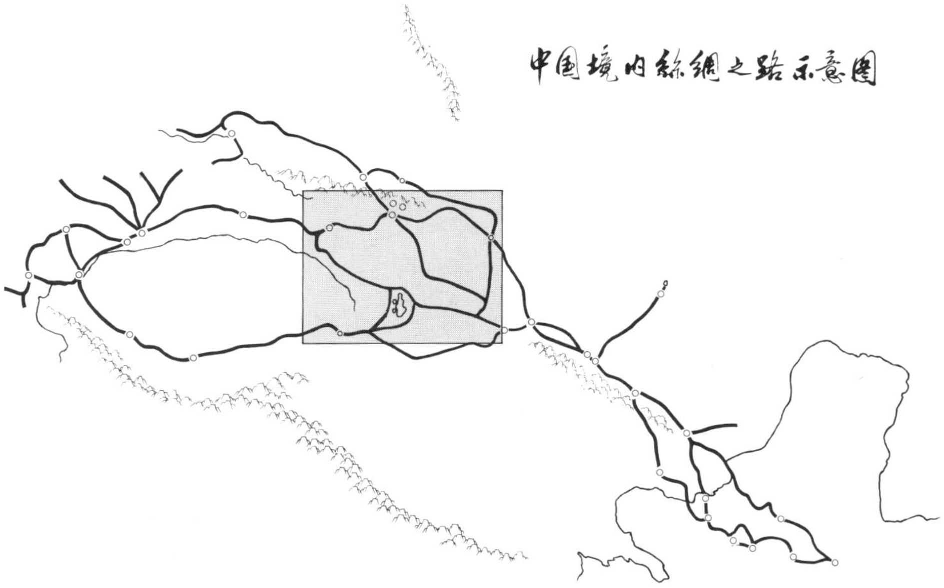

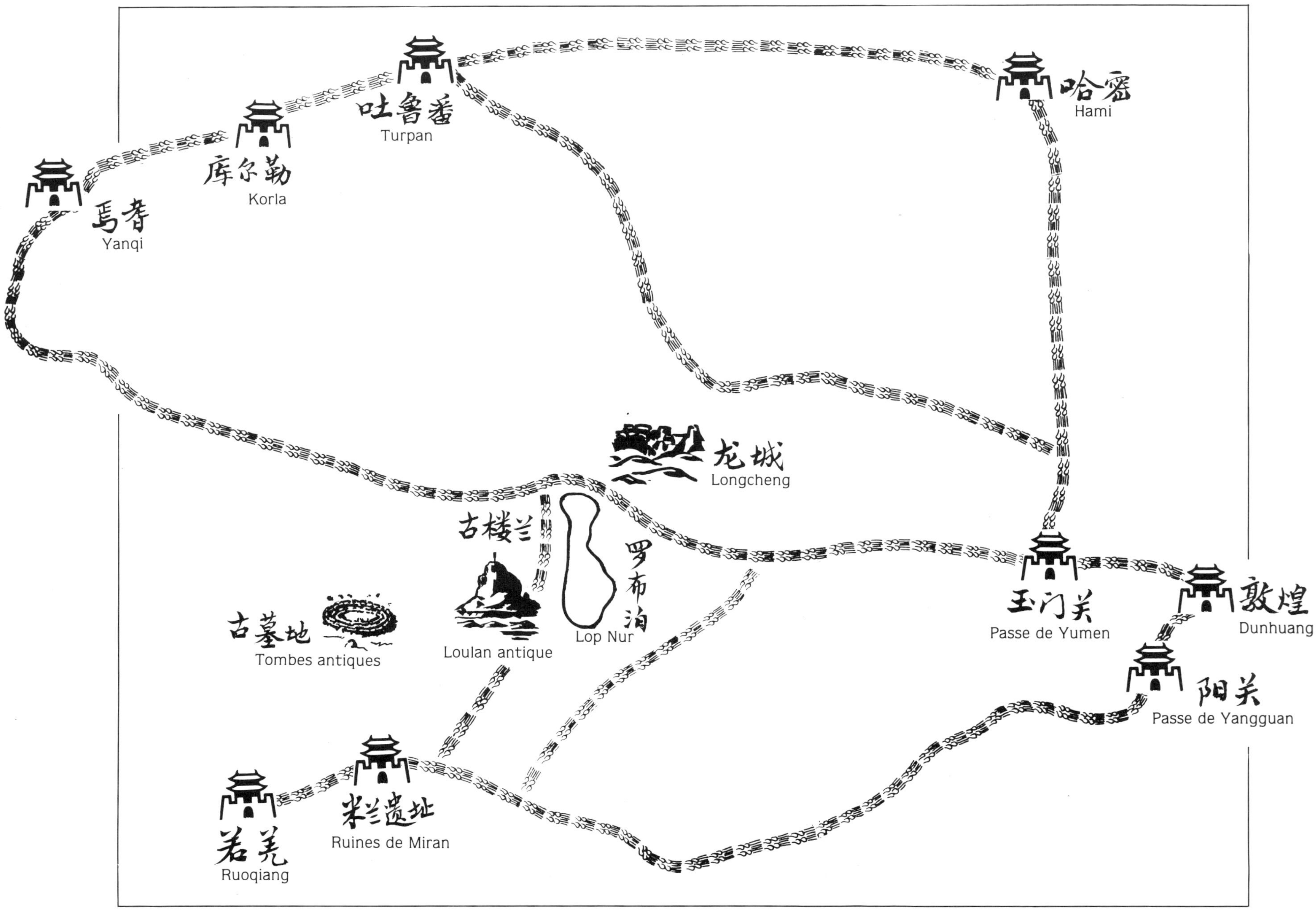

L'ancienne cité de Loulan fut retrouvée à la lisière orientale de l'immense désert du Taklimakan, sur la rive ouest du Lop Nur. Ce fut l'explorateur suédois Sven Hedin qui la découvrit en 1899, par hasard. Troncs déchiquetés de peupliers, vestiges dérisoires d'une ancienne forêt.

La demeure du vide

Perdue dans les immensités désertiques sur lesquelles s'ouvrait la porte de Jade (Yumen), Loulan reste sans doute la plus mystérieuse, mais aussi la plus fascinante, des étapes de l'ancienne Route de la Soie. Jadis la ville était déjà connue pour son isolement et, au VIIe siècle, sous les Tang, Wang Changling écrivait :

Sous les nuages du Qinghai qui assombrissent les monts neigeux,
Au-delà de la passe de Yumen, se dresse une cité solitaire.
Le sable jaune attaque les armures au fil des combats,
On ne retournera pas avant que Loulan soit anéantie.

Pour assurer la libre circulation des caravanes et leur protection contre les raids des pillards, combien de soldats et d'officiers courageux sont-ils venus mourir sur les rives amères du sinistre Lop Nur ? Aujourd'hui encore, d'épouvantables récits courent toujours dans le pays. Parfois, le vent ferait surgir des sables les corps criblés de flèches de ces combattants d'autrefois que des siècles de sécheresse et d'abandon auraient conservé intacts. La nuit, il arriverait aussi que le désert s'emplisse des hurlements et du choc des armes d'invisibles batailles ou, dans le silence retombé, de sanglots émanant de profondeurs insondables. Marco Polo, lui-même, semble avoir été fort impressionné par les « merveilles » que réservait aux voyageurs le désert de Lop *« habité d'esprits qui produisent de grandes et surprenantes illusions pour les faire périr »*...

Ces légendes sont celles d'une contrée où le ciel et la terre, affrontés en combat singulier, ne laissent guère de place aux hommes. Sur près de 250 km à la ronde, il n'existe pas le moindre point d'eau et si, d'aventure, des nuages apparaissent, la pluie s'évapore dans l'atmosphère torride avant même d'avoir touché le sol. Le Tarim, comme la Konqi, tarissent loin vers l'ouest tandis que le « lac » Lop Nur, depuis longtemps asséché, ne laisse plus voir désormais que ses fonds chaotiques encroûtés de sel. Çà et là, pourtant, des troncs déchiquetés de peupliers[1] pointent hors des dunes, montrant que la région ne fut pas toujours l'une des zones les plus arides du monde.

1. Le sud du Xinjiang, l'ouest du bassin du Qaidam au Qinghai, le couloir du Hexi et l'Ordos en Mongolie intérieure constituent les limites orientales de la répartition géographique du peuplier de l'Euphrate *(Populus euphraticus)* qui s'étend vers l'Occident jusqu'au Maroc, sur des terres arides et salées. Ces exigences particulières font qu'il n'a jamais pu être acclimaté en Europe.

Ruines d'un édifice de l'ancienne cité de Loulan, peut-être la résidence du gouverneur. Au début de notre siècle, l'explorateur anglais Sir Mark Aurel Stein y découvrit de nombreux objets.

En l'an 399, le moine chinois Faxian et ses quatre disciples empruntèrent cet itinéraire de la Route de la Soie pour aller en Inde. La traversée du désert leur laissa également un pénible souvenir : « ... *Sur cette étendue sans borne, aucune trace de vie ne pouvait s'apercevoir. Sans repère, seul le soleil nous permettait de nous orienter et des ossements humains nous montraient le chemin. Souvent, une bourrasque brûlante soulevait un tourbillon de sable mortel pour celui qu'il enveloppait...* » De nos jours, ni le décor ni les risques n'ont changé. Si ce n'est qu'il arrive de surprendre des chameaux sauvages ou des antilopes qui s'enfuient à l'approche des camions. Rien cependant n'était venu troubler leur solitude presque millénaire avant que, en 1899, un ouvrier de l'expédition dirigée par l'explorateur suédois Sven Hedin[2] eût oublié sa pioche sur un chantier de fouilles... Parti pour aller la chercher, il découvrit en chemin des sculptures qui émergeaient du sable. Mais la saison était déjà trop avancée et Sven Hedin dut poursuivre sa route vers le Tibet. Revenu sur place l'hiver suivant, il trouva dans les vestiges d'une cité des documents attestant qu'il s'agissait de la garnison de Loulan, seulement connue jusqu'alors par des textes anciens. Malgré son intérêt, le site était trop éloigné et le voyage trop difficile. Quand, en 1979, des archéologues chinois suivirent la Route de la Soie pour effectuer les recherches dont cet ouvrage donne un aperçu, personne n'y était revenu depuis une trentaine d'années.

2. Après avoir reçu une solide formation scientifique à l'université de Stockholm, Sven Hedin (1865-1952) suivit, à Berlin, les cours du géographe F. von Richthofen, resté célèbre pour avoir donné son nom à la *Route de la Soie.* A vingt-cinq ans, un premier voyage à Kaxgar (Kashi) devait décider de sa carrière. Au cours de quatre missions en Asie centrale et au Tibet (1894-1897, 1899-1902, 1905-1909 et 1927-1935) il rassembla une somme considérable d'informations de toute nature sur des régions du monde jusqu'alors pratiquement inconnues en Europe. Malgré l'intérêt de ses travaux, ses opinions pangermanistes pendant les deux guerres mondiales ont beaucoup nui à son renom. Cependant, ses collections archéologiques sont réunies à la fondation qui porte son nom à Stockholm.

Vestiges d'un ancien village se trouvant au nord-ouest de Loulan, signalé par de nombreux fragments de faïence épars sur le sol.

Les ruines de Loulan

Plus que jamais solitaires, les vestiges de Loulan se dressent dans un paysage d'apocalypse. Les vents violents qui soufflent du nord ont sculpté l'ancien delta de la Konqi en y creusant un dédale de ravines étroites et profondes, les *Yadan*, aux arêtes vives. Les éléments ont cependant épargné les ruines de ce qui fut une assez grande ville. Les toits des maisons se sont effondrés mais les piliers, les chambranles et les murs fragiles, constitués de simples claies enduites de torchis, sont encore debout. La cité s'organisait autour d'une grande place centrale. A l'ouest, sur la pente d'une colline exposée au levant, une lourde bâtisse de trois pièces construite avec d'énormes briques crues révèle un type d'architecture inhabituel dans la région. Sans doute s'agissait-il de la demeure de quelque notable. En face, sur une autre éminence de l'autre côté de la place, une magnifique pagode domine les décombres d'un temple qui, à en juger par la grosseur des poutres d'une toiture à double pente, devait être de dimensions imposantes.

Comme sur tous les autres anciens sols d'habitation, d'innombrables débris jonchant le site témoignent d'un passé actif et laborieux. Ce sont des fragments de poterie dont certains, richement décorés, attestent la pratique d'une cuisson à haute température, des perles de collier, translucides, de couleur jaune et rouge, des lambeaux d'étoffe de laine, des pièces de monnaie en bronze corrodées par le temps. Autant d'épaves d'une multitude de vies quotidiennes, dispersées par les batailles et livrées au vent du désert.

Bol décoré en poterie rougeâtre, trouvé dans les ruines de Loulan.

Jadis, sur les rives du Lop Nur

Il y a plus de vingt et un siècles, la région de Loulan comptait une dizaine de milliers d'habitants. La plupart étaient des éleveurs nomades qui poussaient leurs troupeaux sur les maigres pâturages des terres arides et alcalines des bords du Lop Nur. Quelques-uns étaient sédentaires, subsistant de chasse et de pêche. Toutefois, cette petite population ne vivait pas en autarcie mais entretenait des relations avec le Beshbalik antérieur du bassin de Turpan et les nomades rouzhi des environs de Dunhuang.

En l'an 209 av. J.-C., Mo Du (Mao Dun) se proclama *Shanyu* des Xiongnu après avoir assassiné son père Tou Man. Dès lors, il se lança dans des guerres d'agression ou de pillage dirigées contre tous ses voisins. Au sud, il exigea un lourd tribut, de soie, d'or et d'argent des Han de l'Ouest. A l'est, il anéantit le petit royaume des Hu orientaux[3] et repoussa les Rouzhi et les Wusun. Bientôt le territoire de Loulan fut à son tour annexé. En 176 av. J.-C., pas moins d'une vingtaine de pays et principautés du Xinjiang avaient dû se reconnaître les vassaux des Xiongnu. En plus des chameaux, du bétail et de la laine que tous devaient livrer au *Shanyu,* chacun était astreint à lui laisser l'un de ses princes en otage.

3. Les Hu de l'Est étaient une tribu-ligue d'éleveurs de chevaux qui nomadisaient, entre le sud-est de la Mongolie et le bassin supérieur de la Liaohe, vers la fin du IIe siècle avant notre ère.

Après les campagnes victorieuses de Huo Qubing, quelque soixante ans plus tard, l'empereur Wudi des Han de l'Ouest décida de poursuivre son avance vers l'Occident et plus précisément en direction de Loulan. En 108 av. J.-C., il engagea contre le Beshbalik une armée forte de plusieurs dizaines de milliers d'hommes commandés par Zhao Ponu[4]. A l'annonce de la bataille, le chef de Loulan se porta au secours de son suzerain, mais la cavalerie chinoise balaya les forces adverses. Cette nouvelle victoire permit aux troupes impériales de prolonger les lignes de défense au-delà de la passe de Yumen jusqu'aux rives orientales du Lop Nur.

4. Zhao Ponu était un général de l'armée des Han de l'Ouest qui, malgré sa victoire sur les royaumes de Qiuci et de Loulan, en 108 avant notre ère, fut battu et fait prisonnier six ans plus tard. Il put néanmoins s'évader après dix ans de captivité et revint à la Cour des Han.

Loulan, cependant, était restée inféodée aux Xiongnu et lorsque, en 104 av. J.-C., le gouvernement des Han envoya Li Guangli, général du *Ershi* (Deuxième division), à la conquête du Ferghâna également sous contrôle des « Barbares », ces derniers incitèrent leurs alliés à prendre l'armée des Han à revers. La manœuvre échoua et les aveux arrachés aux prisonniers mirent en cause le chef de Loulan qui fut arrêté. Interrogé sur les motifs de sa conduite le notable s'exclama :
« Croyez-vous qu'il soit facile de gouverner un aussi petit pays que le mien ?... Pris entre la puissance des Han et les forces des Xiongnu, j'ai dû composer avec les uns et les autres. Puissions-nous émigrer chez vous... Ce serait la fin de nos ennuis ! »

Touché par la franchise et les accents de sincérité de ce discours, l'empereur Wudi lui pardonna et le laissa libre de retourner parmi les siens. Mais tant de générosité sembla bizarre aux Xiongnu qui, par la suite, évitèrent de solliciter encore leur ancien vassal de Loulan devenu suspect à leurs yeux. La Route de la Soie connut une ère de paix jusqu'à la mort du chef en 92 av. J.-C. L'un de ses fils, qui lui succéda, n'eut pas la même loyauté et préféra revenir à une politique de compromis en envoyant, de part et d'autre, ses frères en otages. An Gui alla chez les Xiongnu et Wei Tuqi à la Cour des Han. Quand, quelque temps après, il mourut, les Xiongnu furent les premiers à en être informés. Comprenant qu'ils avaient l'opportunité de reconquérir une zone d'influence qui leur avait échappé, ils firent immédiatement escorter An Gui à Loulan afin qu'il hérite du titre provisoirement vacant. Wei Tuqi, arrivé trop tard, ne put qu'être le témoin du gouvernement de son frère en faveur des Xiongnu. Des ambassadeurs du Dayuan, de Perse et même des Han furent alors assassinés tandis que les caravanes étaient attaquées et pillées. Faute de pouvoir empêcher ces exactions, qu'il réprouvait, Wei Tuqi retourna à Chang'an.

En 77 av. J.-C., sur l'ordre de l'empereur, Fu Jiezi[5] se rendit à Loulan, chargé de soieries, d'or et d'argent. Soupçonnant un piège, An Gui refusa de le recevoir et le messager continua sa route comme si de rien n'était. Parvenu à un poste frontière, le chef de poste l'interrogea sur sa mission. Fu Jiezi lui expliqua que l'empereur l'avait envoyé visiter les souverains des pays de l'Ouest afin de leur remettre de riches présents en gage d'amitié, mais que son roi les avait refusés. Le militaire incrédule s'exclama :
« Crois-tu mon maître assez fou pour ne pas accepter les trésors qui lui sont offerts ? »

5. Fu Jiezi, officier à la Cour de Zhaodi, se serait porté volontaire, selon la tradition, pour aller assassiner l'insupportable An Gui que l'empereur considérait comme brigand et rénégat.

Pour le convaincre Fu Jiezi lui laissa entrevoir son précieux chargement. L'officier fit aussitôt un rapport sur lequel An Gui s'empressa de rappeler l'émissaire. Un grand festin fut donné et quand le vin eut effacé les dernières réserves, Fu Jiezi sollicita un entretien confidentiel. An Gui le suivit sous une tente à l'écart où l'attendaient des soldats des Han qui l'exécutèrent sur-le-champ, sans autre forme de procès.

Les ruines de Miran se dressent encore à 60 km au nord-est de Ruoqiang (Qarkilik). En 77 av. J.-C., l'Etat de Loulan fut appelé Shanshan (Charklik) et le siège de son administration fut transféré à Miran (qui s'appelait alors Yixun). A la fin de la dynastie des Tang, cette cité fut occupée par les Tubo (anciens tibétains) et transformée en forteresse. Elle fut abandonnée lors du retrait des Tubo.

La princesse fraudeuse

Pour bien marquer la fin d'un passé révolu, les premières décisions que prit Wei Tuqi en accédant au pouvoir, furent de donner le nom de Shanshan à l'État qu'il allait gouverner et de transférer sa capitale à Yixun, l'actuel Miran, afin d'éviter le plus possible la menace des Xiongnu. Et, tandis que beaucoup de ses sujets s'installaient dans l'oasis de Qarkilik (Ruoqiang) il invita la Cour des Han à lui envoyer des troupes, tant pour le protéger d'une éventuelle revanche des partisans de son frère que pour aider à la mise en valeur de terres ingrates.

L'armée des Han s'installa à Loulan qu'elle transforma en ville de garnison et lui restitua son rôle d'étape caravanière de la Route de la Soie sur laquelle le trafic avait repris. Une vice-royauté et un commandement militaire y furent instaurés pendant que, alentour, les abords de la cité se couvraient de champs et de canaux d'irrigation.

Le mariage de Wei Tuqi avec une demoiselle d'honneur de la Cour impériale scella l'alliance de Shanshan avec la dynastie des Han dont le commerce emprunta dès lors l'itinéraire sud de la Route de la Soie, considéré comme le plus sûr. En contrepartie, le nouvel État utilisa cette protection pour accroître son audience politique et développer son économie. Au début du Ier siècle de notre ère, alors que la dynastie des Han de l'Ouest était au bord du gouffre, Shanshan touchait à son apogée sur un territoire qui s'étendait jusqu'à Qarqan (Qiemo) et Niya (Minfeng).

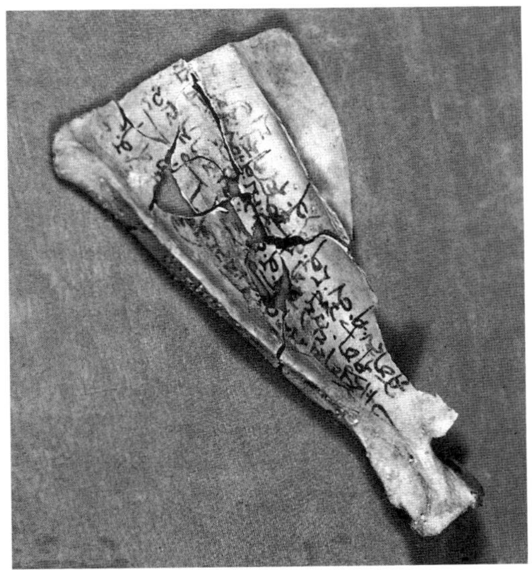

Omoplate d'animal, gravée d'inscriptions divinatoires en vieux tibétain, datant de plus de mille ans.

Entre temps, les Xiongnu s'étaient scindés en deux factions désignées sous les noms de « Xiongnu du Nord » et « Xiongnu du Sud ». Ceux du Nord parvinrent à contrôler Qiuci (Kuqa), Shule (Kashi) et Yutian (Hotan) avant d'être vaincus, en 73, dans la région de Barkol par les troupes commandées par les généraux Dou Gu et Geng Zhong. Dès qu'il fut assuré de la victoire, l'empereur Mingdi des Han de l'Est dépêcha à Shanshan une mission de trente-six personnes conduites par Ban Chao. La délégation fut reçue chaleureusement mais une certaine gêne ne tarda pas à se manifester au fur et à mesure que son séjour se prolongeait. Ban Chao se livra à une enquête discrète, qui lui révéla que l'arrivée imminente d'une ambassade xiongnu plongeait les autorités locales dans l'embarras. Ayant à prendre une décision, Ban Chao choisit la plus radicale en éliminant purement et simplement les indésirables lorsqu'ils se présentèrent. L'atmosphère se détendit aussitôt et, par la suite, le roi et son fils prêtèrent main-forte aux troupes des Han pour mater les révoltes que les Xiongnu ne manquèrent pas de fomenter dans le pays, en réponse à la forfaiture dont ils estimaient avoir été les victimes, non sans quelques raisons.

Comme par le passé, des princesses han furent mariées aux souverains de Shanshan dont le royaume survécut plus de deux siècles à la dynastie des Han de l'Est. Son dernier monarque, Bilong, devait être victime des bouleversements qui marquèrent la période très instable des Seize Royaumes. Désireux d'une alliance avec les Liang du Nord, il rencontra Juqu Mengsun à Zhangye. Mais les Wei du Nord renversèrent la dynastie et ce fut finalement Shanshan qui en accueillit les réfugiés. Dix ans plus tard, Bilong fut à son tour contraint de s'incliner devant les conquérants.

Shanshan disparut ainsi de la scène politique, mais son rôle n'en est pas moins resté l'un des plus déterminants dans l'histoire de la Route de la Soie. Dans ses *Mémoires sur les Contrées occidentales à l'époque des grands Tang,* Xuanzang rapporte à cet égard une anecdote particulièrement significative. Jadis, les habitants de Yutian (Hotan) ne pratiquaient pas l'élevage du ver à soie. A plusieurs reprises, ils avaient tenté de se procurer des œufs auprès de leurs voisins de l'État de l'Est. Ceux-ci ayant toujours refusé, le roi de Yutian y demanda la main d'une princesse. Lorsque le mariage fut conclu, il s'empressa de faire savoir à sa future épouse qu'il lui serait très reconnaissant de lui apporter quelques-unes de ces précieuses « graines » que ses compatriotes lui avaient toujours refusées. La jeune fille cacha des œufs dans les replis de sa coiffe et parvint à tromper la vigilance des gardes-frontières.

Une autre version, donnée dans l'*Histoire de Yutian* précise que l'astucieux souverain s'appelait Yuchi Sheye et qu'il régnait vers le début du IIIe siècle. Quant à l'État de l'Est, tous les historiens s'accordent à penser qu'il s'agissait très probablement du Shanshan. Ainsi, une princesse fraudeuse, par amour, aurait été le premier maillon d'une longue chaîne qui, depuis l'introduction de la sériciculture à Yixun (Miran) et Qarkilik (Ruoqiang) par les soldats-agriculteurs des Han, se serait prolongée jusqu'en Occident.

Le roi de Yutian (Hotan) représenté en donateur avec son épouse, peint sur une paroi de la grotte n° 98, à l'époque des Cinq Dynasties (907-960). Le Yutian antique se trouvait à l'emplacement de l'actuelle Hotan, dans le Xinjiang.

Une momie aux cheveux d'or

Le *Précis d'Histoire des Wei (Weilue)* fournit un itinéraire détaillé du parcours qu'empruntait la Route de la Soie depuis la passe de Yumen jusqu'à Loulan. Il y est question des relais de Duhujing, Sanlongsha, Julucang, Shaxijing ou Bailongdui (Kumtagh). Autant de villes fantômes que le désert a depuis longtemps englouties, mais dont quelques vestiges épars prouvent cependant qu'elles ont existé. De même, les rives en gradins du Lop Nur indiquent les niveaux successifs d'une étendue d'eau jadis gigantesque, réduite aujourd'hui à une humidité résiduelle qui, dans les creux, a laissé des bouquets de roseaux ou de tamaris desséchés. Au nord-ouest, sur une dizaine de kilomètres, le vent a érodé les berges, créant un décor fantasmagorique de murailles parallèles qui, de loin, ressemblent à des remparts ou à de formidables créatures pétrifiées alors qu'elles rampaient vers le lac. L'endroit était d'ailleurs appelé autrefois la *Cité des Dragons.* Au sud de ce site étrange, sur une presqu'île, des poutres et des piliers de maisons ensevelies marquent l'emplacement de Tugen qui, jadis, fut un autre relais de la Route de la Soie. Non loin de là, il est encore possible de distinguer le tracé d'une large voie dont la chaussée reste marquée par les ornières, à peine visibles, laissées par les convois de chariots.

Depuis Loulan, les caravanes en route pour le Couchant pouvaient suivre les pistes du Sud en passant par Miran (Yixun) et Ruoqiang ou, au contraire, rejoindre l'itinéraire nord entre Korla et Yanqi en longeant la rivière du Paon (Konqi He) bordée d'herbes aquatiques et de peupliers. Aujourd'hui, son lit est à sec sur une grande partie du parcours, mais des touffes d'apocynum[6] et de tamaris en jalonnent toujours les méandres. De même, les rives sont jonchées de ruines et de vestiges divers qui attestent leur ancienne fréquentation.

6. Gentiane de la famille des Apocynacées (du gréco-latin *apocynon* : fatal aux chiens) dont l'innocente pervenche est le type ; les apocynums *(Apocynum sp)* sont des plantes au suc laiteux violemment toxique.

Ancien cimetière découvert récemment près de Loulan. Chaque tombe est entourée de sept enceintes concentriques faites de poteaux de bois plantés dans le sol. Les tombes sont reliées entre elles par des poteaux clairsemés. Dans l'une de ces tombes, on a exhumé le corps d'une jeune femme parfaitement conservé, aux cheveux blonds, vêtue de tissus de laine et de peaux cousues, représentant probablement le type des habitants de Loulan.

C'est à environ 70 kilomètres à l'ouest de Loulan que fut découverte récemment une énigmatique nécropole regroupant quarante et une tombes. Chaque sépulture est entourée de sept rangées concentriques de poteaux plantés en terre. A l'intérieur de ces enceintes successives, d'autres pièces de bois sont disposées en ordre dispersé. Les morts y sont inhumés dans des sortes de cercueils sans fond de telle manière que les corps reposent à même le sable de la fosse profonde de moins d'un mètre. Deux cadavres momifiés par la sécheresse ont été mis au jour, dont celui d'une jeune femme enterrée avec son bébé. Coiffée d'une capuche pointue en feutre, elle était habillée d'une veste de laine fine, passée sur une jupe de bure, et chaussée de bottes en peau. Lors de son voyage, au Ve siècle, Faxian avait remarqué que les habitants de la région étaient vêtus de lainages. Une expertise des sépultures, effectuée par l'Institut archéologique de l'Académie des sciences de Chine, a révélé qu'elles dataient d'environ 2 180 ans. Or, le plus étonnant dans cette momie de jeune femme était la longue chevelure blonde qui s'échappait de sa coiffe. Un profil aquilin et de profondes orbites trahiraient une origine occidentale qui n'est pas sans rappeler les anciens Scythes ou un autre peuple, venu jadis d'encore plus loin vers le nord-ouest... Leur rencontre avec les Chinois sur les bords du Lop Nur leur aurait apporté la maîtrise de nouvelles techniques agricoles et artisanales ainsi que les secrets de l'élevage du ver à soie que, plus tard, ils auraient, à leur tour, transmis à de nouveaux arrivants ou exportés, à la faveur de relations commerciales avec les peuples voisins.

Les grottes de la vallée de Xindi, à l'ouest de Loulan, ont leurs parois décorées de gravures peintes illustrant des moments de la vie quotidienne des habitants de la région.

Malgré le long intermède des dynasties Han, la culture dominante de Loulan marqua aussi l'influence de la culture indienne. Aux IIIe et IVe siècles, les dialectes en usage dérivaient du *niya,* tel qu'il était parlé au Cachemire, et s'écrivaient en caractères kharosthî, plus ou moins adaptés ou modifiés. Les premiers documents de ce type, sur tablettes de bois, ont été trouvés à Niya, en 1901, par Marc Aurel Stein qui leur a donné ce nom *(Kharosthî de Niya).* Certains révèlent d'éloquents emprunts aux civilisations très diverses qui rayonnèrent sur cette région du monde située au carrefour de l'Histoire. Sur l'une des tablettes figure ainsi l'effigie de la déesse grecque Athena portant ses attributs, la foudre et le bouclier, alors qu'une autre est marquée du *Sceau de Shanshan* en caractères sigillaires chinois.

Pour qui ignore les langues anciennes, ou modernes, de l'Asie centrale, ces écrits possèdent, au-delà de tout contenu, une valeur esthétique fascinante. Subtiles graphies de pensées pénétrantes, elles suivent une évolution de l'écriture qui, en Chine, devait atteindre son plus haut degré de perfection.

La calligraphie chinoise représente beaucoup plus qu'une écriture. Elle en est, de fait, son interprétation idéalisée, sans rien perdre pour autant de sa valeur pratique, et est continuellement improvisée, bien que soumise à des règles très strictes. Constituée par juxtaposition d'unités sémantiques indépendantes de la phonétique, elle convient à l'expression de dialectes différents, voire à d'autres langues que le chinois. Synthétique, elle devient, sous ses formes cursives, un procédé de transcription instantané comparable à la sténographie.

Toutes les grandes civilisations trouvèrent des moyens pour appréhender le temps et l'espace, mais il semblerait que, tout d'abord, les anciens Chinois se soient davantage souciés de mémoriser les événements plutôt que d'obtenir un vecteur de communication. La première méthode qu'ils auraient utilisée était, paraît-il, une sorte de code se traduisant par des successions de nœuds sur des cordelettes, selon un principe qui n'est pas sans rappeler les *quipu* en usage dans l'Empire andin des Incas. Mais, aucun ne s'étant conservé jusqu'à nos jours et les premières ébauches connues d'une écriture primitive furent celles relevées sur des objets d'os, de pierre ou de terre cuite, exhumés sur le site de Banpo, dans le village néolithique mis au jour, en 1945, dans un faubourg de Xi'an. Ces gravures simples, encore très linéaires, sont aujourd'hui considérées comme les pictogrammes les plus anciens de l'histoire chinoise.

1 2 3 4 5 6

1 — DAZHUAN : inscriptions sur les carapaces de tortues et les bronzes rituels. Époque shang et zhou de l'Ouest.
2 — XIAOZHUAN : écriture normalisée de la dynastie des Qin.
3 — LISHU : style des Chancelleries. Dynastie des Han de l'Ouest.
4 — XINGSHU : semi-cursive d'usage courant. Dynastie des Han de l'Est.
5 — KAISHU : dynastie des Han de l'Est.
6 — CAOSHU : cursive simplifiée. Dynastie des Han de l'Est.

En 1899, la maladie d'un mandarin de Fushan, dans le Shandong, fut à l'origine d'une découverte capitale. Le médecin, appelé en consultation, avait prescrit entre autres remèdes un « os de dragon ». En Chine, autrefois, c'est par ce nom mythologique qu'étaient désignés les fossiles d'animaux préhistoriques auxquels la pharmacopée traditionnelle prêtait des vertus curatives. Or, lorsque le malade eut entre les mains son « médicament », il s'aperçut que des inscriptions visiblement très archaïques y avaient été gravées. Le fonctionnaire, passionné d'archéologie, envoya aussitôt chercher à la pharmacie d'autres « os de dragon » en recommandant de les choisir, cette fois, avec des signes plus nets. C'est ainsi que commença l'étude des épigraphes sur os ou sur carapaces de tortues *(Jiaguwen)*, datant de l'époque Shang (XVIe-XIe s. av. J.-C.). Depuis, plus de 100 000 de ces *Jiaguwen* ont été retrouvés, principalement à Anyang, l'antique capitale des rois shang dans le nord du Henan. Encore réservés à des formules divinatoires, selon une coutume qui se perpétua jusqu'aux premiers temps des Zhou de l'Ouest (XIe siècle - 771 av. J.-C.), les caractères employés révélaient déjà, sous une apparence rudimentaire, une haute capacité d'abstraction et de systématisation. Sur les 4 500 idéogrammes qui furent recensés, seuls 1 700 ont pu être déchiffrés jusqu'à présent.

Au Ve siècle avant notre ère, Mo Zi (468-376 av. J.-C.), dans son *Traité philosophique (Mozi)*, recommandait pour la conservation des annales « de graver les caractères sur l'or et dans la pierre ». En réalité, il ne s'agissait pas du métal précieux mais de bronze, dont la production était alors courante. Depuis l'époque des Shang, pour honorer un ancêtre ou commémorer quelque événement d'importance, la coutume s'était instaurée de couler des vases, de tailles et de formes variées, portant souvent mention de faits remarquables ainsi que des motifs et circonstances de leur célébration (Jinwen). Le plus grand de ces bronzes jamais découverts, est le célèbre *Simuwu*, vaste récipient quadrangulaire à pieds cylindriques, haut de 1,33 m et pesant 875 kg, qu'un roi shang avait dédié au souvenir de sa mère. Parmi les dizaines de milliers de ces objets qui ont pu être recueillis lors des fouilles, près de 10 000 portaient des épigraphes qui ont fourni quantité d'indications précieuses sur la vie économique et politique au temps des Royaumes combattants et de la dynastie des Zhou de l'Ouest.

La période des Printemps et Automnes (770-476 av. J.-C.) devait marquer les débuts d'une véritable littérature, tant à travers les chroniques inscrites sur les bronzes qu'avec les gravures sur pierre *(Siguwen)* dont les 10 tambours découverts à Baoji au début de la dynastie des Tang, sont les plus anciens spécimens connus. Aujourd'hui exposés au musée du palais impérial de Beijing, ils comportent 600 caractères encore lisibles, poésies retraçant les chasses princières au royaume de Qin. Par ailleurs, dès le Ve siècle avant notre ère, de très nombreux lettrés travaillaient à des œuvres se rapportant à l'histoire et aux sciences, dont un autre héritage fut un style particulier d'écriture sigillaire, dit « d'avant les Qin » *(Dazhuan)*.

Il est cependant probable que, depuis longtemps, les scribes employaient des supports plus commodes que les vases de bronze ou les tambours de pierre. Les plus communs furent des lamelles de bambou ou de simples lattes de bois. Longues de 15 à 30 cm, elles étaient assemblées à l'aide de lacets de cuir ou de cordelettes de soie pour former un *Jian*. La première mention en est faite dans le *Shangshu (Annales des Shang* ou *Livre des Documents)*, attestée par une forme archaïque de son idéogramme relevée parmi les caractères des inscriptions sur carapace de tortue. Il est à noter qu'il devait en rester l'habitude du rouleau, qui porta le même nom, et que ce terme servit encore, par la suite, pour désigner les différents volumes d'un ouvrage, y compris lorsque ceux-ci furent reliés en cahiers ou en livres. L'un des ensembles les plus remarquables de textes sur tablettes de bois et de bambou jamais découvert, le fut, à l'époque des Han de l'Ouest, dans l'ancienne maison de Confucius. Il comportait tous les grands classiques de l'époque tels que le *Shangshu*, le *Liji (Livre des Rites)*, le *Lunyu (Entretiens de Confucius)*, etc. Bien que marquant un indéniable progrès, ces « livres de bois » avaient encore, pour inconvénients majeurs, d'être aussi lourds qu'encombrants. Ainsi les *Annales des Royaumes combattants* racontent que, lorsque le sage Hui Shi voulut partir en voyage, il eut besoin de cinq charrettes pour transporter ses livres. De même, il est dit que pour traiter des affaires courantes de l'État, l'empereur Shihuangdi devait manipuler quotidiennement plus de 50 kg de documents... Mais il n'en reste pas moins intéressant qu'un usage des tablettes, en des temps très reculés, laisse présumer d'une invention sans doute aussi ancienne du pinceau, son indispensable complément. Une légende du Zhejiang, passée dans la tradition, en avait attribué l'initiative à Meng Tian, un général de Shihuangdi. Un jour, alors qu'il inspectait les travaux de la Grande Muraille, son regard fut attiré par une touffe de poils de chèvre restée accrochée à une pierre. Il la prit et eut l'idée de la fixer à l'extrémité d'une brindille ramassée à ses pieds. Surnommé l'« Ancêtre des Pinceaux », un temple lui fut dédié à Huzhou (Wuxing, dans le Zhejiang), son lieu de résidence où, depuis, sont fabriqués les pinceaux les plus réputés. Néanmoins, les plus anciens documents connus à ce jour sont ceux qui, datant des Royaumes combattants, furent retrouvés dans une tombe du Henan. Il ne s'agissait alors que d'un

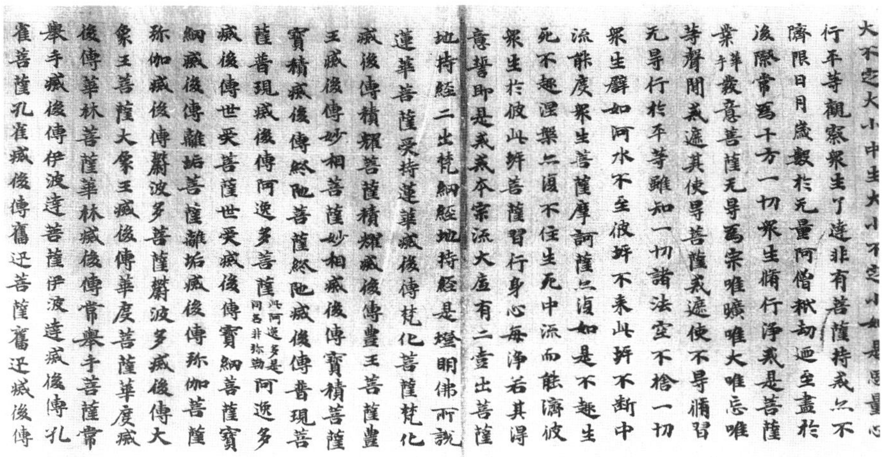

Texte bouddhique trouvé à Dunhuang. Ce rouleau, long de 1,65 m et large de 26 cm, fut calligraphié sur ordre impérial sur un très beau papier à fines vergetures. Afin de protéger les documents officiels contre les déprédations des insectes, ils étaient souvent imprégnés d'un liquide végétal brun ou jaune verdâtre à base d'orpiment.

manche de bambou dont l'extrémité était entourée de poils de lapin, ligaturés avec un fil de lin. Malgré l'absence de preuve, beaucoup d'historiens pensent que des pinceaux existaient déjà à l'époque des Shang et peut-être même à celle des Xia (XXIe-XVIe siècle av. J.-C.). A la place de l'encre, apparue beaucoup plus tardivement, étaient utilisés des colorants naturels connus depuis le Néolithique, comme le graphite, les terres d'ocre ou la sépia.

Si, à l'époque de Shihuangdi, les progrès de la technologie ne permirent pas d'amélioration notoire des supports, l'une des réformes les plus importantes du premier empereur fut la normalisation de l'écriture avec l'institution du style *Xiaozhuan*. Toutefois, ce fut sous les Han que furent données les bases de la calligraphie avec la création du « style des Chancelleries » *(Lishu)* dont les caractères calibrés correspondaient mieux aux besoins de la bureaucratie. L'apparition des premiers papiers devait susciter, sous les Han, une floraison de nouvelles graphies. Ainsi, le *Kaishu* était composé de caractères réguliers qui furent surtout utilisés, par la suite, pour l'imprimerie et les exercices d'apprentissage ; le *Xingshu*, semi-cursive, dérivée du *Lishu*, devint l'écriture d'usage courant ; le *Caoshu*, enfin, cursive simplifiée, d'une spontanéité à la limite du lisible, fut pratiqué comme un art magistral. Ces différentes manières devaient être encore plus ou moins perfectionnées jusqu'à la dynastie des Tang, époque à laquelle la calligraphie fut dotée de tous les moyens techniques, depuis lors inchangés et restés célèbres sous le nom des *Quatre Trésors du lettré*.

Le premier et le plus précieux de ces trésors fut certainement le papier, aboutissement d'une très longue histoire. Dès l'époque des Zhou de l'Ouest, le développement de la sériciculture avait permis d'utiliser, pour écrire, des pièces de soie qui, dans les textes anciens, sont désignés par un idéogramme composé des caractères « bambou » et « soie ». Dans les tombes han de Mawangdui, près de Changsha (Hunan), plusieurs livres en soie ont été trouvés parmi plusieurs centaines de tablettes de bambou. Légère et d'un emploi facile, la soie restait cependant un matériau coûteux réservé à une élite, mais les déchets des filatures servirent, au cours de la dynastie des Han de l'Ouest, à fabriquer un papier de soie. Toutefois, la production restant limitée et relativement onéreuse, des méthodes identiques furent appliquées à des fibres végétales communes. Sans doute est-ce de ces premières tentatives que résulta le papier de chanvre et de lin dont des fragments furent découverts, à Banqiao près de Xi'an, parmi des objets de bronze datant du règne de l'empereur Wudi (156-87 av. J.-C.). Épais et grossier, le papier du type de celui de Banqiao ne put remplacer ni les tablettes ni la soie et moins encore le papier de soie. Il est cependant vraisemblable que Cai Lun s'en inspira très largement pour fabriquer le nouveau papier qu'il présenta en 105 à l'empereur Heidi des Han de l'Est. La pâte en était obtenue par broyage d'écorces, de déchets de lin, de vieux chiffons et de lambeaux de filets de pêche. Après trempage dans de l'eau additionnée de cendres de paille (soude), ce mélange était pilé, malaxé et cuit, avant d'être étalé sur des nattes et séché au soleil. Dès lors un artisanat papetier se développa rapidement dans toute la Chine, chaque région utilisant avec un bonheur très inégal les fibres de production locale. Longtemps le rotin *(Calamus sp.)* donna les meilleurs résultats ainsi que la ramie ou ortie de Chine *(Boehmeria nivea)* ou encore le mûrier à papier *(Broussonetia papyrifera)*, un genre voisin du mûrier blanc *(Morus alba)*, nourriture exclusive du ver à soie. La plus grande préoccupation des papetiers avait été, en effet, d'obtenir une surface aussi lisse que possible, afin que le pinceau y glisse librement mais, également, imperméable à l'encre qu'il dispense abondamment. A l'époque des Song, il existait une dizaine de qualités principales de papier, dont la plupart avaient été mises au point sous les Tang comme le fameux papier de Xuanzhou (Anhui) célèbre dans le monde entier sous le nom de *papier de Chine*. A base d'écorce de santal et de paille de riz, sa fabrication exigeait une centaine d'opérations s'étalant sur près d'un an. D'un blanc pur et de grain fin, il existait en quatre épaisseurs et deux graduations de porosité, selon qu'il était destiné au lavis ou à la peinture fine. Souple et résistant, il a merveilleusement résisté à l'épreuve du temps. Parmi les autres variétés de papier, certaines étaient enduites, colorées, filigranées, pailletées d'or fin ou traitées avec une huile essentielle tirée du poivrier du Japon *(Zhanthoxylum piperitum)* contre les insectes qui ravageaient les bibliothèques. Enfin, et bien qu'ils n'aient aucun rapport avec l'écriture et la calligraphie, il y avait encore le papier huilé utilisé comme vitrage et pour les ombrelles, les papiers peints imprimés, etc.

Les deuxième et troisième trésors sont étroitement liés puisqu'il s'agit de l'encre et de ce qui, en Chine, sert d'encrier. Bien que la première mention en ait été donnée dans *Shuowen Jiezi*, l'ancêtre des dictionnaires chinois paru en l'an 100 de notre ère, l'encre « synthétique » existait déjà depuis longtemps comme le laissent supposer les inscriptions sur des tablettes datant des Royaumes combattants découvertes à Changsha. A l'origine, ce n'était qu'un mélange de noir de fumée et de résine, que l'utilisateur devait lui-même broyer dans un mortier spécial, formé d'un plateau en pierre ou en céramique, rond monté sur trois pieds ou carré avec quatre pieds. A l'époque des Tang, cette préparation fastidieuse fut évitée avec la fabrication d'encres en bâton. Les meilleurs produits comportaient divers additifs tels que du musc, du camphre de Bornéo et même de la poudre d'or. Mais souvent il était encore spécifié : « Dix mille coups de pilon » ou mieux : « Cent mille coups de pilon »... Ces bâtons nécessitèrent dès lors l'utilisation d'une pierre sur laquelle ils devaient être mouillés et frottés afin qu'ils se diluent. Les meilleures « pierres à encre » seraient celles venant de Duanxi depuis que, selon une légende du IXe siècle, un étudiant de cette ville appelé Liang aurait brillamment passé ses examens grâce à l'une d'elles. L'épreuve avait eu lieu au plus fort de l'hiver et le froid était si intense que l'encre gela sur les pierres de tous les concurrents, sauf sur celle de Liang qui, bien sûr, fut reçu.

Quant au quatrième et dernier des « Quatre Trésors du lettré » il fut le premier puisqu'il s'agit du pinceau. Malgré la belle légende de Meng Tian, l'exploration en 1975 d'une tombe datant de la dynastie des Qin, dans le Hubei, a prouvé qu'il existait déjà à cette époque des pinceaux dont les poils n'étaient pas ligaturés mais encastrés dans le manche, exactement comme ils le sont encore aujourd'hui. Seul le choix des soies, la longueur et l'épaisseur de la touffe furent adaptés aux divers usages auxquels ils étaient destinés.

流沙古道
第十四章

CHAPITRE 14

A TRAVERS UN OCEAN DE SABLE

Ci-contre : *Le Taklimakan est le plus grand désert de sable de Chine. Son nom signifie "impasse" en langue ouigour. D'après une légende, de riches trésors seraient ensevelis sous ses sables. On peut y survivre à condition d'avoir des mœurs extrêmement frugales. L'itinéraire méridional de la route de la soie longeait la lisière de ce désert, qui s'étend sur une superficie de 324 000 km², et est plus étendu que la Grande-Bretagne. De nombreuses cités et villages antiques ont été submergés au cours du temps, par les dunes mouvantes de ce désert.*

L'itinéraire des cités mortes.

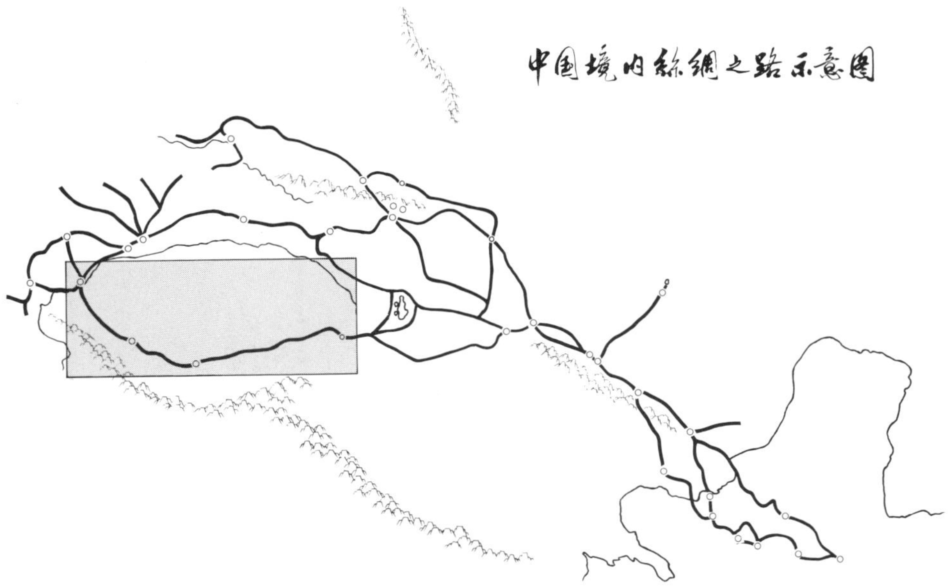

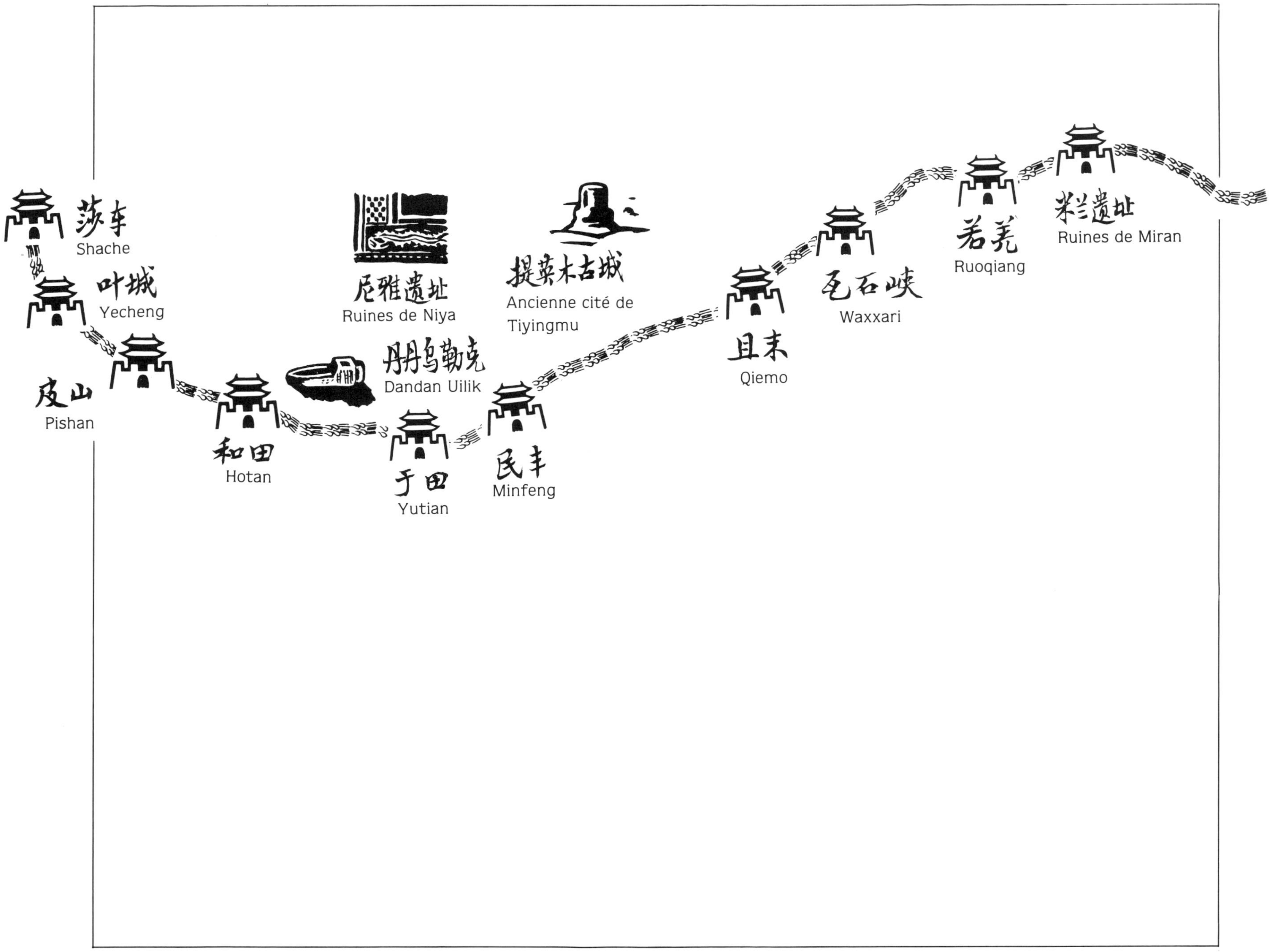

Caravane de chariots tirés par des chameaux, traversant le désert du Taklimakan.

Les cités mortes du Taklimakan

Océan minéral de sable jaune, le Taklimakan est agité par une houle perpétuelle. Le vent disperse et reconstruit sans cesse des dunes en croissant qu'il manœuvre comme des cohortes affrontées au vide. Nul ne saura jamais combien de voyageurs s'y sont perdus, mais il reste un proverbe disant qu'il est permis d'y entrer mais impossible d'en sortir. Des caravanes entières s'y sont englouties sans laisser plus de traces que, sur la mer, des navires coulés dans la tempête. Les pistes en longeaient les grèves mais depuis la lointaine époque de la Route de la Soie, le désert s'est beaucoup étendu. Au fil des siècles, son lent ressac a brûlé les pâturages, asséché les rivières et envahi les cités d'antan dont même les ruines ont été, pour la plupart, recouvertes.

Quelques oasis, cependant, ont été épargnées. Ainsi entre Ruoquiang (Qarkilik) et Qiemo (Qarqan), un îlot de verdure abrite les ruines de Waxxari. A l'origine, cette ville dépendait de Shanshan mais, après la chute du royaume vers le milieu du IVe siècle, les populations émigrèrent en masse à Qiemo et Turpan, tandis qu'une minorité se repliait sur Ruoqiang. La cité tomba alors aux mains des Tuyuhun[1] qui l'occupèrent jusqu'à ce qu'ils en soient chassés à leur tour par les armées des Tang, en 635.

La reprise du commerce sur la Route de la Soie exigeait que ses différents relais soient tenus par des gouvernements loyaux envers l'Empire. Aussi, lorsque Kang Yandian, chef en exil des tribus sogdiennes de Samarqand, demanda à l'empereur Taizong l'autorisation de se fixer avec son peuple à Waxxari, ce dernier accepta volontiers et le nomma même gouverneur militaire de la garnison de Shicheng cantonnée dans l'oasis. Kang Yandian bâtit une bourgade prospère qu'il nomma *Nuzhi*, ce qui, en sogdien, signifie *Cité nouvelle*. Seule l'avance du désert devait être responsable de son abandon. A l'ouest des ruines se distingue encore le lit de l'ancienne rivière qui s'est tarie vers le XIIe siècle, obligeant les habitants à partir s'établir sur d'autres rives plus hospitalières.

De même, les vestiges de nombreux villages jalonnent le cours de la rivière Andir qui, autrefois, descendait des montagnes pour aller se perdre, loin au nord, dans les sables du Taklimakan. Les pâturages qui la bordaient ont depuis longtemps disparu mais, à une quinzaine de kilomètres de son lit asséché, un groupe d'habitations à demi enfoui dans les dunes perpétue le souvenir du hameau de Yigaidong (Endere). Près de quatre-vingts foyers occupaient des maisons rudimentaires dont la seule charpente était constituée par les piliers d'angle et le faîtage, de simples claies servant de murs.

1. Ensemble de tribus appartenant à la confédération des Xianbei, les Tuyuhun menaient une existence nomade dans le nord-ouest du district actuel de Jinxian dans le Liaoning. Au début du IVe siècle, ils se fixèrent dans la région du Qinghai et du Gansu et, sous les dynasties du Sud et du Nord, la Cour des Plaines centrales conféra le titre de roi à leur chef. Au début de la dynastie des Tang, ils firent obstruction à la circulation sur la Route de la Soie, mais, battus par les troupes impériales, les Tuyuhun durent laisser le passage aux commerçants. Des relations matrimoniales se nouèrent alors entre leur roi et la Cour des Tang. Plus tard, les Tubo (Tibétains) ayant envahi leurs domaines, ils furent contraints d'émigrer vers l'est.

Endere, l'antique cité de Tiyingmu, sur la rive orientale du bassin inférieur de la rivière Andir, à 180 km de Minfeng, conserve encore les ruines des murs d'une ancienne pagode bouddhique.

Récemment, à 3 km de ces modestes ruines, le vent a fait surgir des sables la forteresse d'Akkoskrak. Elle se dresse sous le soleil, semblable à ces vaisseaux fantômes des légendes maritimes que la tourmente arrache, pour un temps, aux abîmes. Construction circulaire de 250 m de diamètre, elle est entourée d'une muraille haute de 2 m, bâtie en pisé sur une solide armature de bois et de branches de tamaris. Vers l'est s'ouvre son unique porte dont les lourds vantaux sont restés entrebâillés. A l'abri des remparts, des maisons en torchis, identiques à celles de Loulan, s'alignent de part et d'autre d'une rue centrale recouverte par une épaisse couche de sable. A l'ouest, de spacieuses demeures aux murs d'adobe étaient probablement des résidences de notables. Au nord, l'aspect sévère d'une curieuse bâtisse en rondin laisse penser qu'il s'agissait peut-être de la prison. Devant le portail, les seules sentinelles à monter encore la garde sont deux peupliers dont l'ombre ne profite plus à personne.

A quelque distance de là, sur la rive est du cours inférieur de l'Andir, le sable n'a pu ensevelir une pagode bouddhique haute de 8 m. Ronde, sur une base carrée, elle domine un champ de débris marquant l'emplacement de l'ancienne ville de Tiyingmu. De temps à autre, le vent du désert met au jour des objets épars. C'est ainsi que fut ramassée une curieuse faucille dentée d'un type primitif jusqu'alors inconnu dans la région. Mais ce n'est, parfois, qu'un vulgaire sac de peau racornie par le temps. Toutefois, il y a quelques années, une équipe d'archéologues a découvert un grand nombre de tablettes écrites en *kharoshthī* de la même facture que celles qu'avait trouvées Aurel Stein lors de son passage sur le site. Ces documents permettent de penser que les lieux furent habités entre le IIe et le IVe siècle.

Dernièrement, le Taklimakan a également restitué les ruines de Davoluk. Des pans de fortes murailles, les murs en pisé de vastes demeures et de hautes terrasses laissent présumer l'importance de la cité dont le quartier nord était le plus populaire comme l'indique une architecture beaucoup plus fruste. Ici encore, le sol est jonché de poteries brisées, de lambeaux de feutre et de lainages grossiers. Les fouilles ont également apporté leurs moissons d'objets hétéroclites parmi lesquels d'intéressantes *sapèques* (Wuzhu)[2] de l'époque des Han et deux superbes poutres sculptées qui ont conservé leurs couleurs d'origine.

Ruines d'une partie des murs de l'ancienne cité d'Akkoskrak. Circulaire, elle n'avait qu'un diamètre de 250 m. Elle s'élevait sur la rive ouest de la rivière Andir, au fond du désert.

2. Le mot *sapèque*, emprunté au malais *sapek* à la fin du siècle dernier, désigne indistinctement toutes les pièces de monnaie, percées d'un trou rond ou carré, en usage dans divers pays d'Extrême-Orient.

Vestiges de l'ancienne cité de Davoluk, à l'est de Tiyingmu (Endere). Des pans de murs et des piliers apparaissent à travers les sables, qui recèlent encore de nombreux objets épars.

Deux balustres en bois tourné, longs de 76 cm, gisant sur le sable près de Davoluk. La sécheresse extrême les a fissurés, mais a permis leur conservation. Ils gardent encore leurs couleurs originales.

Sapèque de cinq Zhu et autres monnaies chinoises d'antan

Les monnaies chinoises comptent certainement parmi les plus anciennes du monde car, bien qu'il n'y ait pas eu dès l'origine de véritable « émission », les valeurs n'en étaient pas moins fixées par un système de références à des unités de mesure dont l'étalon était le grain de millet *(Jushu)*. Mais si au cours du temps l'espèce *(Panicum miliaceum)* resta la même, les dimensions de la graine varièrent quelque peu.

A l'époque des Tang, l'échelle des longueurs était calculée à partir « d'un grain de millet du Nord, de taille moyenne, pris dans le sens de sa largeur ». Ce qui donnait :
1 *Jushu* = 1 Fen
10 Fen = 1 Cun
10 Cun = 1 Ci (1 Ci et 2 Cun = 2 Da Ci)

De même pour les poids, ces mêmes grains de millet donnaient encore :
100 *Jushu* = 1 Zhu
24 Zhu = 1 Liang (3 Liang = 1 Da Liang)

Les premières monnaies furent des cauris *(Cyprea moneta)*, ces coquillages qui, dès le Néolithique, furent une valeur d'échange quasi universelle, connus sous le nom de *Beibi* à l'époque des Shang (XIVe-XIe siècle av. J.-C.) et des Zhou de l'Ouest (XIe siècle - 771 av. J.-C.).

*Cauris (*Cyprea moneta*) utilisés comme monnaie d'échange sur la route de la soie, depuis des temps reculés.*

Mais les quantités insuffisantes de coquillages nécessaires aux transactions devaient bientôt conduire à la fabrication de fac-similés en os, en coquille d'huître, en pierre et finalement en cuivre, préfigurant ainsi les monnaies métalliques. Les *Beibi* disparurent lors des grandes réformes entreprises par Shihuangdi à la fondation du premier Empire. Wang Mang les remit en circulation, au début de notre ère, le temps de son règne éphémère mais elles ne cessèrent d'avoir cours jusqu'à la dynastie des Qing (1664-1911) au Yunnan où elles étaient appelées *Haipa*.

Que les *Beibi* aient été les plus anciennes « monnaies » n'excluait pas les échanges par l'intermédiaire d'objets usuels tels des outils agricoles comme le *Bo* (Pelle-bêche) qui donna son nom aux *Bubi*, de vraies pièces cette fois, dont elles avaient la forme, en usage dans les États de Han, Wei et Zhao, aux époques *Chunqiu* (Printemps et Automnes, 770-476 av. J.-C.) et *Zhanguo* (Royaumes combattants, 475-221 av. J.-C.). Également nommées *Kongshoubu* (Pelle sans manche), elles portaient mention de leur valeur, du lieu et de la date de leur fonte.

La monnaie konshoubu.

A la même époque, dans de nombreuses régions, circulait une pièce à trou rond, dite *Huanqian*, ancêtre de la sapèque à trou carré. Dans le même temps, les États de Qi, Yan et Zhao utilisaient des pièces en forme de couteau *(Daobi)* également différentes par leur extrémité ronde, pointue, etc. Elles furent retirées de la circulation sous la dynastie des Qin.

La monnaie daobi.

Pour remplacer toutes ces anciennes monnaies généralement émises jusqu'alors à l'initiative de riches marchands, l'administration de Shihuangdi lança les *Fangkongqian*, ou « sapèques *(Qian)* à trou carré », sans doute inspirée des *Huanqian*. Portant le mot *Wen* elles en avaient pris le nom et 1 000 pièces de 1 *Wen* formaient 1 *Guan* (« ligature »). Le principe en resta et les sapèques à trou carré furent sans aucun doute la monnaie la plus courante tout au long de l'histoire de la Chine dynastique. Mais, si au temps de Shihuangdi la sapèque représentait théoriquement 1/10 000e d'une livre d'or, sa valeur subit d'importantes fluctuations au fil des âges.

La première sapèque à trou carré, émise par la dynastie Qin, a été la *Banliang* (1/2 Liang = 12 Zhu ≃ 8 g) de un Cun et deux Fen de diamètre (3,2 à 3,4 cm). Or, sous les Han, de nouveaux Banliang, d'un diamètre légèrement inférieur, ne pesaient plus de huit ou quatre Zhu. Cependant, sous cette même dynastie, apparut la sapèque *Wuzhu* (cinq Zhu) qui devait battre tous les records de longévité et d'émission puisqu'elle ne fut retirée de la circulation qu'au début du VIIe siècle. La raison de sa disparition était que l'érosion monétaire avait fait passer le poids de la ligature *(Guan)* de deux *Jin*, au moment de son lancement, à un *Jin* seulement lors de l'avènement, en 618, de Gaozu, premier empereur de la dynastie des Tang. En 621, son successeur, l'empereur Gaozu, émit les *Kaiyuantongbao*. Dès lors dans toute la Chine, les *Banliang* et autres *Wuzhu* disparurent, remplacées par des *Tongbao*, des *Zhongbao* et des *Yuanbao* frappées à l'ère du règne des empereurs. Ce même système devait rester en vigueur sous les dynasties des Song, des Yuan, des Ming et des Qing.

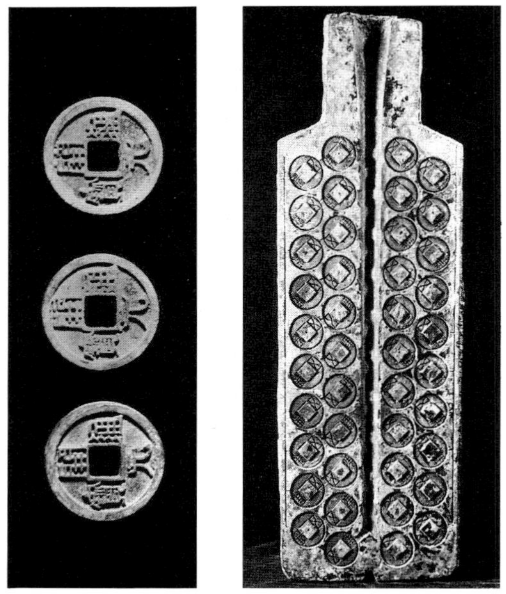

Wuzhu *et moule de fabrication.*

Toutefois, après cette réforme, devant une inflation continuelle due à certains paradoxes dans la politique économique et à une prolifération de sapèques en fer dont la fabrication avait commencé dès l'époque des Han, les gouvernements impériaux furent contraints de réajuster continuellement le cours de leur monnaie. C'est dans ce contexte que, au IXe siècle, des lettres de change appelées *Feiqian* (monnaie volante) vinrent remplacer, pour les transactions commerciales importantes, les encombrantes ligatures. Interdites, leur suppression relança l'inflation et elles durent être reprises par des organismes officiels tels que le ministère des Finances, le bureau des Revenus Publics ou le commissariat du Sel et du Fer.

Ces *Feiqian*, toutefois, ne constituaient pas, à proprement dit, un papier-monnaie. Celui-ci ne fut inventé qu'au début de la dynastie des Song avec les *Jiaozi* dont l'initiative revenait, une fois de plus, aux grands commerçants avant d'être monopole d'État à partir de 1023. Marco Polo put ainsi relater dans son livre comment *« Le Grand Can* (Kubilay Khân) *faisait dépenser papier pour argent »* en utilisant différentes *coupures* taillées dans du liber de mûrier, cette peau mince qui se trouve entre le bois et l'écorce.

L'équilibre financier de la Chine dynastique n'en fut pas meilleur pour autant. L'absence de tout système économique et monétaire unifié devait mettre à l'épreuve l'extraordinaire vitalité des masses populaires du pays durant encore bien des siècles, jusqu'à la révolution de 1949.

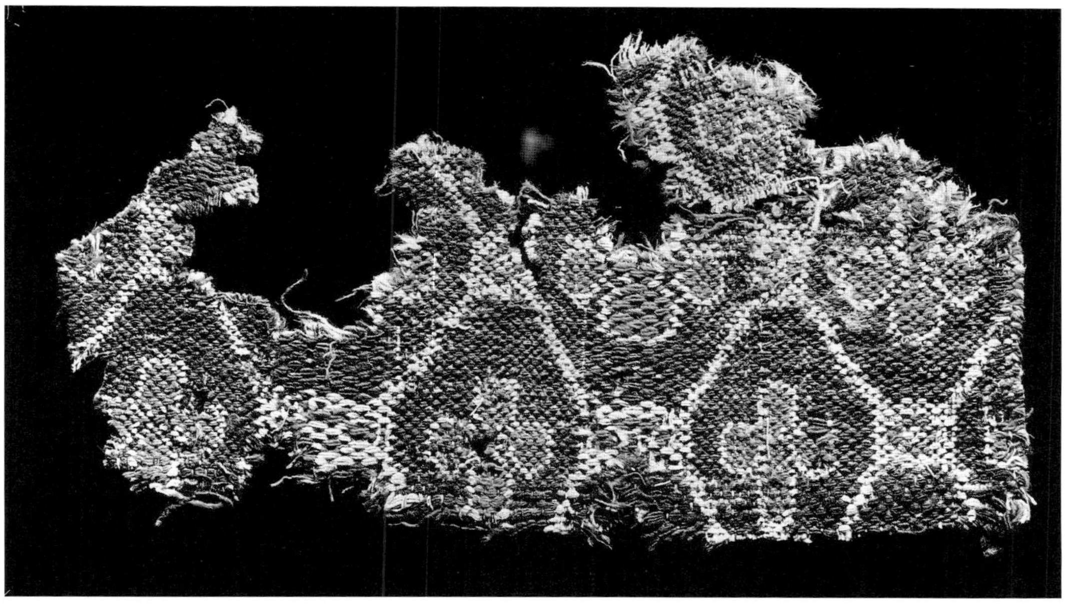

Fragment de tissu en lainage, datant des Han de l'Est et trouvé à Niya. Musée de la région autonome ouigour du Xinjiang.

Niya, la ville nomade

Sceau décerné par le gouvernement impérial des Han de l'Ouest (206 av. J.-C. - 8 ap. J.-C.) au chef des Qiang vivant dans la dépression du Tarim. Trouvé dans le district de Shaya, dans le Xinjiang. Musée de la région autonome ouigour du Xinjiang.

Quand, au IIe siècle avant notre ère, Zhang Qian traversa la région, il passa par Jingjue, une petite bourgade établie sur le cours inférieur de la rivière Niya, guère plus importante que ne l'était Loulan à la même époque. Annexée plus tard à l'État de Shanshan, elle profita de son rayonnement culturel et de sa puissance économique pour se développer. Puis, à la fin de cette période, la contrée fut rattachée à l'État voisin de Yutian. Ainsi lorsque Xuanzang y parvint en 644, il la mentionna comme étant un poste frontière. Mais, aux bouleversements politiques du passé s'étaient ajoutés des changements climatiques tels que la cité que visita le saint homme ne se situait plus à l'emplacement de l'antique Jingjue qu'avait connue Zhang Qian, ni même de la Niya des premiers siècles. La diminution du régime des eaux avait obligé ses habitants à se déplacer toujours plus haut en amont. Selon les Mémoires laissés par le moine, la ville se serait alors trouvée au milieu d'un marais, sur une île chaude et humide à laquelle il n'était possible d'accéder que par une voie unique.

Aujourd'hui, le site le plus riche est celui de la Niya contemporaine des Han de l'Est et des souverains de Shanshan, dont les ruines sont perdues en plein désert, à 150 km au nord de Minfeng, l'actuelle « Niya ». Les fouilles archéologiques qui y sont effectuées depuis le début du siècle lui ont valu une renommée mondiale. Outre les collections inestimables, emportées lors des expéditions de Stein et de Hullington, des missions chinoises ont permis la mise au jour de bien d'autres trésors, il y a une vingtaine d'années.

Beaucoup d'objets usuels figurent parmi ces dernières découvertes, comme, par exemple, des miroirs de bronze, des laques, des monnaies, des peignes en bois, mais aussi des bijoux et autres pièces de valeur. Quelques-uns sont amusants comme cet oreiller de soie brodée, en forme de coq, rappelant l'adage universel selon lequel la fortune appartient à ceux qui se lèvent tôt. D'autres, au contraire, témoignent de l'histoire comme ce sceau des Han de l'Est au chiffre de *l'Administration du défrichement des terres,* ou encore ce morceau de cotonnade au décor révélateur d'un art particulier aux populations cosmopolites de la Route de la Soie. Le motif en est une divinité chevauchant un dragon. Or si le monstre est typiquement chinois, sa cavalière est très nettement inspirée de l'art du Gandhâra dans sa tradition hellénistique la plus pure. Il s'agit en effet de la démone indienne Harîtî[3] qui, figurée avec une coiffure grecque et nantie d'une corne d'abondance, n'est pas sans évoquer quelque étrange avatar de Cérès ou Cybèle que seul pouvait engendrer l'extraordinaire courant des échanges sur la Route de la Soie.

3. Dans le folklore bouddhique, Harîtî était à l'origine une ogresse *(Râkshasâ)* dévoreuse d'enfants, de Râjagrîha dans le Bihâr. Convertie par le Bouddha, elle devint une divinité tutélaire de l'enfance et, par extension, de la fécondité. Ses attributs coutumiers sont la grenade, dont la multitude des grains symbolise une abondante progéniture, ou un pot, censé contenir toutes les richesses que procure une descendance nombreuse.

Fragment de toile décoré de personnages, de dragons et de lions, datant des Han de l'Est et provenant de Niya. Ces dessins montrent une influence occidentale. Musée de la région autonome ouigour du Xinjiang.

Des monastères souterrains

Au nord des monts Kunlun entre Yutian et Hotan, à une centaine de kilomètres au-delà des frontières actuelles du désert, les vents de sable tourbillonnent sur les ruines de Dandan-Uilik que cernent les dunes. En 1896, Sven Hedin fut le premier Européen à se lancer à la recherche de *Taklamakan*, une ville mystérieuse dont il avait entendu parler comme d'une légende dans les oasis. Lorsqu'il y parvint il découvrit peu à peu les vestiges de ce qui, jadis, avait été une ville florissante. Des alignements de troncs déchiquetés par des siècles de sécheresse indiquaient d'anciennes avenues bordées d'arbres. Ailleurs, il reconnut dans ces amas de branches mortes les restes de pruniers et d'abricotiers, cultivés autrefois dans des vergers que des canaux, depuis longtemps ensablés, venaient irriguer. Mais à l'abri des murs effondrés il trouva également des statues bouddhiques et de superbes fresques dont il remarqua l'inspiration indienne. Il repartit, non sans avoir glané ce qu'il pouvait emporter, mais dans le livre *A travers l'Asie*, qu'il publia dès son retour en Suède, il donna une description de « cette seconde Sodome » qui devait inciter Aurel Stein à s'y rendre à son tour.

Des fouilles systématiques révélèrent que Dandan-Uilik avait été non seulement un caravansérail de la Route de la Soie mais aussi un centre religieux très important, car pas moins de onze sanctuaires bouddhiques y furent dénombrés. Dans les décombres des bâtiments conventuels, Stein découvrit de nombreux documents en sanskrit, en brâhmî et en chinois. Beaucoup d'objets, de peintures et de fragments de statues furent envoyés en Grande-Bretagne, mais le site était trop grand, les fresques trop fragiles et le sable trop envahissant pour que tout puisse être enlevé.

Une plaque de bois inscrite en caractères de la langue du Yutian (Keria), trouvée à Dandan-ulik et appartenant à un "coffret de correspondance". On écrivait sur les parois intérieures de ce coffret. Dans le fond et sur le couvercle, deux petits trous permettaient de passer une ficelle réunissant les plaques de bois. Le couvercle était muni d'un orifice carré permettant d'y apposer un cachet. Administration locale du district de Qira.

Depuis, des missions chinoises y sont retournées, et leurs recherches ont été enrichir le patrimoine culturel du district de Hotan à qui revient désormais la conservation des collections locales. Il leur a été ainsi confié des lampes de jade, des monnaies d'âges divers dont de curieuses pièces préislâmiques, en forme de noyau de pêche, frappées dans la région, et de superbes poteries que le temps et les vandales ont épargnées. L'un des objets les plus intéressants est un « coffret de correspondance » d'un modèle très rare. Il se compose, en effet, de deux planchettes de bois s'encastrant l'une dans l'autre. Une ficelle, passée dans des trous et scellée à l'argile sur une petite cavité spécialement ménagée à cet effet, maintenait l'ensemble. Le message était écrit sur la face interne des planchettes, obligeant ainsi à briser le sceau pour le lire. Celui-ci porte un texte rédigé en *khotanais*, une écriture dérivée du sanskrit de style *gupta*, en usage parmi les Shaka[4] de la région, entre le VIe et le Xe siècle.

4. Les Shaka étaient des populations parlant la langue des anciens Saces, un peuple qui, occupant un territoire s'étendant de l'Oxus (Amū-Darya) à la vallée de l'Indus, avait été déplacé par les Kushâna dans des régions comprises entre l'est de l'Afghânistân et le Cachemire. Ils utilisaient un dialecte de l'iranien moyen écrit avec des caractères brâhmî.

Hotan l'antique capitale du jade

Vaste oasis des confins méridionaux du Taklimakan, Yutian (Hotan) fut autrefois l'une des grandes métropoles culturelles et commerciales de l'Asie centrale. Dès l'époque des Royaumes combattants (475-221 av. J.-C.) le célèbre *jade du Kunlun* en était exporté jusque dans les Plaines centrales par des caravanes qui donnèrent, plus tard, son nom à la passe de *Yumen*[5] qu'elles empruntaient pour gagner Dunhuang et le couloir du Hexi. Ainsi, longtemps avant l'épique chevauchée de Zhang Qian, des marchands anonymes avaient suivi, d'ouest en est, un itinéraire qui, plus tard, fut celui de la Route de la Soie.

5. Traditionnellement, *Yumen* est traduit par *Porte de Jade* alors que ce devrait être, littéralement, *Porte du Jade.*

La pierre d'éternité

Aux temps lointains de la Préhistoire, les chasseurs primitifs avaient trouvé dans le jade, dont ils connaissaient l'extrême dureté, un matériau idéal pour la fabrication d'armes et d'outils tels que haches, herminettes ou lames tranchantes. Ces objets ne furent cependant utilisés que dans les régions des gisements, situés principalement en Asie orientale et en Amérique centrale. A ce propos, il n'est d'ailleurs pas impossible que les peuples paléo-sibériens qui colonisèrent le Nouveau Monde n'aient pas renoué avec un usage qu'ils possédaient déjà dans leur ancienne patrie.

La très grande résistance du jade devait ensuite le vouer à la sculpture de statuettes votives ou d'instruments cultuels. Et, ce fut sans doute, accompagné de mythes obscurs, qu'il parvint très tôt en Occident. Pierre précieuse, de réputation magique, il fut alors porté en amulettes destinées à prévenir les maux de reins. Ce sont ces légendes qui ont donné au mot *jade* son origine étymologique, contraction altérée de l'espagnol *piedra de la ijada*, littéralement : « pierre (pour guérir) de la fosse iliaque (reins) ». De même, dans le nom de *néphrite* se retrouve la vieille racine grecque *nephros*, le rein.

Le jade, en effet, désigne indistinctement la jadéite et la néphrite qui sont deux roches monominérales du genre amphibole (silicates naturels) de la série trémolite-actinolite (calciques, magnésiennes et ferrifères). Les couleurs de la jadéite couvrent une large gamme de verts, depuis l'émeraude jusqu'à presque blanc, mais les oxydes de fer peuvent aussi lui donner des teintes jaunes, orangées, rougeâtres, brunes et même mauves. Les principaux gisements asiatiques se trouvent en Chine dans le Xizang (Tibet) et le Yunnan ainsi qu'en haute Birmanie (Taw Maw). En Amérique centrale ils sont au Guatemala et au Mexique. Quant à la néphrite, elle est à la fois relativement plus répandue et, surtout plus variée, allant du noir à l'incolore en passant par toutes sortes de tonalités à base de vert, de rouge et de jaune. Les mines les plus célèbres sont celles de Hotan, mais il en existe également dans le Shanxi, la région du lac Baïkal, Taiwan, les Philippines, la Nouvelle-Zélande et, en Amérique du Nord, en Alaska. Ces deux minéraux sont, soit extraits directement des veines, soit ramassés sous forme de galets de roulage dans les cours d'eau.

Trois lampes à huile en jadéite, découvertes à Dandan-ulik. Elles mesurent 17 cm de longueur sur 7,2 cm de hauteur.

Dans les traditions chinoises, le jade a toujours été considéré comme la plus noble des pierres précieuses et, en tant que tel, porteur de multiples symboles. Confucius, interrogé sur les préférences du sage pour cette matière, répondit en se référant aux anciens qui la comparaient aux vertus cardinales de l'homme. « Le jade, dit-il, est à l'image de la bonté parce qu'il est doux et lisse au toucher ; de la prudence parce que ses fibres, fines et denses, sont extrêmement tenaces ; de la justice parce que, bien qu'il ait des angles, jamais il ne blesse ; de la musique parce qu'il sonne haut et clair ; de la sincérité parce que son éclat ne saurait masquer ses défauts, ni ses défauts ternir son éclat ; de la franchise parce que sa pureté est apparente au premier abord ; enfin, il évoque le Ciel par ses couleurs et, issu des montagnes et des fleuves, il représente la Terre. »

C'est ainsi que pour la cérémonie des offrandes au Ciel, le plus important des rites de la Chine ancienne, les accessoires cultuels étaient en jade. De même, les coiffures et les costumes de l'empereur, comme ceux des fonctionnaires de son gouvernement, étaient ornés de pendentifs dont la qualité et la couleur de la pierre correspondaient aux différents rangs hiérarchiques.

Parmi les autres attributions du jade, certaines impliquent, comme en Occident, des propriétés prophylactiques, voire magiques, restant toutefois associées à la notion de pérénnité qu'inspiraient sa solidité et son inaltérabilité. Sans doute est-ce pour cette raison que, dans les préceptes taoïques, l'absorption de poudre de jade était l'un des moyens censés permettant d'accéder à l'immortalité. De même, dans les rites funéraires, cette pierre intervenait pour protéger le corps de la décomposition. La pratique la plus courante consistait à obturer les yeux, les oreilles, les narines et la bouche à l'aide de petites figurines sculptées, telle la cigale déposée sur la langue du mort. Pour les gens de qualité, les princes et les empereurs, le cadavre était entièrement revêtu d'une armure de plus de 2 000 plaquettes, enchâssées ou cousues d'or, semblables à celles qui, découvertes en 1968 à Mancheng (Hebei), habillaient le prince Liu Sheng des Han de l'Ouest et son épouse la princesse Dou Wan.

Contrairement aux autres cités anciennes, la capitale de l'État n'a pas été retrouvée dans le désert au nord de la ville actuelle, mais à 25 km au sud, sur les terrasses dominant les rives occidentales de la Yurungkax au lieu-dit *Mailikeawati*, ou *Shisibir*, face aux contreforts accidentés des monts Kunlun. Tous les bâtiments, temples, édifices publics ou habitations, ont été depuis longtemps rasés et leurs décombres dispersés. Dans le secteur nord, la construction pourtant massive d'un four à céramique n'apparaît plus que comme un vague monticule de deux mètres de hauteur. Seuls quelques Bouddhas et les membres épars de statues d'argile ont été exhumés dans les ruines du quartier nord. De même, il ne subsiste de l'antique cité d'Akesibir qu'une centaine de mètres d'une muraille d'enceinte encore debout sur la rive orientale de la Yurungkax, au nord de Lop.

Pourtant, selon les textes historiques, le Yutian aurait compté, à l'apogée du bouddhisme, jusqu'à une centaine de temples que servaient plus de 5 000 moines. Par ailleurs, Xuanzang nota que ce royaume était *« un pays de chants et de danses, dont la culture était fortement influencée par l'Inde »*. Cette ascendance s'expliquait d'autant mieux que des relations avec la vallée de l'Indus, toute proche, existaient de longue date dans les deux sens. Ainsi, des moules ayant servi à la fabrication en série de têtes de Bouddha et de divers motifs décoratifs, typiques de l'art du Gandhâra, ont été découverts lors de fouilles récentes dans la région de Pishan (Guma) sur la route de Shache. Mais, vers l'an 1001, le Yutian fut vaincu par les Karakhânides musulmans, au terme d'une guerre qui avait duré près d'un quart de siècle. Les cités furent anéanties et leurs sanctuaires détruits.

Le Yutian avait cessé d'exister mais son souvenir resta lié à l'histoire de la soie dans le monde, au même titre que celui de Shanshan où le secret, jusqu'alors bien gardé, avait été trahi pour la première fois. Dans le royaume, la sériciculture avait été érigée en une véritable institution d'État et, au IIIe siècle, le souverain avait fait construire près de sa capitale le monastère de Lusheseng dédié à la déesse tutélaire du ver à soie. Il ordonna également à l'une de ses favorites d'énoncer les principes fondamentaux de la sériciculture qui furent gravés sur une stèle. L'une de ces règles stipulait que, pour se concilier les grâces de la divinité, les cocons ne devaient être dévidés qu'après l'envol des papillons. Cette recommandation, apparemment contraire à l'intérêt commercial puisqu'elle entraînait de multiples ruptures du fil, ne visait en fait qu'à assurer la pérennité de l'espèce.

Moule en terre cuite d'une figure du bouddha, datant de la dynastie des Tang et découverte à Duwa, dans la commune populaire du Bonheur, district de Pishan (Guma). Ce moule mesure 25 cm². Bureau culturel de Hotan.

Moule en terre cuite représentant un motif stylisé de feuilles de tilleul, datant de l'époque des Tang, et trouvé à Duwa, dans le district de Pishan (Guma). Ce fragment mesure 11 × 14 cm et est épais de 2 cm. Bureau culturel de Hotan.

Partie d'un gant de brocart de soie décoré de motifs symbolisant la longévité, trouvé à Niya et datant de la dynastie des Han de l'Est (25-220). Musée d'histoire de la Chine.

Statuette du bouddha debout faisant le geste de l'apaisement des sens, haute de 10, 8 cm, trouvée à Mailikeawati. Epoque des Tang. Bureau culturel du Hotan.

Le Yutian fut moins jaloux de son industrie séricicole que ses voisins et, très vite, les techniques s'en étaient répandues en Inde. Puis, selon Procope[6], lorsqu'au VIe siècle, l'empereur Justinien Ier[7] voulut affranchir Byzance de l'entremise des Perses pour le commerce avec l'Extrême-Orient, il reçut en audience un moine indien qui lui apprit que la soie n'était pas une matière végétale mais la sécrétion d'une chenille dont il était possible de faire l'élevage. C'est ainsi que, toujours selon Procope, Justinien aurait chargé le religieux d'aller lui chercher des œufs de bombyx en Inde et que la sériciculture aurait débuté, vers 550, dans l'Empire byzantin avant d'être introduite en Grèce, en Sicile, en Italie et en France.

6. Procope *(Prokopios)*, né en Palestine vers la fin du Ve siècle, fut tout d'abord secrétaire de Bélisaire avant de devenir l'historien de Justinien. Auteur du *Livre des guerres*, sa meilleure œuvre, du *Traité des édifices* et des *Anecdota* ou *Histoires secrètes*, très controversées, il mourut à Constantinople vers 565.

7. Empereur byzantin, Justinien Ier (483-565) succéda en 527 à son oncle Justin Ier dont il avait été le plus proche conseiller. Durant son règne, il fut lui-même judicieusement conseillé par son épouse l'impératrice Théodora. Ayant voulu rétablir l'ancien Empire romain sur les rivages méditerranéens, les victoires remportées par ses généraux Bélisaire et Narsés furent éphémères. Il fut cependant un grand monarque pour avoir développé l'économie du pays, protégé l'université et fait bâtir la basilique Sainte-Sophie en remplacement de celle de Constantin ravagée lors d'émeutes, en 532.

登帕米尔
第十五章

CHAPITRE 15

AU CARREFOUR DES ROUTES DE LA SOIE

Ci-contre : *Une vue des monts du Pamir sous la neige, près de Mingteke Lopgaz.*

Les pistes du Pamir.

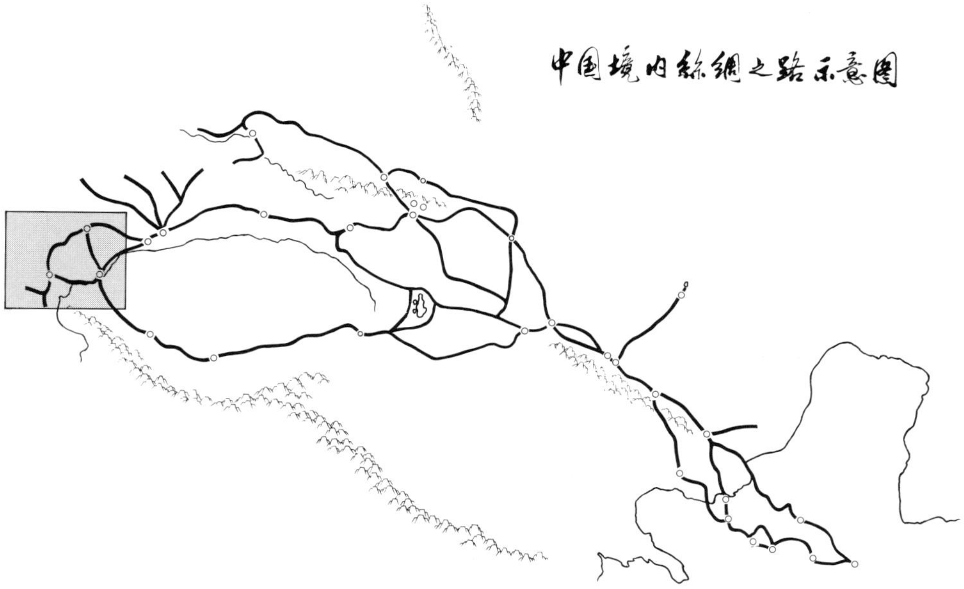

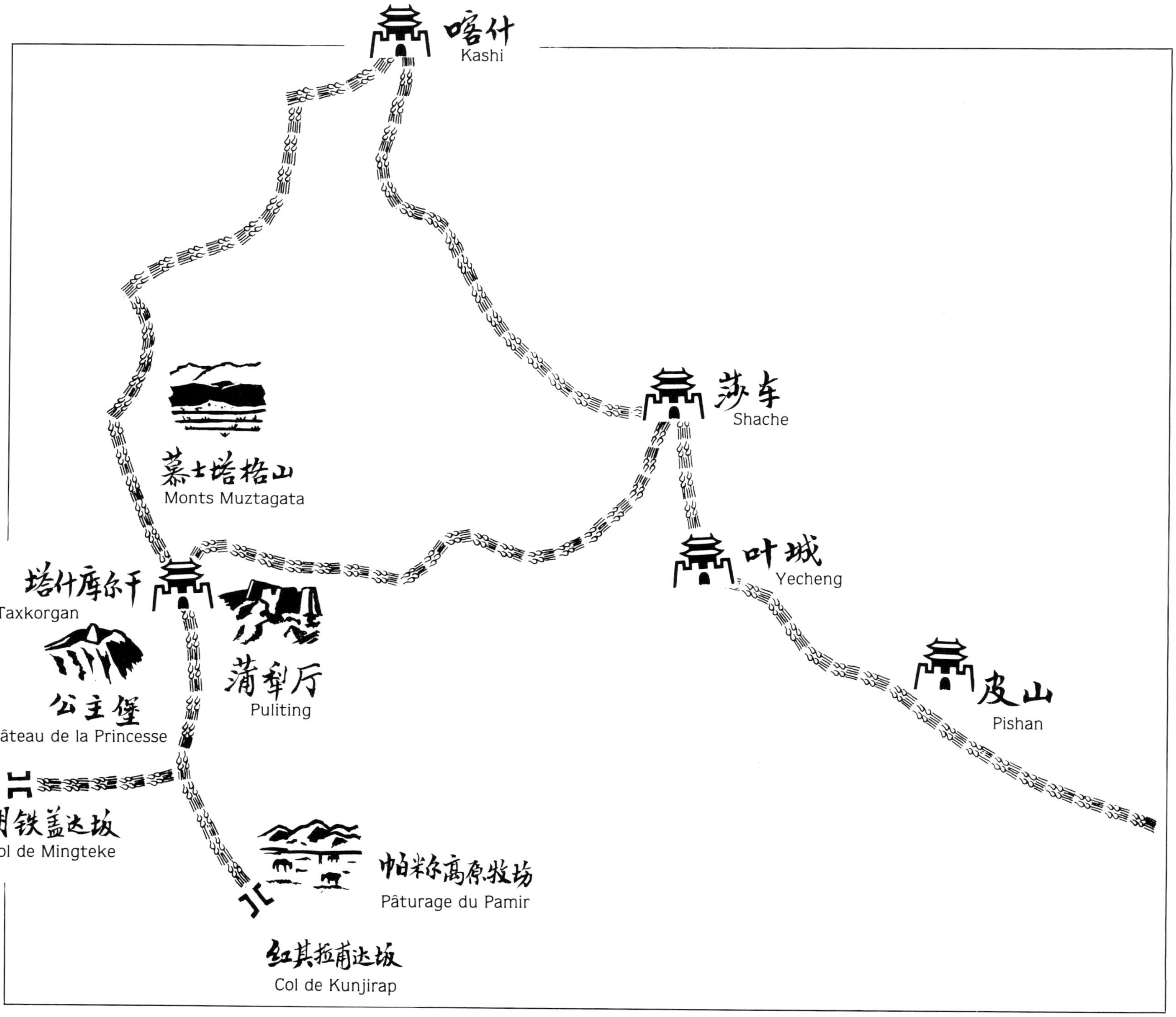

Le mont Kongur s'élève à 7 719 m. C'est le plus haut sommet du Pamir. Ses pics enneigés disparaissent souvent dans les nuages et la brume.

Les monts Chongshan

Tous les grands reliefs d'Asie centrale, les monts Kunlun, Karakoram, Tianshan et Hindūkūsh, semblent converger au cœur du continent pour se nouer dans le massif du Pamir dont les contreforts s'annoncent dès la sortie de l'oasis de Shache. Dans son ultime étape en territoire chinois, la Route de la Soie traversait un paysage, resté aussi grandiose que jadis, où les montagnes succèdent aux montagnes avec, au loin, des cimes enneigées qui percent le ciel tandis que monte des gorges profondes le murmure lointain des torrents.

Autrefois, le Pamir était appelé par les Chinois *Congling*, terme voisin de *Chongshan* mentionné dans des textes comptant parmi les plus anciens connus, tels que l'*Histoire du roi Mu* ou les *Annales sur bambou* qui, bien que datant des Royaumes combattants, relatent des événements historiques de l'époque des Zhou de l'Ouest. La traduction de l'un ou l'autre de ces noms est particulièrement délicate dans la mesure où la version littérale serait « montagne des Oignons », alors qu'en Orient, ces végétaux odorants n'ont pas du tout la même réputation qu'en Occident. Les Chinois, en effet, n'attachent qu'une importance secondaire au bulbe, produit de consommation courante dont la « pelure » servait éventuellement à teindre la soie, pour ne considérer comme essentielle que la tige. Son vert délicat devient alors symbolique du printemps, tandis que son élégance longiligne évoque de graciles harmonies. Ainsi l'oignon contribua à chanter le renouveau de la nature, tout comme il était de bon aloi de lui comparer la finesse déliée des doigts d'une belle. Dans un pareil contexte, le Pamir apparaît tour à tour comme les « montagnes Vertes », les « monts du Printemps » ou encore la « chaîne des Oignons », sans omettre une certaine analogie avec son nom persan qui fait allusion à des sommets pouvant être, pour le moins, qualifiés d'élancés.

Tash-Kurghan

Dans cette contrée de la démesure, Tash-Kurghan (Taxkorgan) apparaît comme un refuge où l'homme retrouve un cadre à son échelle. Dominé au nord par les neiges éternelles du Kongur et du Muztagata qui scintillent dans l'azur à plus de 7 500 m d'altitude, le petit bourg est juché sur une colline, au creux de la vallée baignée par la rivière portant son nom. C'est là que, vers le IIe ou le IIIe siècle, fut fondé le premier État des hauts plateaux du Pamir. Le nom iranien de *Tash-Kurghan,* qui signifie « sentier de montagne », évoque parfaitement ce lieu de passage que visitèrent Marco Polo et, avant lui, bien d'autres voyageurs qui, tous, ne manquèrent pas de mentionner la difficulté des pistes escaladant les pentes abruptes.

A l'époque des Han, les habitants étaient décrits comme des gens rudes, vêtus d'habits de laine ou de feutre, et parlant le même dialecte de l'iranien oriental qu'à Shule. Ils commencèrent par pratiquer l'élevage et, un peu plus tard, une agriculture rudimentaire que le climat rigoureux ne favorisait guère. En fait, les cultures se limitaient pratiquement à celle du *qingke,* un genre d'orge d'altitude particulièrement résistant au froid.

Ornement en bronze représentant une tête de bélier, datant de la dynastie des Han de l'Est, et trouvé à Taxkorgan. Il appartenait probablement à un peuple nomade de la steppe.

Le roi et les notables habitaient douze palais fortifiés qui se trouvaient dans un périmètre d'une dizaine de *li* autour de la capitale défendue par une armée permanente d'un millier d'hommes. La religion dominante fut longtemps le bouddhisme, qui comptait un clergé de cinq cents moines et dix temples dont l'un, dépassant les autres par ses vastes dimensions et la majesté de ses Bouddhas, avait été édifié par Tongshou, un saint homme venu d'un pays voisin à l'invitation du souverain.

Au Ve siècle, l'État de Tash-Kurghan connut une grande extension. Son territoire s'étendait alors, à l'ouest, jusqu'à Huaguo[1] au-delà du Pamir et, au sud, jusqu'à Jaguda, aujourd'hui Srīnagar au Cachemire. Ses troupes, à un moment, atteignirent même l'État de Takshaçīla[2], à l'est de l'Indus. Mais au VIIe siècle, apparurent les signes de sa décadence, qui survint lorsque, entre 713 et 727, son roi Feixing quitta son pays à la tête de ses partisans pour aller se rallier au Tubo.

De ce pays, un temps prospère, il ne reste aujourd'hui que les ruines de sa capitale, au lieu-dit *Shitoucheng* (Cité de pierre), dans l'actuel chef-lieu de Taxkorgan. Le gouvernement des Tang en avait fait une marche frontalière de son Empire mais les puissantes fortifications, qui se dressent à l'est des vestiges antiques, ne furent élevées qu'au début du siècle, quand l'administration de la dernière dynastie impériale y nomma un sous-préfet à Puliting, une autre ville appartenant désormais au passé.

1. Nom chinois d'une vallée située aujourd'hui en Uzbékistan soviétique.

2. Ancien nom sanskrit de Taxila, ville du Pakistan située au nord-ouest de Rawalpindī, sur la route de Lâhore. Elle fut jadis un foyer culturel important où se mêlèrent les influences grecques, iraniennes et indiennes, en même temps qu'un centre réputé pour l'enseignement du bouddhisme et de la médecine indienne. Selon la tradition, le grand monarque Açoka y serait venu étudier et y serait mort, vers la fin du IIIe siècle avant notre ère.

Les ruines de la cité de Puliting (ancienne Tashkurgan — Taxkorgan), construite au début du XXe siècle sur les vestiges de Shitoucheng, la Cité de pierre. Autrefois, Shitoucheng faisait partie de l'Etat de Tashkurgan (du IIIe au VIIIe siècle). Tashkurgan signifie en langue iranienne "Route de montagne".

Le château de la princesse

Lorsque, il y a plus de mille ans, Xuanzang rentra de son périple en Inde, il nota lors de son passage par Tash-Kurghan, une légende populaire de la région racontant l'étrange aventure d'une princesse chinoise qui, elle aussi, avait pris jadis le chemin de l'Occident. En route pour l'État de Parsa[3] dont elle devait épouser le souverain, une guerre l'avait immobilisée, avec son escorte, dans une vallée déserte. Mais, comme la contrée était infestée de brigands, elle fut mise en sûreté au sommet d'un pic escarpé au pied duquel un cordon d'hommes en armes montait la garde jour et nuit. Le temps passa et quand, à nouveau, le passage fut libre, les ambassadeurs qui accompagnaient la princesse s'aperçurent avec surprise qu'elle était enceinte. Dès lors il leur devenait impossible de se rendre au Parsa et guère plus aisé de rentrer au pays. Un château fut donc construit dans la montagne pour la jeune mère et le garçon qu'elle mit au monde proclamé fils de la Chine et du soleil, roi de Tash-Kurghan. Xuanzang remarqua d'ailleurs que le souverain et la famille royale présentaient encore des traits nettement plus chinois que le commun du peuple.

De nos jours, à 70 km au sud de la ville actuelle, les ruines d'un très vieux château, en surplomb d'une rivière, passent pour être l'ancienne demeure de la princesse *(Kyzykorgan)*. Perchée sur un éperon qui n'est accessible que par l'ouest, cette curieuse bâtisse aux épais murs d'adobe ne dispose pas même d'un sol aplani, laissant supposer qu'il s'agit plus probablement d'un ouvrage militaire que d'une demeure princière. Mais, aucune fouille n'ayant encore été entreprise, ses murailles conservent tout leur mystère.

3. Ancien nom de la Perse (Fars).

Ruines de l'ancien "château de la princesse", situé au sommet d'une colline à environ 70 km au sud de la cité de Taxkorgan. Le religieux Xuanzang nota dans son carnet de voyage que dans l'antiquité, une princesse Han étant partie vers l'Etat de Parsa (Perse) pour s'y marier, fut obligée de s'abriter ici, une guerre s'étant déclarée dans la région. Le soleil se serait alors incliné devant elle et l'aurait fécondée. Les officiers de sa suite auraient alors construit ce château pour l'abriter. La princesse donna naissance à un fils qui fut proclamé roi, créant ainsi l'Etat de Tashkurgan. Il ne subsiste plus de cet édifice légendaire que des pans de murailles de briques crues et de poutres de bois de sapin.

Les sentiers de la mort blanche

Paradoxalement, c'est dans le désert de Dunhuang, que se trouvent les indications les plus précises sur ce que pouvait être la vie d'autrefois dans des endroits tels que Taxkorgan. En effet, l'une des fresques des grottes de Mogao représente les périls que courait une caravane engagée sur les sentiers des hautes montagnes de l'Ouest. Peinte à la fin du VIe siècle, elle montre l'instant où un chameau lourdement chargé est précipité dans le vide par un rocher détaché de la paroi. Les ânes et les mulets du convoi, paralysés de peur, se sont accroupis sur le sol, les oreilles dressées au bruit de la chute. Ce genre d'accident devait être malheureusement fréquent sur les pistes du Pamir. L'air raréfié n'y empêche pas les brusques changements de temps et il suffit de quelques instants pour qu'un ciel limpide se couvre de nuages noirs tandis que de violentes bourrasques de neige et de grêle assaillent les voyageurs. Dans cette nuit en plein jour, les roches verglacées sont pleines de traîtrise. Seul le yak est capable d'affronter pareilles tourmentes. Doté d'un cœur et de poumons adaptés aux dures conditions de la haute altitude, son long pelage le préserve des morsures du froid et ses larges sabots cornés lui permettent de trouver son chemin là où ni homme ni autre bête de somme ne pourraient éviter la chute.

Tous ceux qui se sont aventurés dans ces montagnes y ont connu quelques mésaventures plus ou moins dramatiques. Xuanzang, lui-même, faillit terminer son pèlerinage dans les solitudes glacées du Toit du monde. Après s'être reposé quelque temps à Tash-Kurghan, il avait pourtant pris la sage précaution de se joindre à une caravane. Mais, au détour d'un sentier, ils furent attaqués par une bande de pillards. Dans ses souvenirs, il raconte comment ses compagnons s'étant enfuis, les bandits s'acharnèrent à poursuivre les éléphants chargés des biens les plus précieux des marchands, jusqu'à ce que les pauvres bêtes finissent par se noyer dans une rivière torrentueuse. Ayant pu s'emparer du butin qu'ils convoitaient, les assaillants leur laissèrent la vie sauve et, lorsqu'ils se furent regroupés, ils purent continuer leur voyage.

Le grand glacier de Mingteke est cerné par de hautes montagnes. Le climat du Pamir est si rigoureux et l'air si raréfié en raison de l'altitude qu'on y éprouve de la difficulté à respirer et de violents maux de tête, d'où le nom antique qu'on lui donnait de "montagnes aux maux de tête". Le col de Mingteke était le seul passage vers l'Asie du Sud, le Cachemire et l'Inde.

Deux siècles auparavant, sur les mêmes chemins, Faxian avait vécu des moments autrement plus tragiques. En 399, il était parti de Chang'an, en compagnie de Huijing et de plusieurs autres moines, pour aller, eux aussi, en Inde. Ils avaient déjà escaladé maints sommets et franchi maints torrents quand Huijing, qui était celui dont la santé était la plus fragile, céda brusquement à l'épuisement. Incapable d'un pas de plus, il confia à Faxian : « Frère, je suis à bout. Ne vous occupez pas de moi sinon nous mourrons tous ici. »

A peine avait-il prononcé ces quelques mots, qu'il s'éteignait. Faxian se jeta sur le corps de son compagnon et dit en le pleurant : « Nous avions voulu suivre ensemble les voies de la purification pour arriver à l'état de Bouddha et voici que tu nous quittes à mi-chemin ! Combien notre impuissance est grande devant le destin. »

Bien d'autres voyageurs anonymes périrent en voulant traverser le Pamir, dont les sommets étaient appelés « grandes » ou « petites montagnes des maux de tête », en raison des malaises dus à l'altitude mais que l'on attribuait alors au souffle pernicieux d'un dragon maléfique.

Aux confins de la Chine

De nos jours les vallées de Taxkorgan sont habitées par une majorité de Tajik qui, comme leurs ancêtres, parlent encore un dialecte de l'iranien oriental alors que, depuis plus d'un millénaire, l'islâm a remplacé le bouddhisme et les religions nestorienne ou manichéenne des premiers siècles. Des anciennes coutumes, il subsiste une profonde vénération pour l'aigle qui imprègne encore les traditions et se retrouve dans l'une des plus expressives de leurs danses folkloriques.

Installés de longue date sur le Toit du monde, les Tajik se sont adaptés aux dures conditions d'existence qui y règnent la plus grande partie de l'année. Chaque famille dispose en général de deux habitations : l'une pour l'été et l'autre pour l'hiver. La demeure estivale est souvent une simple tente plantée sur un alpage, ou une maison d'adobe ne contenant que le strict nécessaire à la vie quotidienne. Le toit, en balles de foin enduites de boue, laisse filtrer par beau temps la fumée du foyer et la lumière du jour. Et, quand

La rivière Mingteke, sur le plateau du Pamir, et le col vers le Cachemire.

il pleut, l'humidité fait gonfler le foin qui bouche alors les interstices. La résidence hivernale est, en revanche, beaucoup plus solide et, surtout, mieux protégée contre les grands froids. Bâtie à proximité des champs, elle est à la fois le grenier pour les récoltes et l'endroit où sont rassemblés tous les biens de la famille.

Excellents cavaliers, les Tajik sont habitués à chevaucher dans la neige et sur la glace. Comme les Kazakh et bien d'autres peuples d'Asie centrale, leur distraction favorite est la « capture de la chèvre » encore version locale du *buzkashi* afghân. Mais, sur l'herbe rase des hauts plateaux que cernent les monts enneigés, ce jeu de violence et d'adresse prend une tout autre dimension que dans la poussière dorée de la steppe. Toutefois, quelle que soit la brutalité de ces joutes équestres, les lois de l'hospitalité sont toujours respectées chez les Tajik. Ainsi l'usage veut que, pour un mariage, les étrangers de passage soient conviés aux festivités au même titre que les parents ou amis. Ensemble, ils partagent le repas de mouton bouilli, les chants et les danses, jusqu'à ce que, le soir, le jeune marié aille chercher chez elle son épouse, restée voilée depuis le matin, et qu'il la prenne en croupe de sa monture pour l'emmener à son nouveau foyer, suivi d'une joyeuse escorte.

C'est dans le Pamir que se terminait l'itinéraire en territoire chinois de la Route de la Soie. Pourtant, malgré toutes les épreuves endurées jusque-là, les voyageurs n'en étaient encore qu'à la moitié de leur parcours, quelle que fût leur destination finale. Les uns se dirigeaient vers le sud, en prenant par le col Mingteke, pour passer à Hunza et Gilgit, avant d'atteindre Srînagar ou, en descendant la vallée de l'Indus, Peshawâr, Lâhore avec, au-delà, l'Inde et plus loin encore Sri Lankâ. Les autres ne quittaient pas la route principale qui franchissait la frontière sino-afghâne au col de Wowajili avant d'entrer dans le couloir de Wakhan. Vers l'ouest, elle passait par Hephtalite (région actuelle de Badakshân), Bâmiyân et Baghlan pour s'en aller rejoindre à Muru l'itinéraire nord qui, depuis Kaxgar, prenait par Wuqia à travers le Pamir, le Ferghâna et la Sogdiane. Aux frontières occidentales de la Parthie, Muru (Merv) était une autre porte ouverte sur l'Iran, l'Iraq, la Syrie, le Liban et les rivages méditerranéens avec, de l'autre côté de la mer, Constantinople, Venise et Rome.

ÉPILOGUE

UN FABULEUX HERITAGE

Ci-contre : *Caravane de chameaux traversant la rivière Mingteke à Taxkorgan.*

Les routes de la soie vers l'Occident.

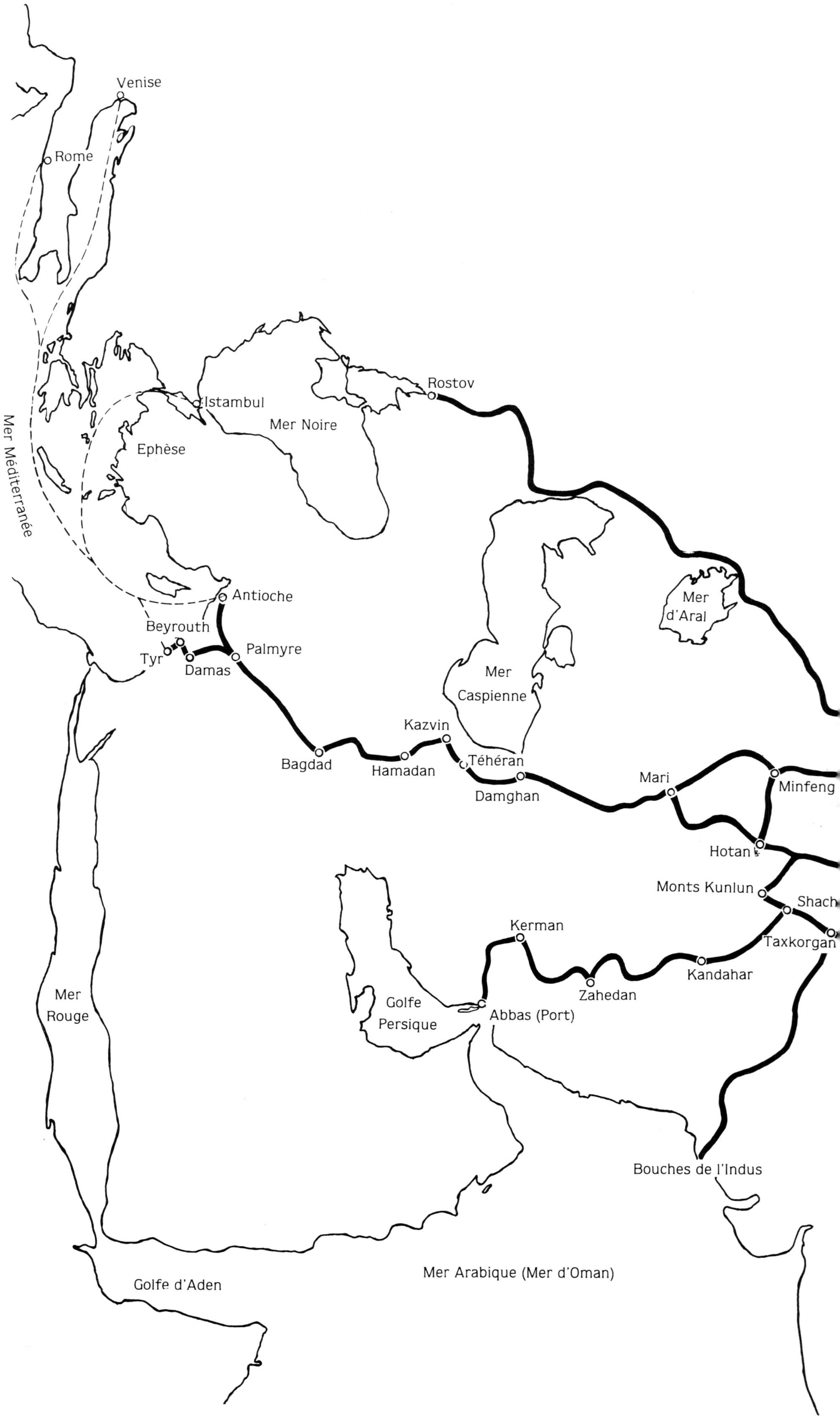

絲綢之路示意圖

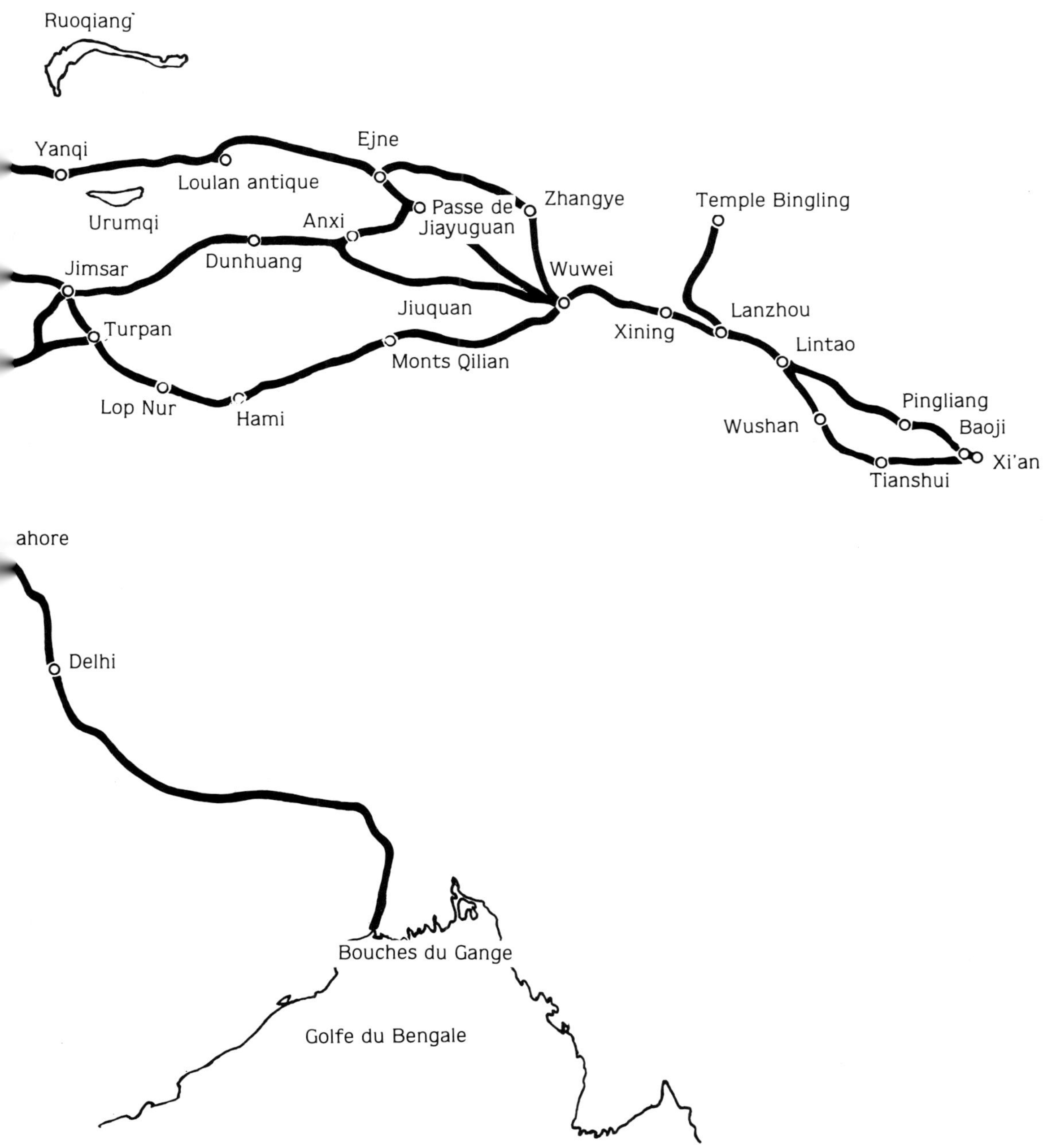

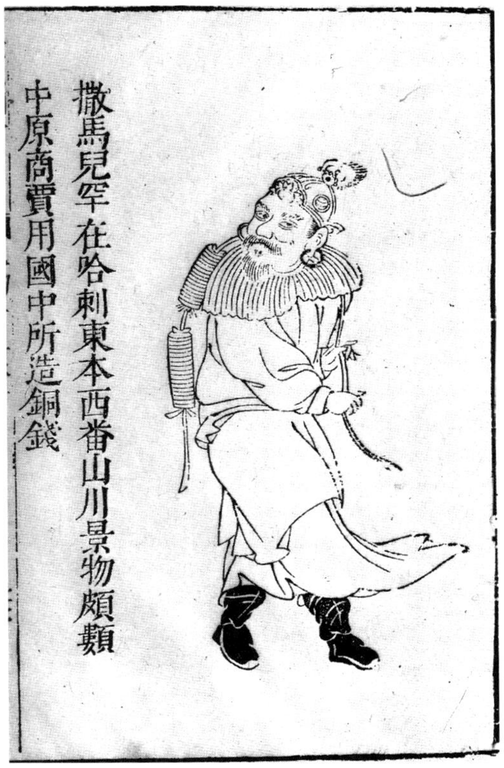

Gravure chinoise montrant un habitant de Samarqand, et signalant que les paysages de la région y sont semblables à ceux de la Chine.

Muletiers longeant les anciens murs de la cité de Bokhārā (URSS).

Les routes de l'Antiquité

Parvenus aux frontières chinoises, voyageurs, ambassades ou caravanes poursuivaient leur chemin vers l'ouest selon deux axes principaux. Celui qui continuait le « Nouvel itinéraire nord », au-delà de Yining et Korgas en direction de Frunze, était plus court et le plus souvent fréquenté à l'époque des Sui et des Tang pour traverser l'immensité des steppes du Kazakhstan, jusqu'à la Volga et le port de Rostov-sur-le-Don donnant accès à la mer d'Azov et la mer Noire. Quant aux sentiers des Pamirs, ils débouchaient sur des pistes qui traversaient les régions plus peuplées de Bactriane, de Perse et de Mésopotamie pour arriver, *via* Palmyre, à Antioche, Berytos (Beyrouth) ou Tyr (Sour).

Ruines d'Antioche (Syrie).

A ces parcours plus ou moins directs s'en ajoutèrent d'autres, méridionaux, relayés par des routes maritimes comme les itinéraires menant, par Kâbul ou Peshawār, au golfe Persique (Bandar-Abas) et à l'océan Indien.

Avant notre ère, et jusqu'à la fin de la dynastie des Sassanides, la Perse constitua une gigantesque plaque tournante où se rencontrèrent toutes les routes commerciales venant d'Europe et d'Asie. Au IVe siècle av. J.-C., Darius avait déjà ouvert une « Voie royale » allant de Suse et Charax (le port de Babylone sur l'embouchure du Tigre et de l'Euphrate) à Sardes et Ephèse. Un embranchement de cette grande voie militaire autant que commerciale partait de Suse pour aboutir à Palmyre en passant par Ctésiphon, Babylone et Doura-Europos sur le haut Euphrate. Une autre route, se dirigeant vers l'est, reliait Charax à Persépolis puis, par le Kerman, rejoignait Herât en Bactriane et Antioche de Margiane (Merv, aujourd'hui Mary sur l'Amū-darya) où elle rencontrait les pistes caravanières descendant du Ferghâna et des oasis d'Asie centrale. Babylone était également le point terminal d'une autre route qui traversait le nord du plateau iranien en prenant par Ecbatane et Hecatompylos à l'extrémité sud-est de la mer Hyrcanienne (ancien nom de la mer Caspienne). Merv était donc le point de jonction obligatoire entre les pistes venant de l'est et du nord et les routes commerciales des Perses. Dans ses conquêtes orientales, Alexandre le Grand, de 329 à 326, suivit cette grande Voie royale achéménide. Son but était autant militaire qu'économique : en s'assurant la maîtrise de ces territoires orientaux, il donnait au monde hellénistique le contrôle de tous les axes commerciaux avec l'Asie, jusqu'alors monopolisés par les Perses achéménides. De Merv, une route s'enfonçait plus au cœur de l'Asie pour atteindre Bactres (Balkh) alors connue sous le nom de Zariaspa, et Kâbul (Ortospana), ville où aboutissait la route venant de l'Inde par la passe de Khyber.

Caravane de chameaux approchant de Bactres (Balkh, Afghânistân).

Après l'expédition d'Alexandre le Grand, la Bactriane, la Sogdiane, la Drangiane, toutes provinces rattachées à l'Empire du Macédonien puis aux Séleucides qui lui succédèrent, se trouvèrent gouvernées par des satrapes qui, peu à peu, se rendirent indépendants, tout en conservant des mœurs et coutumes, voire des religions, d'origine grecque. Certains de ces rois-gouverneurs, tel Demetrios (vers 189-167), étendirent leurs possessions territoriales de l'Iran au Gange. Ménandre (ou Milinda) roi de Kâbul, qui vécut vers 160 av. J.-C., se rendit célèbre par les entretiens qu'il eut avec Nâgasena, un moine bouddhiste, rapportés dans le *Milindapanha* (Questions de Milinda). Dans cet ouvrage, la ville de Sâgala (aujourd'hui Sialkot au Pakistan), résidence du roi Milinda, est décrite comme étant « *un centre de toutes les marchandises pour les Yonaka* » (appellation indienne des Grecs ioniens installés en Bactriane et de leurs descendants). C'était une grande cité entourée de murs, aux multiples maisons, avec des rues tracées perpendiculairement les unes aux autres où les « *échoppes du bazar étaient remplies d'une grande variété de marchandises* ». Sâgala était prospère, « *ses greniers regorgeaient de grains et de richesses* ». On y trouvait également fleurs et parfums, des tissus indiens et d'innombrables artisans. « *Les rues étaient pleines d'éléphants, de chevaux, de chariots et de piétons, gens ordinaires, guerriers, nobles, brâhmanes, marchands et ouvriers...* » Nul doute que cette description pouvait également s'appliquer à toutes les autres places de Bactriane ou d'ailleurs et, en particulier, aux cités de Takshaçîla (Taxila), Bactres et Merv.

Lorsque les Parthes arsacides supplantèrent, en Perse, les satrapes séleucides, au IIe siècle avant notre ère, séparant ainsi les satrapies indo-grecques de Bactriane et d'Asie centrale, celles-ci, devenues indépendantes, favorisèrent le commerce dans leurs États. De même, lorsque les Kushâna des Rouzhi s'installèrent à leur tour dans la région et mirent ainsi fin aux satrapies dès avant le premier siècle avant notre ère, le commerce, loin d'être interrompu, s'intensifia, d'autant plus que bientôt les routes de l'Asie centrale allaient s'ouvrir sur la Chine.

Les routes du Sud-Ouest

Leur Empire s'étendant du Gange à la mer Hyrcanienne et sur une grande partie de l'Asie centrale, les souverains kushâna furent les dignes continuateurs des « ouvreurs de routes » chinois. Le roi Kanishka, le plus connu des souverains kushâna, révèle d'ailleurs, sur les monnaies qu'il émit, des titulatures iraniennes, indiennes et chinoises, ce qui montre bien qu'il se considérait comme l'intermédiaire entre les trois grandes puissances du moment, la Chine, l'Inde du Nord alors sous sa domination, et le monde perse. Le règne pacifique des Kushâna devait correspondre à une ère de paix, aussi bien dans l'Empire romain qu'en Chine, favorisant les communications et le commerce entre l'Orient et l'Occident. La route nouvellement ouverte par les Chinois en Asie centrale, fut très fréquentée dès le début et l'historien chinois Ban Gu rapporte que, déjà vers le premier siècle avant notre ère, de cinq à dix ambassades comprenant au moins cent hommes partaient chaque année de Chine vers la Syrie. La route du Sud, la plus anciennement suivie est décrite, entre autres, par Marin de Tyr dont le récit fut repris par Ptolémée. Elle se dirigeait à partir de Merv (Antioche de Margiane) à l'est, sur Bactres puis obliquait au nord vers la région montagneuse des Comèdes où elle passait par la gorge qui succède aux plaines, en direction du midi, pour atteindre la « Tour de pierre » (Tash-Kurgan). Il semble qu'une route suivait aussi la grande vallée du Wakhan qui forme un prolongement oriental de l'Afghânistân vers les Pamirs et la Chine. C'était probablement cet itinéraire qu'empruntaient les marchands indiens entre le Gandhâra et le Ferghâna, à l'aller comme au retour. Cependant, cette vallée ne paraît pas avoir été la plus fréquentée, car elle était difficile et périlleuse. En fait, la plupart des caravanes suivaient les pistes plus aisées qui, au sortir de la Chine, rejoignent Tashkent par le sud du lac Issyk-kul et mènent à Bactres *via* la Transoxiane. C'est ce chemin que prit Xuanzang pour se rendre en Inde, mais en revanche, au retour, il passa par le Wakhan. Bien plus tard, Marco Polo traversa lui aussi cette région et franchit le col de Kilik (Baragil ou Mintaka) reliant, à 4 800 m d'altitude, Tash-Kurgan à la vallée du Hunza au Cachemire. Dans le sens contraire et plus à l'ouest, les itinéraires étaient également connus depuis longtemps. Au Ier siècle avant notre ère, un certain Isidore de Charax décrit dans ses « Stations de Parthie », l'itinéraire que suivit un marchand originaire de Macédoine, Maes Titianos, pour se rendre en Chine en passant par Merv jusqu'à Tash-Kurgan où il rencontra des marchands chinois et indiens.

A l'est de l'actuelle mer d'Aral, les pistes de Transoxiane traversaient des régions relativement riches et peuplées qui, aujourd'hui recouvertes par les sables du désert de Kyzyl-kum, étaient irriguées par le Iani-darya un affluent méridional du Iaxartes (Syr-dâryâ). Au début du XIXe siècle, les habitants de Khokand, en guerre contre les Turcs des Karakalpaks, barrèrent le cours du Iani-darya, asséchant la région et obligeant ainsi les habitants à se réfugier plus au sud, sur le cours de l'Amû-darya. Or, cette ancienne vallée du Iani-dâryâ servait de route caravanière entre Kashgar et Merv à travers la Transoxiane, ou plus à l'ouest vers Hecatompylos et l'Iran. En 1964, furent découvertes sur l'Oxus les ruines d'une grande cité commerciale et de garnison, datant de l'époque des rois de Bactriane, Ai Khânum qui, jusqu'à l'invasion des Shaka vers 130, fut sans doute une étape importante entre la Bactriane et la Transoxiane. Ville-forteresse, elle mêlait harmonieusement, dans son architecture, les traditions helléniques et iraniennes. A côté de ces garnisons qui contrôlaient les pistes, se trouvaient des cités religieuses, lieux de pèlerinages qui constituaient autant de gîtes d'étape, comme par exemple, Khair-Khanah, près de Kâbul, ou encore Surkh-Kotal dont les habitants pratiquaient un culte mazdéen.

Plateau en argent repoussé représentant le souverain sassanide Khusrû (Chosroès). VIe-VIIe *siècle.*

Les routes du Nord

La principale route du Nord, partant de Merv, rejoignait l'embouchure de la Volga, autrefois beaucoup plus septentrionale, sur la mer Hyrcanienne. Cette voie commerciale, tout au moins dans sa partie orientale, fut contrôlée par les Parthes depuis leur métropole d'Hécatompylos, avant de l'être par les Kushâna. A partir du delta de la Volga, des caravanes scythes descendaient vers le sud, en suivant la rive occidentale de la mer Hyrcanienne jusqu'à Tabriz et Ecbatane, à travers les monts du Caucase. En sens inverse, un autre itinéraire partait de Kashgar pour aller à Tashkent puis descendait le cours du Iaxartes (Syr-dâryâ) et, pour atteindre la Volga, traversait la partie nord de l'actuelle mer d'Aral qui se trouvait alors à sec car l'Oxus (Amû-dâryâ) se jetait, à l'époque dans la mer Hyrcanienne par la vallée, aujourd'hui fossile, de l'Uzboï. Ce chemin était pénible en raison des vents incessants qui soufflaient du nord-est et, déjà, de la grande sécheresse de la région. Les géographes anciens, en particulier Strabon et Ptolémée, semblent avoir tout ignoré de la mer d'Aral. En effet, étant donné l'apport probable des eaux de l'Oxus, le niveau de la mer Hyrcanienne se trouvait alors beaucoup plus haut que celui de la mer Caspienne actuelle, et sa superficie presque doublée tandis que la mer d'Aral se réduisait sans doute à quelques petits lacs occupant les bas-fonds. Un géographe européen, Berg, qui visita les lieux vers 1900, calcula que le débit de l'Amûdâryâ suffirait à remplir la mer d'Aral, telle qu'elle est aujourd'hui, en moins de vingt années. Ainsi, tout porte à croire qu'au début de notre ère, et jusque vers le milieu du IVe siècle au moins, il n'y eut à la place de l'un des plus grands lacs du monde qu'une succession de lagunes et de marécages, vestiges d'une ancienne mer du Quaternaire.

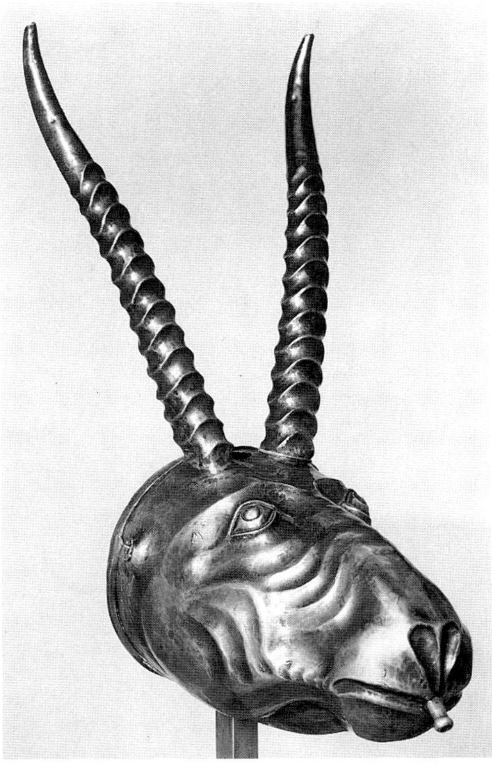

Rhyton en argent représentant une tête d'antilope. Art scythe.

Quoi qu'il en soit, toutes ces routes du Nord aboutissaient en un lieu appelé du nom persan de *Sarai* (l'étape), immense agglomération saisonnière de tentes et d'abris provisoires qui devait se trouver près de l'embouchure de la Volga sur la mer Hyrcanienne, aux environs de la ville actuelle de Stalingrad (Volgograd) ou de celle, plus au nord, de Saratov. C'est à partir de cette Sarai, transformée en véritable ville par les Mongols au XIIIe siècle, que, descendant le cours du Don, les caravanes arrivaient à Tana sur la mer d'Azov où les navires byzantins, puis plus tard vénitiens, venaient aborder afin de charger les marchandises en provenance d'Asie.

Au sortir de la Chine, il existait donc des itinéraires variés menant vers l'Inde ou vers les pays d'Occident. Mais quand, au Ier siècle avant notre ère, le Grec Hippalos découvrit le régime des vents de la mousson, ces parcours continentaux furent doublés par des voies maritimes reliant les ports de la mer Rouge ou du golfe Persique à ceux de l'Inde occidentale. S'enhardissant, les navigateurs poussèrent alors plus à l'est, abordant aux ports de l'Inde du Sud comme Pudukai, à ceux de la péninsule malaise (Tokkala), allant jusqu'à Sumatra, à Oc-éo en Cochinchine et même jusqu'à Canton en remontant les côtes de l'Annam, où se relayaient des navigateurs grecs, arabes et surtout indiens. C'est par mer que le moine bouddhiste Faxian revint de l'Inde en Chine, après s'être embarqué à Tamralipti dans le delta du Gange.

Les centres commerciaux des divers États et royaumes, entre l'Empire romain et la Chine, étaient également des lieux de repos et des relais. Les marchands y procédaient au déchargement de leurs marchandises, passant celles-ci à d'autres caravaniers qui les relayaient, et se procuraient d'autres produits pour le voyage du retour. Durant leur séjour, ils se ravitaillaient, changeaient leurs bêtes de somme, réparaient leurs chariots et se distrayaient également dans les auberges et autres estaminets. Toutes ces activités concouraient à rendre les cités prospères. Certaines étaient doublées de garnisons militaires dont la tâche était d'assurer la police sur les pistes et de veiller que celles-ci soient aussi sûres que possible. Lors de troubles, les soldats en poste accompagnaient parfois les caravanes jusqu'au centre voisin. Aux époques des Parthes et des Sassanides, ces garnisons furent également chargées de percevoir un octroi sur les marchandises transportées. Des fonctionnaires apposaient leur poinçon à côté du sceau dont les marchands et transitaires marquaient leur propriété. Mais certains potentats locaux exigeant parfois des impôts exagérés, les caravaniers tentaient d'éviter les postes militaires en empruntant, à leurs risques et périls, des pistes sans péage, soit en passant par les routes du Nord, soit en cherchant à atteindre les ports de la mer d'Oman, Barygaza (Broach) sur le golfe de Cambay en Inde, ou encore en prenant par Takshaçila (Taxila) et les vallées de l'Indus ou du Gange. Des navires de commerce se chargeaient ensuite du transport des marchandises et des personnes vers l'ouest, soit par le golfe Persique jusqu'à Charax, soit en contournant l'Arabie par la mer Rouge jusqu'à Aela (Eilath).

La vallée de Bâmiyân (Afghânistân). Vallée de passage des pèlerins bouddhistes de l'Inde vers la Perse et de la Chine vers l'Occident, Bâmiyân devint très tôt un important foyer du bouddhisme. Sur la face sud des grandes falaises du nord de cette vallée furent creusées, à partir du III*e siècle, de très nombreuses grottes bouddhiques, la plupart décorées de fresques. Les religieux y sculptèrent également aux* VII*e et* VIII*e siècles, deux immenses statues du bouddha debout, mesurant respectivement 35 et 53 m de hauteur. La falaise calcaire est percée de nombreuses galeries permettant d'avoir accès à la tête de la plus grande des deux effigies du bouddha, également décorées de fresques d'inspiration indienne et sassanide. Ces deux immenses statues du bouddha debout regardent la vallée verdoyante où coule un affluent de la rivière Surkhâb, à l'ouest de la ville de Kâbul. Au pied de la falaise se trouvait une ancienne cité, Shâhr-i Zohag et des monastères, ainsi que sur la colline faisant face aux falaises, une cité fortifiée, Shârh-i Golghola, construite au* VI*e siècle pour protéger le site. Tous les bâtiments furent détruits par le raid dévastateur qu'y fit Genghis-Khân en 1222. Au début du* XVIII*e siècle, l'empereur mogol des Indes, Aurangzeb, un fanatique musulman, fit tirer des boulets de canon sur les images des grands bouddhas, les endommageant irrémédiablement, effaçant leur tête. Dans les petites vallées alentour, comme celle de Kakrak, se trouvent d'autres grottes sculptées et décorées de fresques bouddhiques. Le site de Bâmiyân est maintenant un des hauts-lieux touristiques de l'Afghânistân.*

Marchands et voyageurs

A l'époque des Tang, la Chine entretint des relations directes avec l'Empire romain et Byzance par l'envoi d'ambassadeurs, de même qu'au temps des Han et des Kushâna, ces Empires extrêmes étaient loin de s'ignorer mutuellement, tout comme l'Inde était connue des Chinois longtemps avant l'expansion du bouddhisme. Depuis un lointain passé des marchandises étaient colportées de ville en ville, d'oasis en oasis, de caravansérail en gîte d'étape, enfermées dans des jarres de terre cuite ou enveloppées dans des ballots de peau ou de tissu. Elles voyageaient à dos de chameaux, d'ânes ou d'éléphants, parfois de chevaux, ou dans des chariots à quatre roues.

Ces caravanes étaient généralement conduites par des gens appartenant aux populations semi-nomades d'Asie centrale qui s'étaient spécialisées dans ce genre de transport. La plupart étaient des Sogdiens qui, depuis leur grand centre de Pianjikent, dans l'actuel Tajikistan soviétique, contrôlaient le trafic entre les frontières chinoises (depuis Kashgar ou Dunhuang) et les régions de Bactriane ou du Gandhâra, à travers les oasis de Transoxiane et les Pamirs. Agriculteurs ou marchands itinérants, les Sogdiens semblent s'être accommodés de la présence de tous les peuples guerriers (à l'exception des troupes d'Alexandre le Grand, auxquelles ils offrirent une résistance acharnée) qui passèrent sur leurs territoires, Gréco-Bactriens, Yuezhi, Turcs occidentaux, Chinois même, laissant à ceux-ci le soin de faire la guerre.

Ce peuple pacifique n'avait pour ambition, semble-t-il, que de prospérer dans la paix. Les sédentaires, installés à Pianjikent, à Afrasiâb (ou Maracanda, actuelle Samarqand), à Tashkent et dans les oasis, avaient adopté, outre le bouddhisme venu du Gandhâra, la religion zoroastrienne des Iraniens et divers autres cultes étrangers. Ils cultivaient des fruits (cerises, melons, poires, pommes, raisins) et leurs artisans se montraient aussi habiles à sculpter le bois qu'à travailler le fer pour réaliser des cottes de mailles et des armes qu'ils vendaient ou échangeaient aux Parthes et aux Turcs. Ils taillaient et polissaient des pierres précieuses et semi-précieuses (lapis-lazuli et jade) ou soufflaient le verre. Les objets qu'ils fabriquaient partaient vers la Chine ou vers l'Occident, en empruntant les Routes de la Soie.

Ruines de Palmyre. Colonnades du Grand temple élevé par la reine Zénobie (266-272), détrônée par Aurélien, empereur de Rome.

Les commerçants sogdiens transportaient également dans les deux sens, selon la demande, des produits bruts ou des objets manufacturés provenant des autres pays. De l'Inde leur parvenaient l'or, la nacre et les perles, des pierres précieuses, de l'ivoire, du chanvre et des épices (poivre, cannelle, gingembre et autres), des parfums et des plantes médicinales (opium, myrrhe), des bois rares (santal, teck, ébène), des tissus. De Chine leur arrivaient des pièces de soie, des laques, du cinabre, des céramiques ; de Syrie, la pourpre du murex ; d'Arabie, des encens ; du golfe Persique et de la Méditerranée, du corail rouge. Enfin, ils acheminaient toutes sortes de produits et de curiosités dont les Empires romain et chinois étaient friands : chevaux du Ferghâna, éléphants, animaux et oiseaux exotiques, des peaux de tigre, de lion et de panthère, des cornes de rhinocéros et des bois de cerf, etc. La Chine faisait venir d'Occident des métaux précieux, surtout sous forme de pièces de monnaie, des minerais de plomb, du cobalt, des verreries, parfois des instruments de musique. Avec les marchandises voyageaient les idées, les religions, les techniques, les nouvelles.

En Occident, ce fut Palmyre, l'une des plus riches cités-entrepôts du monde antique qui, jusqu'au début du IVe siècle, monopolisa le trafic entre l'Empire romain et les ports de Mésopotamie ou du golfe Persique. Plus au sud, Petra concentrait le trafic de l'encens et de l'or d'Arabie, des métaux et des autres produits en provenance des ports de la mer Rouge, pour les exporter par Clysma (actuelle Suez), à Alexandrie d'Égypte, d'où toute une flotte marchande les distribuait ensuite dans l'ensemble de l'Empire romain. Le long de ces routes terrestres et maritimes entre l'ouest et l'est se côtoyaient marchands grecs, syriens, arabes, iraniens, parthes, kushâna, sogdiens, indiens qui, pour se comprendre, devaient utiliser une sorte de *sabir* issu de l'araméen, alors langue « diplomatique » ayant cours depuis la Méditerranée jusqu'à la Chine.

A l'époque des Sassanides, la cité de Bactres supplanta celle de Merv et devint alors la plus grande place commerciale. Son apogée se situe à l'époque des Tang tandis que la Chine de Taizong et de Gaozong connaissait son expansion maximale vers l'ouest. Des préfectures impériales furent instaurées au-delà des Pamirs, à Kang (Samarqand), Shi (Tashkent), An (Bukhârâ). Ces avant-postes, contrôlés depuis Beiting (Beshbalik), assuraient la permanence des relations commerciales avec l'Iran. Toutefois l'administration de tels comptoirs-garnisons était particulièrement délicate, étant donné les énormes distances qui séparaient les plus occidentales de Chang'an.

La fin des routes de la soie

Les pistes caravanières ne furent pas toujours des chemins de paix, loin de là. A partir du IIIe siècle les régions comprises entre le bassin du Tarim et la Syrie furent agitées par des troubles qui, lorsque les Chinois perdirent le contrôle des Contrées occidentales de leur Empire, modifièrent profondément les relations commerciales. Par ailleurs, l'Empire romain lui-même était soumis à la pression des envahisseurs, ce qui en ralentit d'autant le trafic marchand. C'est alors que les routes maritimes, considérées comme plus sûres malgré les dangers de la navigation, connurent un large développement à l'initiative, surtout, des négociants indiens. Leurs navires apportèrent ainsi en Occident des produits asiatiques en si grande quantité que les cours de la soie et des épices baissèrent, augmentant d'autant leur consommation en Europe.

En Asie centrale, les routes terrestres étaient périodiquement coupées soit par les incursions des Tubo, soit par des raids, lancés depuis la vallée de l'Ili, par les Turcs occidentaux qui, après leur défaite et la prise de leur capitale Suyâb (Suiye près de Tokmak) descendirent sur Bactres en passant par Maracanda. Mais, lorsque les Tang reconquirent la région des oasis, le trafic continental reprit.

Cependant les communications entre l'Occident et la Chine furent à nouveau interrompues par les Arabes qui, partis de Baghdad, suivirent la Route de la Soie pour gagner Bactres et l'Asie centrale où, en 751, ils s'opposèrent sur le Talas à la progression des Chinois vers l'ouest, coupant ainsi les voies d'accès directes. Dès lors, ils se firent les intermédiaires entre la Chine et l'Occident, en monopolisant à leur profit toutes les transactions.

Place de marché à Samarqand. Grande cité commerciale d'Asie centrale, Samarqand fut sans cesse l'objet des luttes des tribus pour s'emparer de cette plaque tournante du commerce entre la Chine et la Perse. C'est là, qu'après la bataille du Talas qui opposa en 751 les Arabes aux Chinois, que furent établies les premières manufactures de papier, créées par des artisans chinois faits prisonniers.

Deux notables de Samarqand.

Pendant la période des Song, de hardis moines bouddhistes chinois se hasardèrent encore vers l'Inde, mais aucun voyageur ne se risqua plus vers l'Occident. Il faudra attendre le XIIIe siècle pour que, la paix et la sécurité ayant été rétablies par les Mongols, les Routes de la Soie fussent enfin réouvertes. Ce fut à cette époque que, devenu curieux de cette contrée lointaine d'où provenait la soie et de ces Mongols que d'aucuns prétendaient chrétiens, l'Occident envoya ses plus illustres voyageurs et échangea avec eux ambassades et envoyés extraordinaires.

Les grands itinéraires mongols suivaient les anciens, mais partaient de Qaraqorum pour rejoindre, par le nord du lac Balkash, leur grand centre de Saraï d'où ils se lancèrent à la conquête de la Russie. Les vieilles pistes caravanières passant par l'Iran furent remises en état, les gîtes d'étapes rénovés et un service de courriers rapides organisé. Étroitement surveillées, les pistes, désormais sûres, redevinrent le domaine des caravanes. Mais, à la fin du XIVe siècle, l'effondrement de l'Empire des Yuan et la partition de la Chine eurent pour conséquence une dernière interruption des liaisons continentales entre l'Orient et l'Occident. La nouvelle dynastie des Ming se replia à l'intérieur de ses frontières et le commerce avec l'Ouest ne se fit plus que par la voie maritime. Les conquêtes de Tamerlan, de 1370 à 1405, ne facilitèrent guère la reprise des relations, sinon peut-être entre l'Asie centrale et l'Inde. De même, les sept expéditions maritimes de Zheng He dans le golfe Persique, la mer Rouge et sur les côtes orientales de l'Afrique, s'avérèrent des succès sans lendemain.

Ce furent les Manchous qui, après leur avènement au trône impérial de Chine, tentèrent de réouvrir la route du Nord, à partir de la fin du XVIIe siècle. Ils combattirent les Dzungar (ou Ölöt) de la vallée de l'Ili, les Turcs, les Mongols et les Tibétains qui la contrôlaient. Mais ils se heurtèrent bientôt, dans le nord comme dans l'ouest, aux Cosaques de Russie, ces descendants des tribus des Kazakh qui s'étaient fermement établis dans la vallée de la Volga et qui, pour le compte des tsars de Saint-Pétersbourg, commençaient à entreprendre la colonisation de la Sibérie méridionale et des steppes de l'Asie centrale.

Toutes ces routes qui, durant des siècles, n'avaient pas été seulement celles de la soie et des soieries, furent en réalité la prolongation des grandes voies de migration humaine, à l'origine du peuplement d'une grande partie de l'Eurasie, aux temps de la préhistoire. Plus tard, elles devinrent les chemins par lesquels s'effectuèrent les échanges culturels ou commerciaux avant de servir de liens durables entre les mondes d'Orient et d'Occident. Mises à part de brèves périodes, jamais ces communications ne furent interrompues, que ce soit par terre ou par mer. Avec les marchandises, les idées et les techniques voyagèrent ainsi, au hasard des caravanes. Les religions orientales parvinrent jusque dans l'Empire romain comme en témoigna l'arrivée, au IIe siècle, de brâhmanes indiens à Rome. Inversement, les religions grecque et chrétienne, puis islâmique pénétrèrent en Chine en passant par la Perse et l'Asie centrale. De même, le bouddhisme se propagea de l'Inde du Nord vers l'Asie des oasis et la Chine. La civilisation et les religions indiennes s'étendirent également vers l'est, concourant au développement des cultures de l'Asie du Sud-Est, tandis que, par voie de conquête, celle de la Chine allait à leur rencontre au Tonkin et en Annam.

Il est possible que les théories d'Aristote (IVe siècle av. J.-C.) soient passées en Chine où on les trouve exposées à peine un siècle plus tard par Xun Qing. La Chine n'était donc pas aussi isolée qu'il le fut souvent dit, bien que les apports de l'Occident n'aient qu'assez peu modifié sa civilisation qui, à travers les millénaires, a toujours conservé son caractère profondément original. Et cela même si, à haute époque, on trouve cependant nombre de symboles similaires en Égypte, en Europe ou en Chine, tels l'oiseau sur un chariot à trois roues, les êtres divins à queue de poisson, etc.

Les moines itinérants bouddhistes, ainsi que les prêtres nestoriens et manichéens, importèrent en Chine nombre d'idées et de techniques nouvelles, tandis que les Arabes transmirent à l'Europe les procédés de fabrication de la soie, du papier et des pinceaux, ainsi que l'usage de la poudre et de la boussole inventés en Chine. Leurs savants traduisirent également en persan certains ouvrages scientifiques chinois. Le grand médecin musulman Rashîd ed-Dîn el-Hamâdânî préconisait ainsi, en 1313, l'adoption des idéogrammes chinois comme langue scientifique écrite universelle.

Paradoxalement, certaines techniques chinoises tardèrent à faire leur apparition en Europe, comme par exemple celle des ponts suspendus à l'aide de chaînes de fer, ainsi que d'autres procédés chinois tels que le soufflet à piston, la fonte du fer, sans parler des arbalètes ni de la technique du forage profond. Mais la réciproque est également vraie et nombre de trouvailles occidentales n'arrivèrent que très tard en Chine, comme la vis ou le cric. En revanche, l'usage du papier-monnaie, des navires à cales compartimentées, du gaz naturel (et des gazoducs) et du charbon pour le chauffage furent connus très tôt en Europe sans avoir, pour autant, trouvé d'utilisation immédiate.

Samarqand. Une vue des mausolées islâmiques du XVe siècle. Samarqand était alors devenue un grand centre culturel de l'Islâm d'Asie centrale. Tamerlan en fit sa capitale avant qu'elle soit prise par les Uzbek de Bukhârâ en 1500. Conquise par les Russes en 1868, elle devint la capitale de l'Uzbékistan soviétique de 1924 à 1930.

Cependant, si un compte réciproque des apports technologiques devait être établi entre la Chine et l'Europe avant la fin du XIVe siècle, il apparaîtrait que la Chine a transmis à l'Occident beaucoup plus que celui-ci n'a apporté à la Chine. Parmi ces découvertes du monde chinois se trouvent le principe de la variolisation, la manufacture de la soie, les véhicules mus par le vent, le harnais et le collier pour les bêtes de trait, les cerfs-volants, la suspension dite « à la Cardan », les ponts à arches segmentées, le gouvernail axial, les armes à feu, les fusées (et les feux d'artifice), l'imprimerie à l'aide de caractères mobiles, la porcelaine, les cloches, la laque, le gnomon, le sismographe, l'anémoscope, la sphère armillaire, probablement l'horloge à eau (et à sable), la technique de la forge à martinet avec emploi de la houille et de soufflets hydrauliques. L'échappement, pièce maîtresse de toutes les horloges mécaniques, fut inventé par Yi Xing en 725. En agriculture, les Chinois, bien avant les Occidentaux, connaissaient le principe de la rotation des cultures, celui de l'engraissement des semences, la greffe des arbres fruitiers et l'art vétérinaire. Ce sont également des ingénieurs chinois qui trouvèrent à combiner les roues dentées pour construire les premières horloges astronomiques, les premiers bateaux à roues, et fabriquer les premières chaînes métalliques souples. Enfin, ce furent des pêcheurs chinois qui, les premiers, élevèrent des poissons d'eau douce ou de mer ainsi que des huîtres pour les perles. Cependant l'effort créateur de la Chine dans le domaine des techniques fut brutalement stoppé lors de l'avènement de la dynastie des Ming au XIVe siècle, et en 1644, lors de l'arrivée des Qing au pouvoir, elle avait déjà pris un retard technique considérable sur l'Europe qui, dans le même temps (XIVe-XVIIe siècle) avait débuté sa révolution industrielle. La tendance ne fit ensuite que s'accentuer, la Chine ne sachant plus profiter des apports étrangers à sa propre culture. Car, aujourd'hui encore, seuls les échanges culturels et commerciaux dans la paix peuvent permettre aux peuples de vivre et de se développer en donnant toute la mesure de leur génie.

Et c'est là peut-être la leçon la plus profitable que l'Est et l'Ouest peuvent tirer de l'épopée admirable dans le temps et l'espace de ces « Routes de la Soie » qui constituèrent la plus belle illustration des liens d'amitié que peuvent tisser entre elles les civilisations les plus dissemblables.

La vallée de Bâmiyân sous la neige.

Index et correspondance des noms propres

Statuette en terre cuite représentant un chameau de Bactriane, animal sans lequel le commerce de la route de la soie n'aurait pu se développer. Khotan, Xinjiang. IIe-Ier *siècle av. J.-C.*

Table des matières

Crédit photographique

Les photographes ayant contribué à l'illustration de cet ouvrage sont pour la Chine :

Ru Suichu, Chen Heyi, Du Zequan, Jia Yujiang, Huang Taopeng, Wang Fuzun, Niu Yaoguang.

Pour la France :

Erich Lessing/Magnum, pp. 20, 72, 76, 77, 96, 159 (bas), 219, 220, 221, 223, 235.
Burt Glinn/Magnum, p. 212 (haut).
Bibliothèque nationale, pp. 10, 17, 51, 102, 143, 170, 174-175, 187, 211.
Roland et Sabrina Michaud/Rapho, pp. 16, 89, 119, 139, 208, 213, 216-217, 223.
Paolo Koch/Rapho, pp. 26, 127.
Shôsôin, Nara, p. 28.
René Percheron/Artephot, pp. 43, 45 (haut gauche), 46, 47 (haut et bas).
Rinnie Tang, pp. 55 (haut et bas), 65, 68, 87, 112, 113, 123 (haut), 147.
Archives Arthaud, pp. 59, 99, 191.
Dominique Darbois, pp. 62, 63 (haut).
Amitiés franco-chinoises, p. 44.
Pierre Colombel, pp. 124 (bas).
Jacques Brun/Jacana, p. 126 (bas).
Varin-Visage/Jacana, p. 126 (haut).
Christine Nilsson, p. 144 (haut).
Lauros-Girondon, p. 163 (bas).
Giraudon, pp. 214, 215.
Gérard Degeorge, pp. 212 (bas), 218.

Achevé d'imprimer le 21 septembre 1985
Photogravure impression et reliure par Amilcare Pizzi à Milan
Photocomposition par Nord Compo à Villeneuve-d'Ascq
N° d'édition 1708 — Dépôt légal octobre 1985
Imprimé en Italie